James Payn

Der Kladderadatsch und seine Leute, 1848-1898

Ein Culturbild

James Payn

Der Kladderadatsch und seine Leute, 1848-1898
Ein Culturbild

ISBN/EAN: 9783337011192

Hergestellt in Europa, USA, Kanada, Australien, Japan

Cover: Foto ©Suzi / pixelio.de

Weitere Bücher finden Sie auf **www.hansebooks.com**

Der
Kladderadatsch
und seine Leute

1848 –1898

⚹

Ein Culturbild

Berlin

A. Hofmann & Comp.

1898.

Vorwort

Die vorliegende Arbeit unternimmt es, zum ersten Male die Gründungs- und Entwickelungsgeschichte des „Kladderadatsch" auf Grund noch vorhandenen Quellenmaterials und persönlicher Ueberlieferungen an der Hand der politischen Ereignisse der letzten 50 Jahre darzustellen. Es ist freilich nicht viel des Neuen, was speziell für die Gründungs-geschichte hier geboten werden konnte, immerhin aber doch genug, um einzelne irrige Darstellungen, welche im Laufe der Jahre durch Memoiren-schriften, Volkslegenden und willkürliche Kombinationen entstanden sind, richtig zu stellen und Fehlendes zu ergänzen. Vor allem aber dürfte es für Manchen von Interesse sein, die Entwickelung des Blattes im Zusammenhange mit den Ereignissen jener bedeutsamen Zeit von 1848 bis heute und des genaueren die Verfolgungen und Schwierigkeiten kennen zu lernen, denen das Blatt in den Kinder- und Jünglingsjahren seines Lebens bis zur Beendigung der Konfliktszeit ausgesetzt war. Es ist rathsam, zu sehen, wie gerade diejenigen Bestrebungen, für die Kladde-adatsch Zeit seines Lebens gekämpft und gestritten hat, und welche mit der Errichtung des neuen Deutschen Reiches im Wesentlichen in Erfüllung gegangen sind — wie gerade sein Streben nach Erreichung dieses Zieles ihm die meisten Verfolgungen, Konfiskationen und Strafen eingebracht hat.

Der erste Abschnitt des vorliegenden Buches giebt einen Ueberblick über die politischen Ereignisse und die politische Literatur der 40er Jahre in Deutschland, speziell in Berlin, um hieraus zu zeigen, auf welchem Boden und inmitten welcher Zeiterscheinungen und -Strömungen der Kladderadatsch entstanden ist. Die Kenntniß der literarisch-politischen Bewegung des „tollen Jahres" ermöglicht eigentlich erst das rechte Verständniß für die Eigenart des Kladderadatsch und für das Geheimniß, seines ihm von Anbeginn an beschieden gewesenen Erfolges.

Der zweite Abschnitt beschäftigt sich mit der Geschichte des Blattes selbst. Der Verfasser führt uns den Werdegang des Kladderadatsch unter Berücksichtigung der politischen Vorgänge der letzten 50 Jahre vor Augen; er charakterisirt uns in ihrer Thätigkeit die Männer, die an der Spitze des Blattes gestanden haben und heute stehen und zeigt uns ihr Wirken, durch welches sie den Kladderadatsch zum Range eines Weltblattes erhoben haben.

Der dritte und vierte Abschnitt behandelt die „Gelehrten" vornehmlich in ihren persönlichen Eigenarten, ihrem Lebensgange und ihrer außerhalb des Kladderadatsch stehenden Thätigkeit. Es sind zum Theil Mittheilungen vertrauter Freunde und werden hier zum ersten Male der Oeffentlichkeit übergeben.

Schließlich sei noch ausdrücklich bemerkt, daß die Redakteure des Kladderadatsch weder als Verfasser noch sonstwie mitwirkend oder beeinflussend an dieser Schrift betheiligt sind. Nur so war es möglich, der Darstellung — soweit dieselbe ein Urtheil über das Blatt selbst, über seinen Werth und seine Bedeutung, sowie über die Leistungen seiner „Gelehrten" zum Ausdruck bringt — die möglichste Objektivität zu sichern.

Berlin, im Mai 1898.

Der Herausgeber

R. Hofmann.

Vormärzliches

Wie auch Jemand die Ereignisse des Jahres 1848 beurtheilen mag, unbestreitbar bleibt, daß nie zuvor und nie später politische Vorgänge in Deutschland so befruchtend auf Litteratur und Kunst gewirkt haben. Wer heut eine der vorhandenen Sammlungen durchsieht, kommt nicht aus dem Staunen über die Fülle von Geist und Witz, von Begeisterung und Haß, welche aus den zahllosen großen und kleinen Schriften, Dichtungen, Witzblättern, Gemälden, Zeichnungen, ernsten und lustigen Musikstücken jener Monate sprechen. Was Jahrzehnte hindurch unter wirthschaftlicher Noth, polizeilichem Druck, dem beschämenden Gefühl der Hülf- und Rechtlosigkeit sich an Erbitterung und Hoffnung, Luftschlössern und ernsten Plänen im Volke aufgespeichert hatte, machte sich damals auf einmal gewaltsam Luft. Je ängstlicher die Censur früher jede freie Meinungs- äußerung unterdrückt hatte, je unerfahrener und kindlicher die große Menge damals neuen wirthschaftlichen und politischen Erscheinungen gegenüberstand, je größer der Nimbus war, mit dem die Fürsten- höfe, Beamtenwelt und Militärs sich solange umgeben hatten, um so tiefer war der Eindruck, den die ersten unverhüllten Nachrichten über die revolutionären Bewegungen machten, um so maßloser die Aeußerungen, welche sich daran knüpften! Gewiß ist vieles, was während des tollen Jahres entstanden, sehr unreif, ja kindisch. Gewiß fehlt es den meisten der damaligen Tagesschriftsteller an politischem Blick, an ruhigem Urtheil. Darf man ihnen aber das zum Vorwurf machen, wenn man erwägt, welche Unfähigkeit und Kopflosigkeit damals auch in den regierenden Kreisen bewiesen wurde? Wohin man auch schaut, man erblickt während des Jahres 1848 nur sonderbarste Widersprüche und Unbegreiflichkeiten auf allen Seiten, welche den Namen des „tollen Jahres" gründlich rechtfertigen.

Die ganze Berliner Bewegung ist nur einigermaßen zu ver- stehen, wenn man die politische Kindheit der Bevölkerung, die Un- klarheit ihrer Beschwerden und Wünsche ebensowie die Unfähigkeit der eingerosteten Beamtenwelt gegenüber neuen an sie herantretenden

Aufgaben und Erscheinungen vor Augen hat. Wie 1806 beim siegreichen Vordringen der jugendfrischen französischen Heere die im Gamaschendienst ergrauten preußischen Offiziere versagten, so erwiesen sich die nur im formalen Recht heimischen, dem Leben und seinen Forderungen fremden, verknöcherten Beamten unbrauchbar, als zum ersten Mal die Masse der arbeitenden Klassen sich regte, als die Regierten sich ihrer Kraft bewußt wurden und bescheidenen Antheil an der Gesetzgebung verlangten! Wie anders wären sonst die Märztage und ihre Folgen auch nur einigermaßen zu begreifen!

Man vergegenwärtige sich nur die damaligen Ereignisse. Erst werden Wochen lang große Versammlungen von Volksmassen und aufreizende Reden ruhig geduldet, dann werden waffenlose Gaffer und Neugierige brutal von Soldaten niedergeritten und -geschlagen. Es versammeln sich Massen von Leuten, meist der untersten Stände, die von hundert anderen Dingen mehr als von der patriarchalischen Regierungsform und Censur zu leiden hatten, um dem König für Einführung der Preßfreiheit und das Versprechen weiterer Reformen zu danken; und dieselben Leute reißen wenige Stunden später das Pflaster auf, bauen Barrikaden und wetteifern, die Soldaten, Leute aus ihrer Mitte, welche ihrem Eid gehorchen, zu tödten! — Die Regierung setzt Alles daran, sofort alle Barrikaden zu nehmen und jeden der Theilnahme am Kampf Verdächtigen unschädlich zu machen; in dem Augenblicke des Sieges ruft sie die Truppen ab, bewaffnet die Barrikadenkämpfer und vertraut sich ihrem Schutz an! Die Aufständischen werden erst als Auswurf der Menschheit, der von Polen, Juden und Franzosen aufgehetzt und geführt sei, betrachtet; kurz darauf werden die im Straßenkampf Gefallenen als Helden vom Monarchen begrüßt und unter allgemeiner Theilnahme begraben! u. s. w.

Daß solche Widersprüche, solche Schwäche auf alle Klassen der Bevölkerung Eindruck üben, daß sie je nach den Umständen Scham und Aerger, Spott oder Begeisterung erregen mußten, ist begreiflich. Daß aber aus solchen Vorgängen sich im Handumdrehen eine geradezu unübersehbare Tageslitteratur entwickelte, daß Dutzende von Witzblättern, Hunderte von ernsten oder satirischen Broschüren und fliegenden Blättern aus dem Boden schießen und reißenden Absatz finden konnten, beweist, daß diese Litteraturbewegung einem regen Bedürfniß entsprach, daß Massen von Gährungsstoffen im ganzen Volk aufgespeichert lagen.

Einsichtigen Beobachtern bestand schon in jener Zeit an dieser Thatsache kein Zweifel. In maßgebenden Kreisen wollte man sie

aber lange Zeit nicht anerkennen, da man dort begreiflicher Weise
Alles, was seit den Befreiungskriegen in Deutschland geschehen war,
vortrefflich fand und alle Unzufriedenheit lieber einigen bösen
„Revolutionsprofessoren" als der eigenen Unfähigkeit zur Last legte.
Heut ist es zur unbezweifelten Wahrheit geworden, daß die Politik,
welche in den deutschen Staaten Jahrzehnte hindurch von den
durch keine Rücksicht auf die Oeffentlichkeit beeinflußten herrschenden
Kasten getrieben worden ist, in erster Linie zu den Vorgängen des
tollen Jahres Veranlassung gegeben hat. Nach und nach ist in jenen
Jahren beinahe jede Schicht der Bevölkerung durch ungeschickte
Maßnahmen in tiefe Erregung versetzt worden.

Die höher und allgemeiner Gebildeten wurden besonders zur
Zeit Friedrich Wilhelms III. verstimmt durch die jämmerliche Ver=
fassung und Thätigkeit des deutschen Bundes, die Vereitlung der
Träume eines mächtigen einigen Deutschland, durch die Nichterfüllung
der Versprechungen der Preußischen Regierung wegen Einsetzung von
Reichsständen, durch die Polizeiwillkür und die gehässige Verfolgung
jeder freien Meinungsäußerung. Die ängstliche Geheimnißkrämerei
der sich als unfehlbar betrachtenden Beamtenwelt brachte selbst
Maßnahmen, die in ihren Grundgedanken und Wirkungen aus=
gezeichnet waren, wie die Schöpfung des Zollvereins, in falsches
Licht und erregte überall Widerspruch. — Die vielen lächerlichen
Versehen engherziger und zu buchstabentreuer Censoren ließen den
Widerwillen gegen diese Einrichtung nie zur Ruhe kommen. Die
bei jeder Angelegenheit hervortretende Abhängigkeit Preußens von
Oesterreich und Rußland und seine Ohnmacht nach außen waren
auch nicht dazu angethan, die Freude am Vaterland zu erhöhen.
Mangel an Verständniß der Beamtenwelt für wirthschaftliche
und soziale Fragen erzeugten Mißstimmung in ganzen Provinzen.
Die religiösfühlenden Kreise erregte ferner der Kampf der Preußi=
schen Regierung gegen die evangelischen Sekten und den wider=
spenstigen katholischen Klerus.

Die Thronbesteigung des fein und vielseitig gebildeten Königs
Friedrich Wilhelm IV. erweckte im ganzen Volk die Hoffnung auf
bessere Tage. Seine ersten Schritte, seine glänzenden Reden ließen
keinen Zweifel, daß der neue Herrscher dem Geiste der Zeit Rech=
nung tragen, mit der alten verknöcherten Beamten= und Militär=
Wirthschaft aufräumen wolle.

Der Demagogenverfolgung wurde ein Ende gemacht, dem kirch=
lichen Streit ein Ziel gesetzt, Preßfreiheit bis zu einem gewissen
Maaß gewährt; es geschahen erste Schritte zur Einrichtung einer

1*

Volksvertretung; in den Fragen der auswärtigen Politik wurde den
Wünschen und Strömungen der öffentlichen Meinung mehr als bisher
Rechnung getragen. Zum ersten Male seit langen Jahren bewies
die Regierung auch Theilnahme für die Vertreter von Kunst und
Wissenschaft.

Doch der erste Jubel ob dieses Umschwungs wich bald bitterer
Enttäuschung. Es trat rasch zu Tage, daß die Bureaukratie noch immer
dieselbe sei, daß der König bei bestem Willen nicht der Mann war,
seine Absichten ihr gegenüber auch wirklich durchzuführen. Er hing
zu sehr von augenblicklichen Stimmungen ab. Den ersten Schritten
zu freieren und volksthümlicheren Staatseinrichtungen folgten keine
weiteren. Bald zeigte sich Preußen nach Außen ohnmächtiger und
hilfloser als nur je, und im Innern erbitterten Maßregelungen von
Schriftstellern, Dichtern und Professoren, Beförderung des Mucker-
thums, das Verhalten der Regierung in der Angelegenheit des heiligen
Rockes sowie offene Bevorzugung des Adels weite Kreise. Die Art,
wie die Beamtenwelt das himmelschreiende Elend der schlesischen Weber
erst todtzuschweigen versuchte und dann, als die Leute gegen ihre ver-
meintlichen Bedrücker Gewalt anwendeten, mit Militär und grausamen
Strafen vorging; die Theilnahmlosigkeit, welche die Behörden dem
oberschlesischen Hungertyphus gegenüber an den Tag legten; die Gleich-
gültigkeit, mit welcher man wiederholt Tausende von Auswanderern im
Auslande von Betrügern mißhandeln und ausbeuten ließ, entfesselte
in den zunächst betroffenen Volksschichten eine nie dagewesene Erbitterung. Das anfängliche Vertrauen zum König machte einer
feindseligen Stimmung Platz. Man begann über seine romantischen
und religiösen Neigungen, über seine Dombaupläne, Ordensstiftungen,
seine Reden, die neuen Uniformen für's Heer, seine Bemühungen um
neue Ehescheidungs-, Adels- und Sonntagsheiligungs-Gesetze zu
spotten. Es dauerte nicht lange, so fand jede Maßregel der Regierung
Widerspruch. Die Politik den Griechen, Polen und Dänen gegenüber wurde gleichmäßig verurtheilt. Die Berufung des Vereinigten
Landtages, zu der sich der König trotz des Abrathens Metternichs, des
Prinzen Wilhelm und andrer entschloß, hatte nicht eine Beruhigung,
sondern eine neue tiefe Erregung der Gemüther zur Folge.

Diese Mißstimmung, bei welcher wirthschaftliche wie rein politische
Beweggründe mitwirkten, war nicht das Werk einzelner Hetzer und
Zeitungsschreiber, wie es gelegentlich behauptet wurde; sie war das
Ergebniß der vorerwähnten Umstände. Darüber ist die ernste Forschung
heut einig und es wird kaum Jemand daran zweifeln, der einen
Blick in die Litteratur jener Jahre thut. Wie gährt und braust es

da durcheinander. Welcher Spott und Hohn, welche Verzagtheit oder
Verzweifelung thun sich kund. Wie klagen selbst die friedlichsten und
loyalsten Geister über Deutschlands Lage im Innern wie nach Außen!

Gewiß war manche Klage unberechtigt. Wie gewöhnlich über-
sahen die nicht völlig in die politische Lage Eingeweihten die Dinge
nicht genügend und machten die Regierungen oft verantwortlich für
Maßnahmen, die sich später als nützlich erwiesen haben, oder für
Unterlassungen, welche eben im Augenblicke nicht zu vermeiden
waren. Bei der damaligen Geheimnißkrämerei und Lichtscheu der
Beamtenwelt war das eben noch weniger zu verhindern als heute.
Aber unter den Männern, welche am lautesten während der vierziger
Jahre ihre Unzufriedenheit kund gaben, waren die besten deutschen
Dichter, Männer, deren Worte noch heut jedes Herz höher schlagen
lassen, Schriftsteller und Gelehrte mit den angesehensten Namen, welche
mit ihren Herzensergüssen nur des Vaterlands Wohl bezweckten. Be-
rufsmäßige Umstürzler spielten darunter nur eine verschwindende Rolle!

Die litterarischen Erscheinungen jener Jahre, in welchen sich
die Mißstimmung Luft machte, waren fast durchweg in vornehmem
Ton gehalten. Auch die bittersten Satiren wenden sich nur selten
gegen einzelne Persönlichkeiten und üben mehr Kritik an den allgemeinen nationalen Schwächen als an einzelnen Vorgängen.

Bezeichnend für die Stimmung im Anfang der vierziger Jahre
ist die kleine Schrift „Der deutsche Michel" (Leipzig 1843). Vor
einem Bilderladen stehend erläutert der anonyme Verfasser eine
Karrikatur, welche den dicken deutschen Michel darstellt, wie er mit
einem Schloß vorm Mund am Boden liegt. Franzosen und Russen
zerren an ihm, ein lendenlahmer Edelmann läßt ihm zur Ader, ein
englischer Bulldogg zieht ihm den Geldbeutel aus der Tasche.
Metternich als Nachtwächter mit großen Hausschlüsseln sieht zu. In
wenigen, aber drastischen Worten wird dabei das Träumen des mit
Kartoffeln und Salz genährten Deutschen von Mittelalter, Minne-
sängern ꝛc.; die Geldverschleuderung für Klöster, Kasernen, Heiden-
bekehrungen, Jerusalem, Walhalla, Kölner Dom; die Freundschaft
für Polen und andere Feinde des Vaterlands gegeißelt. Michel sei,
heißt es mit bitterem Spott, weiter als andere Völker; wenn ihm
Engländer, Franzosen, Chinesen, Hottentotten, Kalmücken vorwürfen,
er habe kein Vaterland, so könne er „stolz und verächtlich" erwidern:
mehr wie ihr, nämlich 36! — Die Abneigung der adligen Kreise gegen
eine Verfassung, die Bevorzugung des Adels, die Knebelung der
öffentlichen Meinung werden ebenfalls mit bissigen Bemerkungen
und Anekdoten gestreift.

Die im selben Jahre erschienene Broschüre: „Die wahrhaftige Geschichte vom deutschen Michel*) und seinen Schwestern", mit Bildern von Disteli, wendet sich in erster Linie gegen die deutsche Kleinstaaterei und verspottet den deutschen Michel, daß er statt zu suchen, Herr im Hause zu werden, bei dem drohenden

Wie der Michel Freiheit und Vaterland brüllen muß.

Ueberfall durch Frankreich 1840 lieber seinen außerehelichen Schwestern, den kleinen Vaterländern, das Leben gerettet habe. — Drastisch genug ist der deutsche Michel in jenem Augenblicke dargestellt. Seinen Kampfruf, vor dem der Franzose eilfertig über den Rhein

*) Der deutsche Michel war überhaupt in jener Zeit in Aller Mund. G. Hesekiel verfaßte 1846 sogar einen dreibändigen Roman unter diesem Titel.

springt, muß er durch einen Maulkorb erschallen lassen, so wenig ist
sich der starke Michel seiner Kraft bewußt! Dabei suchen hinter seinem
breiten Rücken die angsterfüllten kleinen deutschen Fürsten, an der
Spitze der mit dem Dichterlorbeer bekränzte Ludwig von Bayern,
Schutz und Deckung!

Weniger auf Deutschland im Allgemeinen als auf Preußen
und König Friedrich Wilhelm IV. gemünzt war Robert Prutz's
aristophanische Komödie „Die politische Wochenstube" (Zürich
und Winterthur 1846). Der deutsche Michel erscheint hier als
Kilian, der von allem Hunger für immer durch Herausschneiden des
Magens geheilt werden soll. In das Haus seines Herrn, des Quack=
salbers, bringt der Wirkliche Geheime Königliche Leibspion die falsche
Germania, welche guter Hoffnung ist, um ihre Niederkunft zu erwarten.
Die falsche Germania will mit Kilian durchgehen, aber im letzten
Augenblick erscheint die wahre, abgemagert und in Lumpen gehüllt, um
ihre Nebenbuhlerin zu entlarven. Letztere verfällt plötzlich in Wehen,
platzt und fährt in die Luft. Aus dem Rauch und Nebel, den sie
hinterläßt, entwickeln sich Mönche, die nach Jerusalem wallen;
Wiedergeborene; Ritter auf hölzernen Pferden; Gänse, welche klagen,
daß der Schwanenorden nicht fertig geworden; Freisinnige, die
„immer langsam voran" rufen; der Kaiser von China und Kosaken,
die alle Erscheinungen mit der Knute verjagen. Nunmehr brechen
Schaaren von Sklaven ihre Ketten. Die echte Germania wird an=
erkannt und klagt, daß sie noch nirgends den erwarteten Bräu=
tigam, zwar Bewerber genug, doch keinen Mann erblicke.

Doch kommt er einst! Aus allertiefster Mitternacht,
Wo wir umsonst nach eines Sternbild's Troste späh'n,
Die Sonne schwebt ja dennoch endlich himmelan.

— — --

Woher Du kommst, willkommen immer sollst Du sein,
Ob Du von Thronen niedersteigen wirst zu mir,
Ob Du, ein Bettler, Mitternachts geschlichen kommst:
Ich kenne Dich! Dich kennen lehret mich mein Herz,
Und auf den Thron an meine Seite setz' ich Dich!
Unter dem Gesang des Chors:
Wird er erscheinen?
Wird er sich zeigen,
Unser erwarteter
Pfeilbewaffneter Gott?
O, Du Erwarteter,
O, Du Verheißener,

Freundlicher Bote zukünftiger Zeit!
O erschein', o erschein' uns, wir flehen Dich an,
Dein wartet in Thränen, Dein wartet die Welt:
O erscheine dem hoffenden Volke!

schließt die Satire, in welcher so ziemlich alle Vorgänge und Personen jener Jahre mit übermüthigem Spott begossen werden.

Kommt schon bei Prutz die deutsche Schulphilosophie schlecht weg, so geht es ihr noch ärger in der Komödie des Frankfurters Heinrich Hoffmann, des Verfassers des Struwelpeters: „Die Mondzügler.“ Hier werden die deutschen unpraktischen Träumer, Philosophen und Theologen unerbittlich lächerlich gemacht.

Von den Deutschen heißt es hier:

Ihr seid ein Volk von Wiederkäuern,
Geduldig wie die Lämmerchen,
Gewohnt, das alte Lied zu leiern
In Kammern und in Kämmerchen!
Gut dreißig Jahre sind vergangen,
Seit ihr um Freiheit supplizirt;
Und neu wird morgen angefangen,
Was heute euch zu nichts geführt.

An anderer Stelle:

Und welches Volk, ihr Söhne Teut's, kann messen sich
Mit euch an Ruhm und aller Tugend Ueberfluß?
Wohl ist zu nennen euer Land Europas Herz,
Und wie durch's Herz die reinste Lebensquelle fließt,
So seid auch ihr von allem Volk das edelste;
Treuherzig und vertrauend, wenn auch oft getäuscht,
Ihr nehmt das Wort bescheid'nen Anspruchs für die That.
An schmale Kost von Jugend auf gewöhnt,
Erquickt ein leer Versprechen euch für lange Frist.
Und mag're Redensarten gelten für ein Mahl.

Die biederen deutschen Männer aller Stände werden in dieser Satire von einem Schwindler zur Auswanderung nach einem neu entdeckten Lande im Mond verleitet. Im Augenblick der Abfahrt auf Luftballons geht der Unternehmer mit ihrem Gelde durch, wie es bei den damaligen Kolonisationsplänen öfters geschah. Aber sie trösten sich philosophisch und beschließen im Vaterlande auszuharren, wenn ihnen auch die Freiheit des Worts und des Rechts, des Denkens und Glaubens fehle.

Bedeutender, aber viel galliger und maßloser sind die beiden politischen Dichtungen Heinrich Heine's aus jenen Jahren:

„Atta Troll" und „Deutschland, Ein Wintermärchen".

In Atta Troll, einer Bärenjagdgeschichte aus den Pyrenäen, wimmelt es schon an boshaften Witzen auf deutsche Zustände.

Noch mehr ist das bei dem zweiten Gedicht, der Schilderung einer Winterreise nach Hamburg der Fall. Viele von Heine's Bemerkungen sind zutreffend. Im Ganzen aber verrathen seine Gedichte, daß er durch seinen langen Aufenthalt im Auslande doch zu sehr den deutschen Wünschen, Sorgen und Anschauungen entfremdet worden ist. Die heiße, glühende Vaterlandsliebe, welche aus den oben erwähnten Satyren spricht, geht ihm trotz aller seiner Betheuerungen ab.

Mit seinem Spott über Becker's Rheinlied und über die Kölner Dombaupläne steht er allerdings nicht vereinzelt in jener Zeit da. Aber wenn er den Deutschen nur die Herrschaft im „Luftreich des Traums" zuspricht und von ihrer Zukunft nur den Geruch „von altem Kohl und Juchten" und „Mist aus sechsunddreißig Gruben" wittert, so beweist das eben seine Entfremdung vom inneren Leben des deutschen Volkes in jenen Jahren.

Weit treuer und schärfer spiegelt sich dieses Leben in den Werken zweier Männer, die zwar keine Genies ersten Ranges, aber doch hochbegabte Schriftsteller waren: Adolf Glasbrenner und Ludwig Kalisch. Der erstere hat in seinen weitverbreiteten, von Hosemann mit reizenden Bildern versehenen, kleinen Heften „Berlin, wie es ist und — trinkt" sowie „Buntes Berlin" die Strömungen und Stimmungen der hauptstädtischen Bevölkerung Jahre hindurch in vortrefflichster Weise geschildert.

Beschäftigt er sich auch vorwiegend mit Leben und Treiben der kleinbürgerlichen Kreise, so besitzen doch die Skizzen aus den fortschrittlichen und konservativen Bürgervereinen, dem Tugendverein und dergl. allgemeinere Bedeutung. Die im Berliner Dialekt gehaltenen Zwiegespräche wimmeln von allerlei Anspielungen auf Tagesereignisse und Spott auf die jämmerliche Lage in Deutschland.

Daß er nicht ganz zahm ist, beweist zum Beispiel folgende Stelle:

„Wenn ick mal meinen Dodt kommen fühle, denn schick ick nach't Sicherheits-Pollezei-Bureau uf'n Molkenmarcht, löse mir en Paß nach de Unterwelt un lasse mir eenen Leichenstein setzen, wo druf steht: „„Der merkwürdije Mann, welcher hier von seiner Unterthanspflicht ausruht, is nich verhungert. Er war ein Deutscher, un is jedenfalls in ein besseres Leben hinüberjejangen."" ---

Es wird nicht allein der Nörgelsucht der Berliner zugeschrieben
werden können, daß diese satirischen Volksschriften so lauten Beifall
fanden, denn außerhalb Berlins wurden sie nicht minder gern ge=
lesen. Noch auffallender als sie ist die komische Thierfabel Glas=
brenner's „Neuer Reinecke Fuchs" (Leipzig 1846). Der Dichter
wendet sich darin besonders gegen Muckerei und Jesuitismus, ver=
spottet daneben aber auch so manche andere Erscheinung jener
Jahre.

Nur einige Proben mögen genügen:

„Wie schwer ist's, Gutes zu bewirken,
    Nur in den kleinsten Weltbezirken!
Wie leicht, den ganzen Erdenklumpen,
    So voll von Thoren und voll Lumpen,
Im bösen Sinne zu regieren,
    Und bei der Nas' herumzuführen."

*   *

Bald war das schöne Königreich
    Des Stieren elend, krank und bleich,

— — —

Bis es, so geist= wie körperlahm,
    Zurück in's Mittelalter kam.
Vom Geier bis herab zur Laus
    That sich der Adel frech heraus.

Es wurde alle Wissenschaft
    Von Schweinehunden angeblafft.
Und die man gnädiglichst erlaubte,
    War eine polizeigeschraubte.

Die Baukunst und die Malerei
    Ließ man im Lande walten frei,
Weil sie sich mehr in Formen strecken
    Und nicht den Geist der Freiheit wecken.

*   *

Was ihr auch brauen mögt und kneten,
    Das Resultat sei stets: Verbot!
Und wollt das Volk ihr recht vertreten,
    So laßt es ja in seiner Noth.

Denn Noth lehrt beten, wie bekannt,
    Und so wird fromm das weite Land,

Und ist's erst fromm, so wird's allmählig,
    Wenn auch nicht hier, doch jenseits selig.

     *   *

Das ist ein Staat der Freiheit, Jugend,
    Der Schönheit, Wahrheit und der Tugend!

Wo nicht das Gift des Hofs sich zieht
    Bis in die tiefsten Regionen,
Wo man das Gute sieht belohnen.

Wo die Gesellschaft, ungeschieden,
    Bewahrt die Achtung und den Frieden; —
Nichts anderes ein Amt verleiht,
    Als Wissen, Geist und Fähigkeit;

Wo auch der kleinste Uebelstand
    Im Augenblicke wird bekannt,
Und ihn zu mildern, ihn zu heben,
    Der Weisesten Beruf und Streben;

Wo man den hochgebornen Fraß,
    Das faule, parfümirte Aas,
Die Kleider von den schlimmsten Rackern
    Nicht höher achtet, als das Ackern; —

Wo Arbeit, Schaffen allerwegen,
    Gewinn und Ehre bringt und Segen; —
Wo nicht der Pfaffheit gift'ge Kröten
    Vertrauen, Freud' und Wahrheit tödten; —

Wo nie das Elend und die Noth
    Das Eisen bricht und das Gebot —
Und man die abgelebten Greise
    Nicht stellt an frische Lebenskreise;

Wo man Gedanken durch Gedanken
    Besiegen läßt nach klugem Zanken,
Sich nicht beweist gedankenstärker
    Durch Polizeigewalt und Kerker!

Von ähnlich oppositionellem Geiste durchweht ist Glasbrenner's
an Heine's „Deutschland" in der Form erinnerndes Gedicht:

„April", den Deputirten des ersten Preußischen Landtages ge=
widmet. (Hamburg 1847.) Auf dem Kreuzberg zeigt ihm der Ber=
liner Bär nächtlich die wilde Jagd. Alles, was auf politischem,
litterarischem, religiösem ꝛc. Gebiet dem Dichter lästig fällt, eilt in
dem Geisterzuge an ihm vorüber in die Ferne. Er aber begiebt
sich nach dem Dom, wo der Gottesdienst zur Eröffnung des Ver=
einigten Landtages stattfindet, und betet:

> Pfingsten werde! daß o Heiland
> An der deutschen Throne Stufen
> Flammenzungig die Apostel
> Unsern neuen Frühling rufen.
>
> Pfingsten sei's! In Farben jauchze
> Das unendliche Getriebe!
> Pfingsten, Wiegentag der Freiheit!
> Rosenfest der ew'gen Liebe!

Ludwig Kalisch ist nicht witziger, aber bissiger als Glas=
brenner. Ein großer Theil seiner lustigen Einfälle ist in der „Kar=
halla", der Mainzer Karnevals=Zeitung, zuerst von ihm heraus=
gegeben worden. In neuer Bearbeitung und mit Zusätzen hat er
sie auch in besonderen Bänden: „Schlagschatten" (Mainz 1844)
und „Buch der Narrheit" (Mainz 1845) erscheinen lassen. Hier
ist jede Form der satirischen Dichtung vertreten. Erzählungen,
Dialoge, Parodien, Gedichte, Aperçus, Briefe im schönsten Küchen=
latein oder ähnlichem Französisch wechseln in bunter Reihe.

Ohne Furcht vor dem preußischen Censor läßt er seiner Laune
die Zügel schießen:

„In Deutschland eilt nichts als die galloppirende Schwindsucht.
Aus Furcht, sich zu übereilen, geht ein guter Deutscher langsam
voran."

„Der deutsche Magen und die deutschen Zeitungen nehmen
Alles auf; sie können beide die verdaulichsten und unverdaulichsten
Artikel vertragen."

„Das Gesetz des Landes verbot jede Art von Zweikampf auf's
strengste; daher kam es, daß fast täglich Duelle stattfanden. Es
geht überhaupt mit den menschlichen Gesetzen wie mit den großen
Landstraßen; man kommt gewöhnlich schneller zum Ziele, wenn man
beide umgeht."

„Nichts geht über deutsche Beamtengrobheit, aber deutsche
Beamtengrobheit geht über Alles."

„Was glaubt der Deutsche nicht? Er glaubt an die Unfehl=
barkeit der deutschen Regierung ebenso fest, wie an die Unsterblich=
keit der Seele."

„Der erste Glaubensartikel im politischen Katechismus der
Deutschen ist: Hören, Sehen und Schweigen."

„Nur an Einem zweifelt der Deutsche — an seiner eigenen
Kraft, die er noch nie brauchen gelernt."

„Viel stärker noch als der deutsche Glaube ist die deutsche
Liebe. Man kann gar viele Dinge lieben auf dieser bösen Welt,
das Geld, den Ruhm, die Kunst und schöne Frauen; der Deutsche
aber liebt außer seiner Braut und Ordensbändern seinen angestammten
Herrscher. . . . . Der Deutsche liebt nicht sein Vaterland, sondern
den Vater seines Landes, und da Deutschland über dreißig solcher
Väter hat, kann man sich leicht denken, wie viel loyale Liebe in
Germanien konsumirt wird."

„Die deutsche Nation giebt eher den Geist als die Hoffnung
auf. Aber es geht leider der deutschen Hoffnung wie der
Cypresse; beide sind immer grün, aber auch immer an Gräber
gepflanzt."

„Ich weiß nicht, ob in Deutschland der Fortschritt im Rück=
schritt, oder der Rückschritt im Fortschritt größer ist."

„Was ist des Deutschen Vaterland?
Jedes Land außer Deutschland."

„Giebt es auch Thiere, die den Fischen gleichen?
O ja!
Welche?
Die Deutschen.
Warum?
Beide bleiben stumm, wenn ihnen auch die Schuppen von den
Augen fallen."

„Ein deutscher Schullehrer und das deutsche Volk sind sich
darin ähnlich, daß beide sehr hart geprüft werden und dennoch nie
auf einen grünen Zweig kommen."

„Die Deutschen und die Kartoffeln wissen sich in jede Lage zu
schicken. Nackt oder in Montur, gekocht oder gebraten bleiben sie
schmackhaft genug, um von dem kleinsten Fürsten mit dem größten
Appetit verschluckt zu werden."

„Der Deutsche gleicht der Rebe. Den wahren Geist erhält er
erst, nachdem er gepreßt wird."

„Aristokrat. Macht sich immer grün und nimmt sich die Frei=
heit, keine Gleichheit zu dulden. Wenn er aufhört ein Bube zu

sein, kommt er in die Flegeljahre, und sobald er majorenn ist, wird er ein gemachter Mann. Weil die Aristokraten nur einen Kopf und zwei Beine haben, so können sie nur wenig Dinge begreifen, aber sehr viel mit Füßen treten. Der Aristokrat läßt sich zum Hofthier zähmen und verfällt nur in die ursprüngliche Wildheit, wenn er unter das Volk kommt. Ihm die Erfindung der Preßfreiheit zu-zuschreiben, wäre ein grober Irrthum."

Als besondere Raritäten führt Kalisch einmal auf:

„Zwei deutsche Zeitungen, in denen keine Ordensverleihungen, keine hohen Geburtstage und Standeserhöhungen vorkommen.

Ein Titel der von einem deutschen Professor ausgeschlagen worden."

Die Mißstimmung, welche sich während der ersten Dezennien des Jahrhunderts in Deutschland aufgespeichert hatte, die Gefühle, welche die besten Geister beseelten, machten sich nicht allein in Satiren und boshaften Ausfällen wie die geschilderten, in Spott-bildern, in polemischen Zeitschriften und Broschüren, wie z. B. die von Robert Blum und Heintzen, in tendenziösen Geschichtswerken, wie die von Strauß, Otto Abel, Adolf Schmidt Luft. Verschiedene die Gemüther bewegende Fragen bildeten auch den Gegenstand ernster aus tiefster Seele dringender Dichtungen.

Besonders die Sehnsucht weiter Kreise, Deutschlands Ohnmacht auf den Meeren ein Ende zu machen, es in die Lage zu setzen, seine Kinder, sein Eigenthum auch in der Ferne zu schützen, hat mehrfach poetischen Ausdruck gefunden.

Nur einiger Dichtungen sei hier gedacht. Im Juli 1843 dichtete Ferdinand Freiligrath seinen Sonettenkranz „Flotten-träume". (Ein Glaubensbekenntniß. Mainz 1844.)

„Sprach irgendwo in Deutschland eine Tanne:
O, könnt' ich hoch als deutscher Kriegsmast ragen!
O, könnt' ich stolz die junge Flagge tragen
Des einigen Deutschlands in der Nordsee Banne!

Dann wär' ich Fähndrich, ha! wo Mann an Manne
Blutrünst'ge Krieger deutsche Seeschlacht schlagen;
Wo deutsche Segler, grimm und ohne Zagen,
Den fremden Enter hauen in die Pfanne!

Dann lehnte wohl, die Brust vom Stahl gekerbt,
Ein Held an mir in des Gefechtes Gluthen,
An meinem Stamme schweigend zu verbluten!

Indeß mich jetzt das Blut des Wilddiebs färbt,
Des armen Wilddiebs, hinterrücks erschossen,
Der mir zu Füßen hinsinkt in die Sprossen!"

In den folgenden Sonetten wird der Umschwung der Zeiten
gerühmt, wie nunmehr die einst verpönte schwarz-roth-goldene
Flagge auf dem Meere wehen solle, und als Namen für die Schiffe:
„Der Arndt", „Die Sieben", „Die Hansa", „Die Königin Luise",
„Der alte Fritz", „Der Doktor Luther", „Der Alexander Humboldt",
„Goethe", „Schiller", „Die freie Presse" vorgeschlagen. — Der
Dichter endet damit, daß er verlangt, daß die Flotte aus
dem Kampfe die fremden Schiffsschnäbel zur Rednerbühne mit-
bringe:

Ihr Bannerherrn, wohin mit den Trophäen?
Sorgt für ein Forum, schafft die Rednerbühne,
Daß wir, wie Rom, das Beste schmücken können!

Noch schwungvoller ist Georg Herwegh's Gedicht: Deutsche
Flotte. (Gedichte eines Lebendigen, Zürich und Winterthur 1844.)
das anhebt:

Erwach', mein Volk, mit neuen Sinnen!
Blick' in des Schicksals goldnes Buch,
Lies aus den Sternen Dir den Spruch:
    Du sollst die Welt gewinnen!
Erwach', mein Volk, heiß Deine Töchter spinnen!
Wir brauchen wieder einmal deutsches Linnen
    Zu deutschem Segeltuch.

Hinweg die feige Knechtsgeberde;
Zerbrich der Heimath Schneckenhaus,
Zieh muthig in die Welt hinaus,
    Daß sie Dein eigen werde!

— — —

Wie Dich die Lande anerkennen,
Soll auch das Meer Dein Lehen sein,
Das alle Zungen benedein
    Und einen Purpur nennen.
Er soll nicht mehr um Krämerschultern brennen
Wer will den Purpur von dem Kaiser trennen?
    Ergreif ihn, er ist Dein.

— — —

Es wird gescheh'n! sobald die Stunde
Ersehnter Einheit für uns schlägt,
Ein Fürst den deutschen Purpur trägt,
    Und Einem Herrschermunde.
Ein Volk vom Po gehorchet bis zum Sunde;
Wenn keine Krämerwaage mehr, wie Pfunde,
    Europa's Schicksal wägt.

Auch Heine hat öfters der deutschen Flotte gedacht. Aber ihn beseelt nicht die frohe Zuversicht Herwegh's und Freiligrath's. Im Gedicht „Unsere Marine" macht er sich über die hoffnungs= freudigen Schwärmer lustig.

    „Wir träumten von einer Flotte jüngst,
    Und segelten schon vergnüglich.
    Hinaus auf's balkenlose Meer,
    Der Wind war ganz vorzüglich.

    Wir träumten so schön, wir hatten fast
    Schon eine Seeschlacht gewonnen
    Doch als die Morgensonne kam,
    Ist Traum und Flotte zerronnen.

    Die Welt ist rund. Was nützt es am End',
    Zu schaukeln auf müßiger Welle!
    Der Weltumsegler kommt zuletzt
    Zurück auf dieselbe Stelle."

Andere Gegenstände, welche die Lyrik jener Tage öfters beschäftigt haben, waren das traurige Loos vieler deutscher Auswanderer, der Ausbau des Kölner Domes und das Elend der schlesischen Weber. Ihm haben Freiligrath und Heine zwei ihrer ergreifendsten Lieder gewidmet. Das Gedicht des ersteren „Aus dem schlesischen Gebirge" beschränkt sich auf nackte Schilderung des jämmerlichen Schicksals einer Weberfamilie. Tieftraurig schließt es:

    Ich glaub', sein Vater webt dem Kleinen
    Zum Hunger bald das Leichentuch!

Heine's Werk ist durch und durch revolutionär, es dichtet den armen schlesischen Webern eine Stimmung an, die ihnen in Wirk= lichkeit ganz fehlte:

    Im düstern Auge keine Thräne,
    Sie sitzen am Webstuhl und fletschen die Zähne!
    Deutschland, wir weben Dein Leichentuch,
    Wir weben hinein den dreifachen Fluch
    Wir weben, wir weben!

Solcher Art waren die Stimmungen und Gedanken, welche die große Menge der Gebildeten zu Anfang des Jahres 1848 in Deutschland beseelten. Eine Mißernte und Volkserhebungen in Polen verschärften noch die Unzufriedenheit. Die Februarrevolution in Paris, der Aufstand in Wien wirkten dann wie der Funke auf's Pulver. Die Berliner Märzereignisse und die Unruhen in ganz Deutschland waren die Folge. Alles, was an Beweggründen zur Unzufriedenheit in den verschiedenen Schichten der Bevölkerung vorhanden war, alle Beschwerden wurden nun laut zur Sprache gebracht, und es entwickelte sich eine beispiellose literarische Thätigkeit. An jeden nur nennenswerthen Vorgang knüpfte sich eine ganze Fluth von Liedern, Maueranschlägen, Zeitungsartikeln, Karrikaturen und anderen literarischen Erzeugnissen.

Ihre Form ist meist den verschiedenen Schöpfungen der ersten Hälfte der 40er Jahre nachgeahmt. Auch die handelnd auftretenden Persönlichkeiten sind vielfach Erfindungen älterer Zeit, so der Holtei-Glasbrennersche „Eckensteher Nante" und „Eisele und Beisele" der Fliegenden Blätter. Nur weniges von dem neu Aufkommenden ist ganz originell. Aber die Gedankenwelt der Literatur der März- und Nachmärztage weist begreiflicher Weise bald starke Abweichungen von früher auf. War doch am 18. März die Censur gefallen, waren früher nie für möglich gehaltene Ereignisse eingetreten und regten diese die verschiedensten Leidenschaften gewaltig an!

Die Mehrzahl der Flugblätter, Tagesschriften und dgl. jener Monate ist jetzt sehr selten geworden. Ihr Inhalt ist dem Gedächtniß unserer Generation entschwunden. Aber es ist soviel des Interessanten in ihnen enthalten, sie spiegeln so getreu den Geist einer in vielen Beziehungen uns kaum noch verständlichen Zeit wieder, daß jetzt, wo ein halbes Jahrhundert uns von ihr trennt, ein Blick auf die wichtigsten Erscheinungen der Litteraturerzeugnisse des tollen Jahres nicht nur einem vielfach gehegten Wunsche entsprechen, sondern auch viele irrige Vorstellungen aufklären dürfte.

2

Außerhalb Preußens erschienene politisch-satyrische Zeitschriften

1. **Fliegende Blätter**, München.
2. **Leuchtkugeln**: Randzeichnungen zur Geschichte der Gegenwart. München. Emil Roller.
3. **Der Leuchtthurm**, Wochenschrift zur Unterhaltung und Belehrung für das Deutsche Volk. Redigirt von Ernst Keil. Leipzig. Ernst Keil u. Co.
4. **Freikugeln**, Blätter für ernste und heitere Unterhaltung. Wöchentlich 4 Nummern. Redakteur Bauschke. Verleger: Literarisches Museum in Leipzig.

Die **Fliegenden Blätter** trugen damals nicht wie heute ausschließlich den Charakter einer harmlosen, jeder Politik fremden Unterhaltungsschrift. Allerdings wog in ihnen jeder Zeit der unschuldige Humor vor, gelegentlich finden sich in ihnen aber während des Jahres 1848 auch Scherze, welche der Spitze nicht entbehren. So wird in einer Nummer die allgemein verbreitete Lesewuth verspottet. Nach alter Melodei heißt es:

> Der Herr der schickt die Köchin aus,
> Sie soll ihm Essen holen;
> Die Köchin bringt das Essen nicht,
> Sie muß die Zeitung lesen!

Der Herr schickt nun den Burschen, die Kindsmagd, den Hausknecht nach einander fort. Keiner kommt wieder! Er sendet den Teufel, sie alle zu holen; auch er vertieft sich in die Zeitung!

> Da will der Herr nun selber fort,
> Will heut im Gasthof essen —
> Die Köchin bringt das Essen nicht,
> Der Bursche ruft die Köchin nicht,
> Die Kindsmagd schaut nach beiden nicht,
> Der Hausknecht prügelt Niemand nicht,

Der Teufel holt sie selber nicht,
Der Herr speist auch im Gasthof nicht,
Er liest, wie sie, die Zeitung!

In einer andern Nummer ist das unglückliche Individuum, ein wahres Monstrum, abgebildet, welches in einem pommerschen Wahlbezirke deshalb ins Parlament gewählt wurde, weil es am leichtesten beim Ackerbau entbehrt werden konnte.

Einmal wird die Unterhaltung eines süddeutschen Grafen mit seinem Schulmeister vorgeführt, der seine Stelle niederlegen und Sauhirt werden will. Der Lehrer begründet seinen Entschluß mit dem Wunsche, weiter zu kommen. Für den Unterricht der 70 Kinder bekomme er jährlich auf den Kopf 30 Kreuzer, als Hirt dagegen für jedes Schwein 52 Kreuzer und dabei halte die Gemeinde über 400 Schweine!

Ein Spital wird vom regierenden Fürsten besucht. Dieser will einer Operation beiwohnen. Es ist zwar kein zu operirender Patient da, aber der Arzt sagt: „um dem Wunsche Serenissimi zu genügen, wollen wir eine an dem nächsten Manne hier versuchen, um so mehr, da er nicht von hier ist!"

Zeitgemäß war wohl auch der „Aufruf an alle guten und schlechten Bürger" zur Gründung des „Deutschen radikalen Vereins für Ruhe und Tumult". Die Statuten lauten:

§ 1. Jedermann kann thun, was er will.
§ 2. An den ersten Paragraphen ist Niemand gebunden.
§ 3. Die Paragraphen 1 und 2 sind wieder aufgehoben.
§ 4. Um Streitigkeiten zu vermeiden, ist jedes Mitglied Vorstand.

Am volksthümlichsten sind die drolligen Erlebnisse und Unterhaltungen Eisele's und Beisele's geworden, welche alle möglichen Tagesereignisse in satirischer Weise behandelten.

So erblickte man einmal z. B. in den „Fliegenden", als in Berlin das Gerücht verbreitet war, die Regierung verstecke heimlich jede Nacht Soldaten im Zeughaus und verproviantire es, dieses Gebäude von oben bis unten gespickt wie einen Hasen. Baron Beisele und sein Hofmeister Dr. Eisele staunen es stumm an. — An einer andern Stelle räumen Soldaten in Reih' und Glied die Straße, wie das Wrangel im September 48 gethan. Vor dieser Straßenreinigungsmaschine flüchten in drolliger Weise die beiden Persönlichkeiten.

Der Paragraph der bayerischen Verfassung, welcher jedem Bürger Sicherheit seiner Person, seines Eigenthums und seiner

Rechte zusagt, wird illustrirt durch ein nach der Bastille gebautes
Haus, dessen Thür nur mit Hülfe eines an einem langen Tau
hängenden Korbs zu erreichen ist. Beisele hält es für eine Festung,
sein Hofmeister aber belehrt ihn über die wahre Natur des
Gebäudes.

Die Leuchtkugeln, welche Ende 1847 ins Erscheinen traten,
wählten von Anfang an eine erheblich schärfere Tonart als die
Fliegenden Blätter. Schon die Zeichnung am Kopf der Nummern
ließ erkennen, daß hier die Beschwerden der Zeit in erster Linie
behandelt werden sollten. Amoretten werfen darauf mit Leuchtkugeln nach bezopften und sonstigen lächerlichen Gestalten. Man
sieht einen mit Orden behangenen Minister, einen Censor, Quacksalber,
Mönch, Pfaffen, Zöllner und Soldaten vor ihnen fliehen. Am
Boden liegt eine Dame im Reitkleid, Lola Montes. Auf dem
Titelbild der Bände erblickt man den deutschen Michel schlafend.
Im Traume erscheinen ihm Barbarossa und die andern alten Kaiser
in feierlichem Zug einherwallend! — Das von F. Reuscher, G. Bott,
Seitz, R. Vogel, Rühling, Diemer mit geistvollen Bildern ausge-
stattete Blatt war anfangs immerhin noch ziemlich harmlos.
Deutsche Verhältnisse werden nur vorsichtig gestreift. So ruft in
der ersten Nummer der Richter einem Angeklagten, der sich auf
das allgemein gültige Natur- und Menschenrecht beruft, daß in
jedermanns Brust wohne, zu: „Was Natur- und Menschenrecht? —
Hier entscheidet das römische Recht!"

Ein andrer deutscher Mann, der heirathen will und alle
Papiere vorlegt, erhält von dem Küster den Bescheid, daß er nicht
heirathen könne, da sein Impfschein fehle. „Glauben Sie denn,
der Staat wolle durch ungeimpfte Bürger noch mehr Gift in seinen
Organismus aufnehmen?"

In der zweiten Nummer zeichnet der deutsche Michel die
Karte seines Vaterlandes nach der Anleitung R. Macaire's. Die
natürliche Grenze Rußlands bildet danach das rechte Rheinufer, die
natürliche Grenze Frankreichs das linke!

In einer andern Nummer examinirt John Bull den demüthig
vor ihm stehenden Michel, ob es dem Deutschen nachtheilig sei,
keine Flotte zu besitzen. Michel betheuert, daß es ihm im Gegentheil sehr
nützlich sei, weil er keine Seeschlacht mitzumachen brauche. John Bull
fragt darauf, ob er wisse, warum England Helgoland befestige. Michel
erwidert: „um die unbeschützte Mündung des wichtigsten deutschen
Stromes gegen jede russische oder französische Blokade zu decken."
Auf einem andern Bild beantwortet Michel die Fragen John

Bulls nach dem Hauptprodukt Deutschlands in folgender Weise: „Deutschland hatte von jeher sehr viel Pech." —

In Nummer 5 wird die Würdigung des „Verdienstes um die Wohlfahrt der Nation" in England und Deutschland geschildert. Ein Bild zeigt Richard Cobden, dem John Bull einen Sack mit 80000 Pfund Sterling überreicht. Daneben sieht man in nächtlicher Berglandschaft Liszts Grab mit der Unterschrift: „Um der deutschen Nation zu dienen, entsagte Friedrich Liszt jedem andern Dienste, und hat den Seinigen nichts hinterlassen als seinen Namen."

Der deutsche Michel in der Reitschule.

„Nb meine Herren Cavaliere, wie geht's, ist der Michel noch immer unruhig — keiner von Ihnen herabgefallen?"

„Nun es macht sich; der Michel ist wieder der alte gute Kerl, er sieht es selbst ein, daß wir nur vereint stark sind."

„Sehr erfreut, meine Lieben! — Sollte er jedoch wieder in den Zügel beißen, ich diene, wo ich kann, mit Vergnügen."

Die Furcht vor russischer Einmischung in die deutschen Verhältnisse und der vermeintliche Rückhalt, den die deutschen Monarchieen an Rußland hatten, findet seinen Ausdruck in der beigefügten Illustration aus Nr. 37 von 1847.

Höchst ergötzlich sind die Rathschläge eines erfahrenen Mannes an seinen Neffen, der Literat werden will. Da heißt es:

„Da Du nichts gelernt hast . . . bleibt Dir wohl nichts übrig, als Zeitungsschreiber zu werden. Wärest Du von Adel, so würde ich Dir unbedingt die diplomatische Laufbahn empfehlen, die schneller und angenehmer zum Ziele führt, als jede andere; aber der Mangel

an Geburt kann nicht durch Talent, und auf die Länge nicht ein=
mal durch Genie und Charakterstärke ersetzt werden, wie die
Geschichte aller großen Parvenus zur Genüge beweist. Du willst
Deine Laufbahn als Publizist in der Opposition beginnen. Ich
billige dies vollkommen. Meine erste publizistische Leistung war
ein wüthendes Pamphlet gegen die Regierung, der ich jetzt diene.
In der schlechten Presse kannst Du Dein Talent am schnellsten aus=
bilden und auf's imposanteste geltend machen . . . Natürlich mußt Du
auch die Schwächen Deiner künftigen Gegner studiren, vor allem ihre
größte, die Uneinigkeit, dann ihren Hochmuth, ihre Rechthaberei unter
einander, ihre Angst vor der Polizei, (der Deutsche fürchtet weder den
Teufel noch den lieben Herrgott, destomehr aber die Gendarmerie
und ihre Feilheit). . . . Einen Uebergang geschickt auszuführen, ist
für jeden Publizisten eben so schwierig als für einen General.
Jedenfalls muß man sich nicht erst von der Opposition zur Thüre
hinauswerfen und in effigie an den Galgen hängen lassen, ehe
man seine Feder der guten Sache anbietet . . . sondern seine Maß=
regeln so nehmen, daß man der Opposition sagen kann: Ihr seid
die Rückschritts= und Verdummungsmänner, ihr wollt uns unter
fremdes Joch bringen, im Trüben fischen und Profitchen machen,
Bier und Sauerkraut vertheuern, und das alte, edle deutsche Volk
vor der ganzen Welt blamiren; während wir im Gegentheile
Oeffentlichkeit und Mündlichkeit zwar nicht eingeführt haben, aber
einführen wollen, ja sogar bei einem Haar die Censur abgeschafft
hätten u. s. w."

Nach den Pariser Februarereignissen, nach der Volksbewegung
in verschiedenen deutschen Landen, werden die „Leuchtkugeln" eine
Zeit lang sehr radikal. Mit Fürsten, Klerus, Behörden wird nicht
mehr viel Federlesen gemacht. Besonders Preußen und sein König
sind der Gegenstand bissiger Angriffe. Wie wenig den Verfassern
allerdings die preußischen Verhältnisse und die Denkungsart des
gutherzigen Friedrich Wilhelm IV. bekannt waren, beweisen sie,
wenn sie Worte aus seiner schmerzerfüllten Proklamation vom
18./19. März unter eine Pyramide aus Todtenschädeln und Gewehren
setzen oder den König als Anwärter auf die Kaiserwürde damit
empfehlen, daß er den Purpurmantel — „gefärbt in ächtem Berliner
Bürgerblut" selbst zu liefern im Stande sei. — Die Preußenfresserei
hält indessen nicht lange an. Bald scheint sich wieder eine gerechtere
Auffassung der Dinge Bahn zu brechen. Schon in Nr. 19 macht der
Freiheitsjubel einer kritischen Betrachtung der Tagesereignisse Platz.
Anläßlich der geplanten Kaiserwahl wird folgendes Gedicht gebracht:

Der deutsche Michel schrie sich erst
Nach seiner Freiheit heiser,
Und jetzo schreit der Gute schon
Nach einem deutschen Kaiser.

Und herrlich, wie bisher noch nie
Bei keinem andern Spiel,
Bekundet unser Landsmann hier
Sein Einigkeitsgefühl.

Die Herrn von Greiz, Schleiz, Lobenstein,
Die wählen ihren Heinerich;
Und die Berliner Christen
Den schwarz-roth-gold'nen Friederich.

Und jetzt, weil Alles möglich ist,
Hört man vielleicht erzählen
Gar bald, daß die Hannnover'schen
Den Ernst August wählen.

———   ——   ———

Geh' in Dich, gutes deutsches Volk,
Schrei Dich nicht noch 'mal heiser;
Und statt des Einen Kaisers wähl'
Dir acht und dreißig Kaiser.

Dann haben endlich wieder Ruh'
Die Lungen und die Hände,
Und der betrübte Kaiserstreit
Kommt so zum besten Ende.

Die Volksbewaffnung in den deutschen Staaten wird in der Weise bildlich dargestellt, daß man eine Anzahl Soldaten unter einem großen Hut mit der 3 farbigen Kokarde marschiren sieht, der sie alle bis zu den Knöcheln bedeckt. An dem Hut ist ein kleiner Wagen mit Hemmschuh befestigt. Von dem Wagen aus lenkt ein bezopfter Diplomat den Bürgerwehrhut! —

In Nr. 24 singen ein österreichischer „Bürger" und ein preußischer „Unterthan" mit einem „Deutschen":

Immer langsam voran, immer langsam voran,
Daß der Reichstag den Oesterreichern nachkommen kann.
Zu Frankfurt sind versammelt viel gescheidte Herrn,
Und vielen schimmert als Wegweiser ein Ordensstern.

Die Soldaten erschießen die Bürger von Mainz,
Der Reichstag singt gemüthlich: 's ist uns Alles Eins.

Einige Wochen später bringen die „Leuchtkugeln" ein Bild,
wie einige Männer einen Wegweiser umhauen. Auf die Frage,
warum sie das thäten, erwidern sie: damit die Russen nicht den
Weg ins freie und einige Deutschland fänden. Sie werden darauf
belehrt, sich die Mühe zu sparen. Dieses Deutschland würden die
Russen doch nicht finden! — In derselben Nummer ist ein
„Philisterlied oder vive la reaction", wo es zum Schluß heißt:

O Gott, wend' auf uns Deinen Blick,
Und führ' uns wieder zum Alten zurück,
Erhalt' uns Adel und Pfaffen fort,
Und jag' zum Teufel das freie Wort,
Und gieb uns wieder den Zopf!

Volksbewaffnung.

Ein andres Mal werden Vorschläge zu einem Kostüm für
deutsche Konservative gemacht. Unter der Zeichnung steht:

Nichts lernen, nichts vergessen!
Zwar gut trinken und essen,
Hingegen auch unsre Ruh'
Und eine Prif' Toback dazu
Mit Erlaubniß der Polizei;
So ist man wahrhaft frei,
Thut nach Schuldigkeit seine Pflicht
Und wird beleidigt von Niemand nicht.

Auf derselben Seite wird die Mittheilung einer russischen
Zeitung: „Ruhe herrscht in Deutschland wieder," illustrirt durch
einen Galgen, an dem eine Anzahl Gerichteter hängen. Im Hintergrund geht die Sonne nieder!

Wie der deutsche Michel seine Errungenschaften bewacht.

In ähnlichem Geiste ist ein Bild gehalten in einer der Herbst-
nummern des Blattes: „Wie der deutsche Michel seine Errungenschaften bewacht." Michel in Uniform mit der Jakobinermütze sitzt

schlafend da, den Arm auf die Märzproklamationen gestützt. Während dessen haut ihm ein Pole die Spitze seiner Fahne ab, ein Italiener reißt ein Stück Fahnentuch an sich, ein englischer Hund schleppt seine Börse fort, ein Pfaff reißt die Religionsfreiheit-Urkunde von seinem Lager, Beamte suchen die Gesetze über Preßfreiheit und Vereinsrecht los zu machen; ein preußischer Soldat entführt sein Schwert!

Der Leuchtthurm, der Vorgänger der Gartenlaube, welche später Ernst Keil zu größter Volksthümlichkeit und ungewöhnlichem Reichthum verholfen hat, ist zuerst 1846 in Leipzig erschienen. Das Blatt brachte neben Erzählungen und Reisebildern zusammenfassende Schilderungen der politischen und Tagesereignisse aus verschiedenen Theilen Deutschlands und des Auslands daneben politische Gedichte und einzelne Nachrichten. Wie bei der Auswahl dieser Aufsätze beweist der Herausgeber auch in den Bilderbeigaben einen ausgeprägt demokratischen und oppositionellen Geist. Die in Lithographie ausgeführten Poräts stellen nur Lieblinge der demokratischen und revolutionären Kreise dar. Neben ihnen brachte der Leuchtthurm eine Reihe mehr bissiger als witziger Zeitbilder und Karrikaturen. Auf den ersten des Jahrgangs 1848 sind Bauern abgebildet, die zur Auswanderung gerüstet sind. Der Amtmann sucht ihnen ihren Entschluß auszureden. In Amerika flögen ihnen gebratene Tauben auch nicht ins Maul. Die Bauern entgegnen darauf: „Aber wenn eene geflogen kümmt, dann ess'n wir sie auch selber!" — Das nächste Bild zeigt einen Jesuitenpater, der mit einer Gießkanne sprengt. Unter dem Wasserstrahl sprießt ein Feld schwarzer Gestalten, meist mit Pastorenkragen und Talaren in die Höhe. Einige der Schwarzen sind in Zeitungsblätter gehüllt: „Hengstenberg'sche Kirchenzeitung", „Historisch = politische Blätter", „Volksblatt", „Adels=Zeitung". Unter der Zeichnung liest man die Verse:

„Wir haben gesäet in dürrer Zeit,
Wir haben gepflegt mit Emsigkeit,
Und droht uns'rer Saat auch Verderben heut
Wir werden doch ernten in guter Zeit."

Ein anderes Beiblatt zeigt einen Bauern, den der dicke Amtmann anschnauzt: „Warum setzt er sich, er Flegel? Glaubt er, er ist in seiner Scheune?" — Der Bauer erwidert lächelnd: „Ne, Herr Amtmann, weil ich von dem weiten Weg auf's Amt sehr müde bin. Wär' ich ä Flegel und in meiner Scheur, da würd' ich jetzt los dreschen!"

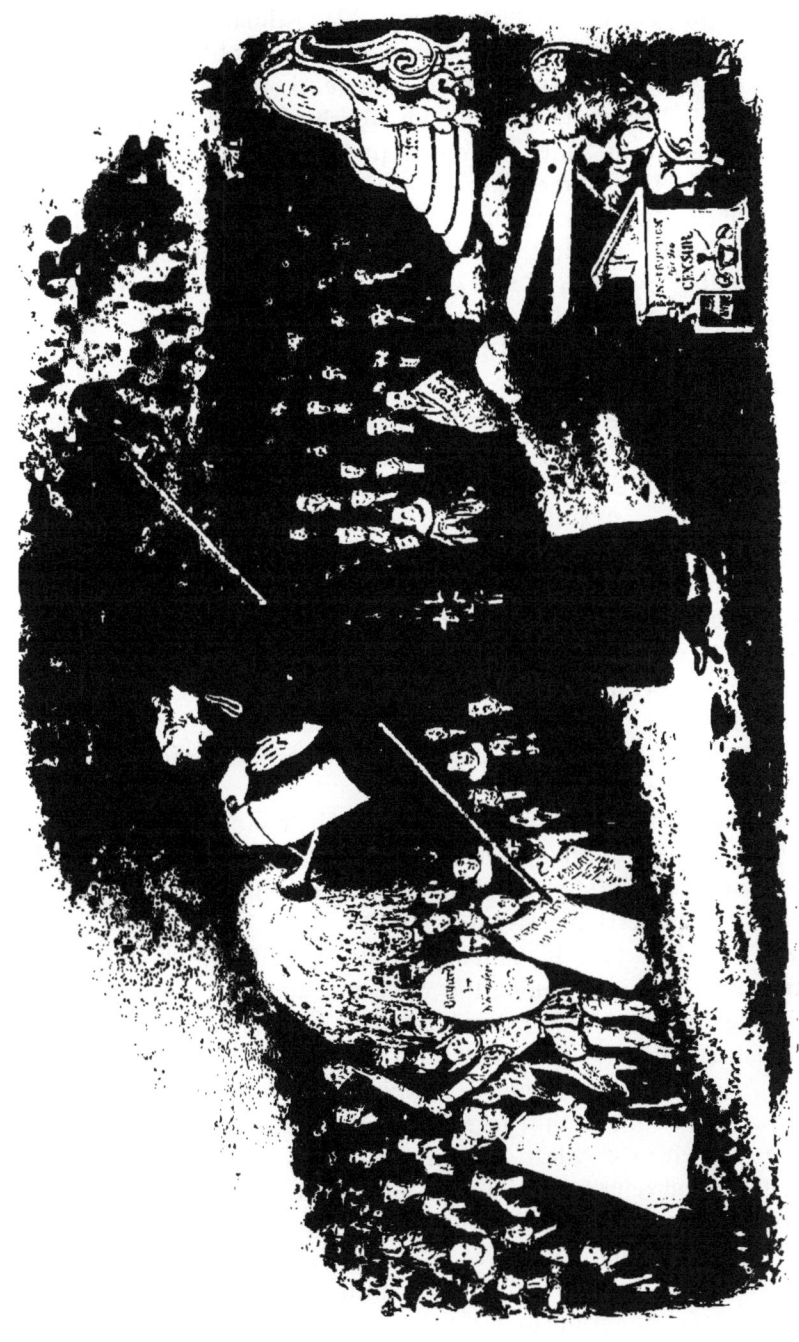

Ganz besonders bösartig ist die Zeichnung in Nr. 4 des „Leuchtthurms", „Wie einer immer daneben trat." Man sieht auf der schneebedeckten Terrasse von Sanssouci Friedrich den Großen spazieren. Vergebens bemüht sich Friedrich Wilhelm IV. an der anderen Seite in seine Fußtapfen zu treten.

Nach einer älteren Idee ist eine Zeichnung entworfen, welche das Zweikammer-System in Gestalt einer Kutsche darstellt, die an beiden Seiten bespannt ist. An der einen Seite sitzen Diplomaten und Hofschranzen in Gala auf dem Bock, an der anderen Volks-männer mit der dreifarbigen Fahne.

Gelungen ist eine Illustration zu General Wrangel's Rede vom 20. September 1848, wo es hieß: „Wie traurig sehe ich Berlin wieder, in den Straßen wächst Gras, die Häuser sind verödet" 2c. 2c. Man erblickt Wrangel, der mit seinem Pferd kaum durch das hohe Gras in einer Straße, wo alle Fenster von Kugeln durchlöchert sind, dringen kann. Männer und Frauen bewegen sich sämmtlich auf Stelzen.

Andere Bilder beschäftigen sich mit Tagesfragen. Eines ver-spottet die Bürgerwehren. Der Kommandeur in stolzer Uniform kanzelt den Posten ab, weil er die Wache nicht in's Gewehr ruft. Der Posten erklärt darauf, es sei Niemand in der Wache. „Die Frauen wollen det Nachtpatrouilliren nicht leiden und die Männer haben keene Kourage und behaupten, det schwere Gewehr hindere blos beim Rennen."

Neben seiner sehr demokratischen Gesinnung zeichnet sich der „Leuchtthurm" durch großen Haß gegen Preußen und seinen König und außerordentliche Verehrung Robert Blum's aus. Von den Berlinern bemerkt die Redaktion Ende März bei einer Schilderung der Märztage: „ein so hündischer Unterthänigkeitssinn, wie die Ber-liner Bourgeoisie augenblicklich an den Tag legt, verdient die Ver-achtung des ganzen frei aufathmenden Teutschlands, das ähnlicher Gemeinheiten nirgends mehr fähig ist."

In diesem Preußenhaß begegnet sich der Leuchtthurm mit den schon seit 1842 in Leipzig bestehenden „Freikugeln". Dieses jeden zweiten Tag erscheinende Blatt brachte ebenfalls Erzählungen, politische Artikel, Nachrichten, Gedichte in bunter Reihe, daneben gelegentlich kleine Illustrationen und größere satirische Zeichnungen. Auch die „Freikugeln" sind von demokratischem Geiste durchdrungen und sind bestrebt, der Unzufriedenheit der mittleren und unteren Klassen in jeder Weise Ausdruck zu verleihen. In Ermangelung eigenen Ma-terials bringen sie Vieles aus anderen Zeitschriften und sonstigen

Wrangel in Berlin.

literarischen Erscheinungen. Einer ihrer Hauptmitarbeiter war der schlesische Lehrer Eduard Pelz, welcher oft von der preußischen Polizei wegen seiner revolutionären Ansichten gemaßregelt worden ist und als Verfasser des bekannten Liedes der aufständischen schlesischen Weber betrachtet wurde.

Von dem Geiste, in dem die „Freikugeln" gehalten waren, mögen nur einige Proben aus dem Jahr 1848 zeugen. Gespräch zweier Bürger in Nr. 3:

„Haben Sie's wieder gelesen von Ferrara — hm — die Völker werden eben mündig. —"

„„Bßßt""

„Und das Ende wird halt sein, daß das Tabakrauchen auf den Straßen noch überall erlaubt wird; eher wird keine Ruh' — in Europa —"

„„bßßßt, um Gotteswillen!"" . . . .

— Von welchem Artikel gönnen viele Reiche den Armen das Beste und sich das Schlechteste? — Von dem Artikel Koch, sie vergönnen den Armen den besten Koch, denn Hunger ist der beste Koch.

— Grabschrift eines Wiener Polizeispions:

„Wandrer, still St! Kein Wort vor diesem Mann,
Sonst steht er auf und giebt Dich an."

— In Nr. 55 werden die Titulaturen Wohlgeboren, Hoch-weise, Hochedelgeboren ꝛc., sowie das Hutabnehmen beim Grüßen verspottet.

In einer andern Nummer wird ein Vorschlag für eine Amts-tracht der Frankfurter Abgeordneten besprochen, worin diese etwa mittelalterlichen Quacksalbern geähnelt hätten, und hinzugesetzt: Alles, nur keinen Frack.

In Nr. 121 befindet sich ein Gedicht, worin es unter anderm heißt:

„Und als ihr endlich, endlich dreingeschlagen,
Als frisch der Freiheitsbaum gegrünt,
Als ihr voll Muth an blut'gen, heil'gen Tagen
Die alte Schande habt gesühnt.
Da konntet ihr den Baum zur Blüthe bringen
Durch deutschen Muth, durch deutsche Kraft.
Allein dies konnt mit Klugheit nur gelingen,
Doch ihr benahmt euch tölpelhaft.

Im Oktober 1848 liest man einmal in den Freikugeln: Leip-ziger Gespräch:

„Man schlägt Generalmarsch! Um Gotteswillen, was ist denn schon wieder los?" — —

„„Man soll 3 Schusterjungen gesehen haben, die Arm in Arm gegangen sind.""

In einer späteren Nummer findet sich:

„Das Reichsministerium sucht einige hundert brodlose Tischler, die das Zusammenleimen Deutschlands übernehmen wollen."

Der deutsche Michel: „Eine Woche schau' ich noch zu — und dann — — dann laß ich's gehen, wie's geht." —

In der vorletzten Nummer des Jahrgangs findet sich folgender Scherz:

Ein Berliner meinte, daß man den Märzhelden mit dem feierlichen Leichenzuge die letzte Ehre erwiesen habe.

Berliner politische und satirische Zeitschriften

1. Berliner Charivari redigirt von Satan. Verlag von Louis
Hirschfeld, Berlin. [Druck von Barth & Schultze, Spandauer=
straße 76, von Nr. 4 ab Druck von J. Dräger (Humblot & Co.)]
Nr. 1: 1847. — 2—6: 1848. 72 S. Erschien monatlich.
Mitarbeitende Künstler: Hosemann, W. Scholz, Teichel, Ulfe.
— Motto:

    „Den Teufel spürt das Völkchen nie, —
    Und wenn er sie beim Kragen hätte."

2. Locomotive. Zeitung für politische Bildung des Volkes.
Redakteur Held. (Verlag von Rudolph Liebmann.) Nr. 1
erschien 1. April 1848.

3. Freie Blätter hg. von Adolf Glaßbrenner. Illustrirte politisch=
humoristische Zeitung. Berlin. (Verlag von M. Simion.) Nr. 1
vom 6. Mai 1848.

    Motto: „Der Staat sind wir."

4. Kladderadatsch. Organ für und von Bummler. Berlin.
(Verlag von A. Hofmann & Comp.) Nr. 1 vom 7. Mai 1848.

5. Berliner Krakehler. Berlin. (Verlag von Ernst Litfaß.)
Nr. 1 vom 18. Mai 1848. Am 60. Tage nach dem ersten Miß=
verständniß.

    Motto: „Ruhe ist die letzte Bürgerpflicht, die erste aber:
    immer mit dem Kuhfuß."

6. Die ewige Lampe. Verantwortlicher Redakteur Dr. Carl Siechen
nebst Familie. Nr. 1 ohne Datum — erschienen Mai 1848.

7. Der Demokrat. Hg. von Baader, Massaloup und Wiß. Berlin.
(Verlag von W. Fähndrich & Co.) Nr. 1 vom 22. Mai 1848.

8. Tante Voß mit dem Besen. Missionsblatt zur Bekehrung der
politischen Heiden. Redigirt unter Verantwortlichkeit der Verlags=
handlung.? Verlag von Löwenherz in Berlin. Nr. 1 vom
Juni 1848.

9. **Berliner Großmaul.** Unter Verantwortlichkeit der Verlagshandlung. Berlin. (Verlag von Ferd. Reichardt & Co.)
Nr. 1 vom 12. August 1848.

Blätter, von denen nur wenige Nummern erschienen:

10. **Der Satyr.** Blatt für offene Meinung und freies Wort.
Redigirt von Max Cohnheim und Adolph Reich. Verfasser
des konstitutionellen Katechismus. Berlin. Erste und letzte Nr.
1. Mai 1848.

11. **Der Volks-Tribun.** Redigirt unter Verantwortlichkeit der
Verlagshandlung. Berlin. (Verlag von S. Löwenherz.) Nr. 1
vom 5. September 1848.

12. **Feuerbrände von L. Börnes Schatten.** Berlin. Commissions-
verlag von F. S. Schneider & Co.) Mai 48.

13. **Der Teufel in Berlin.** Verantwortlicher Redakteur A. Hopf.
Berlin. (Verlag von Louis Hirschfeld.)

14. **Zeltengedanken ohne Mißverständnisse.** Herausgeber
C. W. G. Müller. Berlin. Nr. 1 vom 26. Juli 1848.

Berliner Charivari erschien anfangs in monatlichen Heften,
später häufiger. Mit Nr. 6 ist er, soweit feststellbar, eingegangen. In
dem ersten Hefte hieß es: „Satans Charivari wird Züge aus dem
Menschenleben in allen seinen Schattirungen bieten. . . . Hierzu
ist Niemand geeigneter als Satan, denn von seinem Standpunkte
aus übersieht er Alles, er dringt in die geheimsten Falten der
Herzen ein . . . Er hat vor nichts Respect — Er schreibt weder
für das Brot noch um das Brot, darum hat er keine Rücksichten auf
hohen Adel und geehrtes Publikum zu nehmen, wie das beklagens-
wertheste menschliche Wesen — Literat. Er schätzt es sich überhaupt
zur Ehre, nicht Mensch zu sein und weist den Vierbeinigen in seiner
Liebe eine viel höhere Stellung an als den Zweibeinigen, die bei
ihm mit den Sechsbeinigen rangiren.“ — So radikal wie dieses
Programm war die Zeitschrift selbst nun nicht. Sie reichte weder
in Witz noch in Satire an ihr Pariser Vorbild heran. Die erste
Nummer enthielt lediglich einen Angriff auf die Verschleppung
deutscher Auswanderer nach Brasilien und Texas nebst einem
poetischen Sehnsuchtsruf an den König Friedrich Wilhelm IV wegen
Schöpfung einer deutschen Flotte:

> „Gieb uns die Flotte nun, Herr König,
> Der Deutschen erster König, Du!

Auf daß Dein Ruhm erschall' volltönig,
Sprich Dir der Hansa Erbe zu.
Deutsche Flotte, in allen Meeren jugendlich trunken,
Peitsche die Wogen zu Schaum, schleud're zum Himmel
Funken.

Daran schloß sich: eine Berliner Humoreske, eine schwache Satire auf Radikale und Absolutisten, ein Artikel über Jenny Lind, einige Theaternotizen und Nachrichten verschiedener Art.

№ 2.　　Preis: 2½ sgr.　　1848.

BERLINER CHARIVARI.

Redigirt von Satan.

Bestellungen
nehmen alle
Buchhandlungen
sowie
Postämter
an; so
in Berlin
die
Haupt-Expedition,
Spandauerstraße 76

Den Teufel spürt das Völkchen nie,
Und wenn er sie beim Kragen hatte.

Monatlich erscheinen
2 Bogen hoch 4
Preis 2⅓ Sgr
oder 9 kr Rh. oder
8 kr C M
Das
Redactionsbureau
ist in
Berlin
Krausenstraße 74

Verlag von LOUIS HIRSCHFELD.

Auch die folgenden Nummern beschäftigten sich hauptsächlich mit Berliner Tagesneuigkeiten, Theater= und sonstigem Klatsch. Die von Hosemann, W. Scholz und andern mit Zeichnungen versehenen Scherze beziehen sich ebenfalls nur auf Angelegenheiten, welche heut meist ihr Interesse eingebüßt haben. — Nach den Märzereignissen wurde Charivari auffallender in der Sprache aber nicht witziger. Mit großer Ausführlichkeit behandelt er z. B. eine Skandalgeschichte, die in Potsdam vorgefallen sein soll und von der damals viel gesprochen

wurde (der sogenannte Matrazenball). — Im letzten Hefte wird
Georg Herwegh wegen seines Verhaltens im badischen Aufstand
verspottet. Er liegt jammernd hinter einem Zaun. In der Ferne
sieht man Bajonette. Seine Frau reicht ihm ein Riechfläschchen,
während er ruft:

O himmlischer Heiland! die Nassauer kommen!
Ein Glück, daß den Wagen Du mitgenommen.
Damit mich die Feinde nicht etwa entdecken,
Kannst Du mich unter's Spritzleder verstecken.

Der Lokomotive wird in einem späteren Abschnitt näher
gedacht werden.

Die Freien Blätter Glaßbrenner's brachten trotz des Vermerks
auf ihrem Titel, ebenso wie Charivari nur sehr vereinzelt
Illustrationen.

An der Spitze der Nummern befinden sich jedesmal ein oder
mehrere längere, meist politische Artikel. Dann folgen scherzhafte
Gedichte oder Gespräche und zum Schluß ein Feuilleton, bestehend
aus allerlei boshaften Nachrichten und Bemerkungen. Der Werth
der verschiedenen Nummern ist sehr ungleich. Ein scharfblickender
Politiker war Glaßbrenner niemals. Sein Gebiet war immer mehr
das kleinbürgerliche Berliner Leben und Treiben. Er mußte in
jenen aufgeregten Tagen den richtigen Ausdruck für die Dinge nicht
stets zu finden, und so ist es nicht zu verwundern, daß sein Blatt
wenig Anklang fand. Trotz dessen fehlt es in den „Freien Blättern"
nicht an allerlei gelungenen Einfällen und Scherzen. So werden
einmal Vorschläge zu zeitgemäßen Bildern in folgender Weise ge=
macht: „Der Verfassungsentwurf, historisches Bild in der Manier
des 16. Jahrhunderts. — Porträt des Finanzministers Hansemann,
in doppelter Kreide. — Die Berliner März=Revolution, unaus=
geführte Skizze von einem Dilettanten. — Ein Rehberger arbeitend,
Phantasiestück. — Glaßbrenner salbt Herrn Ludwig Rellstab,
Altarbild. — Die preußische National = Versammlung, Still=
leben." —

Ein anderes Mal macht Glaßbrenner folgende Bemerkung:
„Die Vossische Zeitunke ist sehr böse darüber, daß nur die unbesol=
deten und nicht die besoldeten Magistrats=Mitglieder abgedankt
haben. Die Vossische Zeitunke hat sehr Unrecht und ficht gegen
Windmühlen. Unsere Magistrats=Mitglieder haben sämmtlich keinen
Gehalt."

„Das große Volks=Concert des Pommernvereins für die
deutsche Flotte im Thiergarten hat über 1000 Thaler nach Ab=

3*

zug der Kosten eingetragen. Wenn ein zweites Concert ebensoviel einbringt, kann gerade eine Kanone angeschafft werden."

„Da ich mein Dampfgeschäft jetzt aufgebe, ist bei mir ein Sprechanismus von hundert Demokraten Kraft billig zu verkaufen."   C. R. Raby. (Benary.)

„Die Pinzgauer haben eine Revolution gemacht! Juchhe!
Und gleich darauf ihrem König ein Vivat gebracht! O weh.
Den Bürgermeister jagten sie mit Schimpf und Schand davon!
                                                                     Juchhe!
Doch gaben sie hinterdrein ihm 'ne fette Pension! O weh.
Die Pinzgauer schrien: Preßfreiheit muß sein! Juchhe!
Doch sperrten hinterdrein sie alle Schriftsteller ein! O weh.

— — —

Die Pinzgauer sind ein edles Geschlecht! Juchhe!
Auf heimlich Denunziren versteh'n sie sich nicht schlecht! O weh.

— — —

Die Pinzgauer sind eine große Nation! O weh!
Doch leider holt sie nächstens der Teufel schon! Juchhe! Juchhe!
                                                                     Juchhe!"

„Nachruf. (Im Styl der viel belachten Gedichte König Ludwigs I. von Bayern.)

Lebend in stiller Entsagung nun Du
Und einst so erhaben gewesen?
Dichter gleich wie Fürst nun seiend in Ruh,
Er, zu Walhalla's Bau hocherlesen?
Was trieb ihn so eilend dazu?
Ist Lola Treue verleugnend gewesen?
Gegentheil war's: ihre Liebe und schnödherzlosen
                 Volkes Revolution. Hu!"

„Die Sternschneuzen.

Und das ist ja durch's ganze Land
Beim Buben und bei der Maid bekannt,
Daß, wenn ein Stern vom Himmel fährt,
Was schnell man wünschte, wird erhört.

— — —

Nur der dies Liedel hat erdacht,
Dem hat es nicht so gut gemacht,
Dem wurde bis auf diese Stund
Noch keinerlei Erhörung kund.

Denn jüngst zur Nacht da schneuzt' es sehr,
Die Sterne flogen hin und her!
Da rief er: Deutschland schneuze dich
Auch du einmal recht ordentlich!"

Der Kladderadatsch findet in andern Abschnitten dieser
Schrift eingehende Würdigung.

Der Berliner Krakehler zeichnet sich nicht allein durch ein
ungewöhnliches Format (noch einmal so lang als breit) und den in

(Dritte Auflage.)

Nr. Berliner 2.

Krakehler.

Verlag
von
Ernst Litfaß,
Adlerstr. Nr. 6.

Preis: 1 Sgr.

Motto:
Ruhe ist die letzte Bürger-
pflicht, die erste aber: immer mit dem Kuhfuß.

Mittwoch am 24. Mai 1848,
Am 13ten Tage nach der abgestellten Königs-Parade der Berliner Bürgerwehr.

Der **Berliner Krakehler** erscheint gar nicht, sondern ist immer vergriffen und vergreift
sich **wöchentlich ein- bis zweimal.**

bunten Farben gedruckten Titel, sondern auch durch einen sehr
radikalen Inhalt aus. Er erfreute sich anscheinend solcher Beliebtheit im Publikum, daß jede Nummer binnen wenigen Tagen in
einer Menge von Auflagen herausgegeben werden mußte. Ein
eifriger und witziger Mitarbeiter des Blattes, unter dessen Zeichnern
wir auch W. Scholz finden, war der noch später zu erwähnende
Dr. Cohnfeld. Ende 1848 hörte das Blatt zu erscheinen auf.
Neben heftigen Ausfällen auf alle in demokratischen Kreisen gerade
mißliebigen Persönlichkeiten und Einrichtungen bringt der Krakehler
oft sehr witzige Sachen. So enthält Nr. 2 die damals viel be-

lachte „merkwürdige Historia vom unendlich langen Kusse", mit dem
der König am 16. Mai den obersten Befehlshaber der Bürgerwehr,
General von Aschoff, auszeichnete:

> Der König ruft Herrn Aschoff 'ran
> Und sagt: Ich will dich küssen!
> Du wirst den Kuß, mein lieber Mann,
> Den Andern reichen müssen.

> Herrn Aschoff's gnäd'ge Excellenz
> Ist tief gerührt, auf Ehre!
> Und küßt mit tiefer Reverenz
> Sogleich die Herrn Majöre.

Die Herren „Majore" küssen die Kapitäne, diese die Lieutenants,
letztere die Unteroffiziere; dann heißt es weiter:

> Die Unt'roff'ziere tief gerührt,
> Sie geben den Kuß gleich weiter
> Und küssen ganz, wie sich's gebühr't,
> Die Bürger-Mannschaft heiter.

> Die Mannschaft ist nun auch gerührt
> Und muß nach Hause eilen,
> Um ihren Frau'n, wie sich's gebührt,
> Den Kuß gleich mitzutheilen.

> Die Frauen sind erst recht gerührt,
> So daß sie vollends weinen,
> Und küssen nun wie sich's gebührt
> Voll freud'gen Stolz die Kleinen.

> Die Kleinen sind ganz außer sich
> Und freuen sich nicht wenig,
> Und geben augenblicklich
> Der Pupp' den Kuß vom König.

An der Spitze der Nr. 3 vom 28. Mai 1848 befindet sich
folgende Notiz: „Da von vielen Seiten Zweifel laut werden, ob es
wirklich ein Factum sei, daß in der Nacht vom 18. bis 19. März
1848 in Berlin eine blutige Revolution zur Erringung der Volks-
freiheit stattgefunden habe, so erklärt der Krakehler, nach Einsicht
der Muhme Voß vom 20. März cr., daß in der Nacht vom
18. zum 19. März cr. allerdings ein solches beklagens-
werthes Ereigniß allhier sich zugetragen hat."

In der nächsten Nummer heißt es: „Den Betreffenden zur Nachricht, daß der Krakehler bereits soviel Injurienklagen auf dem Halse hat, daß er wenigstens so alt wie Methusalem werden muß, um sie alle absitzen zu können. Für die Geldstrafen, die ihm bis jetzt aufgelegt, dürfte Rothschild's Kapital schwerlich hinreichen. Sollten daher jetzt neue Klagen gegen denselben beabsichtigt werden, so machen wir die Herren in ihrem eigenen Interesse darauf aufmerksam, daß weder Lebensalter noch Kapital für dieselben vorhanden sind."

Nr. 6 schildert in Bildern „neun Momente aus dem Leben eines Berliner Polizei-Kommissarius nach dem 18. März." Auf dem ersten drückt der Polizeimann mit tiefem Diener einem verwogen aussehenden Barrikadenkämpfer die Hand und fragt nach des Herrn Bürgers Wohlergehen. Auf dem 2. Bild behandelt er ihn schon etwas kürzer als braven Mann. Auf dem fünften, Ende April, räth er dem Barrikadenhelden sich vorzusehen, auf dem siebenten schnauzt er ihn an:

> Jetzt geht Er ab! Und treffe ich ihn wieder
> Mit solchem Maul, dann ist vorbei der Scherz!

Auf dem letzten Bilde, Ende Mai, wird „die glorreiche herrliche Revolution" als die „fluchwürdige Pöbel-Emeute" bezeichnet und der Polizist befördert den Barrikadenmann mit Fußtritten in's Gefängniß.

> „Ach säß' doch jeder Held der Barrikaden,
> was gleich bedeutend ist mit Lump,
> doch erst in diesem Haus."

Eine Petition der Rixdorfer in Nr. 7 des Krakehlers lautet: „Majestät, des is Allens Unsinn! Wat jeht uns Berlin an? Wir Unterschriebene protestiren jejen de Neuerung und wenden uns direkt an unsern alten König. Davor sind wir da! Mit det Ministerium wollen wir nischt zu duhn haben! Een Jott, een König, een Herr! So muß et sind! Und weil wir nun gelesen haben, det die Vereinbarung in Berlin in de Singakademie*) ist, und de Offenbarung da liegt, dett se faul nach Noten sind, und vor det schwere Geld gar nischt duhn, so bitten wir Ihnen, Herr König, . . . dett de Singakademisten keenen Dagelohn vor't Nischtduhn mehr kriegen sollen, sondern, daß de Vereinbarung uff Akkord an den Mindestforderuden übergeben werden wird."

---

*) In der Singakademie tagte zuerst das Abgeordnetenhaus.

Nummer 9 enthält eine Anzeige: „Sollten Personen, die das Nichtsthun lieben, gesonnen sein, eine solche Stelle mit 3 Thlr. Diäten anzunehmen, so werden sie ersucht, ihre Adressen bei dem Portier der Singakademie einzureichen." In derselben Nr. ist ein Gedicht:

„Es ist werklich ä jau."

Soll mer Gott helfen, ich känn's nischt begreifen,
Wie jetzt die Menschen meschugg uff de Welt!
Ober was helft mer das Zanken un Kaifen?
Jau, mer verdient damit eppes ä Jeld!

Kenn'n von der Fraihait nischt Rühmens g'nug machen,
Gaihen capores vom Kopp bis zur Zaih!
Was soll norr de Fraihait? Uff Ehre zum lachen,
Wenn mer muß hungern, un hungern thut waih!

Trogen Kokarden an Hüthe unn Mützen,
Globen Kokarden se machen schaun frai,
Waih mer geschriegen, soll Gott uns beschitzen,
Gott was vorr Menschen, auh waih mer, auh waih!

Schwarz, roth, güld also, verstaiht mich Ihr Laite,
S'is doch ganz richtig, so wie ich's verstaih,
Haißt doch nischt anders als „Waih, wir sind plaite"
Mit Schuh unn mit Schtrümpe, auh waih mer, auh waih!

Sehr hübsch wird in Nr. 10 die Auflösung der Gensdarmerie und Einführung der Konstabler in Bildern von W. Scholz behandelt. Auf dem ersten sieht man den letzten Gendarm tief betrübt da- stehen; darunter der Vers:

Ford're Niemand mein Schicksal zu hören,
Dem das Leben noch wonnevoll winkt:
Ach! ich muß Euch ja Bilder beschwören,
Deren jedes mich schmerzlich durchdringt!
Zwanzig Jahr' bin Gensdarm ich gewesen,
Diente Dunkeln getreulich ich Thor
Und zum Lohn muß ich jetzo nun lesen:
Daß man auflöst dies ehrwürd'ge Corps!

In Bildern und Versen wird dann das Walten der Gensdarmen auf Straßen, bei Auflaufen, gegen Tabakrancher im Freien humoristisch vorgeführt. Zuletzt versenkt der Gensdarm seine Uniform ins offene Grab. Aber im nächsten Bilde sieht man dem Grabe den Konstabler entsteigen und eine Stimme aus den Wolken ruft:

> Arme Seele, wohl hört' ich Dein Klagen,
> Und es rührt mich Dein ewiger Schmerz,
> Arme Seele, warum nur verzagen,
> Sieh', ich träufle dir Hoffnung in's Herz!
> Ja, im Himmel da ist noch Erbarmen,
> Und ich geb' dir mein Ehrenwort d'rauf,
> Geht ihr unter jetzt auch als Gensdarmen,
> Steht als Konstabler wieder ihr auf!

Ganz in dem Geiste des Kladderadatsch schildert der Krakehler vom 4. Juli die „Schöpfung der preußischen Volkssouveränität". Nur Anfang und Ende des parodistischen Machwerks seien hier wiedergegeben:

„Im Anfang schuf Gott König und Völker, und die Völker wurden wild und widerhaarig und ein finstrer Groll lag in ihrer Seele und der Geist der Revolution schwebte über Städten und Dörfern. Und das Volk sprach:

> Es werde Licht!
> Und die Revolution brach los.

Und das Volk sah an Alles, was sie gemacht hatten, und siehe da: Es war Alles oberfaul."

In Nr. 16 räth der alte Geheimrath seinem Sohn:

> Ueb' immer Unterwürfigkeit
> Bis an dein kühles Grab,
> Und weiche keinen Finger breit
> Vom Absoluten ab.
> Dann wirst du wie auf grünen Au'n
> Durch's ganze Leben geh'n,
> Dann kannst du sonder Furcht und Grau'n
> Auf deine Zukunft seh'n.

In gelungener Weise hat der Krakehler auch die Ueberreichung eines Ehrendegens an den ersten Kommandeur der Bürgerwehr Aschoff nach seinem Ausscheiden in Wort und Bild behandelt. Man sieht da zuerst den Kommandeur, wie er mitten in der Nacht die Bürger alarmirt, wie er dann von ihnen mit geschwungenen Knütteln zum Abdanken veranlaßt wird, und zum Schluß, wie ihm einige Bürger huldigend das Schwert überreichen und den Rock-schooß küssen.

Nicht minder beliebt und einflußreich wie die erwähnten Zeit=
schriften war die zuerst in zwanglosen Blättern erscheinende
„Ewige Lampe". Sie hat ihren Namen von einer kleinen
räucherigen Bierstube in der Neumannsgasse 6, welche die ewige
Lampe hieß, und wo um den Wirth Siechen sich eine Anzahl geist=
reicher Leute regelmäßig versammelte. Von Ende 1848 an gab sie
der Schriftsteller Dr. Arthur Müller heraus, der schon früher
einzelne ähnliche Flugblätter mit seinem Namen veröffentlicht
hatte und immer ihr leitender Geist war. Von Gedichten ist meist
und von Bildern stets in der „Ewigen Lampe" abgesehen. Hier
werden die Tagesfragen nur in kurzen Prosa=Notizen und Be=
merkungen, dafür aber um so bissiger und persönlicher behandelt.
Viele der hier mitgenommenen Männer sind heut' völlig vergessen,
die sie betreffenden Vorfälle nicht minder. Das Blatt ist daher
in vielen Nummern dem Leser heut' kaum noch verständlich und
erweckt beim Durchblättern nicht dasselbe Interesse wie andere
damalige Satiren. Von dem Geiste, in dem es gehalten ist, mögen
aber einige Proben Zeugniß geben:

Aus Nr. 1. „Man sieht den Minister v. Kamptz mit einer
etwas verwitterten schwarz=roth=goldenen Kokarde umhergehen. Dem
Vernehmen nach ist dies Exemplar den Akten entlehnt, auf Grund
welcher Herr v. Kamptz vor Zeiten die schwarz=roth=goldene Burschen=
schaft in die Festungen spedirte."

„Fürst Lichnowsky soll unter die Arbeiter gegangen sein und
sich im Dienste der Frau Herzogin von Sagan bereits eine Million
erarbeitet haben."

Nr. 2. „Das neueste Werk von Baruch Burchardt über „das
Ganze des Wuchers", mit Randzeichnungen von Stiba, ist noch in
einigen Exemplaren in der Buchhandlung von Samuel Friedrich
Schulze vorräthig. Die besonders abgedruckte Dedikation an den
Dr. Woeniger wird gratis abgegeben."

Nr. 3. „Herrn von Savigny fragte sein Leibarzt: Woran
leiden Excellenz denn eigentlich? — Am Gesetzdurchfall stöhnte der
Patient."

Nr. 6. „Die Hasenwehr hat bereits in der Bürger=
haide Blut geleckt und eine Mutter aus dem Volke erschossen."

„Dr. Woeniger, angehender Deputirter und Stadtverordneter,
wie auch Walhallazögling, wird, nach der Sitte aller großen
Männer der Vorzeit, künftig lateinisch zeichnen: Dr. Mönus."

„Schon wieder ein neuer Finanzminister=Kandidat! — Er
nennt sich Stubbe. Wer ihn im Leibe hat, ist gerettet."

Nr. 9. „In der zweiten Sitzung der Deutschen National=
Versammlung wurde Robert Blum, dieses ranzige Fettauge auf der
liberalen Spitalsuppe, zum Reichstrompeter ernannt."

Nr. 11. „Der berühmte Philosoph Schelling soll in dem
friedlichen Genusse seiner unbedeutenden Pension sehr durch den
Umstand gestört worden sein, daß man bei ihm nicht angefragt, als
man nach einem Mops für eine hohe Person gesucht. Auch soll er
sich nicht eher beruhigt haben, als bis man ihm begreiflich gemacht,
daß diese Person keinen gelehrten, sondern nur einen gelernten
Mops habe haben wollen."

Nr. 12. „Herr Major Benda ist von einem Theil der Bürger=
wehr zum Makler bei der Reaktionsbörse bestallt worden, und ist
der Servilitäts=Courszettel täglich bei ihm einzusehen."

Nr. 15. „In dem Berichte, welchen Herr Münchhausen von
Grießheim von der Erstürmung des Zeughauses geliefert hat, ist
vergessen zu erwähnen, daß Herr Hansemann, der es mit keiner
Partei verderben will, einige Fenster seines Hotels illuminirt hatte.
Von wem aus der Wein unter die Sturmvögel vertheilt wurde,
kann uns vielleicht sein Portier sagen."

Nr. 18. „Mit gebührender Berücksichtigung unsrer Constituante
sind wir der Meinung, daß leere Köpfe im Detail ersaufen, wie
Mücken im Wasserglase."

Nr. 48 vom 4. November. „Bei der großen Blamage=Feier=
lichkeit der deutschen Demokraten wollte ein Mitglied auch den An=
trag stellen, Herrn Held auf Kosten des demokratischen Kongresses
rasiren zu lassen, um ihn so gründlich zu vernichten. Die Stärke
dieses Helden scheint wirklich nur in seinen Borsten zu liegen, nur
hat es bis jetzt noch keine der vielen Delila's der Mühe werth
gehalten, besagten Hammel zu scheeren; angeräuchert wurde er
freilich schon oft genug."

Neben den regelmäßigen Nummern der „Ewigen Lampe" er=
schienen gelegentlich auch Extraausgaben mit besonderen Titeln, so
am 15. November „Die Gasflamme, ein Kind der Ewigen Lampe",
am 20. Dezember „Die Knute", die alle in Angriffen und Aus=
drücken gleich rücksichtslos und grob sind.

Nicht ganz so persönlich, aber ebenso radikal war „Der
Demokrat", das Organ des „politischen Clubs", der seit Ende Mai
sich „demokratischer Club" nannte. Nur erschienen hier die Angriffe
nicht in satirischer Form, sondern als ernste gründliche Artikel und
Nachrichten. Nicht selten gab der Demokrat auch Extrablätter in
Plakatform zur Verbreitung besonders alarmirender und wichtiger

Nachrichten heraus. Die Verbreitung und den Einfluß der satirischen Blätter hat diese Zeitschrift nicht gefunden. (Der eine Herausgeber Massaloup entpuppte sich 1849 als Polizeiagent.)

Nur wenige Nummern erlebt hat die „Tante Voß mit dem Besen". In der ersten Nummer wurde das Blatt dem Publikum mit folgenden Zeilen angekündigt: „Hört, hört, Tante Voß ist da! Nicht die alte Runkunkel, die sich seit vielen Jahren hier umhertreibt, in aller Leute Häuser läuft, von frühgeborenen Maikäfern erzählt, und zuletzt das Waschweib der politischen Zöllner und Pharisäer geworden ist. Nein, die ist es nicht. Tante Voß mit

No. 6.   1848.

TANTE VOSS

mit dem Besen.

Freitag   Missionsblatt zur Bekehrung der politischen Heiden.   28. Juli.

dem Besen ist da; die Tante Voß, welche den Schild der Freiheit trägt, den Geheimen-Unrath der Reaktion auf's Genick tritt, daß sich sein Zopf krampfhaft emporsträubt, und mit ihrem Besen die staubigen Ritter vom patriotischen Stiefelknecht bekehren und das umdüsternde Gewebe der Kreuzspinnen abfegen wird." Die Ausführung dieses Programms geschah etwa in ähnlicher Weise, wie in der Ewigen Lampe und dem Krakehler doch mit besonderer Berücksichtigung der Nachrichten und besonders der gegen die Revolution gerichteten „Eingesandts" der Vossischen Zeitung. Die Redaktion veranstaltete eine Zeit lang Donnerstags Diskussionsabende für die zur Mitarbeit gewillten; doch scheint dabei nicht viel herausgekommen zu sein. Manches recht Gelungene fehlt auch in diesen Blättern nicht. So bringt Nr. 2 anläßlich der Gerüchte von der bevorstehenden Ankunft der Russen eine „neue Polka":

> Komm' Kosack! komm' Kosack!
> Spitzbart mit der Lanze!
> Schubjack mit der Zipfelmütz'
> Komm' hierher zum Tanze!
>
> Knutenheld vom Newastrand,
> Ei, wie ich dich liebe!
> Komm' Kosack! komm' Kosack!
> Hol' dir deutsche Hiebe!
>
> Unsere Freiheit ist von Erz,
> Die vor dir nicht zittert!
> Stürz' vom Roß dich rückenwärts!
> Deine Lanze splittert!

Der auch im Kladderadatsch besungene Ahlemann von Samter, welcher den Berliner Demokraten mit seinen Sensenmännern gedroht hatte, findet hier in Nr. 3 folgende Begrüßung:

> Eh'rn Don Quixote
> Ist nicht ganz todt,
> Noch lebt ein ihm Entstammter!
> Ein Held voll Gluth
> Und kühnem Muth,
> Don Ahlemann von Samter.
>
> Don Ahlemann,
> Der rückt heran
> Mit einem großen Haufen!
> Weh' dir Berlin!
> Es durstet ihn
> Rebellenblut zu saufen!
>
> Schon kommt er näh'r!
> Ach armer Bär,
> Wie wird es dir ergehen!
> Er frißt dich gar
> Mit Haut und Haar!
> Es ist um dich geschehen!

Da ist er schon
Der Heldensohn!
Nun trommle nur Chamade!
Auf deinen Knieen,
Du stolz' Berlin,
Fleh' reuevoll um Gnade!

In der sechsten Nummer ist ein Muckerlied, gesungen vor dem
18. März, das mit folgender Strophe beginnt:

Wie schön leucht' doch ein Ordensstern
An den Erlesenen des Herrn,
Wie ruht des Herrn Gnade
So sichtbarlich auf seiner Schaar,
Die sich vermehrt von Jahr zu Jahr,
In Stellen rückt und Gnade!
Wehmuth, Demuth
Wird gesegnet,
Wenn es regnet
Ehr' und Orden
Auf die, so erleuchtet worden.

Das Berliner Großmaul, welches vom August bis Ende
Dezember 1848 bestanden hat, unterscheidet sich weder in Inhalt
noch Form wesentlich von den andern politischen Witzblättern des
tollen Jahrs. Wie diese, fühlt es seine Laune an der Vossischen
Zeitung, an der Bürgerwehr, den Konstablern, der Staatszeitung,
den Russen, dem Frankfurter Parlament und dem Schauspieler
und Unteroffizier Louis Schneider, dem späteren langjährigen Vorleser Kaiser Wilhelms des Großen 2c. Natürlich wird auch die
Berliner Nationalversammlung weidlich mitgenommen. Einmal
heißt es von ihr: „Das Ende Strick, welches Herr Jung einstmals
zugesendet erhalten hat, wird er der Nationalversammlung schenken,
damit diese nicht ohne Ende bleibe, sondern endlich zum Ziel
gelange."

In Nr. 8 liest man: Arbeits-Nachweisung: „Geübte Kammer-
jäger, die ihr Fach gründlich verstehen, finden hinreichende Beschäftigung auf längere Zeit in Frankfurt a. M., woselbst es von
Ungeziefer aller Art wimmeln soll."

In Nr. 9 ist die Geschichte der Bürgerwehr in Wort und
Bild sehr ergötzlich dargestellt. Die erste Zeichnung stellt einen
alten Regierungsrath dar, der sich mit einer dicken Kommerzien-
räthin über den Bürgerwehrmann Dunkert lustig macht, dessen

Frau während seiner Exercierübungen sich mit dem Lehrling des Hauses tröstete. Dann wird der rührende Abschied der zum Vogelschießen ausziehenden Bürgerwehr von Weib und Kind, der den Durst stillende Wehrmann, der elegante Bürgerwehrmann, das Konzert des Korps der fliegenden Kaufmannschaft, wobei sich die Hörer die Ohren zuhalten ꝛc., dargestellt. Als Refrain heißt es stets:

„Auch diese schöne Zeit ist nun vorüber!!!"

№ 11. **1848.**

Berliner Großmaul.

So reden sie!

Geh. Rath: Ein Genius für die erste Kammer! Wenn das eben Genius unserer Ander, der 5 Thaler Diener bezahlt, kann gewählt werden, so viel bezahlt mein Schumacher. Eine erste Kammer, in welcher jeder Schuster kommen kann ist ideal doch wahrlich keinen Genius. Nein, meine Person, glaubte Sie es, daß schwerlich eine Verletzung, zum eine olivenstes, sein Genial gewesen iß

Demagoge: Es ist klar, daß dieser Schlagerang,Villant jeden demokratischen Einfluß an die Wahlen hemmen so Dazu noch die Abweisungen. Alle meine demokratischen Freunde sind aus Berlin verbannt, einige stecken im Gefängnis, andere verbergen sich, und— (dabei)

Spreßburger: Allen Leuten kann er selber der Rede herselgt mich recht machen. Das schlimmste je wir wieder bei die odebehörde Bereigung Ich möchte wohl Rühe, weil se selbst hätten, einen se ganz schlecht arworden wäre. Etwas würde er 'n Revolution! Ar, wohingeliz uns preß. Der soll Anfangsgang! Ich bringen wir euch alle Tage zu Stande; wir haben vorbeilig noch an die vorige achtung.

So denken sie!

Geh. Rath: (vernehme nur für Zwei, sich ein halbes Jahr bequemer halten; doch, daß ist seine Absenzalist, daß ist ein ganz so eifer Genus. Und wer doch so wiebegreift? Zwei. In der Verfassung steht je so kann mit aus pat noch einen Bist merkat Poliziei hurr, so mit Macht es nach namlem wen, was wiß in der Verfassz ag naust da, da!

Demagoge: Uns schaff jedoumt zu machen, daß ich davor Sonne; die Geschichte verliebten jetzt nach leben Einst Die Reaktion waort sich mit dem Maße. 8 Jahr Festung? da wiß ich mir sich schnell meine Siebenmeilenstiefel zuziehen

Spreßburger: Donnerwetter, ja, die seit ellig. Der Angeschoßen bei mir an'n ganzen Leibe runter. Des Schlei rein um Reaulte an Pulsen, bis Glas ten lang, wo dabile, so wird das die Schlacht bei Leipzig zugegange sind, und uns als uf mit an diesen gegen Bankmen geilaurt hatte, verlaufte ß ti

Humoristisch-satirische Zeitschrift.

Montag, den 25. Dezember 1848,
1 Jahr 6 Tage vor Untergang der Welt, frei nach Glaßbrenner; 11 Tage nach Erfindung des passiven Widerstandes und 3 Tage vor der Stopfung des Berliner Großmauls.

Die letzte Nummer schließt mit einer Elegie: „Was ist aus Berlin geworden?"

> „Furchtbar heult es: weh' geschrie'n
> Ueber die Philister!
> Bin ein Schlankopf durch und durch
> Sprach ein Haupt-Minister.
> Brandenburg, die schöne Stadt,
> Keine Demokraten hat;
> Ja, da muß, so wahr ich bin,
> National-Versammlung hin!

Denn dort kann der Pöbel nicht
Seinen Einfluß üben.
Nur die Camarilla kann
Fischen dort im Trüben."

Aber ach, aber ach!
Unsre Volksvertreter
Wollen nicht solch' bitt're Schmach,
Sagen: davon später!
Nein, wir bleiben in Berlin,
Hier nur kann die Freiheit blüh'n,
Edles Volk, steh' du uns bei,
Bleibe den Vertretern treu,
Und du, tapf're Bürgerwehr,
Büchsen jetzt geladen,
Denn wir brauchen jetzt die That,
Fort mit den Tiraden."

Die nächsten Strophen schildern, wie Wrangel kommt, die
Bürgerwehr auflöst, wie alle Klubs und Volksredner still werden.

„Und verstummt sind, kann gedacht,
Alle großen Suaden."

„Schwerter sind, liebes Kind,
Haarscharf jetzt geschliffen,
Kugeln in den Läufen sind,
Haben schon gepfiffen!
In den Straßen wächst auch Gras.
Lieber Feldherr, weißt du was,
Fürchten uns noch lange nicht,
Droh'st du auch mit Kriegsgericht.
In der Stille spinnen wir
Demokrat'schen Faden,
Wird der Faden etwas dick —
Ist's nicht unser Schaden!"

Alle die andern politisch-satirischen Blätter jener Tage sind
nicht über die ersten Nummern hinausgekommen. Der Bedarf war
schon ohne sie reichlich gedeckt; sie vermochten weder an Witz noch
demokratischer Gesinnung etwas Neues oder Stärkeres zu bieten.
Das Witzigste was die einzige Nummer des „Satyr" bringt,
ist noch ein Spottgedicht auf den damals sehr unbeliebten, in den
Märztagen gestürzten Kultusminister von Eichhorn.

„Des Königs Eichhörnlein."

Es war einmal ein König,
Der hat ein Eichhörnlein,
Das liebt er gar nicht wenig,
Als wär's sein Söhnelein.

Bald ist's Minister worden
Das Thierlein klein und nett,
Empfing gar viele Orden
Und manche Pfründe fett.

Dicht neben seinem Throne
Setzt er das Thierlein ein,
Da that's der Welt zum Hohne
Nur Pfaffenlieder schrei'n.

Die Juden und die Christen,
Die wurden sehr geplagt
Und von den Pietisten
Von jedem Amt gejagt.

Der Heuchler kam zu Ehren
Und all' das Pfaffenchor;
Da that sich's Volk empören,
Der Aufstand brach hervor.

Der König wollte beten
Und schnitt ein fromm Gesicht.
Doch half aus seinen Nöthen
Das Eichhörnchen ihm nicht.
              2c. 2c.

Der „Volkstribun" erschien kurz vor der Uebersiedelung der Nationalversammlung aus der Singakademie in's Schauspielhaus. Er ist voll Zorn und bittren Hohns darüber, daß so viele Hoffnungen der liberalen Parteien zu Grabe getragen worden sind. Das von der Nationalversammlung angenommene Bürgerwehrgesetz veranlaßt ihn zu dem Rathe an alle Wehrmänner, ihr Gewehr zu zerschlagen oder zurückzugeben. Das Parlament selbst bildet den Gegenstand bittersten Spotts:

„Affen und Hunde hat man schon im Schauspielhause gesehen, aber Trampelthiere noch nicht, die ziehen jetzt hinein."

„Die National-Versammlung wird ihren Kampfplatz wechseln
                                                                    4

und das Schauspielhaus zu ihren Sitzungen wählen. Armes Schau
spielhaus! Soviel stümperhafte Komödianten hast du niemals be
herbergt."

Die „Feuerbrände" beschäftigten sich hauptsächlich mit Klagen
und Beschwerden aus Beamtenkreisen. Es werden darin z. B. die
Conduitenlisten und die Oberrechnungskammer hart angegriffen und
dem Volksministerium wird vorgeworfen, daß es sich über die
höheren Beamten nicht bei den Subalternen erkundigt und nicht die
Leute mit der schwärzesten Conduite gewählt habe. Letztere seien fast
immer die talentvollsten, und die Untergebenen wüßten fast immer
über ihre Chefs besser Bescheid, als umgekehrt. Es wird auch
darüber Klage erhoben, daß hochbezahlte Beamte die Justitiarämter
des Generalpostamts mit bedeutenden Bezügen nebenamtlich be-
kleideten und dergl. mehr.

Aus dem „Teufel in Berlin" sei erwähnt: Was ist für ein
Unterschied zwischen einer Brücke und einem Bürgerwehrmann:

„Wenn die Brücken vernagelt sind, kann man sie nicht auf-
zieh'n; ist aber die Bürgerwehr vernagelt, so kann man sie auf-
zieh'n."

„Heut' Abend 7 Uhr:
Volks-Versammlung in den Zelten.

Tagesordnung:

Aufwiegeln. Zum Schluß: Keilerei.

Für gute Knoblauchwürste, Salzkuchen und Kümmel ist bestens
gesorgt.

Max Schasler,
früher Präsident, jetzt Buddiker."

Die „Zeltengedanken" beschäftigen sich mit dem Ehrendegen,
der dem Bürgerwehrgeneral Aschoff überreicht wurde; der Verurtheilung des Thierarztes Urban und seiner Genossen; der Adels
abschaffung; der Unzufriedenheit über den Magistrat rc.

Bezeichnend für die damalige Stimmung ist folgende Notiz:

„Was die Zeltengedanken thun würden, wenn sie zaubern
könnten.

Sie riefen einen Mann hervor, wie Friedrich der Große,
wie Friedrich der Einzige war, der gegen ganz Europa sieben Jahre
Krieg führte, seine verwüsteten Provinzen aufhalf und einen gefüllten Schatz hinterließ. Diesen Mann würden die Zeltengedanken
dann zum Präsidenten eines sehr großen Landes machen."

— —

Zeichnung a. d. Jahre 1848.

IV.

Das Begräbniß der Märzgefallenen.

Die feierliche Bestattung der bei den Straßenkämpfen des 18. und 19. März gefallenen Bürger im Friedrichshain am 22. März gehört zu den denkwürdigsten Ereignissen des tollen Jahres.

Es gilt heut vielfach schon als staatsgefährlich, den verwilderten, abgelegenen Friedhof der Märzkämpfer nur zu besuchen, geschweige denn gar für Instandhaltung dieser Stätte zu sorgen. Da ist es denn nicht uninteressant zu sehen, wie die Zeitgenossen jene Begräbnißfeier beurtheilt haben, und welcher Wechsel der Stimmungen hier stattgefunden hat.

Die Leichen der gefallenen Barrikadenkämpfer wurden bekanntlich im Laufe des 19. und 20. März meist auf offenen Bahren nach dem Königlichen Schlosse und verschiedenen Kirchen geschafft. Vielfach waren die Todten so gelegt, daß man ihre grausigen Wunden recht deutlich sah. Die Menschenmassen, die in und vor den Schloßhöfen wogten, begleiteten die Bahren meist mit wildem Geschrei. Der König und die Königin selbst begrüßten vom Balkon aus die im Schloßhofe aufgebahrten Todten, während die Menge

4*

den Choral „Jesus, meine Zuversicht" anstimmte. Wie die Stim=
mung der besseren gebildeten Klassen damals war, schildert am besten
der damalige Professor Rudolph Gneist (Berliner Zustände
1849, S. 7, 8 u. 9): „Es war eine wunderbare Zeit mit dem 18. März
angebrochen. Die Wirklichkeit hatte für uns ihr Dasein verloren
und der Vergangenheit schämten wir uns." „Eine Partei wollte
die Revolution als Thatsache anerkennen und schlug damit den=
selben geistreichen Weg ein, wie diejenigen, welche jetzt die octroyirte
Verfassung als Thatsache anerkennen. Sie werden hoffentlich auch
die Sonne am Himmel als Thatsache anerkennen. Eine zweite
Partei träumte die Barrikadennacht vom 18. März fort und dachte
sich das Recht, auf „verthierte Söldlinge" zu schießen, als eine
perennirende Errungenschaft der Revolution . . . Eine dritte Partei
dachte sich dabei etwas Aehnliches wie die französische Revolution,
genauer genommen aber gar nichts. Manche Juristen dachten an
das Allgemeine Landrecht, nach welchem die Helden des 18. März
eigentlich Hoch= und Landesverräther erster Klasse gewesen wären;
während nun doch jenen Kämpfern hohe Ehren und reichliche Geld=
unterstützungen zu Theil werden sollten . . . Als ob es einer An=
erkennung in solchem Sinne, nach dem, was vom 18.—22. März hier
geschehen war, noch bedurft hätte! . . .

„In diesem Sinne ist die Revolution vom 18. März allerdings
vollständig, und das Bewunderungswürdige daran ist eben jene
Umwälzung in Köpfen und Herzen, in Gedanken und Empfindungen,
welche bei uns bewirkt hat, daß auch der verstocktesten Bureaukrat
und Kammerherr auf einmal Grundsätze bekannte und predigte,
welche er ein Jahr früher nur mit Schaudern angehört hätte. Eine
Revolution in diesem Sinne, in welchem das Element der
Fäuste nur eine untergeordnete Rolle spielt, ist nur in Deutschland
möglich, in dem vorherrschend idealen Geiste der Nation, und ihre
Gefahr liegt weniger in der Erneuerung von Barrikaden, als in
der Unbestimmtheit und Zerstreutheit jener Ideen selbst. Ich will
das persönliche Verdienst jener Kämpfer nicht zurücksetzen. Es ist
recht verdienstlich, seine patriotische Gesinnung in einer Adresse, einer
Beifall klatschenden Versammlung oder bei einem Festmahl zu be=
thätigen, aber für eine Meinung zu sterben, ist auch
etwas. Man hat häufig behauptet, daß unter den Gefallenen
mehrere Dutzend bestrafte Diebe gewesen seien. Geheimräthe waren
freilich nicht darunter!

„Wäre jene Behauptung wirklich war, so hat der Tod jene
Männer ehrlich gemacht.

„Ich hoffe auch, daß ihre Gegner viel zu gute Unterthanen sind, um nicht nach dem, was vom 18. bis 22. März hier geschehen ist, vor den Särgen dieser Männer ehrerbietig den Hut abzuziehn. Die Sympathien der Berliner Bevölkerung waren laut oder schüchtern mit ihnen, auch während des Kampfes. Dieser Kampf glich einem Blitz, welcher durch die schwarzen Wolken hindurch zuckte, die im März über uns lagerten, — ein Blitz, der noch in dem Augenblick niederschlug, als diese Wolken sich hoben, um uns den Himmel der Freiheit offen zu lassen. —"

Es entsprach dieser Stimmung, wenn schon vom 19. März ab auf den Straßen öffentlich für die Familien der Gefallenen gesammelt und wenn am 20. März durch Königlichen Erlaß alle Pfänder, die in den Königlichen Leihhäusern für weniger als 5 Thaler versetzt waren, unentgeltlich freigegeben, sowie Amnestie für alle politischen und Preß-Vergehen ertheilt wurde. Am selben Tage machten Magistrat und Stadtverordnete bekannt, daß die „gefallenen Brüder" feierlich auf Kosten der Stadt bestattet und ihre Familien sowie die Verwundeten ebenfalls von der Stadt versorgt werden sollten.

In allen Gasthäusern, Vereinen und Zeitungen wurden nun Sammlungen für die Familien der Märzkämpfer veranstaltet. Ein Advokat Volkmar überwies seine Einnahme bis zum 1. Mai diesem milden Werke. Die Theater, an der Spitze das Königliche Opern- und Schauspielhaus, veranstalteten Vorstellungen zu Gunsten der Verwundeten und Hinterbliebenen. Alle Stände betheiligten sich bei diesen Spenden.

Die „Vossische Zeitung" veröffentlichte ein „Extrablatt der Freude", und mit ihr wetteiferten die anderen Tagesblätter in Verherrlichung der Märzhelden. Leute, wie R. Schramm, verlangten Beerdigung der Gefallenen auf dem Platz vor dem Palais des Prinzen Wilhelm, wo jetzt die Statue des alten Fritz steht, und Nationalbelohnung für die Hinterbliebenen und die arbeitsunfähig gewordenen, verwundeten Kämpfer.

Von verschiedenen Seiten wurde gleichzeitige und gemeinsame Beerdigung der Märzhelden mit den damals gefallenen Soldaten verlangt, ein Gedanke, den auch der Magistrat und das Beerdigungs-Komitee vertraten, in dem Professor Dove, Kommerzienrath Ermeler, Justiz-Kommissar Lewald ꝛc. saßen.

Besonders lebhaft verfocht den Vorschlag der Thierarzt Urban, der auf dem Alexanderplatz am Barrikadenkampf ernsten Antheil genommen hatte und in jenen Tagen sich überall als Wortführer aufwarf. Andere waren aber sehr eifrig gegen den Vorschlag, insbesondere die Militär=Behörden.

Infolge ihres Widerspruchs vornehmlich wurde der Gedanke schließlich fallen gelassen, und das feierliche, öffentliche Leichen= begängniß auf die Barrikadenkämpfer beschränkt.

Die gefallenen Soldaten wurden am 24. feierlich beerdigt. Es erregte damals großes Staunen, daß nur 3 Offiziere und 17 Unter= offiziere und Gemeine bei den Straßenkämpfen getödtet worden waren, während 254 Offiziere und Soldaten Wunden davon getragen hatten." Lange wurde behauptet, die Regierung verkleinere die Zahl der Todten, um den Ruhm der Märzhelden zu schmälern.

Die „Spenersche Zeitung" schrieb: „Den Verlust des Militärs schätzt man auf das Doppelte, denn man muß nicht glauben, daß preußisches Militär sich so leichten Kaufs besiegen lasse, es wäre auch sicher unbesiegt geblieben, wenn es sich gegen das Ausland geschlagen hätte."

Die Leichen der Märzhelden wurden in der Nacht vom Dienstag, dem 21. zum 22. März, nach der Neuen Kirche auf dem Gensdarmen= Markt gebracht, wo auf der Freitreppe ein großer Trauerkatafalk errichtet wurde. 183 Särge wurden auf ihm in Reihen geordnet, darunter 5 mit Frauen=, 2 mit Kinderleichen; 33 der Todten waren von Niemand erkannt worden. Das ergreifende Bild, welches der Gensdarmenmarkt am Morgen des 22. März bot, hat kein Ge= ringerer als Adolf Menzel künstlerisch festzuhalten versucht.

„Der Gensdarmenmarkt bot," wie die „Vossische Zeitung", die ebenso wie die „Spenersche" mit Trauerrand erschienen war, berichtet, „ein Gemälde dar, dessen Eindruck keine Feder schildert. Die schwarzen, wogenden Menschenmassen, die sich hier beisammen fanden, wurden unterbrochen durch zahllose Fahnen der Gewerke und der deutschen dreifarbigen Banner, die in dem Strahl der hellen Sonne flatterten. Die Häuser ringsum waren mit Menschen erfüllt, ja die Dächer selbst damit besetzt, namentlich das des Schauspielhauses und des französischen Thurms. Auf den breiten Fronttreppen beider Kirchen wimmelten die Menschenmassen. Dennoch eine Ordnung, eine Ruhe, ja fast eine tiefe Stille, die einen heiligenden Eindruck machten. Man vernahm kein lautes Wort, auf jedem Antlitz prägte sich der schwere Ernst des Tages aus."

Der protestantische Prediger Sydow, ein katholischer Geistlicher und ein Rabbiner sprachen vor der Neuen Kirche, dann setzte sich Nachmittags 2 Uhr der Leichenzug am Schlosse vorbei nach dem Friedrichshain in Bewegung. Ein Musikchor und die Schützen

Berlins und anderer Städte schritten an der Spitze, hinter ihnen
kamen 15 junge Mädchen, die grüne Kränze auf weißen Atlaskissen
trugen. Von je 6 Männern getragen folgten nun die 183 Särge,
denen die gesammte Geistlichkeit Berlins, Bischof Neander an der
Spitze, die Professoren der Universität in feierlichem Ornat, die
Spitzen der Behörden, Magistrat, Stadtverordnete und viele andere
angesehene Männer das Geleite gaben. Etwa 3000 Mitglieder des
Handwerker = Vereins, Studirende und Bürgergarden bildeten
Spalier.

In Generals=Uniform, entblößten Hauptes stand der König

Zeichnung a. d. Jahre 1848.

während der langen Zeit, die der Zug zum Vorübermarsch brauchte,
auf dem Balkon seines Schlosses!

Erst mit der Dämmerung wurde der Friedrichshain erreicht,
wo vier lange, im Quadrat angelegte Gräber die Särge erwarteten.
Sie wurden hier neben einander aufgestellt, während auf dem Platz
in der Mitte des Gräber=Vierecks die Geistlichkeit sich aufstellte.
Nach neuen Reden Sydow's und Neander's und einer Ehrensalve
der Schützen hielt der Assessor Georg Jung dem Programm zu=
wider noch eine begeisterte Ansprache an das Volk, worin er es
als heiliges Vermächtniß der Todten bezeichnete, das zu übernehmen

und durchzukämpfen, wofür sie gestorben seien. Allgemeines Wahlrecht, Sicherheit der Person vor Polizeigewalt, freies Versammlungsrecht, Regierung und Gericht durch selbstgewählte Männer müßten erstrebt werden! — Ohne Störung, ohne die kleinste Unordnung hat sich die Feierlichkeit vollzogen, obwohl keine Polizei für Aufrechterhaltung der Ordnung sorgte.

Die „Haude u. Spenersche Zeitung" schrieb am 24. März: „Der gestrige Trauerfeiertag hat gewiß bei unsrer ganzen Bevölkerung und bei den Auswärtigen, Landeskindern und Fremden, welche der Feierlichkeit beigewohnt, einen unauslöschlichen Eindruck gemacht; man konnte dabei den Edelsinn wahrnehmen, welcher auch bis zu den niedrigsten Volksschichten hinab, die Bevölkerung beseelte. Eine so große Menschenmasse im Angesicht der theuren Opfer, die sie gebracht, und doch so ruhig, so würdig sich benehmend, verdient gewiß die Bewunderung, welche uns die fremden Gäste zollen. Keine Polizei, kein Gensdarm war sichtbar."

Ebenso wie der letztere, von den Behörden öffentlich lobend hervorgehobene Umstand, sprechen zahlreiche poetische Ergüsse für den tiefen Eindruck, den dieses Begräbniß auf die Zeitgenossen gemacht hat. Einige Dutzend Gedichte, die in Flugblättern und Zeitschriften in jenen Tagen veröffentlicht worden sind, spiegeln ihn wieder. Es sind unter ihren Verfassern Leute wie Rudolph von Gottschall, M. Hartmann, Titus Ullrich, F. Freiligrath gewesen.

Titus Ullrich's „Requiem" begann mit den Versen:

„Senkt die Banner! Senkt die Blicke! Brüder, laßt es euch gemahnen,
Daß wir steh'n allhier zur Stunde an den Gräbern unsrer Ahnen,
Ja, der Ahnen unsrer Zukunft, die uns bringt das neue Heil,
Kommt sie nun mit gold'ner Palme — oder ach! mit Schwert und Beil!

Dann hieß es weiter:
Eine Schuld wie keine mahnend, haben wir euch zu entrichten ...
Glaubt, wir zahlen sie noch redlich, ehrten je wir heil'ge Pflichten,
Glaubt es uns bei jenem Schmerze, der uns grau'nvoll übermannt,
Denken wir, ihr wär't vergebens damals in den Tod gerannt!

Und zum Schluß:
Hebt die Banner! hebt die Blicke, Brüder, laßt die Salven krachen,
Daß des Märzes Siegesadler mög' auf hohem Horst erwachen,
Daß er früh erspäh' den Liebling, den er einst der Menschheit weist.
Denn als Adler, nicht als Taube, fährt herab der heil'ge Geist!"

In Gottschalls Gedicht: „Den Berliner Helden" liest man:

„Umſonſt hat lange ſchon an unſre Pforten
Die Freiheit angeklopft mit Siegesworten.
Jetzt ſprengt ſie glorreich die verſchloſſ'nen Thore,
Und ſchwingt die blutbefleckte Trikolore.

———

Eh' wir das Feſt der Auferſtehung feiern,
Ruft uns der Tod zu ſeinem ernſten Feſt!
Viel' edle Gäſte hat er eingeladen
Die Kämpfer für ein freies Vaterland,
Die Kämpfer der Berliner Barrikaden,
Das ſchwarz-roth-gold'ne Banner in der Hand!

———

Die Freundſchaft und die Liebe mögen weinen
In ſtummem Schmerz an euren Leichenſteinen.
Ein dankbar Volk in heil'ger Freude reicht
Euch tauſend Lorbeerkränze thränenfeucht."

———

M. Hartmann ſang:
Friede den Schlummerern!
Heil den Geſtorbenen,
Die in der Erde ruh'n,
Die der erworbenen
Freiheit ſich freuen nun.
Friede den Schlummerern!

Freiligrath veröffentlichte im Juli 48 ein ebenſo ſchwung-
volles und tief empfundenes, wie von bösartigen und ungerechten
Ausfällen gegen den König wimmelndes Gedicht: „Die Todten an
die Lebenden." Es begann mit den Zeilen:
„Die Kugel mitten in der Bruſt, die Stirne breit geſpalten,
So habt ihr uns auf blut'gem Brett hoch in die Luft gehalten."

Dieſes viel Aufſehen erregende Wert trug Freiligrath einen
Prozeß ein, in welchem der Staatsanwalt zwei Jahre Gefängniß und
Verluſt der Nationalkokarde gegen ihn beantragte*). Daß das
Gedicht aber nicht allein bei den Behörden Anſtoß erregte, beweiſen
z. B. zwei poetiſche Entgegnungen aus jenen Tagen von „Eſa" und
„Franz Brömel". Der erſtere rief in ſeinem Gedichte „Die Todten
an Freiligrath":
„Sing' immerhin von Löwen und Giraffen,
Mit freien Seelen habe nichts zu ſchaffen!

———

*) Er wurde freigeſprochen.

Was aus der Gruft wir zu den Brüdern sprechen,
    Sollst du zu melden nimmer dich erfrechen:
Denn aus dem eitlen giftgeschwollenen Grimme
    Quillt Schlangenzischen statt der Geisterstimme."

Brömel ließ sich in „Die Lebenden an den Dichter" so vernehmen:

„Doch als das Volk erwartungsfroh auf seinen Dichter blickte,
Der mit der Wüste Zaubertraum vor Zeiten es entzückte,

Da schlug sein Grimm das Saitenspiel; aus den entweihten Händen
Rang sich der rothe Fluch hervor in wüsten Liederbränden.
— . —
Wer bist du? Wie, ein Dichter? — Nein, der ist längst schlafen
                                                    gangen,
Und nur der Bänkelsänger blieb mit seinen Bettelrangen.
Die Harfe tauchtest du in Blut mit lästerndem Vermessen,
Der Dichter sang, der Dichter starb, der Dichter ist vergessen!"

Außer ihnen sind damals noch verschiedene gegen Freiligrath gerichtete Gedichte erschienen, wie: „Antwort der Lebendigen auf Freiligraths Gedicht." „Kurze Antwort der Lebendigen an die Todten;" „Protest der Todten an die Lebenden" von Dr. E. Guttke.

Zahlreich sind die Flugblätter von unbekannten oder ungenannten Leuten aus jenen Wochen, welche sich mit dem Begräbniß der Märzkämpfer beschäftigen, wie die „Freiheits = Hymne", „Gruß und Mahnung aus dem Friedrichshaine", „Rückblick und Hoffnung am 18. März", „Todtenopfer", „Ode an die Freiheit", „Ode an die Kämpfer des 18. und 19. März", „Elegie", „Der Völkerfrühling", „Der Frühlingsanfang", „Gruß der Freiheit", „Heil euch im Siegerkranz", „Preußens Todtenmesse", „Lieder für die Freiheit", „Wallfahrt nach dem Friedrichshain". In ähnlichem Tone wie diese sind des Studenten Edmund Monefe's Dichtung: „Das Testament der Todten" und die „Märzlieder" von Julius Heinsius gehalten. Aus den letzteren sei hier noch des Anfangs der „Todtenweihe" gedacht:

Glocken hallen, dumpfe Wirbel dröhnen,
    Donnernd grüßt die Salve — wieder Streit?
Nein! der Friede glüht, das Werk zu krönen,
Treu das Vaterland den treuen Söhnen
    Noch im Tode ewig Leben weiht!
Die von wildem Kampf dahin genommen,

Ruhen aus, gebeugt von schwerer Pflicht;
Herr, zu dir laß' all' uns kommen!
Jeder Gluthenstrahl — er sei verglommen,
Nur die ew'ge wahre Liebe nicht!

Lange Zeit hat sich kein offener Widerstand gegen diese Verherrlichung der Märzgefallenen geregt. Das Erinnerungsfest, welches
am 4. Juni im Friedrichshain abgehalten wurde, und dem gegen
50 000 Personen beigewohnt haben sollen, verlief ebenso großartig
und ohne die geringste Störung wie der 22. März. Die Reden
des Grafen Reichenbach, der demokratischen Klubgrößen und Held's
wurden allseitig mit Begeisterung aufgenommen. Der Vertreter der
Studentenschaft, Graf von Salis-Seewies, ein Nachkomme des
bekannten Dichters, fand jubelnden Beifall als er in schwungvoller Ansprache rief: „Darum seid getrost! Ihr gekränkten
Manen! Mag man die Liebe höhnisch belächeln, welche davon
spricht, Euch ewige Zeichen aufzurichten, — kommen werden die
Tage, wo das Volk, das durch Euch gewordene und geschaffene,
noch oft hinaustreten wird auf diese Stätte, ein Zeugniß Eurer
That, ein lebendig Denkmal, ein Bau, an dem keine Zeit rüttelt!
Mag man über Eure hochgeschichteten Leichen hinwegspringen zur
Tagesordnung, — die Zeit wird kommen, wo Euer Andenken die
Morgenweihe sein wird zu allen Rathschlüssen des Tages! Aus
diesem Haine werden die künftigen Vertreter der Nation ihre Orakel
holen!"

Doch als das tolle Jahr dem Ende zuneigte, begannen sich
auch andere Stimmen lauter zu regen. Man fing an, die Märzkämpfer zu schmähen, behauptete, daß dreißig frühere Sträflinge
darunter gewesen seien, und eines Tags konnte Held eine Aeußerung
aus dem reaktionären Lager veröffentlichen, in der es hieß:

„An die Berliner! Grabt Eure Barrikadenhelden wieder aus,
requirirt 240 Abdeckerkarren und bringt sie damit nach dem nächsten
Hochgericht. Dort scharret sie ein und errichtet ihnen eine mit
Schlangenköpfen, Katzen und Hyänen bemalte Schandsäule mit
folgendem Epigramm:

> An diesem Orte, beim Rabenstein,
> Hier liegen die Rebellen,
> Hier kann nur ihr Begräbniß sein
> Nicht auf geweihten Stellen,
> Da gräbt man nur die Guten ein,

Hier liegen Uebelthäter,
Und diese könn'n nicht böser sein,
Wie Thron- und Hochverräther.

— —

So rohe Ausfälle auf die Todten sind zwar vereinzelt geblieben, aber das Feiern der Märzhelden ist nicht allein in Folge
des politischen Umschwungs, sondern wohl auch dank der unangenehmen Erfahrungen, die man mit einigen überlebenden Wort-
führern der Revolution gemacht hat, ziemlich rasch aus der Mode
gekommen. Viele Familien haben bald ihre Angehörigen aus dem
Friedhof im Friedrichshain ausgraben und auf anderen Begräbniß-
stätten beisetzen lassen.

V

Die humoristischen Plakate.

Wenige Schriftsteller des tollen Jahrs haben eine solche Volksthümlichkeit erlangt wie Dr. A. Cohnfeld und A. Hopf. Cohnfeld ist der Schöpfer der zahlreichen im Berliner Dialekt verfaßten Flugblätter*) mit der Unterschrift: "Anjust Buddelmeyer, Tagesschriftsteller mit'n jroßen Bart". Er war von Haus aus Arzt, hatte sich aber seit Jahren vollständig der Schriftstellerei gewidmet. Von Albert Hopf, der ursprünglich Maler war, stammen die nicht minder gelungenen berlinischen Plakate "Ullo Bomhammel's, Vicegefreiten bei de Börgerwehr." Außerdem hat er gelegentlich die populären Figuren Eisele und Beisele der Fliegenden Blätter, sowie Glaßbrenner's Eckensteher Nante und andere verwerthet.

Cohnfeld**), wohl der fruchtbarste der Tagesautoren jener Zeit, ließ kein noch so unbedeutendes Ereigniß unbenützt. Mit wahrhaft staunenswerther Leichtigkeit und immer regem Witz beleuchtete er alles, was in Berlin und Frankfurt a. M. damals vor sich ging. Held, den er nicht selten mitnahm, schrieb im Oktober 1848 einmal von ihm: "Der geniale Schriftsteller Buddelmeyer liefert alle Tage regelmäßig sein Plakat, wie der Bäcker die Semmel. So manchmal habe ich gedacht, nun wird es zu Ende sein mit der Buddelmeyer'schen Literatur, der Stoff muß ihr endlich ausgehen. Weit gefehlt! Die Zeiten sind noch immer von der Art, daß fast an jedem Tage irgend ein Ereigniß sich zuträgt, das sich zu einem witzigen Plakate ausbeuten läßt." Buddelmeyer's Plakate sind durchaus vom demokratischen Geiste jener Tage beseelt. Besonders tiefen politischen Blick oder überraschende neue Ideen verrathen sie nicht. Aber der Verfasser hat ein unvergleichliches Talent, Alles

---

*) Daß die meisten dieser wie der andern Flugblätter des tollen Jahres in Plakatform erschienen sind, dürfte seinen Grund darin haben, daß die Behörden damals ihre Bekanntmachungen hauptsächlich in dieser Form veröffentlichten.

**) Geboren 1809 in Pyritz.

in so gemüthlicher und so humorvoller Weise aufzufassen, daß noch
heute wohl kaum Jemand bei dem Durchblättern dieser Plakate
ernst bleiben kann. Unterstützt von talentvollen Zeichnern, welche
für die meisten dieser fliegenden Blätter ein passendes Bildchen
gefunden haben, trifft Cohnfeld fast immer den Nagel auf den Kopf
und giebt der Stimmung der vernünftigen Berliner Bürgerkreise den
besten Ausdruck. Auf die Gedanken und Absichten der leitenden
Berufsdemokraten nahm er keine Rücksicht. Als die ersten seiner
Plakate im Sommer erschienen, hielten Held und andere den damals
viel angefeindeten, königstreuen Schauspieler Louis Schneider für
den Verfasser und sahen in diesen witzigen Blättern ein reaktionäres
Machwerk!

Eine Anzahl der Buddelmeyer-Plakate richtet sich gegen die
Thätigkeit der Frankfurter Reichsversammlung. In einem, betitelt:
"Die Theekesseln in Frankfurt sind an den janzen Skandal
schuld" wird das Parlament wegen seiner verfehlten Verfassungspläne
angegriffen, "weil Deutschland plötzlich Krämpfe jekricht hat, darum
wärt jut jewesen, wenn Sie ihm enen derben Kamellen-Thee
jekocht hädden ... und hinterdrin hädde man denn en Paar
Laxirpillen jejeben, deß Deutschland die kleene Fürschten-
dühmer abjeführt hädde! ... Haben Sie ihm nu den Thee
jekocht? Ja Kirschkuchen! Enen Brei haben Se injerührt, den den
Deibel seine Jroßmutter jequirlt hat, uf Preußen haben Se je-
schimpft wie de Rohrsperlinge, unverantwortliche Streeche haben Se
jemacht, des sind Ihre Heldenthaten jewesen .... Wat wollen Sie
von Preußen? Warum schumpfen Se denn uf Preußen? Aus puren
blaßjelben Neid, weil Preußen jroß is und Sie sind kleene Schmier-
finke. Preußen soll in Deutschland ufjehen, det wird jeder sagen,
der en rechtschaffenes Herz innen Leibe hat. Aber erst muß en
Deutschland da sind; verstehen Sie mir? ... Von Deutschlands
Leben red't Ihr und Preußens Tod meent Ihr. Ihr seid freilich
vor Jesewiten zu dumm, denn sonst müßt Ihr't bejreifen, daß Ihr
Euch selber das Messer an die Kehle setzt. Wodruf wollt Ihr Euch
denn verlassen, wenn et eenmal schief jeht? ... Uf Oestreich?
Ach Du lieber Jott doch! Da kämt Ihr jrade beim Rechten! ...
Oestreich hat'n Wurmfraß, des is faul durch un durch! Also wat
bleibt Euch denn übrig? Höchstens könnt Ihr Euch in Lobenstein
uf'n Prinzip setzen un spaziren reiten! Preußen is Deutschland! Preußen muß in Deutschland ufjehen, des heeßt, anstatt
deß, et bis jetzt sich alleene uf'n jrünen Zweig jebracht hat, muß et
jetzt dafür sorgen, deß janz Deutschland uf'n jrünen Zweig kommt.

... Preußen muß Deutschlands Vormund sind! Wer't mit Deutschland jut meent, der muß det insehn! ..."

Derselbe Gedanke wird behandelt in „Der Reichsverweser is also och Reichs-Feldmarschall? Nann wird's Dag! In'n Nacht Preußen!" und in „Reichsverweserken wrangle nich! Sonst wirste jewurzelt!" Im ersteren heißt es: „Wat bleibt denn, wenn Preußen drufsteht? he? En jroßer Haufen Quark un weiter nischt. Ick will Euch mal stechen, wie't sind muß, wenn Ihr'n eenzes Deutsch= land haben wollt. Seht mal, Ihr Dämelfritzen, denn muß Deutsch= land in Preußen uffjehn! So steht et. Oesterreich ist Oester= reich, des heeßt, es schmeckt rechts nach de Wallachei, links nach italiensche Makronen, oben nach böhmsche Musekanten und unten nach schlawaksche Mausefallen. De übrijen Länder un Länderkens det sind Flicken un Lappen un weiter nischt. Aber Preußen is Deutschland!" — Auch ein Plakat: „Vor eenen Sechser Lorbeer= Blätter vor den jlorreichen ersten Deutschen=Reichs=Krieg!" giebt der streng preußischen Gesinnung Cohnfeld's Ausdruck. Er be= dauert darin in drastischen Ausdrücken, daß Preußen noch immer nicht aus Hochachtung vor der Souveränetät der kleinen Fürsten ihnen den Garaus gemacht und jetzt sogar auf Wunsch der Frankfurter Centralgewalt seine Leute in Schleswig-Holstein habe todtschießen lassen. „Is des och'n Krieg? O ja, aber keen Preuß'scher nich! Des war'n Deutscher=Reichskrieg von de alte Sorte! Un Jermanija, die olle verschrumpelte Schachtel, is janz selig und jlubert uf Preußen un singt des schöne Stück aus'n Freischützen: Trijumph, die Rache gelingt! Un denn jreift sie in die Tasche, holt nen Sechser raus, looft beim Tütendreher, kooft vor nen Sechser Lorbeer=Blätter, steigt uf'n wackligen Schemmel als Thron, läßt den Verwesungs= Beflissenen vor sich niederknin un bekränzt den doppelköppigen Adler mit de Jänseköppe un de unverdaute Kronen innen Bauch*)!" Ebenso ausfallend wie die erwähnten Blätter ist: „Na olle Kluckhenne in Frankfurt, wat brütste widder aus?" Dieses Plakat schließt mit einer scherzhaften „Kabbelnets Ordre": „Ick, Buddelmeiers Aujust ... thue kund und füge hiermit zu wissen, deß sich die Kluckhenne von vor die Ehre, die ihr das Deutsche Volk erwies, ... nich würdig bewiesen hat, villmehr muß ick ihr zu verstehen jeben, deß ihr des Maul zwar's jetzt wie'n Hühnerarsch, daß sie aber innen Kopp keen Jehirn, sondern Hühnerdreck zu haben scheint, denn sonst würde se nich so dumm sind zu jloben, deß se mit Quickfel=Quaffel=Brat=

---

*) Den österreichischen Doppeladler wie die Zeichnung zeigt.

wurscht en freiheitshungriges Volk abfuttern kann. Der Deibel soll ihr holen! Uebrigens kann se mir jewogen bleiben." Auch die Plakate: "Windischgrätz hat Wien geholt! Ollmütz wird der Deibel holen!" und "Die pollitschen Bandjuden mit de kurze Elle, die muß der Deibel holen" spiegeln den Zorn wider, der damals in Berlin gegen Oesterreich und die Klein= staaterei herrschte.

Windischjrätz hat Wien jeholt!

Ollmütz wird der Deibel holen!

Ene Propheten-Stimme

Anjust Buddelmeier, Doget=Schriftsteller mit'n freien Bart.

(Preis 1 Sgr.)

Weit bekannter und beliebter sind die Cohnfeld'schen Scherze über Vorgänge in Berlin selbst gewesen, vor allem das gelegentlich der Aufhebung des Adels durch die Nationalversammlung erschienene Plakat:

"Der Adel wird abjeschafft! Stiebel, Du mußt sterben! Eine Todt-Erleichterungs-Predigt." "Ja ja, liebstet Adelken, Dein Stündeken hat jeschlagen! Nu helft nischt mehr dervor. — Du mußt weg! Zapple man so ville wie De willst un wehre Dir nach die Möglichkeit; et is Allens vor umsonst. Du mußt weg! . . . Du berufst Dir immer uf Dein jräuliches Alterthum. I seh mal, dadrum jrade mußte weg! Du bist 'n Jreis, also fahre ab! . . . Seh mal, Adel, wenn man Dir recht begreifen duht, denn bist De ejentlich doch man en schändlicher Aberjlaube! Nich wahr? Du willst un jradezu behaupten, deß Du 'ne beßre Sorte Mensch bist, als wie wir! Ne, des is doch jleich um Rad zu schlagen! Deß es zweierlei Menschen jeben duht, des is mich allerdings woll be= wußt, als wie nämlich icke, un meine Jeliebte. — Deß es aber ock zwee sonne Sorten jeben soll, wovon die ene Porzlan un die

andre man ornäre Töpperwaare is, von sonnen Unsinn wird heut=
zudage nischt mehr jereicht. . . . Na sag mich man blos, wodruf
berufst Du Dir denn? Uf Deine Abstammung? Schöne! Des
wollen wir Beede nu mal 'n bisken nipper ansehen. . . . Et war'n
mal 'n Mann, der hieß Hans, . . . wenn er eenen Wandrer bejej=
nete, der Jeld und Jut bei sich hatte, denn schlug er ihm dodt und
nahm sich sein Jeld und Jut . . . und deß et ihm nich wibber
wechjenommen konnte werren, machte er sich seine Behausung
bommenfest, un denn nannte er ihr Burg, un sich nannte er Ritter,
. . . un krijte der Fürscht von des Land Angst vor den Kerl un
riß ihm in Juten mit das Schwert en Paar über, — un wuppdich
war das Luder adlich un hieß Hans Ritter von Schreckenstein. —
Des is die janze Schmiere, un dadervor willst Du jetzunder noch
Bezahlung haben? . . . Aber Positus . . . deß Euer uf ne anstän=
dige Art Ritter jeworren is, denn kannst Du dadervor och noch
Ansprüche nich machen. Des wäre ja doll, wenn Unser Eener nach
500 Jahren immer noch des Stücksken Arbeet sollte bezahlen müssen,
was Dein Jroßvater vor 500 Jahren jemacht hat. Des is reene
zum Bartausreißen. Wat würrest'n Du sagen, Musje Adel, wenn
zum Pererempel die Nachkömmlinge von den Baumeester, der'n
Marienthurm jebaut hat, Alle wollten den Titel Baumeester haben
und vor ihren Urjroßvater seine Arbeet immerzu wollten bezahlt
kriejen. . . . Un denn noch Eens! Wenn Du vor Deinen Ur=
jroßvater seine Jutthaten bezahlt haben willst, denn mußt Du och
vor seine Schlechtthaten Bezahlung nehmen, verstehste mir? . . . In
Vertrauen, sage mal, weeßte denn och so bestimmt, deß Du von
Deinen Urjroßvater abstammen duhst? Ich will Deine verschiedene
Urjroßmutters nich beleidijen, aber der Punkt is ecklich, des mußte
selbst sagen. . . . Du berühmst Dir freilich och immer, deß Du
vor den besondern Schutz vons Vaterland da bist un den Thron
stützen duhst. Mit diese Dummheit bleibe mich aber vonnen Leibe!
Sind vorleichte die Bürjerlichen nich da jewesen, wenn des Vater=
land in Jefahr war. . . . Ick denke, mehr als wie Du. Bei Dich
war der Stolz un der Eijennutz immer vorne weg. Wenn Du nich
hast de Offizier-Epletzen kriejen können, denn haste Dir jedrückt un
bist lieber jar nich mitjelofen! . . . Wer looft denn in alle Herren
Länder, un 'ne Anstellung zu kriejen? Der Adlichte, siehste. Jeh
doch mal hin nach Rußland un seh mal, wie ville dentsche Adlichte
da mang die Armee un Ministeriums sind! Die fragen den Deibel
nach Vaterland! Titel, Orden und Jroschens, des is vor sie die
Hauptsache!" Cohnfeld hat dieselbe Angelegenheit weniger jelungen

5

aber nicht weniger drastisch auch in dem Blatte: „Michelken in de Provinzen, wirste denn jar nich klug?" gestreift.

Auch die Abschaffung der Orden bot seinem Humor Stoff. Das Plakat: „Die Ordens werden abjeschafft! Piepvöjelken flieje!" ist nicht minder als das vom Adel belacht worden. „Nu seh mal een Mensch unse flotte National-Versammlung an! Des rappelt sich jo orntlich uff! Da sag mal Eener, wat aus'n Menschen werden kann! In eene eenzge Sitzung den Adel abjemuckt, die Titels ab= jeschafft un die Ordens uffjehoben. I, i, des sput't jo. Man so fortjefahren, wenn ick bitten derf, un mit de auswendje Hans= wurschterei och den inwendjen Quark ransjeschippt, denn werd sich des Dings schonst machen! ... Weeßt ihr denn och, wat die Ordens sind? Ordens sind det Handjeld, wat der Deibel als Werbe= Offizier jiebt! Denn daß Tausende ihre Seele um son jämmer= lichen Bimmel = Bommel dem Deibel verkooft haben, dadruf könnt ihr fluchen! ... Des Komischte aber is, deß un son Marken= Inhaber sich Ritter nennen duht! Wodruf reit't denn son Piep= vogel-Ritter eigentlich? Vielleicht uf'n Hochmuthsdeibel, sonst wüßt ick nich wodruf? Aber ick will Euch sagen, wie det Dings ent= standen is. Als der Deibel das Ritterthum holte, weil's vor die Hölle reif war, da dacht er in seinem Sinn: ... hol ick et janz, denn raub ick mich meinen besten Abjesandten uf Erden! Also wat war zu duhn? Aber der Deibel is so dumm nich, wie er ausseht. Er würgte det Ritterthum so ochsig die Jurgel zusammen, det et vor Angst eenen Wind fahren ließ, un dieser blaue Dunst blieb als stänkriget Erbtheil von't Ritterthum uf de Welt zurück. Die Poten= taters schnüffelten diesen Wind uf un sagten zu ihre jute Freunde un jetreue Helfershelfer: Weeßt Ihr wat, Ihr müßt so zu duhne Ritters sind, un deß Ihr och orndlich ritterlich sausen könnt un wat sonst darzu gehört, schnuffelt jeder en Bisken von den Ritter= Wind in; vor auswendig werr' ick Euch mit'n Ritterkreuz versorjen. ... Wenn son Kreuz-Bube mit sein Bimmel-Bammel rumstrich un en Andrer ohne Bimmel-Bammel sah ihm, denn dachte der: Hurrjeh, hätteft du doch och son Dings da bammeln, daß dir die Leute doch och vor wat hielten, denn so biste jar nischt! ... Des jriffen die Potentaters uf un dachten bei sich: I seh mal, kann ick Euch dadermit koofen? Na, des könnt Ihr jenießen! ... Un so entstanden die Piepvöjel!"

Verwandten Inhalts wie diese Blätter ist das Plakat: „O Fürschten-Glorie von Dunnemals! Wo bist du liebe Sonne jeblieben? Een neuer Psalm Davids jesungen von eenen Fürschten."

Der Sturz des Ministeriums Auerswald, das Zustandekommen des Ministeriums Pfuel, das Wirken des Ministeriums Camphausen, die Einführung und das Wirken der Konstabler, das schneidige Vorgehen des Generals Wrangel, die Mißhandlung demokratischer Agitatoren in Charlottenburg und Potsdam, das Wachsen der Reaktion, sowie andere Ereignisse jener Tage haben Cohnfeld Stoff zu theilweise sehr drastischen Arbeiten geboten. Mit besonderer Vorliebe und gemüthlichem Spott hat er endlich die Bürgerwehr und was mit ihr zusammenhängt, behandelt. Seine Kritik des Verhaltens dieser Truppe kleidete er meistens nach dem Muster der damals viel gelesenen Caudelschen Curtain-Lectures aus dem „Punch" in „Gardinen-Predigten ihrem Gatten Ludewig beim Schlafengehen gehalten von Madame Bullrichen."

Auch die Plakate:

„Bürjerwehr, Du bist bejlückt!
Dein Jesetz is ausjeflickt!
Hat nen neuen Schwanz un Kragen!
Will nich Euer Bravo sagen?" —

„Der jroße Trijumph, welchen das neue Bürjerwehrjesetz ... in Berlin jefeiert hat"; — „Die Versöhnung am Jrabe!"

„Achtung! Präsentirt's Jewehr
Vor die brave Bürjerwehr!"

gehören hierher.

Wie wenig Cohnfeld blindlings alles gut geheißen hat, was Seitens der Berliner Demokraten damals gethan wurde, geht aus seinen Flugblättern deutlich genug hervor. Wie er wiederholt gegen Held offen Partei ergriffen hat, so rückte er auch den radikalen Führern mehrfach z. B. in dem Plakate: „Ihr sollt Euch nich butzkoppen!" recht lebhaft zu Leibe. „Sagt mal, Demokraten, pickt et bei Euch? Habt Ihr nen Sonnenstich wechjekriegt? Es kann jar nich anders sind, — et muß bei Euch rappeln, denn sonst wüßt ich mir Euer jrundbämliches Benehmen nich zu erklären! Schaafsköppe, sitzen sie Euch denn noch nich jenug uf die Pelle, daß Ihr sie Euch och noch durch dumme Excesser uf'n Hals hetzen müßt? ... Ick bejreife man nich, wie Ihr so verbohrt un vernagelt sind könnt, daß Ihr jloben duht, pollitsche Ideen laaßen sich mit viehßische Jewalt fortpflanzen oder ufproppen. Vor die massenhafte Demonstrationen is die Zeit vorbei; mit den faulen Schwindel habt Ihr schonst bei die jrößte Hitze innen März nischt mehr ausjericht, un nu wollt Ihr ihm innen Anjust bei kühl Wetter anwenden? ... Is dazu de Presse freijejeben, deß Ihr Eure Wünsche mit Eisen

5*

stangen durchfechten sollt? . . . Ick muß mir ja bei meine Bekannte
vor Euch schämen. Die sagen mir jradezu: Buddelmeyerken, sagen
sie, loof, loof, mit Deine janzen Demokraten is et och faul! Die
Kerls haben och nischt verjessen un nischt jelernt! Jerade wie die
Bubonen! . . . Ick will Euch sagen, wat Ihr duhn müßt! Hört
mich mal zu! 1. Vor allen Dingen bedragt Euch wie Männer,
die wissen wat sie wollen un die Ehre innen Leib haben. . . .
2. Vor's zweete, zeigt des Ministerjum, deß die Konstablers (Ack
Jott, wie wird mich!) überflüssig sind. Zeigt Euch selbsten als die
beste Pollezei, die nich mit's Käsemesser, sondern mit's Ehrjefühl
wirkt. . . . 3. Vor's dritte — paßt aber och uf! — verjeßt keene

Ihr sollt
Euch nich butzkoppen!

Ruhig im Saal! Der Herr will danzen!

Ene Strafpredigt vor die Demokraten,
von dem Demokraten
Aujust Buddelmeier, Tages-Schriftsteller mit'n jroßen Bart.
(Preis 1 Sgr.)

Minnte nich, daß es noch sehr ville Schaafsköppe jiebt, die'n Demokraten vorn ††† Jottseibeimns halten. . . . Ihr braucht nich
jrade die Schulmeesters von diese Schaafsköppe zu sind, sondern
. . . deß Ihr durch Euer Bedragen, Euer Wirken . . . des demo-
kratische Prinzip in alljemeene Achtung bringen duht. . . . 4. Vor's
vierte, seht Eure Anführers een Bisken uf die Finger, deß sie mehr
vernünftiget Zeug vor die alljemeine Belehrung un von die Polle-
tik im Jroßen schreiben un des Ministerjum zeigen, deß sie och
Männer bei die Spritze sind."

Erfolg hat Cohnfeld-Buddelmeyer mit seinem Wirken freilich
nicht allzuviel gehabt. Die Extremen im liberalen wie reaktionärn

Lager gingen unbekümmert um seine recht verständigen Rathschläge ihren Weg weiter. Cohnfeld selbst wurde im Sommer 1848 wegen eines den Magistrat angreifenden Plakats in Untersuchung gezogen und wiederholt gemaßregelt. Er gab vom April 1849 ab bis zum Dezember 1852 ein satirisches Blatt: „Die Buddelmeyerzeitung" heraus, das aber nur geringen Anklang fand. Er arbeitete dann für den Kladderadatsch und war Mitarbeiter an vielen im A. Hof-

Herr Pfuel
is een braver Mann,
der feine Schuldigkeit gedhan!
Graf Brandenburg,
ach geh zum Küster, dir will hier Keener als Minister.

Eene Leichenrede,
bei'n Abtritt von's Ministerium Pfuel jehalten von
Ullo Bohmhammel,
Vize-Jefreiten bei de Bürjerwehr.

mann'schen Verlage erschienenen humoristischen Schriften. Das Glück lächelte ihm aber auch hierbei nicht. Er ist aus Kummer und Sorgen nicht herausgekommen.

Die von A. Hopf unter dem Namen Ullo Bohmhammel verfaßten Plakate sind in äußerer Ausstattung und im Ton den Cohnfeld'schen Blättern täuschend ähnlich. Wie er, widmete Hopf mehrere seiner Betrachtungen den Ministerwechseln, so: „Herr Minister Eichmann wird gebohmhammelt, weil er den Weg zu de Freiheit verrammelt." „Herr Pfuel is een braver Mann, der seine Schuldigkeit gedahn! Graf Brandenburg, ach geh zum Müster, Dir will hier keener als Minister." „Große Minister=Pleite. Quodlibet, gesungen beim Abtritt von sämmtlichen Ministern." Andere Tagesereignisse werden in den Flugblättern behandelt: „Gewonnen is die Wienerschlacht! Det hab' ick mir woll jleich jedacht;" „Janz Berlin muß nach Wien, Jejen die Croaten ziehn!" „Jutester Herr Wrangel! Thun se uns nischt, wir thun Ihn ock nischt!" „Hurrjöh! Ick schreie mir janz heiser: Hoch! Vivat hoch der deutsche Kaiser!!!"

Die Bürgerwehr spielt auch bei Hopf eine große Rolle. Mit ihr beschäftigen sich unter anderm die Plakate: „Hurrjöh! die arme Börjerwehr! Nu hat se keen Jeseb nich mehr. Een Esel hat et fortjedragen, wat werren nu die Andern sagen. Eene Jnaden=Arie mit Varjaßionen uf de Konstablerpfeife!" „Etsch! Etsch! Et is ja widder nich losgegangen! Strafpredigt von Madam Bohmhammeln, gehalten den 25. September uffen Abend;" „Ach Jotte doch! Nu is et leider doch losjejangen! Und recht sehreken;" „Sonst und Jetzt oder Scenen auf der Berliner Schloßwache. Eine selige Rück=Erinnerung." In seinen „komischen Neujahrswünschen" für 1849 singt Bohmhammel endlich noch seinen Freund Schulze an:

Denkst Du daran, wie wir in Wind un Regen,
Mit unsen Kuhfuß mußten Wache steh'n?
Jetzt könn'n wir uns doch still bei Muttern legen,
Un Abends wieder hin zu Klausing'n gehn.
Jetzt hab'n wir keene kriegsgerechte Waffen,
Die Pfeife nur, drägt jeder Bürgersmann.
Et geht doch gar nischt über't ruh'ge Schlafen,
Nich wahr, o Schulze! Du globst ooch daran!

Origineller als in diesen Plakaten ist Hopf im Ganzen in seinen Gesprächen zwischen Nante und Brennecke und den neun Blättern: „Nante als Nationalversammelter". Die politische Unreise und Unfähigkeit vieler der damals neu gebackenen Volks= Vertreter, das sich breitmachende Streberthum, die allgemeine Zerfahrenheit werden hier in gelungener Weise charakterisirt. Auf die Frage Nante's, der im Frack mit dreifarbiger Schärpe und riesiger National=Kokarde am alten Cylinder mit dem Zeitungs=Verkäufer Brennecke herablassend plaudert, ob er eine oder zwei Kammern für besser halte, meint letzterer: „so ville Kammern wie Abgeordnete; denn zwee in eene Kammer det thut keen Gut's, oder man müßte

Ganz Berlin muß nach Wien,

Jegen die Croaten ziehn!
Dann is Windischgrätz verloren!
Narbe hat es uns jeschworen.

Eene Rede, jered't von Herr Narben, am 31. October, uf de Kummodientreppe, un wortjetreu abjekuppelt von
Ullo Bohmhammel,
Vize-Jefreiten bei de Börserwehr.

Etsch! Etsch!
Et is ja widder nich losgegangen.
Ihr habt euch schonst widder blamirt!

Strafpredigt von Madam Bohmhammeln gehalten den
25. Septbr. uffen Abend an ihren Jemahl
Ullo Bohmhammel,
Vice-Gefreiten bei de Börgerwehr.

Vor Eenen Silbergroschen.

immer eenen Pommer und eenen Berliner zusammensperren; die sind sich zum Fressen gut."

Ein andermal fragt Brennecke: „Nu sage mal, Bürger-Deputirter, habt ihr denn schon angefangen zu papperlapap – papieren, oder wie't heeßt?"

Nante: „Parlamentiren heißt des. Allerdings! Ja wohl, wir sind eben bei'n neuen Verfassungs-Entwurf."

Brennecke: „Is det derselbe, den das Volk uf de breite Grundlage, wo der alte Fritze zu stehen kommen soll, verbrannt hat?"

Nante: „Ja wohl, ja wohl, derselbe."

Brennecke: „Drum riecht's hier ooch so sengerich." —

Brennecke: „Ick kenne Dir überhaupt gar nich wieder, Nante. Vor'n Jahr warste so liberal un hast geopponirt wie Hansemann, un dies Jahr schmecken Deine Reden alle wie ministerielle Krebsbrühe. — Jampelst woll ooch schon nachen rothen A—A—?"

Im dritten Blatt fragt Brennecke Nanten, der im Schlafrock mit der Kokarde an der Nachtmütze dasitzt: ob er sich schon entschieden habe, was für ein Ministerium er annehmen wolle? Nante schwankt zwischen Krieg und Kultus. Das Auswärtige ist ihm zu bedenklich.

Brennecke: „Ja, so'ne Kastanienwalds-Interpellation is öflich. Aber hast Du denn ooch die Fähigkeiten zu een Ministerium? . . ."

Nante: „Des geehrte Mitglied iss'n Schafskopp! Als ob dazu Fähigkeiten gehörten."

Im fünften Blatt spricht Nante in der Nationalversammlung. „Meine Herren! Ick erlaube mir gehorsamst, zum ersten Mal hier das Wort zu ergreifen, da ick bis jetzt immer blos, wie viele meiner geehrten Kollegen, blos mitten Kopp genickt und geschüddelt habe. Vor die pommersche und uckermärkische Sitte des Trampelns un Grunzens habe ick nie geinklinirt, oder wie't heeßt, weil ick 'n gebild'ter Intelligens-Residenzler bin, un mir mein Vater in der Jugend gelernt hat: in Gesellschaften muß man sich nich unhöflich uffführen." Er stellt dann den Antrag im Namen des patriotischen Vereins, dessen Vice-Präsident sein Freund Brennecke wegen seiner Fertigkeit im Zettelabreißen sei, eine ultraäußerste Rechte zu bilden, da die äußerste dem Verein nicht äußerst genug sei.

In Nummer 7 ist Brennecke Konstabler geworden und Nante zieht mit seinen Habseligkeiten, langer Pfeife und Kümmelflasche, nach dem Schauspielhause. Ersterer fragt nach dem Grunde des

Umzugs. Nante erwidert, die Singakademie liege an einem Graben, der im Grunde faul sei, das habe auf die Deputirten eingewirkt. Sie hätten fließende Reden gehalten, aber im Grund sei alles faul gewesen. Auch wolle das deutsche Vaterland nicht mehr die hohe Miethe zahlen. Deshalb zöge die Versammlung nach dem Schauspielhause. Kopfkissen und Schlafmütze nehme er mit, denn das seien Attribute des Abgeordneten, wie beim Jupiter Donner und Blitz.

Im 8. Blatt ist Nante Minister und ruht in Gala-Uniform mit Seidenstrümpfen und Kniehosen auf einem Fauteuil. Brennecke ist Staatssekretär und amüsirt sich über sein Aufrücken vom Konstabler zu dieser Würde. Nante: „Des Lachen in meiner Gegen-

Nante als National-Versammelter.

Achte Sitzung. Preis 1 Sgr.

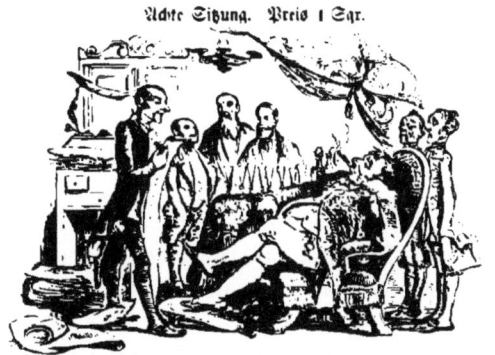

Nante ist Minister geworden.

wart muß ick Dir als unziemlich verweisen. Uebrigens is der Unterschied nich so groß, wie Du denkst.“ Er geht dann mit Brennecke an die Erledigung der Geschäfte. Zuerst kommen die des Kriegsministers. Beiträge zur deutschen Flotte. Die drei Bogen lange Liste ergiebt eine Gesammtsumme von 7 Thlr. 8 Sgr. 9 Pf. Zugleich fragen die Ostseeprovinzen an, wann die Flotte fertig sein werde. An Mitteln fehle es doch bei den reichen Eingängen nicht. Nante: „Schreibe mal an die Fragesteller, daß der Saame bereits gelegt is, zu die Bööme, aus deren Holz die Flotte gezimmert wer'n soll. Um jedoch die Seestädte nich ganz schutzlos zu lassen, werde ick, mit Genehmigung der Paulskirche in Frankfurt, een Regiment ausrüsten lassen, zum Wasserkrieg. Jeder Soldat kriegt Proppenstiebel zum Wassertreten, un eenen schweinsblasernen Anzug zum Schwemmen." ... Nachher kommt eine Deputation der National-Versammlung, denen Rante Absetzung aller Offiziere vorschlägt, die nicht für die Republik seien. „Der Geist der Zeit, det is die Republick. Wenn wir det ooch in die Singakademie nich gradezu aussprechen; unter uns brauchen wir keene Umstände zu machen." Alle Deputirten reichen ihm die Hände: „Wir haben uns verstanden." Rante schlägt dann eine kleine Expedition nach China vor, um dort ein Dorf, „wo blos Deutsche wohnen", freizumachen. Held, der ja auswandern wolle, könne die Expedition führen. Das findet aber keinen Anklang. Rante werden die Fenster eingeworfen. Von der Straße brüllt es: „Abtreten, abtreten. Lindenmüller wird Rante's Nachfolger!"

Das letzte Blatt zeigt Ranten wieder als Deputirten. Ein Gypsfigurenhändler bietet ihm und Brennecke die Büsten von Cavaignac, Rante und Held für je 10 Sgr. zum Kauf an. Brennecke: „Hurrrjottedoch! Meiner Seele! Held, als wenn er lebte; die kleenen Oogen, der Uffwieglerbart, die Haare wie'n Mucker gekämmt. ... Wat issen inwendig in den Kopp drin?" Italiener: „Nix von Bedeutung. Sein die Kopp hohl. Blos Bißel Wind drin." Brennecke (sehr weise): „Aha! Seine Idee! Ick bitte Dir, Rante, sage mich, wie ick't anfangen soll, det ick ooch so berühmt were, wie Du un Held un Kaffeesack ... Rante: „... Du mußt entweder een großer Staatsmann, oder een großer Spitzbube wer'n. Du kannst ooch Beedes zusammen vereinigen, wie des häufig bei Andern geschieht."

Aus der Zahl der anderen von Hopf verfaßten Flugblätter seien nur noch einige erwähnt, die er unter dem Scherznamen Ananasius Schnüffler herausgegeben hat. Das eine verspottet die demokratischen Frauenklubs und schildert wie in der Leipzigerstraße die Mitglieder schwören, den Saal nicht freiwillig zu verlassen, man müßte sie denn hinaustragen. Die Damen geben ihren Zorn gegen die Gardeoffiziere Ausdruck, während diese im Vorraum sich sammeln. Madame Astloch erzählt, wie sie eben mit einem Lieutenant ein Duell ausgefochten, bei dem sie verwundet worden sei. Alle Damen wollen die Wunde sehen, sie erklärt aber, es sei nur eine alte Wunde, die der Lieutenant leicht geritzt habe. — Draußen erschallt lautes Gelächter, die Offiziere treten ein, um den Klub aufzuheben. Sofort äußert sich großes Entzücken unter den Komitee-Damen. Jeder Offizier nimmt eine auf den Arm und geht ab. Die Präsidentin und die Alten bleiben trotz ihres lauten Reklamirens unbeachtet und werden schließlich von einem Kommando

Soldaten fortgetragen! — Ein anderes ähnliches Blatt heißt: „Die aristokratischen Weiber, oder O Glück! die Garde bleibt!" wieder ein anderes: „Petition des gesammten weiblichen Ballet=Personals um Permanenz des Belagerungszustandes und Beibehaltung der ersten Kammer."

Auch Hopf ist ähnlichen Anfechtungen wie Cohnfeld nicht ent= gangen. Im Oktober 1848 wurde er wegen Majestätsbeleidigung vor Gericht gestellt. Der Staatsanwalt beantragte nicht weniger als 3 Jahr Zuchthaus gegen ihn. Der humorvolle Schriftsteller wurde freigesprochen!

Nahe verwandt in Ton und Form mit den Cohnfeld'schen und Hopf'schen Arbeiten sind die zahlreichen in jüdisch=deutschem Dialekt verfaßten Flugblätter*) des tollen Jahres. Acht davon, die im Verlage von S. Löwenherz erschienen sind, waren als offene Briefe von Isaac Moses Hersch bezeichnet. Sie behandeln mit größtem Freimuth die Ereignisse, ganz vom Standpunkt der radikalen Demokraten. Nachfolgende Proben mögen eine Vorstellung davon geben. „Und in großen Zorn is eine Deppetation hingeloffen bei den Berger=General Aschoff und hat ihm gefragt ganz scharff, was all' die Schmues bedeuten? Hat er gesagt, er weiß nischt! Haste gesehen a Chochem! Wie heißt, Du weißt nischt? Du bist doch Kummedant von Berlin! . . . Man hat getrummelt General= Marsch in der Nacht — er weiß nischt; das Zeughaus is inwendig verrammelt — er weiß nischt; an die Fenster stehen Kanonen, und Pulver und Blei liegen dabei parat — er weiß nischt; zweihundert scharfgeladene Soldaten kampiren alle Nacht uf Strohsäcken in Zeug= haus — er weiß nischt; man vernagelt die Brücken mit große Nägel — er weiß nischt . . . . An wenn er weiß gar nischt, is doch ein große Gefaire! Soll man sagen, was noch alles kann passiren! Es kann machulle gehen ganz Berlin mitsamte die Bergerwehr, und er weiß nischt! Haste so was gesehen? (Brief 3 an seine Mitberger) — „Es gefallt mir nich, Herr Hansemann, daß Sie immer sprechen so langsam, wenn Sie sprechen, un machen lange Pausen un besinnen sich. Ein Minister derf sich nich erscht besinnen, son= dern muß schon sein besonnen." (Brief 6.) — An „den halbabgegan= genen Magistrat" schreibt Hersch: „Das Leben hat Ihnen gegeben eine derbe Lektion, un Se haben nischt gelernt! Wie heißt eine Lektion? Gott der Gerechte! Sie haben bekommen, eine Lektion nach die andere, un Sie haben dun alle nischt gelernt! . . . Man hat

---

*) Ihre Verfasser waren meist Löwenherz und L. Weyl.

Ihnen genommen den Kopp, was war genannt Krausnick, aber es
hat nischt geholfen. Ja, Sie haben werklich verloren den Kopp,
aber Sie haben behalten das Herz. Und was für ein Herz?
Haste geseh'n? Ein klein verschrumpeltes Herz, wo nischt is drin,
als wie ein paar büreokratische Gefühle . . . . Sie ärgern sich über
den demokratischen Klub, weil er nich is ehrerbietig, un hat keinen
Respekt vor Ihnen! Sagen Sie mir nor, wie soll man haben Respekt
vor Ihnen, wenn Sie haben nich Respekt vor die Revolution un
vor das Volk? . . . Thun Se mir nor den Gefallen un denonziren

Wrangelche in Berlin

will schießen!
Branneborgche in Breslau
will och schießen!
Haste gesehen! Wie heißt?

Zweite Rede, geredt zu seine Frau Hannche,

Jakob Leibche Tulpenthal,
emanzipirter Jerlit aus dem Großherzogthum Posen.
(Preis 1 Sgr.)

Sie mir nischt, un konfeziren Sie mir nischt un machen Sie überhaupt keine Geschichten . . . . Herr Krausnick hat mir konfezirt,
— nich, was hat er davon?"

Sehr ähnlich gehalten sind die Reden „geredt zu seine Frau
Hannche von Jakob Leibche Tulpenthal, emanzepirter Jerlit
aus dem Großherzogthum Posen." Das erste dieser Blätter ist
betitelt: „Gott der Gerechte! Berlin geiht plaite!" das zweite:
„Wrangelche in Berlin will schießen! Branneborgche in Breslau will
och schießen! Haste gesehen! Wie heißt!" — Das letzte ist betitelt:
„Weih geschrieen! Die Welt is meschugge!" Der Verfasser ist so

unzufrieden mit dem Gange der Ereignisse, daß er in dem letzt=
genannten Plakat ruft: Ich möchte geben de ganze Verwesung mit
de Pestilenz=Ezezlenz un das Safferment=Perlement vor den alten
Bundestag, un noch vier Groschen derzu! Der Bundestag is
gewesen eine Geseire (Uebel), die Verwesung mit das Parlament
aber is a Zehntuppelte Geseire! „Ich sog der, Hannche=Leben, es wär
a Geschäftche, wobei ich mach a Rebbes vun 100 Prozent."

Außer diesen sind noch eine Menge anderer derartiger Plakate
in jüdisch=deutschem Dialekt damals erschienen. Alle möglichen
Namen wie Josef Mosche Hersch, R. Jankef, Simche Kuggel,
Heymann Levy, Mendel Markus, Falek Esre Menasche, Mausche
Chaim Terschtiegel sind darauf als Verfasser genannt. Andere
der Blätter wie: „Was hot er gesogt? Oestraichsch sollen mer
werden, hot er gesogt" oder „Waih geschrien! De Reppublick wird
kümmen, ne granße taitsche Reppublik" sind anonym herausge=
kommen.

VI

Der „Demagoge" Held.

Einer der größten Schreier und auffälligsten Figuren des tollen Jahres, die in vieler Beziehung typisch ist, war der Redakteur der „Lokomotive", Friedrich Wilhelm Alexander Held.*) Er war nach seiner eigenen Angabe in diesem Blatte 1848 erst 35 Jahre alt; war im Militär-Waisenhaus zu Potsdam erzogen und mit dem 18. Jahr Lieutenant geworden. Nach sechsjähriger Dienstzeit nahm er seinen Abschied, da seine Stellung „mit seinen Ansichten von Freiheit, Kirche und Staat so wenig harmonirte, daß sie ihm unerträglich wurde". Er widmete sich dann 4 Jahre lang dem Schauspielerberuf. Auch hier scheint er die Erfüllung seiner Wünsche nicht gefunden zu haben, und wurde schließlich Journalist, erst liberaler, dann radikaler und demokratischer Richtung. 1843 gründete er eine „Monatsschrift für den deutschen Michel, Lokomotive", welche er einige Monate lang im Selbstverlag zu Halle erscheinen ließ. 1844 erschienen von ihm zwei Schriften „Censuriana, oder Geheimnisse der Censur" und das 1. Heft eines Werks: „Deutschland, wie es fortschreitet und einig ist". Heft 1. die Vereine; eine Nachahmung Glasbrenners. 1845 rief er eine Zeitschrift, „Der Volksvertreter" ins Leben, die mit Zeichnungen von Hosemann und anderen ausgestattet, ihr Dasein bis 1846 fristete. Inzwischen wurde Held wegen Preßvergehens mehrfach verfolgt und schließlich zu einem Jahr Festung verurtheilt. Nach seiner Freilassung, Mitte 1847, nahm er die frühere Wirksamkeit mit ungeschmälerter Kraft auf. Nachdem er sich als Volksredner und eifriger Klubmann bemerklich gemacht, schuf er am 1. April 1848 eine neue „Lokomotive", diesmal ein täglich erscheinendes Blatt.**)

---

*) Held nannte sich selbst Volksführer: Demagoge.

**) Am selben Tage erschien die erste Nummer der „National-Zeitung".

In ihm und in vielen Flugblättern größten Formats hat Held das nur Mögliche in Bekundung revolutionärer und radikaler Gesinnung geleistet. Seine hohe Gestalt, ein mächtiger, wallender Bart und eine Löwenstimme unterstützten ihn bei seinem Streben, bekannt und ein Führer der Massen zu werden. Ueberall, wo Volks-Versammlungen stattfanden und Demonstrationen vor sich gingen, war er zur Stelle. Er war unter den Befürwortern des Zugs der Volksmassen zum Schlosse, der für den 20. April, den Gründonnerstag, in Aussicht genommen war, um Allgemeines direktes Wahlrecht zu erzwingen. Im letzten Augenblick sagte er sich aber mit dem ebenfalls hochrothen Assessor Georg Jung von dem Plane, der einen blutigen Ausgang zu nehmen drohte, wieder los. Am 12. Mai war er Mitglied der von einer Volksversammlung in den Zelten zu dem Ministerpräsidenten gesandten Deputation, welche gegen die Rückberufung des Prinzen von Preußen Vorstellungen erhob. In jener Nacht erwarb er sich das Verdienst, die aufgeregte Volksmenge unter den Linden, welche Anschläge gegen das prinzliche Palais laut plante, zu beruhigen und zu zerstreuen, und tags darauf (Sonnabend) setzte er in den Zelten durch, daß eine nochmalige Demonstration der Massen gegen das Ministerium und den Prinzen wenigstens bis zum Sonntag aufgeschoben wurde. Daß er aber durchaus gegen die Rückkehr des Prinzen war, bevor die National-Versammlung, in die jener als Abgeordneter gewählt war, ihn riefe, bewies er am Sonntag, dem 14. Mai, in langer Rede. Begleitet von angeblich 40—50000 Leuten zog er mit Eichler, R. Schramm, Braß, Lehmann, Prutz und Salis zum Palais des Grafen Schwerin. Es wurde nichts erreicht als das Versprechen des Ministerpräsidenten, die endgültige Entschließung der Regierung am nächsten Nachmittag kund zu geben. Unter Held's Einfluß wurde dieser Bescheid von den Massen schweigend aufgenommen. Als aber am nächsten Tag das Ministerium rundweg erklärte, daß der Prinz binnen 14 Tagen ankomme, und es an Abdankung nicht denke, war es mit dem Einfluß Held's, der wieder zur Mäßigung sprach, aus. Er wurde aus dem politischen Klub ausgeschlossen und von seinen bisherigen Freunden, R. Schramm an der Spitze, als bewußter Verräther, der das Volk lächerlich machen und die Demokratie diskreditiren wolle, gebrandmarkt.

Angesichts der ihm feindlichen Stimmung einflußreicher Demokraten erklärte Held in einem Plakate vom 16. Mai, daß er von der Stelle, auf die ihn das Vertrauen eines Theils seiner Mitbürger gehoben, herabsteige, sowohl wegen des ungerechten Mißtrauens, als der wahnsinnigen Angriffe Anderer. Er legte dar, wie er seit 1842 der Sache des Volkes gedient, ungezählte Verfolgungen erlitten und nicht so viel erworben habe, um einen Tag sorgenfrei zu leben. Zum Lohn für seine Anstrengungen, durch treues Wort und Belehrung auf unblutigem Weg die Früchte der Revolution für's Volk zu retten, werde er mit Angriffen überhäuft. Den einen gehe er zu weit, den andern nicht weit genug. Man beschuldige ihn, ein Ministerportefeuille zu erstreben, nenne ihn sogar von der Regierung bestochen, ja man bedrohe sein Leben. Angesichts einer so mangelhaften politischen Bildung des Berliner Volks ziehe er sich auf sein Wirken durch die Schrift zurück und werde sein Augenmerk besonders der sozialen Frage widmen. — Eine Zeit lang ist Held den Volks-Versammlungen fern geblieben und hat sich begnügt, in seiner „Lokomotive" zu hetzen. Besonders die Gerüchte über die heimliche Einquartierung von Soldaten im Zeughaus, dessen Verproviantirung und die Beseitigung der Waffenvorräthe gingen von ihm aus. Schon nach wenigen Wochen benutzte er aber wieder einen Anlaß, als Volksredner zu glänzen. Bei der großen Todtenfeier im Friedrichshain am 4. Juni ließ er sich durch einige Freunde zur Rednerbühne rufen und mahnte von da zur Verständigung der Berliner Demokraten mit den Provinzen. Noch am selben Tage forderte er durch Anschlag zur Bildung eines Vereins für diesen Zweck auf. Als dieser Gedanke nicht recht einschlug, machte er sich an die Gründung eines Vereins „zur Radikal-Reform der Erwerbsverhältnisse." Er erreichte damit wenigstens, daß er wieder öfter genannt und der Gegenstand lebhafter Angriffe des „Preußenvereins für konstitutionelles Königthum" (Reaktionsklub genannt), wurde. Diese Angriffe wurden besonders lebhaft, als Held, nachdem seine Hoffnung, zum Abgeordneten gewählt zu werden, gescheitert war, sich um die Stelle des Kommandeurs der Bürgerwehr bemühte. Seine ganze Vergangenheit wurde nun durchsucht. Man beschuldigte ihn, aus ehrenrührigen Gründen seinen Abschied als Offizier erhalten zu haben; wies in großen Plakaten nach, daß er 1841 eine Schrift über „Preußens Heldenthaten" dem Prinzen v. Preußen gewidmet habe und damals vom Lob dieses Fürsten und des Königs übergeflossen sei; ja man verdächtigte ihn sogar des Diebstahls.

Solche Angriffe machten nur auf die Bürgerkreise, welche Held ohnehin verabscheuten, Eindruck. In den Kreisen der Arbeiter und kleinen Leute förderten sie aber seine Volksthümlichkeit derartig, daß verschiedene Bezirke im Juli den Agitator ernstlich zum Führer der Bürgerwehr vorschlugen. Dieser Umstand brachte die

Gegner Held's im demokratischen Lager auf's neue in Harnisch. Man setzte im Komitee zur Leitung der Kommandeurswahl nach v. Aschoff's Abschied alle Hebel in Bewegung, um an Stelle Held's den interimistischen Befehlshaber Rimpler durchzubringen. Mit dem Komitee im gleichen Sinne war die Regierung thätig, welche die Angelegenheit für so wichtig erachtete, daß sie den Staatsanwalt in Bewegung setzte, um falsche Behauptungen Held's öffentlich zu widerlegen. — Held fiel bei der Wahl am 2. August durch, aber sein Einfluß auf die Massen wuchs nur noch weiter. Durch seinen sozialen Verein und die „Lokomotive", welche im August z. B. die geheime Instruktion der Berliner Schutzmannschaft zu enthüllen in der Lage war, wurde er mit der Zeit eine wirkliche Macht. Wie verhaßt er seinen Gegnern im eignen und Regierungslager war, beweist der Umstand, daß er bei einem Aufenthalt in Strausberg durch Volksmassen mit Thätlichkeiten bedroht und gezwungen wurde, mitten in der Nacht das Weite zu suchen. Der Zorn und das Mißtrauen der Feinde Held's auf demokratischer Seite, unter denen die Benarys, Arnold Ruge, Dohm, May, Ottensosser, Wiß, Eichler u. a. sich befanden, wuchs, als Held sich Anfang September sehr nachdrücklich gegen alle neuen Demonstrationen aussprach und die Behauptung aufstellte, daß das Ministerium nur auf einen passenden Anlaß warte, um eine Contrerevolution ins Werk zu setzen. Man behauptete jetzt offen, daß Held mit dem Prinzen von Preußen in Beziehung stehe und Werkzeug der Regierung sei. Es wurden außerdem Schritte gethan, um Held unmöglich zu machen.

Ein Fräulein Ottilie von Hake, die viel in den Kreisen des demokratischen Klubs verkehrte, lud Held — nach seiner Darstellung — am 2. September in ihre Wohnung ein, um dort eine Frau von *_* zu treffen. Als er kam, fand er außer dieser Dame bei Frl. von Hake den Präsidenten des Preußenvereins von Katte. Held wußte nicht, daß Frl. von Hake den Professor Benary und den Schriftsteller Ernst Dohm von der bevorstehenden Zusammenkunft Held's mit Katte benachrichtigt hatte, und daß Dohm versteckter Zeuge des Gesprächs war. Während Held behauptete, mit dem ihm unbekannten Katte nur ein allgemeines politisches Gespräch geführt zu haben, beschuldigten ihn Dohm und Benary, Katte versprochen zu haben, die Arbeiter Berlins für den Prinzen von Preußen zu gewinnen!

Natürlich erregte die bald darauf erfolgte Veröffentlichung dieser Angelegenheit größten Skandal. Ob sie aber der liberalen Sache viel genutzt hat, ist immerhin fraglich, denn Held behielt seinen Arbeiteranhang,

6

bei welchem der Haß gegen die reichen Bürger und das System Hanse=
mann weit ärger war als gegen den Prinzen von Preußen. Umsonst
fielen alle satirischen Blätter über Held her, datirten ihre Nummern
vom Tage seiner moralischen Hinrichtung und überschütteten ihn mit
Spott. Seiner Anhänger sicher, veröffentlichte Held am 18. Sep=
tember ein mächtiges Plakat: „Meine Idee über die Verfassung
Preußens und Deutschlands". Er verlangte darin Entlassung des
Ministeriums, Auflösung der Nationalversammlung und Einsetzung
eines Volkstribunen, der mit diktatorischer Gewalt binnen 4 Wochen
Preußen eine Verfassung geben solle. Am Ende sprach Held die
Hoffnung aus, daß der König zu Gunsten des Prinzen von Preußen
abdanken, und dieser das Vertrauen des Volks durch große und
freisinnige Zugeständnisse erringen werde.

Bei der damaligen Stimmung in Berlin fand Held's „Idee"
wenig Anklang. In einem Plakat: „Deine Idee, Heldeken, is ne
faule Idee" wurde der große Volksredner verhöhnt. „Volkstribun
uf 4 Wochen, kief mal, des is ja wohl eben so viel als Volks=
beßlicker, un des is 'n faules Geschäft, det weeßt de doch ooch;
plage Dir nich mit solchen Grillen, des bringt Deine vermickerte
Finanzlage nich wieder in Ordnung; det kannst Du glooben."
„Ick frage Dir, wat hast de von det Herumsitzen uf de Festungen
und von Deinen juten Willen? n' leeren Beutel und keenen Kredit
mehr bei de Menschheit, det is det Ende vom Liede." „Ick will
Dir en juten Rat jeben, denn ick mag Dir, aufrichtig jesagt, jerne
leiden, weil de so jroße Plakater machen kannst un se kosten nich
viel, ick rathe Dir, ziehe Dir gänzlich von de undankbaren Mensch=
heit zurück un laß se zufrieden, denn lassen se Dir ooch zufrieden."
Und ähnlich äußerten sich die Witzblätter. Die demokratischen
Klubs agitirten weiter und zankten sich unter einander, und Held
ärgerte sie, indem er mit Schaaren von Anhängern ihre Versamm=
lungsstätten besuchte, überall Aufnahme verlangte und tagelang
ihre Debatten störte.

Die aufgeregten Scenen in der Nationalversammlung Ende
Oktober und Anfang November, die demokratischen Kongresse am
26. und 27. Oktober, bei denen die Zerfahrenheit und Schwäche der
Liberalen so recht klar zu Tage trat, raubten dem Streit Held's
mit den Demokraten für einige Zeit das Interesse im Publikum.
Am 10. November legte Held im Augenblick des Einrückens Wrangels
alle Schuld an den damaligen Ereignissen, welche der Revolution
ein gründliches Ende machten, seinen namentlich aufgeführten
Feinden unter den Demokraten zur Last, die ihm das Vertrauen

des Volks geraubt und alle seine Vorschläge lächerlich gemacht
hätten.

Der witzige „Aujust Buddelmeyer" widmete ihm damals ein
Plakat: „Held, Du jroßer Volkstribun! Du willst auskratzen?"
„Oller Junge, laaß Dir halten! Held, Held, wat machste vor
Streeche! In keene Sache kannste nich uf'n Strump kommen un
dadrum machste Dir immer uf de Socken? Kerl, besinne Dir doch!
Erscht biste von de Zelten-Tribüne abjesockt, un denn biste von
de Demonstration abgesockt, un denn biste von de Maschinenbauer
abgesockt, un un sockste och von Deine „Lokomotive" ab un willst Dir
in de Weltjeschichte verbuddeln? J, Du dausendsackermentscher
Absocker Du, schämst Du Dir nich, daß Du Held heeßen duhst un
von de Natur son mörderlich jroßen Bart jekricht hast un noch
derzu nen rothen, un son jroßet Maul un sonnen jransamen Schrei=
hals? Du willst en Held sind? Een Manschetten=Held biste,
weeßte des?"

Einige Tage darauf wurde die „Lokomotive" mit einer Menge
andrer demokratischer Blätter unterdrückt. Erst im Dezember wurde
das Wiedererscheinen der Held'schen Zeitung erlaubt. Sie war von
da an aber wesentlich zahmer. Held richtete damals und später
seinen Zorn nicht mehr gegen die Regierung, sondern gegen die
demokratischen Kreise. Er griff die meisten ihrer Wortführer in der
Vossischen Zeitung und in Volksversammlungen an und ging soweit,
Weihnachten 1848 ein politisches Puppenspiel in Mylius Hotel, dem
einstigen Sitz der Linken der National=Versammlung, zu ver=
anstalten, worin die demokratischen Größen blutig verhöhnt
wurden. Man zahlte ihm mit gleicher Münze den Spott heim.
Anfang 1849 wurde im Friedrich=Wilhelmstädtischen Theater eine zeit=
gemäße Posse mit Gesang „Eigenthum ist Diebstahl" oder „Der
Traum eines rothen Republikaners" gegeben mit Vorspiel: „Meine
Idee" und Nachspiel: „Die Stadtvogtei". Die Hauptrolle, „Heros
der Große genannt", wurde in der getreuen Maske Held's gegeben.
Das Stück hat wesentlich dazu beigetragen, die letzten Reste von
Held's Volksthümlichkeit zu zerstören. Er hat 1849 noch eine
Menge Broschüren veröffentlicht, auch nach dem Einzehen der Loko=
motive Gründung einer Wochenschrift „Der Sozialist" versucht,
aber ohne Erfolg.

Verschiedene Flugblätter.

Nicht von der Bedeutung wie Cohnfeld, Hopf und Held, aber immer-hin nicht ohne einen gewissen Einfluß in der Bewegung des tollen Jahres waren Heinrich Beta und Louis Drucker. Der erstere, welcher eigentlich Bettziech hieß, war ein freisinniger Journalist, dessen ältere Arbeiten meist verstreut und ohne Namen in Zeitschriften erschienen sind. Aus dem Jahre 1845 liegt von ihm eine Schrift „Geld und Geist, Versuch einer Sichtung und Erlösung der arbeitenden Volkskraft" vor, 1847 veröffentlichte er einen „Freihandels-Katechismus". Im Jahr 1848 hat er eine große Zahl von Plakaten herausgegeben, die seinem Namen einige Volksthümlichkeit verschafften. Ihm fehlte leider der schlagfertige Witz und die leichte satirische Ader andrer damaliger Schriftsteller. Seine Arbeiten sind Leitartikel, die von ehrlicher liberaler Gesinnung eingegeben sind und gewiß den Gefühlen weiter Kreise entsprachen. Aber sie sind zu ernst, zu lang und waren zu eng ge-druckt, um viele Leser zu finden. Von seinen Plakaten seien nur er-wähnt aus dem Juni: „Berlins Revolutionsfeier am 4. Juni 1848"; „Berlin an die Aufwiegler in den Provinzen"; „Ein freies Wort an den König von Preußen"; „Sündenregister der preußischen Regierung seit der Revolution". Aus dem Juli: „Erst recht faul, oberfaul!" „Das Königliche Wort Friedrich Wilhelm's IV. und was haben Minister und Nationalversammlung daraus gemacht?" „Der konstitu-tionelle König und sein Veto;" „Die weiße Frau im Schlosse zu Sanssouci." Sein Wirken fand bald ein Ende, da der Staatsanwalt gegen ihn einschritt. Er ist nach England geflüchtet und hat später von dort aus seine litterarische Wirksamkeit fortgesetzt. Aus dem Jahr 1850 besitzen wir von ihm eine Broschüre: „Die rothe Fahne wird über ganz Europa wehen!" aus dem folgenden Jahr die Schrift: „Deutsch-lands Untergang und Aufgang durch Amerika."

Louis Drucker war der Inhaber einer Weinstube, und verband guten Humor mit Geschäftssinn und strammer radikaler Gesinnung. Neben zahlreichen „Eingesandts" an die Zeitungen, in denen er geschäftliche Mittheilungen mit irgend welchen Tagesfragen in der Art der Reklamen der „goldenen Hundertzehn" verquickte, veröffentlichte er häufig riesengroße Plakate, die damals viel belacht wurden. Einige Proben mögen einen Begriff von diesen Flugblättern geben.

„Im Angesicht von ganz Europa beehre ich mich hierdurch anzuzeigen, daß ich die Fortsetzung meiner selig verblichenen Weinhandlung Donnerstag, den 14. September, Abends 7 Uhr, auf den breitesten Grundlagen eröffnen werde. Einiges Deutschland! Von deinem guten Willen hängt es ab, ob ich einstens ein- oder vierspännig begraben werde."

„Ich bin mit dem Herrn Reichsverweser ganz einverstanden, daß die freie Presse etwas beschränkt werden muß; keine Katze hätte es länger ertragen können, so viele Wahrheiten zu hören. Auch die Ewige Lampe, Kratehler und Kladderadatsch freuen sich darüber, daß der Staatsanzeiger, die Kirchen- und Preußen-Zeitung endlich gemäßigter abgefaßt werden. Meine vergnügte Weinhandlung erleidet durch obigen Fortschritt keine Unterbrechung."

„An Se. Durchlaucht, den Fürsten von Windischgrätz,

Kaiserlicher Bombardier von Prag.

Da ich Sie stündlich hier erwarte, so bitte ich Sie, mich sofort mit Ihrem Besuche zu beehren. Ich habe mit Ihnen einige Worte im Vertrauen zu sprechen. — Mein souveräner Hausknecht ist angewiesen, Sie anständig zu empfangen."

„Meine lieben Mitbürger!

Um Gotteswillen nur keine halben Maßregeln, sie müssen unbedingt zum Verderben führen. Herr Held spricht wohl von Verproviantirung unserer Residenz mit Lebensmitteln, aber vom Trinken spricht kein Mensch. Bei mir und meinen Freunden ist aber Trinken die Hauptsache! Ich schlage deshalb allen Freunden einer nassen Gegend für jeden Fall meine vergnügte Weinhandlung als glücklichen Aufenthalt vor und erkläre meinen Weinkeller von heute ab in Belagerungszustand."

„Offenes Sendschreiben an Herrn Dr. Dramburg in Schubert . . . Sollten Sie auf Ihrer beabsichtigten Kunstreise Sodom berühren, so bitte ich den kleinen Umweg nicht zu scheuen und Gomorrha und Teltow ebenfalls zu beglücken. Heute und Morgen werde ich bei großem Concert wissenschaftliche Vorträge halten und auch den Geist des Herrn Dr. Schubert in Dramburg beleuchten."

Drucker's Plakate sind von andern Geschäftstreibenden damals mehrfach nachgeahmt worden, anscheinend aber ohne besondern Erfolg. Drucker selbst scheint ein Opfer der Reaction geworden zu sein. Wir finden ihn 1851 in London, wo er ein humoristisches Wochenblatt How do you do! herausgab.

———

Ungezählt ist die Menge der ernsten und heiteren Flugblätter ungenannter oder weniger hervorgetretener Verfasser in Poesie und Prosa, mit und ohne Illustrationen, welche außer den bisher erwähnten während des tollen Jahres erschienen sind. Sie alle auch nur dem Titel nach anzuführen, würde Bogen erfordern. So möge nur einiger, besonders gelungener, hier noch gedacht werden.

Plakate, betreffend die deutsche Reichsverfassung, wie sie vom Frankfurter Parlament geplant wurde.

„Wat wird'n den 6. August werden! Ein politisches Zeitbild aus einer Kneipe":

Ein Bürger: … Is doch eene schauerige Geschichte mit den Reichsverweser un die ganze Frankfurter Nationalversammlung. Die machen holle un wir machen schwinde.

Zweiter Bürger: Un un kömmt doch noch der Denuncianten-Klubb derzu. Der hat die Sache erscht recht uffgeloosen.

Erster Landwehrmann: Ja Sie meinen wegen des Aufgehens resp. Untergehens Preußens in Deutschland? Da hat der Klubb, so lumpig wie er sonst ist, so unrecht nicht. Wie kommt Preußen dazu in Deutschland aufzugehen, da alle übrigen deutschen Staaten noch nicht die geringste Miene zu ähnlichem Aufgehen machen?

— — —

Zweiter Bürger: Ick kann die Frankfurter gar nich begreifen! Unser König hatte doch dunnemals gesagt: er würde sich an die Spitze der Bewegung stellen. … Warum haben denn die dämlichen Kerls nich ihn zum Reichsverweser gewählt?" ꝛc.

„Die Frankfurter Komödie. Eine politische Kannegießerei":

Brennecke: Ick gloobe, deß des mit die Frankfurter Gesellschaft noch een klätriges Ende nehmen wird.

Neumann: Dieses möchte ick ooch nich bezweifeln; denn die

deutschen Fürsten wird mit der Zeit das deutsche Parlament zu deutsch werden, und dann werden sie mit ihm en deutsches Wort reden.

Piesecke: Und es auseinander jagen....

Brennecke: Wenn ick mir die Sache von die Eenigkeet Deutsch= lands so recht überlege, un deß Preußen in Deutschland uffgehen soll un bedenke: wie die Leutchens da in Frankfurt eenen Beschluß nach den andern fassen, wie Püsecke seine weißen Pommeranzen; da kann ick mir gar nich denken, wie des Allens der gute Reichsverweser fertig kriegen wird".....

„Die politischen Flickschneider." „Was soll daraus werden?": „Am Ende kömmt Meister Michel selbst, wenn er von seinem Mittags= schläfchen erwacht, in die Werkstätte, jagt die ungeschickten Flickschneider zum Tempel hinaus, wirft die 38 Fetzen in den Walktrog, walkt sie durch, walkt sie zusammen, und schneidert sich dann aus dem neuen Zeuge einen Rock, der ihm schmuck und angenehm zu Leibe sitzt und dabei auch gut geformt ist."

„Jacoby's Antrag, jo nich sehn! Preußen jreif zu!": „Wenn un unser König so wollte wie wir! Ne, so'n dämliches Parlament, wie des Frankfurter, Jott verzeih meine Sünde, hab ick all mein Leb= dage nich jesehn! Schwadronier Du und der Deibel, un nischt wie Unsinn! Ick habe doch ock schon andre quatsche Parlamenter jesehn, aber so wat is noch jar nich dajewesen.... Sonne Einheit is vor die Katz. Ne, wenn die Dämlacker in Frankfurt so beibleiben, wie sie't bis jetzt jedrieben haben, denn kriecht Deutschland bei lebendigem Leibe.... Jetzt heeßt et: Preußen uf'n Platz oder Deutschland jeht in die Wicken!"

„Deutschland muß in Preußen uffgehen. So un andersch nich. Rede, gehalten vor eene große Volksversammlung von Athanasius Hahnepampel, Tagelöhner."

„Belauschtes Gespräch zwischen dem deutschen Reichs= und dem preußischen Adler, zu Protokoll gegeben von zwei Berliner Konstablers."

Deutscher Reichsadler: Ich will damit sagen, daß die Deutschen ... mich dazu auserkoren haben, Einigkeit unter sie zu bringen.

Preußischer Adler: Da haben sie den Bock zum Gärtner gesetzt. Haben sie denn gleich uns nichts gelernt und nichts vergessen? Wissen sie denn nicht mehr, daß Du von je an nur Uneinigkeit unter den Deutschen geschaffen hast?

Reichsadler: Gott sei Dank, das hat der Deutsche Michel längst verschlafen."

„Johann von Oestreich ist deutscher Kaiser oder Reichsverweser geworden! Flesch, was sagt De nu?" — „Wat sollen wir denn nu ejentlich sind? Königlich Preißich, oder Kaiserlich-Königlich-Oesterreichsch-Deutsch-Verwest? ... Die Weltjeschichte is reene dämlich jeworden! Et kommt mir vor, als wenn se sich innen Schwanz gebissen hätte, und dähte sich immer innen Kreis rumdrehen, wie'n Hund, der Flöhe hat. Wovor hat der olle Fritze jelebt! ... I, ick mal, det sollte se jefallen, wenn se Preußen mit det bloße jroße Maul rumtriegten! Ne Männecken, dadervor sind wir nich eene jroße Macht jewesen, un haben innen Freiheitskrieg geblut't, un Deutschland jerett! ... Preußen is der Kopp von Deutschland! ... Sachsen is der Hals von Deutschland ... Hannover is der Pudel von Deutschland ... Württemberg is die Brust von Deutschland ... Bayern is der Bauch von Deutschland ... Oesterreich is det Sitzfleesch von Deutschland!" ...

„Herkules am Scheidewege. Ob preuß'sch? ob deutsch? des is die Frage. Ick weeß nich wie mir is. Selbstgespräch des Berliner Bürgerwehrmannes Herrn Schulze."

„Preußisch - Deutsche Einigkeitshymne von N. Mankiewitz. Wir woll'n in Preußen Deutsche sein."

„Deutschlands Wiedergeburt." Schwarz, Roth, Gold. Gedicht von Schnauffer, komp. von C. Lauch.

„Ai waih! Preußen, geliebtes Vaterland! so gaihste doch futsch. Eine Strafpredigt an de praiß'schen Deputirten in Frankfort, von ainem Jüden, welcher nischt is Isac Moses Hersch."

„Is Preußen det Volk! — Oder aber is Deutschland det Volk? Doch von eenen Dages-Schriftsteller, wenn ooch nich mit'n kompletten doch mit'n ziemlichen Bart un ohne kahle Platte."

Flugblätter betr. die Bürgerwehr, Abgeordnete, Volksredner und dergleichen.

„Fort mit de Börjerwöhr! Es leben de Soldaten!"

Brennecke: Nu wollen se eenen ock Abends schonst das spazieren jehen unter de Linden verbieten.

Piefecke: Na, na, man jo nich!

Neumann: Woll! Un da is keener doller wie de Bürjerwehr und besonders die Jägerich. Die gehen blind druff wie das liebe ... Ja un wenn se des Volk, mehrstendeehls Neujierige, manst bloß zurückdreiben dähten, da möchte ett noch jehen, so aberscht stoßen se mit de Kolben drinn, hauen mit de Säbels uff de Leite, stechen mit de Panjenettersch uff de Menschen los, als wenn es gar nischt wäre."

„Lauter Standäfer aus Berlins Tag- und Nachtwächter= leben."

„Die Konstäpler bleiben: kühl' Wetter bleibt, nu noch de Cholera, denn is de Pulle voll!"

„Ihr sprecht! Ihr sprecht!" Ein Lied der Vertretenen an die Vertreter:

> Auf breiten Grund den Stein zu mauern,
> Den Grundstein zu dem neuen Recht,
> Das Ritter, Bürger oder Bauern,
> Die sogenannten Herr'n und Knecht',
> Fortan vor Einen Richter stellet,
> Nach gleicher Satzung Arm und Reich,
> Den Hohen wie den Niedern fället,
> Das Volk, dazu berief es Euch.
>   Das Volk, es schreit nach seinem Recht
>   Und Ihr? Was thuet Ihr? — Ihr sprecht!

„Kapuziner-Predigt, gehalten der Rechten von einem Prediger des Rechts."

> Heisa, Juchheia, Dudeldumdei!
> Das geht ja toll her. Bin auch dabei!
> Sind das preußische Volksvertreter
> Oder Volks= und Freiheitsverräther,
> Die da trommeln mit Händen und Füßen,
> Freie Worte mit Hohn begrüßen?

— — —

> Die ganze Welt ist ein Klagehaus,
> Die Arche der Freiheit schwimmt im Blute,
> Und das Deutsche Reich, — das Gott erbarm'! —
> Macht noch ein Reichsverweser arm.
> Preußen wird immer mehr annullirt,
> Weil's nicht die Sache der Freiheit führt.
> Unser Landrecht ist geworden ein Schandrecht,
> Und zu Gerichte sitzen offenkundige Bösewichte.
> Die Presse wird gepreßt, und die Litteraten
> Möchte man am liebsten schmoren und braten.

„Der National-Versammlung erste Vorstellung im Schau- spielhause."

„Der permanente Straßen-Klubb. Versammlungs-Lokal unter den Linden, Nachts 12 Uhr."

„Offenes Sendschreiben des souveränen Lindenklubs und der politischen Ecke an den Kaiser von Berlin und den Reichsverweser:

Wenn Sie een ordentlicher Reichsverweser sind wollen, so dürften Sie nich ruhig zusehen, wie wir als Preußen noch geruffet werden, sonst is et mit Deutschland Grüneberger und mit Preußen Essig."

„Die mißglückte Verschwörung am 15. Oktober oder die rothe Rose im Gambrinus. Ein Schauergemälde ... sehr frei nach Blömer von Lindenmüller, Bürger und Elf-Präsident der weiland politischen souveränen Ecke, und ci-devant Vorstand des verschollenen Linden-klubbs."

„Enthüllungen. Das ist kurze und doch wahrhaftige Beschreibung der vornehmsten Geschichten, Historien, Feuerbrünste, Erdrosselungen und Ermordungen durch Oleum, Spiritus vini und Pulvis communis so sich im Spätherbste des Jahres 1848 ... in der Haupt- und Residenzstadt Berlin begebenheitlichen sollten. ... in artige Verslein gesetzt. Den Herren Piersig, Harkort und Mäusebauch in empörender Hochachtung gewidmet von ihrem wohlaffektionirten Andrea Brennoleo." Es ist dies eine Parodie der im Januar 1849 erschienenen „Enthüllungen I.—III. des Vereins zur Wahrung der Interessen der Provinzen" über angebliche Mord- und Brandpläne der Berliner Demokraten im November 48.

„Handbüchlein für Wähler oder kurzgefaßte Anleitung in wenigen Tagen ein Volksmann zu werden von Peter Struwwel, Demagog." „Der Kunstpatriot wächst nicht wie der Naturpatriot im freien Felde, sondern gewissermaßen im Treibhaus, im Mistbeete der Kultur. ... Man hat bis jetzt fünf genera entdeckt:

Der eitle Kunstpatriot.
Der redelustige Patriot,
Der narrige Patriot,
Der verschuldete Patriot,
Der rachelustige oder gekränkte Patriot.

Kleider machen Leute. Kleider machen aber noch mehr, sie machen auch Kunstpatrioten ... Eins muß der Volksführer vor Allem meiden. Ein ächter Freund des eiligen Fortschritts trägt keine Hosenträger, sondern einen Riemen um den Leib ... Er trage ferner den breitrandigen, aufgekrämpten Hut, schwarz oder grau ... Gamaschen sind sehr zu empfehlen, sie haben etwas Energisches. Schwere Schuhe, aber nicht gewichst, sondern mit Thran geschmiert ... Ein ächter Kunstpatriot muß möglichst viel Haare auf oder doch um die Zähne

haben. Der Mund ist die Schießscharte, aus welcher das Kartätschen=
feuer der Volksberedsamkeit hervordonnert. Diese Schießscharte sei
angebracht in einer starken Haarbarrikade, darüber als rothe Blut=
fahne eine wein= oder wuthglühende Nase, zwei funkelnde Augen als
Musketenfeuer un ein struppigtes dunkles Haupthaar, wie ein schwerer
Wetter=Wolkenhimmel hoch darüber!"

„Traum eines rothen Republikaners. Berlin im Jahre 1
der Republik."

„Der Traum eines Republikaners, gezeichnet von Fischer."

„Petition der Berliner Katzen-Musikanten: Von den großen
Errungenschaften der Revolution hat man uns Bummlern nur die
kostspielige Rauchfreiheit als Brosamen zugeworfen, während die Bürger
das schöne, erhabene Recht: Lärm zu machen, für sich allein in
Anspruch nehmen: sie läuten bei jeder Gelegenheit mit der großen
Glocke, sie knallen mit ihren Musketdonnern, sie blasen spät und früh
schauderhafte Melodien auf ihren Hörnern ... Uns aber, die wir
kein anderes Lärminstrument haben als unsere Kehlen, von denen wir
einen im Naturrecht begründeten Gebrauch machen, uns wollen sie
unsere Kehlen abschneiden!"

„An die Bürger und Einwohner Berlins. Wozu dienen und
wozu führen die Katzen=Musiken?"

„Adresse mehrerer Berlinerinnen an die Regierung."

„Die sieben Petitionen der Berliner Mädchen."

„Pitschel Patschel Klitsch Klatsch. Politisches Damengespräch
auf dem Berliner Wochenmarkte.

Mad. Spakert: Na, sagen Se mal — wozu is denn eeentlich
der deutsche Reichswegweiser?

Mad. Schüttwitz: Ach nu, des is eeentlich, wie des so heeßt
in die Zeitung, deß et so Eener is — der so — nu ja —

Mad. Spakert: Ach so! et soll aber'n liebenswürdiger junger
Mann sind, der Herr Johann —"

„Herr Bullrig will't aber nich haben, daß seine Frau Mit=
gliedin wer'n soll von'n demokratischen Frauenklubb. Eine Strafpredigt,
gehalten von Herr Bullrigen an seine Gattin Eulalie."

„Beschwerde der Mutter Gieperden über den Berger=General
A. Sch. Offen und Major Bläschaf."

„Petition wegen Rückberufung der Garden, beschlossen im
Verein der Berliner Tänzerinnen."

„Die Berliner Tänzerinnen wollen nicht aufgehen! Adresse
der Berliner Tänzerinnen an das Staatsministerium."

Eine Anzahl recht radikaler Flugblätter, welche in Form des Katechismus, des Vaterunsers, der zehn Gebote und dergleichen erschienen sind.

„Konstitutioneller Katechismus. Den Männern aus dem Volke gewidmet von Max Cohnheim und Adolph Reich."

„Zweites Kapitel des konstitutionellen Katechismus, enthaltend die konstitutionellen zehn Gebote."

„Das politische Vaterunser von Ständlein, Schlossergeselle, als Barrikaden-Vertheidiger des Frankfurter Thor-Bezirks."

„Konstitutioneller Weheruf Deutschlands von Ständlein."

„Die zehn Ehestands-Gebote der Bürgerwehrmänner."

„Die politische Volksschule. Erste Lection."

„Erste Epistel an die Pfaffen aller Konfessionen. Gesendet von Eusebius Vollmann."

„Wunderbare Historie von der höchst selig machenden Schloß-kuppel zu Berlin oder Abenteuer des Viktualienhändlers und Bürger-wehrmannes Schulz (vom 30. Bezirk) mit dem Geiste Friedrichs des Großen zu Berlin."

„Deutsche Fibel für politische Kinder."

Bei Durchsicht der gesammten Flugblattlitteratur des tollen Jahres ergiebt sich als bemerkenswerthe Thatsache, daß die Zahl der im Sinne der Regierung geschriebenen Sachen verschwindend klein gegenüber der Menge der gegen sie gerichteten ist. Wohl richten sich viele Plakate gegen die großen Schreier und die Auswüchse des Radikalismus, aber von der Regierung wollten auch ihre Verfasser nicht viel wissen, und weit zahlreicher sind die Satiren und Kritiken gegen die Anordnungen der Staatsgewalt. Es scheinen der letzteren talent-volle, geschickte und vor allem witzige Federn in jenen schweren Tagen fast ganz gefehlt zu haben*).

In Mitten von Zeiterscheinungen und -Strömungen, wie den in den vorstehenden Abschnitten geschilderten, ist der „Kladderadatsch", dessen Entstehung und Geschichte im Folgenden eingehend behandelt wird, ins Leben getreten, und hat nach Kräften auch seinerseits dazu beigetragen, der herrschenden Stimmung Ausdruck zu geben. Nur

---

*) Die wichtigste litterarische Stütze der Regierung war die „Neue Preußische Zeitung", geleitet vom Konsistorial-Präsident Gerlach und Ober-Landes-gerichtsassessor Wagener, denen A. Hermes, früher Herausgeber der „Berliner Bürgerzeitung", der Litterat Langbein und Postsekretär Gödsche zur Seite standen.

wer die litterarische und politische Bewegung des tollen Jahrs voll
im Auge hat, vermag ein Blatt wie den „Kladderadatsch" richtig zu
verstehen und zu würdigen. Einem solchen Leser wird es auch klar
werden — und in dem folgenden Abschnitte soll es nachzuweisen versucht
werden — warum aus der großen Fülle talent= und geistvoller litera=
rischer Erscheinungen gerade dieses, in seinen Anfängen so bescheiden
auftretende Blatt, von vornherein das Zeug in sich hatte, alle Stürme
zu überdauern und im Gegensatze zu den meisten andern satirischen
Blättern Interesse und Würdigung in allen Schichten, bei Feind und
Freund, und unter den verändertsten Umständen zu finden.

Ministerken, Juchhedewich!
Nach Brandenburg, da jehn wir nich.
Rück du mit deiner Rechten aus, die Linke bleibt in't Schauspielhaus.

Ene vor-populige Stimme, ufgefangen vor's Komödienhaus, un wiedergegeben von
Utto Bohmhammel,
Vice-Gefreiten von de Börgerwehr.

Der Kladderadatſch

1848—1898

Motto:

Wer die Besten seiner Zeit zum Besten
    gehabt,
Der hat gelebt für alle Zeiten.

Freiheit - Gleichheit — Brüderlichkeit! — Das waren die Zauberworte, welche vor fünfzig Jahren in Flammenschrift am schwarz-roth-goldenen Völkerfrühlingshimmel leuchteten. Freiheit — Gleichheit — Brüderlichkeit! ging es begeistert von Mund zu Munde. Mit einem Male fühlte sich das Volk aller drückenden Fesseln ledig, die polizeiliche Bevormundung hatte aufgehört, die Presse war frei, das Volk war mündig geworden und wiegte sich in trunkener Freiheitsseligkeit.

In diesen wunderbar bewegten Tagen hatte bald nach den blutigen Barrikadenkämpfen die Sonne des „Völkerfrühlings" in der preußischen Hauptstadt ein Blatt gezeigt, dem es beschieden war, alle die vielen, gleichzeitig mit ihm dem heißen Revolutionsboden entsprossenen Witzblätter zu verdrängen und zu überdauern: es war der Kladderadatsch!

Die warme belebende Sonne der Preßfreiheit war es, welche die vielen geistigen Keime aus kaltem, frostigem Winterboden belebend erweckte, sie war es, welche die Satire, und als deren Verkörperung den Kladderadatsch hervorlockte aus dem heißen Boden der Revolution.

Kladderadatsch ist aber nicht, wie so viele seiner gleichzeitig mit ihm geborenen Witzblätter, ein Eintagsprodukt geblieben, sondern seine Wurzeln steckten tiefer, sie hafteten im harten Boden der polizeilichen Unterdrückung, der Reaktion bundesunseligen Andenkens. Und weil seine Wurzeln tiefer gingen, ist Kladderadatsch lebenskräftig, gewissermaßen als eine Zeitnothwendigkeit zur Welt gekommen, die ihn fähig gemacht hat, in 50 Jahre sturmbewegter Weltgeschichte thatkräftig eingreifen und dieselben gesund überdauern zu können.

Je schlimmer die bald nach seinem Erscheinen eingetretene Reaktion den politischen Himmel trübte und ihren Druck ausübte, desto kräftiger entwickelte sich das Blatt; es gewann immer mehr Boden und Bedeutung, wuchs empor zu einer politischen Groß-

7

macht, mit der selbst die größten Staatsmänner zu rechnen sich veranlaßt sahen, und entwickelte sich bald zu dem bedeutenden Weltwitzblatt, dessen fünfzigjähriges Bestehen wir im Mai 1898 feiern.

Ein näheres Eingehen auf die Zeitverhältnisse, die der Geburt des Kladderadatsch vorausgingen, und aus denen seine Entstehung sich als eine Nothwendigkeit ergiebt, würde für den Rahmen dieser Festschrift zu weit gehen. Auch sind dieselben, soweit thun-lich, in dem vorstehenden Abschnitte in eingehender Weise bereits behandelt worden.

Das verhaßte Polizeiregiment der vormärzlichen Zeit, welches mit wenigen rühmlichen Ausnahmen fast in allen deutschen Staaten herrschte, war doch nicht im Stande gewesen, die mächtig auf-keimenden Regungen auf den Gebieten der Kunst und Wissenschaft, sowie des Handels und der Industrie ganz zu unterdrücken.

Mit dem „jungen Deutschland“ war unsere National-Litteratur in eine neue Aera getreten; bis zu den dreißiger Jahren hatte sie sich aber doch noch nicht aus den Armen der Romantik frei gemacht. Graf Platen sagte sich zuerst von ihr los und ihm folgten mehr oder weniger Heinrich Heine. Immer-mann, Karl von Holtei, Julius Mosen, Robert Prutz, Lenau, Anastasius Grün, Hoffmann von Fallersleben, Gottschall, Freiligrath, Bodenstedt, Geibel, Bogumil Golz u. a., welche alle, ein jeder in seiner Eigenart, ihre hohe Auf-gabe als geistige Vorkämpfer einer neuen Zeit in Wort und Lied erfüllten. Ganz besonders wirkte auf politischem Gebiete Ludwig Börne, der aus Paris mit seinen berühmten Kritiken, in welchen Litteratur und Politik meisterhaft verschmolzen waren, gegen die Mißwirthschaft in Deutschland scharf zu Felde zog.

In jener Zeit des „gehemmten Fortschritts“ und „beförderten Rückschritts“, wie der schlagfertige Berliner Witz die beiden Gruppen der Pferdebändiger vor dem Königlichen Schlosse treffend bezeichnete, hatte sich in Berlin in der Bierstube von Lauch in der Werderschen Rosengasse hinter der Werderschen Kirche eine Vereinigung von Männern der Litteratur und Kunst unter dem Namen „Das Rütli“ gebildet, die jeden Sonnabend dort beim Bier sich zusammenfanden. Das „Rütli“ zählte zu seinen Mitgliedern die besten Namen der Hauptstadt und bekam schon kurz nach seinem Entstehen im Winter 1845/46 eine so große litterarische und künstlerische Bedeutung, daß sein Ruf bald weit über Berlin und die Grenzen Deutschlands hinaus sich verbreitete.

Der Name sollte einen glauben machen, daß die Gesellschaft politische Tendenzen verfolgte, doch die Tagespolitik gab nur Veranlassung zu witzigen persiflirenden Reden, welche die gute Laune in dem geistvollen Kreise erhöhten. Litteratur und Kunst waren das vorwiegende Unterhaltungs-Thema, wobei denn im angeregten Wechselgespräch oder in längeren Reden und lustigen Gelegenheitsliedern Geist und Humor leuchtende Funken sprühten. Von den damals entstandenen Gelegenheitsliedern sollen die beiden bekanntesten und verbreitetsten, die jetzt noch in jedem guten Kommersbuch zu finden sind, das Lied vom Bürgermeister Tschech und Freifrau von Droste-Vischering, Rudolf Löwenstein zum Verfasser haben. Einer der Begründer des „Rütli", Rudolph Genée, nennt in seinem interessanten Buche: „Zeiten und Menschen" als hervorragende Rütli-Mitglieder Ernst Kossak, Titus Ullrich, Gustav v. Szepanski, der jetzt noch in Weimar lebt, die Musiker und Musikschriftsteller Bernsdorf, Krigar, Hieronymus Truhn, den Buchhändler Grüttefien, Carl Gaillard, Theophil Pusch, Leopold Arends, den Erfinder der bekannten Arends'schen Stenographie, und die später als „Gelehrte des Kladderadatsch" berühmt gewordenen Ernst Dohm, Rudolf Löwenstein und Wilhelm Scholz. Letzterer lieferte für die angelegte „Rütli-Mappe" geistreiche und witzige Zeichnungen, während Kossak und v. Szepanski vorwiegend die Redaktion der „Rütli=Zeitung" besorgten. Die Rütli-Mappe sowohl wie die Zeitung müssen einen reichen Schatz von originellem Witz und Humor, welcher der Welt bis jetzt noch nicht erschlossen ist und vielleicht nie der Oeffentlichkeit übergeben wird, bergen. Mit dem Revolutionstage, dem denkwürdigen 18. März, hörte die Rütli-Gesellschaft auf.

Die Berliner Theatergenüsse waren in jener Zeit nur auf ein paar Kunsttempel beschränkt. Die beiden Königlichen Theater, das Schauspielhaus und die Oper, pflegten hervorragend die klassische Richtung und brachten daneben gute alte Werke zur Aufführung, die heute zum Theil mit Unrecht in Vergessenheit gerathen sind.

Das Königstädtische Theater, außer dem Opern- und Schauspielhause das einzige Theater von Bedeutung für das damalige Berlin, war 1824 unter Friedrich Cerf (Hirsch) am Alexanderplatz erbaut. Es pflegte mit großem Glück das Volksschauspiel und das heitere Genre. Die Stücke von Charlotte Birch-Pfeiffer, Karl von Holtei, Kotzebue, Raupach, Töpfer, Angely, W. Friedrich, sowie die Wiener Gesangs- und Zauber-Possen von Raimund und Nestroy beherrschten das Repertoire. Klassische

7*

Werke durften ausschließlich nur auf den Königlichen Theatern zur Aufführung gelangen. Gutzkow, Laube und Friedrich Hebbel fanden in dieser Zeit zuerst Eingang auf die Hofbühne. Wenn wir von dem dramatischen Kunstleben und -Streben der damaligen Zeit in der preußischen Hauptstadt reden, so dürfen wir an einem kleinen Privat-Kunsttempel nicht schweigend vorübergehen — es ist das allbekannte Gesellschaftstheater Urania, welches vor wenigen Jahren in Gegenwart des Kaisers auf der Bühne des Königlichen Opernhauses sein hundertjähriges Bestehen feierte. Bot diese beachtenswerthe kleine Bühne auch nur Privatkreisen einen Kunstgenuß, so ist sie für die Schauspielkunst doch sehr bedeutungsvoll geworden, denn viele bekannte Bühnengrößen, wie Crüsemann, Geschwister Stich, die Crelinger, Theodor Döring, Friedrich Haase, Hill, Berndal, Possart, Kahle, Matkowsky, Pauline Ulrich und andere beschritten von ihren weltbedeutenden Brettern die Wege zu ihrer Größe und ihrem Ruhm. Auch der Verleger des Kladderadatsch, Albert Hofmann, war bei seinem großen Theater-Interesse seiner Zeit Mitglied der Urania und spielte als darstellende Kraft auf ihren Brettern eine hervorragende Rolle.

Ein Bühnenereigniß kann man es nennen, als 1847 David Kalisch, nachdem vorher einige Jahre hindurch eine vortreffliche italienische Oper die Berliner am Alexanderplatz entzückt hatte, mit seiner ersten Posse „Einmalhunderttausend Thaler" seinen siegreichen Einzug auf die Bretter des Königstädtischen Theaters hielt. Kalisch ist der Schöpfer der Berliner Posse, welche fast zwei Jahrzehnte die Bühne beherrschte. Sein Witz und sein Humor auf diesem Gebiete waren unerschöpflich und seine Coupletdichtungen, die bis in unsere neueste Zeit noch hineinklingen, kann man in ihrer Art klassisch nennen. Alle seine vielen Nachahmer und Nachfolger haben nicht annähernd die Höhe von Kalisch erreicht. Die Posse zog später mit ihren ganz vorzüglichen darstellenden Kräften, unter denen ich nur den unvergeßlichen Helmerding hier nennen will, nach der Blumenstraße in das neuerbaute Wallner-Theater, welches die Nachfolgerin des Königstädtischen ward.

Wenn jetzt das Adreßbuch 1227 gegenwärtig in Berlin erscheinende Zeitungen verzeichnet, so ist es kaum zu fassen, daß damals das politische Lesebedürfniß durch etwa sechs namhafte Blätter in der Hauptstadt Preußens gedeckt wurde. Es waren vornehmlich die Allgemeine Preußische Staatszeitung, die 1848 ihren Titel in Preuß. Staatsanzeiger änderte und jetzt als Preuß.

Staatsanzeiger und Deutscher Reichsanzeiger erscheint, die alte bekannte Voßische Zeitung, mit Vorliebe „Tante Voß" genannt, die Spener'sche Zeitung, im Munde des Volkes „Onkel Spener" und das Fremdenblatt. Dazu kam die Zeitungs=

David Kalisch auf dem Schoße Thalias in den Armen den Kladderadatsch haltend.

(Zeichnung von Herbert König a. d. Jahre 1857.)

halle, welche ein gut eingerichtetes Lesezimmer im Redaktions= gebäude eingerichtet hatte und bald einen größeren Leserkreis sich eroberte. Der klatschhafte Beobachter an der Spree, der alle Sonnabend dem braven Berliner möglichst viele Skandalgeschichten auf dem kleinen Raume von einem viertel Oktavbogen erzählte, wird noch Manchen aus dem guten alten Berlin gewißermaßen als Preß-Original in angenehmer Erinnerung sein.

Für belletristische Unterhaltung sorgte in damaliger Zeit eine angesehene Zeitschrift „Der Gesellschafter", herausgegeben von dem Altmeister und Wiedererwecker der Holzschneidekunst, dem Professor F. W. Gubitz, der auch lange Jahre einen vorzüglichen Volkskalender herausgab.

Die Broschüren-, Flugschriften- und Plakat-Litteratur, vertreten durch den flüchtigen Stand der „Fliegenden Buchhändler", entwickelte sich, je näher die Revolutionszeit rückte, in immer größerem Umfange.

In dem von ihm herausgegebenen „Löschblatt für brennende Fragen", der „Berliner Feuerspritze", bringt Ernst Kossak im März 1853 „Ein Blatt aus einer alten Chronik", welches die bewegte Zeit von Achtundvierzig in wenigen Worten trefflich schildert.

Es heißt darin:

„Inmaßen solches geschehen ist anno Domini MDCCCXLVIII im Merzen, daß sich verbreitete von Wälschland durch Europia eine bösartige Kränk und Pestilenz und verschonte kein Alter und Geschlecht, nicht Mann noch Weibchen, noch Knäblein und Jungfräulein, sintemalen Allens sollte verrujeniret werden und praepariret auf die ewige Glückseligkeit. Daher zogen sie haufenweise in das Freie und in die Einkehr benamset Clubhäuser und Polkakneipen, und sprangen auf Tische, Bänke und Fässer und restaurirten sich und exaltirten sich in Reden, Worten, Liedlein, Traktätlein und Plakätlein von sothanem Merzenfieber."

Als nun nach dem blutigen Sturme der Märzlage die Fesseln der verhaßten Censur gesprengt waren, und das Zauberwort: Preßfreiheit! jubelnd von Mund zu Munde flog, da konnte es nicht Wunder nehmen, daß im Werdegang der neuen Zeit mit den kostbaren Errungenschaften auch die übelen, störenden Schlacken, die das Unwetter mit sich geführt, zu Tage traten und die Regierung sehr bald sich veranlaßt sah, zur Beseitigung derselben einzuschreiten und — wo es ihr passend erschien — noch erheblich darüber hinausgehend die ihr angemessen dünkenden Maßregeln dagegen zu ergreifen.

Solche unbequeme und den braven Berlinern sehr bald bedenklich werdende Lage forderte bei allgemeiner Mißstimmung naturgemäß die Kritik heraus, und so erschien plötzlich während der schönen Maientage des „tollen" Jahres im Frühlingsblüthenschmuck die

lachende Satire, um der empfänglichen, freiheitberauschten Welt
ihren Spiegel vorzuhalten und ihr den Widerspruch der Wirklichkeit
mit dem Ideal, die Irrungen und Verkehrtheiten des Staats= und
Gesellschaftslebens in ihrer nackten Blöße durch Wort und Bild dar=
zustellen und klar vor Augen zu führen — kurz: aus Blüthen und
Schlacken, die der einziehende „Völkerfrühling" mitgebracht, wurde
unter dem Festgeläute der Maiglöckchen am 7. Mai des Jahres 1848
der „Kladderadatsch" geboren.

Wenn die Behauptung richtig ist, daß große Dinge in der
Luft und auf der Straße liegen und man nach ihnen nur zu greifen
braucht, so kann man von dem „Kladderadatsch" mit Recht sagen,
daß er als richtiger „Berliner Junge" von der Straße aufge=
griffen wurde. Seine ersten Nummern, die David Kalisch allein
zum Verfasser hatten, rechtfertigten diese Behauptung. Sie boten
nach dem ersten Freiheitsrausch dem durch die bewegten Märztage
und die großen politischen Anstrengungen reichlich in Anspruch ge=
nommenen und erschöpften Staatsbürger in ihrem volksthümlichen,
ergötzlichen Witz und Humor zunächst eine angenehme Abwechslung
und amüsante, behagliche Erholungsstunden.

„Im wunderschönen Monat Mai,
Wo alle Blüthen sprangen: —
Da sind auch meiner Bummelei
Die Augen aufgegangen!"

heißt es charakteristisch in der ersten, am Sonntag, den 7. Mai 1848
ausgegebenen Nummer unseres Jubilars, die sich in fetter Schrift
„Organ für und von Bummler" nennt.

*   *   *

Es war an einem Apriltage des Sturmjahres 1848, als sich
an einem kleinen Tische der Hippel'schen Weinstube am Alexander=
platz, in der damals das litteratur= und kunstbedürftige Berlin mit
Vorliebe seinen Schoppen trank und häufig auch Mitglieder der
bekannten Rütli=Gesellschaft verkehrten, ein originelles Dreiblatt beim
Weine niedergelassen hatte: der junge Verlagsbuchhändler Albert
Hofmann, der Schriftsteller Julius Schweitzer und der durch
seine „Einmalhunderttausend Thaler", welche bei ihrer unverwüst=
lichen Zugkraft allabendlich Berlin in das Königstädtische Theater
lockten, bereits allgemein bekannt und beliebt gewordene Possen=
dichter David Kalisch.

„Kladderadatſch!" klang mit einem Male die laute Stimme
Kaliſch's durch das Weinlokal.

„Kladderadatſch!" riefen die beiden Zechgenoſſen unwillkürlich ihm nach, als die Scherben ihrer vor Schreck den Händen ent-
fallenen Gläſer unter dem umgeſtürzten Tiſch im Rebenblut klirrend
ſich miſchten mit den Scherben der zerbrochenen Weinflaſchen.

Der Uebelthäter, ein böſer Hund, der in wilder Jagd das
ganze Unheil angerichtet und den kleinen Tiſch umgeworfen, hatte
eiligſt das Weite geſucht.

„Kladderadatſch!" ſoll unſer Witzblatt heißen, von dem ich
die erſte Nummer ſchon im Kopfe habe," nahm Kaliſch, als er von
dem Schrecken ſich erholt hatte, das plötzlich ſo geräuſchvoll unter-
brochene Geſpräch wieder auf. „Den wundervollen Titel hat uns
die gütige Vorſehung geſchenkt!"

„Ja, auf den Hund ſind wir mit unſerem Witzblatt ſchon v o r
ſeinem Erſcheinen gekommen. Doch das ſcheint mir ein gutes
Omen," meinte Freund Hofmann trocken. — „Aber da fällt mir
ein: Am Ende wird ſich meine künſtleriſche Ausbeute auf der
Leipziger Oſtermeſſe doch noch bezahlt machen. Denkt Euch, ich
habe für unſer Blatt ſchon den beſten originellſten Titelkopf,
einen richtigen Kladderadatſchkopf, der früher ſchon als „Anekdotenjäger" die Welt unſicher gemacht, und in dem auch der Jagdhund,
der das Unheil da unten angerichtet, ſeinen verſteckten Platz hat."

„Wie ſoll ich das verſtehen, alter Freund?" meinte Kaliſch.

„Hier iſt ein Abzug des Meduſenhauptes — ein prachtvoller
Räthſelkopf, der noch dazu wie geſchaffen iſt für das Ausrathen
unſeres Frühſtücks.

Damit entfaltete Hofmann aus ſeiner Taſche den nunmehr ſeit
fünfzig Jahren aller Welt bekannten charakteriſtiſchen Kladderadatſchkopf, den er mit anderen älteren Holzſchnitten, wozu ſpäter noch die
originellen und berühmt gewordenen Holzſchnittfiguren von Schulze
und Müller kamen, in Leipzig von dem Buchhändler Barthol Senff
erworben hatte.

„Wer den Rebus räth." fuhr Hofmann fort, „bezahlt die ganze
hiſtoriſche Gründungszeche. — Wo liegt der Hund begraben?"

„Der Hund ſoll leben!" rief Schweitzer aus. „Wie werden
wir den Wohlthäter begraben, der bei ſolch' geiſtvollem Unternehmen das gethan hat, was unſere erſte Pflicht war: die Dar-
bringung der Libation, die der Sterbliche vor allem den unſterb-
lichen Göttern ſchuldig iſt?"

„Und Hofmann bezahlt den ganzen Kladderadatsch, denn er
hat mir soeben den Hund gezeigt, wie er im Grübchen der dicken
Pausbacke liegt. Er ist also der richtige Rather des Rebus, und
wird uns für die Folge auch der richtige Berather sein, der nur
bei der Taufe des „Kladderadatsch", nicht aber bei seinem Wachsen,
Blühen und Gedeihen der Hereingefallene sein soll."

Mit diesen Worten beschloß Kalisch den denkwürdigen Tauf=
akt des Kladderadatsch.

*   *
*

In einer durstigen Nacht der Jubilate = Messe zu Leipzig
kneipte in den sechziger Jahren in den belebten Räumen von
Aeckerleins Keller eine angeregte Gesellschaft von Buchhändlern, in
der bei hellem Gläserklang unter anderen auch die Entstehungs=
geschichte des Kladderadatsch erzählt wurde. Der Verleger des
Blattes, mein Freund Albert Hofmann, war einer der lustigsten
unserer Gesellschaft. Derselbe erhob gegen die Geschichte, wie ich
sie genau nach meinen damaligen Aufzeichnungen in Vorstehendem
nacherzählt habe, keinerlei Einwendungen und Widerspruch, und so
darf ich annehmen, daß die Entstehung des berühmten Weltwitz=
blattes im Wesentlichen sich so verhalten hat.

Der Erzählung widersprechen auch die Angaben meines Ge=
währsmannes Julius Schweitzer nicht, dessen handschriftliche Auf=
zeichnungen mir vorliegen, in welchen er angiebt, daß an einem
Apriltage des Jahres 1848 in seinem Beisein in der Wohnung von
David Kalisch von diesem und dem Verlagsbuchhändler Albert
Hofmann die Gründung eines Witzblattes beschlossen sei, dem
Kalisch den Namen „Kladderadatsch" gegeben habe. — „Das war
die Gründung", sagt Schweitzer, „an welcher ich einen
unbedeutenden Antheil hatte. Es wurde sofort beschlossen,
die Taufe bei einem Glase Wein bei Hippel am Alexander=
platz zu vollziehen."

Ob nun die Geburt des Kladderadatsch in allen Einzelheiten
sich so vollzogen hat, wie ich sie mit Angabe der guten Quellen,
aus denen ich geschöpft, hier erzählt habe, ist natürlich mit absoluter
Bestimmtheit nicht mehr festzustellen. Unter den sehr vielen ver=
schiedenen Lesarten, in denen die mythenbildende Kraft im Volke
und in der Presse die Entstehungsgeschichte des bekannten Welt=
blattes ausgestaltet hat — wozu auch die vielverbreitete, von
Rudolph Genée in seinem Werke: „Zeiten und Menschen" gründlich
widerlegte, irrige Meinung gehört, daß der Kladderadatsch aus

der Rütli-Gesellschaft hervorgegangen sei — dürfte die meinige wohl die größte Wahrscheinlichkeit für sich haben.

* * *

So hatte denn gleich nach dem heißen Toben der Barrikadenkämpfe im schwarz-roth-goldenen Dichterrausch der Freiheits- und Gleichheits-Seligkeit Kladderadatsch das Licht der Welt erblickt und durch den Taufakt am Alexanderplatz im edlen feurigen Rebengold seine geistige Weihe empfangen. Daß er aber als echter „gesunder Berliner Junge" auch „mit Spreewasser getauft" wurde, möchte ich wohl als selbstverständlich annehmen, ohne den damals anerkannt guten Hippel'schen Weinen zu nahe treten zu wollen.

Die Berechtigung seiner Existenz bewies der Neugeborene unmittelbar nach seinem Eintritt in die Welt, den wir nach den glänzenden Erfolgen, die er in kurzer Zeit errang, wohl mit Recht als eine Zeitnothwendigkeit bezeichnen können. Waren doch neben Verschwommenheit und Unklarheit die tollen Widersprüche und schroffen Gegensätze, die nach den Märztagen auf dem neuerkämpften Boden des Staats- und Gesellschaftslebens im wunderlichsten Tanze sich abspielten, allzusehr dazu geeignet, ja geradezu herausfordernd, daß ihnen der Spiegel der Satire vorgehalten wurde.

Wie ich schon erwähnt, waren Hofmann und Kalisch die eigentlichen Schöpfer des Kladderadatsch; der treue und sorgsame Pfleger und Unterhalter des Blattes durch alle Fährlichkeiten der Zeit aber blieb der hochintelligente Verleger.

Oft und gern erinnere ich mich mancher schönen Stunde, die ich mit dem älteren Freunde zusammen verlebt habe, theils im Kollegenkreise, theils mit den damaligen „Gelehrten des Kladderadatsch". Waren es doch stets geistig belebte, humorvolle Stunden, deren Lichtglanz auch ins spätere Dasein noch hell hineinleuchtet.

Ich möchte die Erinnerung an Albert Hofmann, zu einem kurzen Lebens- und Charakterbild ausgestaltet, in dieser Jubiläumsschrift als Erfüllung einer Ehrenpflicht niederlegen in dem Gefühl, daß kein Platz passender ist, das Gedächtniß an den Schöpfer des Weltwitzblattes festzuhalten, als diese Festgabe zur Feier des fünfzigjährigen Geburtstages des Kladderadatsch. Hat Hofmann doch als treuer, vorsorglicher Vater sein Kind gehegt und gepflegt, bis es sich kräftig entwickelt hatte und er den unbändigen Kobold, ein kühner, hellsehender Pilot, mit fester, starker Hand „in Wetter, Sturm und Wogendrang" durch alle Klippen und Fährlichkeiten der dunkelen Reactions- und bewegten Konfliktszeit sicher geleitet hatte, um dann unter freundlicherem Himmel mit ihm einzulaufen in das breite, ruhigere Fahrwasser einer neuen großen Zeit.

Gregor Heinrich Albert Hofmann wurde am 8. März 1818 zu Berlin geboren als fünftes Kind des Kaufmanns Johann Hofmann und seiner Ehefrau Caroline Friederike Wilhelmine geb. Hirsekorn.

Johann Hofmann war im Jahre 1797 aus Görkau in Böhmen nach Berlin eingewandert und etablirte in Berlin in der König-Straße Nr. 3 eine Kunsthandlung unter der Firma: „Magazin für Kunst, Geographie und Musik“. Reichthümer scheint er bei diesem Unternehmen nicht erworben zu haben, denn als er 1832 das Zeitliche gesegnet hatte, kamen die bescheidenen Vorräthe des Verlages unter den Hammer, und der Erlös wird grade ausgereicht haben, die sechs Kinder, von denen das jüngste damals zehn Jahre zählte, vor dem Verhungern zu bewahren.

Albert Hofmann trat 1832 — zwölf und ein halbes Jahr alt — als Lehrling in die Buch- und Kunsthandlung von E. H. Schröder in Berlin ein, in welcher er bis 1. April 1840 thätig war.

Schon früh zeigte sich bei ihm ein ausgeprägter Unternehmungsgeist und ein mit großem Ideenreichthum verbundener Schaffensdrang, dem die gleichmäßige und in enggezogenen Grenzen sich haltende Thätigkeit eines Buchhandlungsgehilfen allein nicht genügen konnte. Er gehörte zu jenen Menschen, denen die Zuweisung und mechanische Erfüllung von Arbeits-Pflichten nicht genügen können, die vielmehr das Streben haben und die Kraft in sich fühlen, sich selbst die Aufgaben für's Leben zu stellen. Fleißig holte Hofmann zunächst durch gründliches Selbststudium nach, was ihm an klassischer Schulbildung mangelte; dann aber begann er — selbst schaffend — hervorzutreten.

Schon als zwanzigjähriger Buchhandlungsgehilfe gab er ein Unternehmen heraus unter dem Titel:

Champagnerschaum
geschöpft und auf Flaschen gezogen für Freunde des Scherzes und der ungeheuren Heiterkeit.
Eine pikante Sammlung des Neuesten und Interessantesten auf dem Gebiete des Jocosus
herausgegeben vom
Bruder Chamäleon,
Mitglied des Pickwicker-Klubb I.—III. Batterie.*)

---

*) Bei E. H. Schröder in Berlin 1838 erschienen.

Gleichzeitig war er Mitarbeiter einer in Grimma erscheinenden Zeitschrift: „Unser Planet", Blätter für Unterhaltung, Kunst, Litteratur und Theater, herausgegeben von Fd. Philippi, dessen Leipziger Korrespondent der spätere Begründer der Gartenlaube Ernst Keil, damals Gehilfe in der Weygandt'schen Buchhandlung in Leipzig, ihn zu dieser Mitarbeiterschaft herangezogen hatte. Auch für den von Saphir herausgegebenen „Humoristen" in Wien lieferte er regel= mäßig Beiträge.

Albert Hofmann.

Hofmann stotterte zu jener Zeit, und als er merkte, daß das Uebel seinem Fortkommen Hinderniß bereitete, verstand er es, durch Schaffung einer eigenen Methode dieses Gebrechens Herr zu werden. Der überraschend schnelle Erfolg dieser Selbstheilung veranlaßte ihn — noch während er in der Schröder'schen Buchhandlung thätig war und die Redaktionsarbeiten des „Champagnerschaumes" betrieb, einen Unterricht für Stotternde zu eröffnen, den er, als er am 1. April 1840 das Schröder'sche Geschäft verließ, zeitweilig als eine

Erwerbsquelle betrieb. Er verfaßte auch eine Schrift, welche 1840 unter dem Titel:

Anweisung zur Radikal-Heilung Stotternder

nach eigenen Erfahrungen bearbeitet
von
A. Hofmann,
Lehrer zur Heilung Stotternder in Berlin,

bei E. H. Schröder erschien.

Als er einmal in späteren Jahren von dieser Thätigkeit sprach und sich der dabei erzielten Heilerfolge — nicht ohne Anflug von Selbstironie — rühmte, schloß er seine Erzählung mit den Worten: „Und wenn meine Schüler nach beendigtem Kursus sich von mir verabschiedeten, dann st . . st . . stammelten sie mir gerührt ihren Dank!" Er war unversehens bei diesen Worten in sein altes Uebel verfallen.

Lukrativ war dieses Geschäft aber offenbar nicht, denn schon im September 1840 sehen wir Hofmann — obgleich er diese Lehrthätigkeit nebenher bis 1843 fortsetzte — als Gehilfen in der M. Simion'schen Verlagsbuchhandlung in Berlin.

Im Januar 1841 gründete er — neben seiner Thätigkeit in der Simion'schen Buchhandlung das „Allgemeine Organ für die Interessen des Kunst- und Landkartenhandels," dessen Redaktion und Expedition er allein besorgte. Zahlreiche von ihm verfaßte in diesem Organ veröffentlichte Artikel, wie: „Einige Worte über die Aufhebung der Bildercensur in Preußen" — „Der Kunsthandel in Deutschland", — „Ueber die Kunstausstellung in Berlin und die Mittel, das Interesse des Publikums wieder dafür zu gewinnen," zeigen den Umfang seiner Thätigkeit und die Reichhaltigkeit seines aus eigener Kraft erworbenen Könnens; er war damals 23—24 Jahre alt.

Mit ausgezeichneten gesellschaftlichen Talenten ausgestattet, verstand es Hofmann, in weiteren Kreisen sich beliebt und gern gesehen zu machen. Eine ausgesprochene Veranlagung und Neigung zu schauspielerischen Darstellungen veranlaßte ihn, der damals im hohen Ansehen stehenden TheaterGesellschaft „Urania" beizutreten, und auch auf den Brettern, die die Welt bedeuten, Lorbeeren zu suchen. Daß er sie gefunden, zeigt ein Zeitungsartikel, der anläßlich des Hinscheidens des Hofschauspielers, späteren Vorlehrers König Friedrich Wilhelms IV. und Kaiser Wilhelms I., Louis Schneider in einer Wiener Zeitung 1878 erschien:

„Im Jahre 1838 und 1839, kurz nach dem Tode des Komikers Plock, der neben Beckmann ein gefeiertes Mitglied des Königstädtischen Theaters in Berlin war, saßen der Kommissionsrath Cerf und Louis Schneider (damals Hofschauspieler) in der Stehely'schen Konditorei. Es wurde über den etwaigen Nachfolger Plock's debattirt, und Schneider versprach dem Impresario, ihm einen tüchtigen Komiker zu empfehlen. Der geniale Darsteller des Dr. Weise, der hochkomische Repräsentant des Bertram in dem Ballet „Robert und Bertram", der damals noch keine Ahnung von der künftigen Würde des Geheimen Hofraths hatte, liebte es, zuweilen ein kleines Späßchen auszuführen, und Cerf sollte diesmal sein Opfer sein. Vor dem Halleschen Thore existirte damals ein Liebhaber-Theater, „zum blauen Himmel" genannt. Auf den Brettern dieser Bühne machten zwei junge Dilettanten außerordentliches Furore; der eine kopirte Beckmann in so meisterhafter Art, daß man Original und Kopie oft nicht unterscheiden konnte, der andere war das vollständige Ebenbild Plock's, dem er jeden Zug abgelauscht hatte. Sie zeichneten sich namentlich in der Posse „Die Reise auf gemeinschaftliche Kosten" aus; der eine als Liborius (eine Lieblingsrolle Beckmann's), der andere als Brennecke (eine der hervorragendsten Leistungen Plock's). Der Darsteller dieser letzteren Rolle hieß Kaspar; er war der Sohn des Besitzers einer kleinen Konditorei. Als im „blauen Himmel" die „Reise auf gemeinschaftliche Kosten" gespielt wurde, gingen Louis Schneider und Cerf dorthin, um den eventuellen Nachfolger Plock's zu sehen. Cerf war entzückt, der „Liborius" und der „Brennecke" imponirten ihm in hohem Grade. „Dieser Brennecke muß Plock's Nachfolger werden," rief der Impresario, „und wenn der Beckmann stirbt, dann hole ich mir den andern, den Liborius!" Louis Schneider hatte schon vorher mit Kaspar Rücksprache genommen, ein Späßchen mit ihm verabredet, und für den nächsten Tag ein Rendezvous in der kleinen Konditorei in der Jerusalemer-Straße festgesetzt. Louis Schneider und Cerf erschienen zur bestimmten Stunde, aber Kaspar ließ sich nicht sehen. Endlich trat ein Mann mit steifer Haltung und sogenannten Geisterschritten ein — es war der leibhaftige Plock! Cerf fuhr schaudernd zusammen, denn er glaubte, sein ehemaliger Komiker sei aus dem Grabe gestiegen. „Hier spukt's!" rief er, und wollte fliehen, aber der „Geist" hielt ihn fest. „Willst Du mir auch im Grabe keine Ruhe gönnen?" fragte dieser mit hohler Stimme, die aber lebhaft an Plock erinnerte. Cerf zitterte am ganzen Körper. „Du willst meinen Schatten, den Kaspar, zu meinem Nachfolger machen — das soll Dir theuer zu

stehen kommen!" Nun nahm Cerf Reißaus; er lief nach dem Dön-
hofsplatze und fuhr in einer Droschke davon. Am anderen Tage
wollte ihm Kaspar seine Aufwartung machen, aber Cerf ließ ihn
nicht vor, er wollte diesen „Schatten" Plock's nicht sehen. Mit den
Engagements = Aussichten war's nun vorbei; aber Louis Schneider
protegirte den talentvollen jungen Mann, der nach einiger Zeit ein
gefeierter Komiker wurde. Sein Ende war leider ein tragisches, er
erblindete, und erst nach mehreren Jahren erlöste ihn der Tod von
seinem trostlosen Dasein. Cerf ist auch schon längst zu seinen
Vätern Abraham, Isaak und Jakob heimgegangen, und der Geheime
Hofrath Louis Schneider ist dieser Tage nach einem thatenreichen
Leben zur ewigen Ruhe bestattet worden. Nur der Beckmann=
Imitator dieser Affaire lebt noch; er gehört jetzt zu den bekanntesten Männern Berlins, und ist eine nicht nur in Deutschland, sondern weit über die Grenzen hinaus vielgenannte
Persönlichkeit, als Eigenthümer des bekanntesten Witz-
blattes („Kladderadatsch"). Wenn diese Zeilen ihn an seinen
Jugendfreund Kaspar erinnern, so ist gewiß sein stiller Gedanke:
„Im „blauen Himmel" vor dem Halleschen Thor war es sehr schön,
aber in meiner Villa in der Thiergartenstraße gefällt es mir doch
viel besser!"

Einer der damaligen Kollegen und Rivalen Hofmann's in dem
Erringen theatralischer Lorbeeren war kein Geringerer als Friedrich
Haase*), mit dem ihn seit jenen Tagen bis zum Tode treue Freund-
schaft verband.

Das erwähnte, von Hofmann begründete und geleitete „Allgemeine Organ für die Interessen des Kunsthandels", welches er
bis 1846 fortführte, gab den Anstoß zu seiner buchhändlerischen
Selbstständigkeit. 1842 übergab er den Verlag dieses „Organs"
der damals in Berlin existirenden Meyer'schen Kunsthandlung, und
bald darauf associirte er sich mit dem Inhaber derselben unter der
Firma Meyer und Hofmann.

Das bedeutendste Verlagswerk dieser Association ging aus der
Anregung Hofmann's hervor.

Der Titel lautete:

Die Dichter des Deutschen Volkes.

Album des Gediegensten und Ausgezeichnetsten aus den Werken
deutscher Dichter.

---

*) Friedrich Haase. „Was ich erlebte 1846—1896." (Berlin. Vong.)

Dieses Werk, welches bahnbrechend wurde für das „moderne Prachtwerk", war geschmückt mit künstlerisch ausgeführten Stahlstichen, u. A. von Adolph Menzel, E. Holbein (dem Lehrer Gustav Richter's), Th. Hosemann, J. B. Sonderland, A. von Kloeber, Wilhelm Scholz u. A. m.

1845 schied Hofmann aus der Firma Meyer und Hofmann aus, und gründete mit seinem (späteren) Schwager Karl Knauth, welcher aber schon nach 2 Jahren zurücktrat, ein neues Geschäft unter der Firma A. Hofmann & Comp., welches zunächst als Sortiments-Buchhandlung betrieben wurde. Kleinere Verlagsunternehmungen, die erfolgreich einschlugen, ermuthigten Hofmann zur Erweiterung seiner verlegerischen Thätigkeit, und so gelang es ihm, schon nach wenigen Jahren den Ruf eines tüchtigen und rührigen Verlegers zu erringen.

Die an politischen Aufregungen reichen Jahre, welche dem Revolutionsjahre vorausgingen, wirkten ganz besonders befruchtend auf Hofmann's Verlegerthätigkeit. Eine Reihe kleinerer politischer Schriften, theils ernsten, theils satirischen Charakters, und viele Humoresken, in denen den Zeitumständen entsprechend harmloser Humor mit politischem Witz sich paarten, ferner Plakate und Flugschriften aller Art erschienen in seinem Verlage, und schufen vorbereitend die Stätte, auf welcher der Kladderadatsch, der der Firma und ihrem Begründer einen weit über die Grenzen Deutschlands bekannten Namen und wohlverdienten Ruhm geschaffen hat, entstehen sollte. —

Es kann gar keinem Zweifel unterliegen, und es ist von den Männern, die dem Kladderadatsch seine innere Gestaltung gaben, jederzeit bereitwilligst anerkannt worden, daß das Blatt ohne einen Mann an der Spitze, wie Albert Hofmann es war, niemals zu der Lebensfähigkeit und Bedeutung hätte gelangen können, die es in Wirklichkeit erreicht hat. Unsagbar waren die Schwierigkeiten, mit denen das Blatt in den ersten Jahren seines Bestehens zu kämpfen hatte, und die zu überwinden zunächst allein der unermüdlichen Thätigkeit, Gewandtheit und Geschicklichkeit seines Verlegers überlassen blieb.. Die Vorzüge seiner Persönlichkeit kamen Hofmann hierbei zur Hülfe. Mit der Unerschrockenheit und Zähigkeit in der Verfolgung seines Zieles, verbunden mit dem ihm eigenen feinen Taktgefühl und der Klugheit seines Handelns verstand er es, die so oft in Banden geschlagene Freiheit seines Schützlings immer wieder und wieder bei den Behörden zu erwirken, und das mehr als einmal beschlossene Todesurtheil über den Kladderadatsch von diesem abzuwenden. Er scheute dabei auch nicht die Gefahren persönlicher Verfolgungen.

So schmuggelte er, als der Kladderadatsch 1849 während des Belagerungszustandes in Berlin von Wrangel verboten worden war, und das Blatt im benachbarten Neustadt-Eberswalde hergestellt werden mußte, — persönlich allwöchentlich hunderte unter einem großen Mantel verborgen gehaltene Exemplare über die Belagerungsgrenze in Berlin ein. —

Die mit den ewigen Verfolgungen des Blattes verbundenen pekuniären Verluste, denen zum Ausgleich eine vorhandene Kapitalskraft des Verlegers in jenen Jahren nicht gegenüber stand, hätten wohl jeden Anderen leicht entmuthigt, und ihn dahin gebracht, dem Kampfe zu entsagen und das Unternehmen aufzugeben. Nicht so Hofmann!

Es war ihm — der ja des Kladderadatsches einstige Größe und seine Eigenschaft als eine Quelle großen materiellen Gewinnes damals nicht voraussehen konnte — eine Ehrensache, das Blatt, an dem er mit allen Fasern seines Herzens hing, um der Sache selbst willen, und als eine Vertheidigungswaffe für die Lebenserhaltung des liberalen Gedankens zu bewahren und weiterzuführen.

Die Lauterkeit seines Charakters, sein liebenswürdiges mit reichem Humor durchsetztes Wesen verschafften ihm Eingang zu allen Kreisen. Ueberall bei seinen Berufsgenossen, in Schriftsteller- wie Finanz- und selbst in Regierungskreisen war er ein gern gesehener, stets willkommener Gast. Dieser Verkehr in den verschiedensten Schichten der Gesellschaft kam auch dem Kladderadatsch zu gute und manches dem Blatte drohende Verhängniß wurde von ihm durch seines Verlegers persönliche Beziehungen zu maßgebenden Kreisen abgewendet.

Man hat gesagt, Hofmann sei ein von großem Glück begünstigter Mensch gewesen, dem Alles, was er begann, gelungen sei; diese Anschauung war so allgemein verbreitet, daß einst, als darauf die Rede kam, Jemand sagte: „Ich glaube, wenn Hofmann heute ein Sargmagazin eröffnen würde, bräche sofort die Cholera aus und halb Berlin stürbe."

Diese Anschauung hatte eine gewisse Berechtigung, denn die meisten Unternehmungen Hofmanns glückten in der That, es wäre aber grundfalsch zu glauben, daß ihm ein solches Glück jemals blindlings in den Schooß gefallen sei. Seine Klugheit, sein klarer Blick für die Bedürfnisse der Zeit, ließen ihn stets die richtige Gelegenheit, etwas zu unternehmen, und damit das Glück beim Schopfe fassen; sein Fleiß und seine unermüdliche Thätigkeit in der Durchführung gefaßter und wohlerwogener Pläne brachten dann auch das Gelingen. Da war es freilich leicht, zu sagen: „Der Mann hat ein unglaubliches Glück!"; man vergaß nur, daß er sich sein Glück eben selbst zu machen verstand.

Neben seinem Wirken für den Kladderadatsch, das sich übrigens nicht allein auf den rein geschäftlichen Vertrieb des Blattes beschränkte, sondern auch in schriftstellerischer Mitarbeit sich kund gab (die „Zwickauerbriefe" z. B. mit der bekannten Ueberschrift: „Mein lieber mon cher ami" stammen aus seiner Feder) — neben diesem Wirken für den Kladderadatsch gründete er noch andere publizistische Unternehmungen. 1853 rief er eine Illustrirte Montagszeitung „Berliner Feuerspritze" ins Leben, die von Ernst Kossak und Rudolf Loewenstein redigirt, jahrelang eine hervorragende Rolle in der Berliner Publizistik spielte; von 1856 an erschien sie unter dem Titel: „Berlin" und wurde nacheinander von H. Wachenhusen, Ernst Dohm, C. M. Oldenberg und Adolf Glasbrenner redigirt. In des letzteren Besitz ging sie später über.

Hofmanns reiche Buchverlags-Thätigkeit führte dem deutschen Büchermarkte eine Reihe werthvoller Gaben zu, die zum Theil Gemeingut des deutschen Volkes geworden sind.

Es sei hier nur an einzelne Bände der von Albert Hofmann ins Leben gerufenen „Sammlung von Klassikern des In- und Auslandes" erinnert, an den Don Quixote in Ludwig Tieck's Uebersetzung, an „Boccaccio's Dekameron", an den „Gil Blas", „Immermann's Münchhausen", an Sterne's „Yorik", und „Tristram Shandy" und den „Landprediger von Wakefield", an „Paul und Virginie". Diese Meisterwerke der Weltlitteratur wurden von Hofmann zu ungemein billigen Preisen geliefert und zwar zu einer Zeit (in den 50er und 60er Jahren), in der das Bücherkaufen noch zu den Vorrechten der oberen Zehntausend gehörte. So schuf er durch die Billigkeit dieser Klassierausgaben eine Fülle geistiger Nahrung fürs Volk, und ward dafür durch den großen Absatz, den diese Bücher fanden, reich belohnt. Man kann ihn als den Bahnbrecher für die billige Klassiker-Litteratur bezeichnen.

Von ebenso glücklichem Erfolge waren die aus dem Kladderadatsch hervorgegangenen oder doch mit ihm durch ihre Verfasser im Zusammenhang stehenden Unternehmungen begleitet: Der „Kladderadatsch-Kalender", die zahlreichen „Schultze- und Müller-Abenteuer", und humoristische Kinderbücher; hierzu kommen noch eine Anzahl kunstvoller Prachtwerke, wie Immermann's von

B. Bautier illustrirter „Oberhof", Kleist's „Zerbrochener Krug"
mit Zeichnungen von Adolf Menzel u. a.

In den 70er Jahren rief er den „Allgemeinen Verein für
deutsche Litteratur" ins Leben, in dessen Publikationen wohl fast
alle hervorragenden zeitgenössischen Dichter und Schriftsteller Bei=
träge geliefert haben.

Julius Stettenheim, der Vater der „Berliner Wespen"
und Schöpfer „Wippchens" der Verfasser und Mitarbeiter vieler im
Hofmann'schen Verlage erschienenen humoristischen Schriften giebt
in seiner liebenswürdig=humoristischen Art in seinen „heiteren Erin=
nerungen"*) von Albert Hofmann die nachfolgende Charakteristik:

„Einen lieben Förderer fand ich in Albert Hofmann, dem Ver=
leger des „Kladderadatsch." Ihm verdanke ich sehr viel. Er hatte
Vertrauen zu mir, er bildete mir was auf mein Können ein und
war der Erste, der meinen Namen druckte und durch seinen blühen=
den Verlag bekannt machte.

Hofmann war ein vortrefflicher Mensch, und alle, die sein
Andenken nicht in Ehren halten, wie ich, haben ihn nicht gekannt
wie ich. Denen, die er lieb gewonnen, war er ein treuer, ehrlicher,
zuverlässiger Freund. Er war durch seine Intelligenz und seinen
unermüdlichen Fleiß ein reicher Mann geworden, und wer sich wie
er als Selfmademan einen großen Reichthum erwirbt, erwirbt sich zu=
gleich eine Reihe von Neidern, unleidlichen Kreaturen, die sich mehr
über den Thaler, den ein anderer erwirbt, ärgern, als sie sich über
das Geldstück freuen, das sie selbst verdienen. Viele derjenigen, die
durch Hofmanns Hilfe oder durch seine Unternehmungen empor=
kamen, erachteten es für bequemer, anstatt dies dankbar anzuer=
kennen, Hofmann als einen kühlen Besitzbold zu verschreien, der
nichts that, als wozu er dringend verpflichtet war. Es ärgerte sie,
daß er nicht täglich seinen Geldschrank in ihre Taschen leerte, weil
sie sich einbildeten, daß sie allein ihm diesen Geldschrank gefüllt
hatten. Das ist ja die bekannte und bewährte Art undankbarer
Menschen, sich der Pflicht der Dankbarkeit zu entziehen und die
Quittung über Empfangenes auszustellen.

Hofmann kannte diese Menschen und lachte über den Aerger,
den er ihnen ohne seine Willen bereitete, wie er über die Anekdoten
lachte, die von ihnen auf seine Kosten in Umlauf gesetzt waren.
Diese Anekdoten, welche sich eifrig bemühten, Hofmann als einen
Knauser darzustellen, verbreitete er lachend selbst, und die Liebens=

*) S. Fischer's Verlag, Berlin 1896.

8

würdigkeit seines Wesens nahm keinem der ihm bekannten Erfinder
dieser albernen Späße etwas übel. Hofmann war nicht nur kein
Knauser, sondern er gab mit vollen Händen, wo eine Noth zu
mildern war. Niemals wandte sich ein Hilfsbedürftiger an ihn, ohne
unterstützt zu werden.

Dann sprach Hofmann nicht darüber.

Einmal hatte ich ihn ersucht, einem Familienvater zu helfen,
der mit grausamen Nahrungssorgen kämpfte. Hofmann schickte ihm
eine namhafte Summe, indem er zu mir sagte: „Es bleibt aber
unter uns! Wenn meine guten Freunde hören was ich da gethan
habe, sagen sie, daß ich alt und schwach werde." Freilich konnte er
auch abweisen, wenn er merkte, daß seine Güte mißbraucht werden
sollte. Eines Tages kam ein virtuoser Schuldenmacher mit der Absicht zu ihm, ihn um hundert Thaler zu erleichtern. „Ich gebe es
Ihnen in vierzehn Tagen wieder," versicherte der tüchtige Unternehmer, „und ich wäre auch nicht zu Ihnen gekommen, wenn ein
Geldmensch mir nicht für diese kurze Zeit fünf Thaler Zinsen abver-
langt hätte. Denken Sie sich, lieber Herr Hofmann, fünf Thaler
Zinsen auf 2 Wochen für hundert Thaler! Das ist ja ein unerhörter
Wucher!" Hofmann war rasch gefaßt. „Hier haben Sie die fünf
Thaler," sagte er „geben Sie sie dem Wucherer, der ja auch leben
will." Und als er mir die Geschichte erzählte, schloß er ganz ver-
gnügt mit den Worten: „Auf diese Weise habe ich an einem berufs-
mäßigen Pumper 95 Thaler verdient!"

Hofmanns Humor war ein musterhafter, er war nicht leicht
zu verderben und kehrte rasch wieder, wenn ihn der Ernst des
Lebens und die Sorgen des Verlages vertrieben hatten. Ich habe
auch niemals einen so tapferen, geschickten, aufmunternden und um-
gänglichen Verleger kennen lernen, wie dies Hofmann gewesen ist." —

Seine fröhliche Natur und seine Arbeitsfreudigkeit hat sich
Hofmann bis zu seinem Tode zu bewahren gewußt! Seine Jugend-
neigung fürs Theater und Alles was Theater betraf trat im Laufe
seines Lebens bei jeder Gelegenheit zu Tage und führte schließlich
dahin, daß er im Anfang der 70er Jahre das Friedrich-Wilhelmstädtische Theater, Berlin's Operettenbühne erwarb und dieses Theater
zu einem Glanze erhob wie es ihn nie vorher noch jemals nachher
gesehen hatte.

Es war Albert Hofmann nicht vergönnt, ein hohes Alter zu
erreichen. Dem Leben dieses rastlos thätigen Mannes, der allen,
die ihm im Leben nahe gestanden, unvergeßlich bleiben wird, setzte
der Tod am 19. August 1880 ein Ziel.

In dem Todtenlied aus der Feder Johannes Trojan's, das der „Kladderadatsch" seinem Begründer sang, heißt es:

Ins Grab hat „Kladderadatsch" gelegt den Mann,
In dessen Schutz sein Leben er begann,
Bei dem zuerst er sich versucht im Flug,
Zart noch an Alter, sonst schon derb genug.
Im Frühling war's und in dem „tollen Jahr",
Als unsre Zeit, die neue, sich gebar,
Als überall ward frisches Leben wach,
Mit Ungestüm sich regend tausendfach
Und mächtig drängend sich zum Licht empor:
Da mit dem Ernst erschien auch der Humor,
Um mitzukämpfen in den vordern Reih'n,
Dem Einen Schutz, dem Andern Trutz zu sein
Und aufzurichten, was der Ernst gebeugt —
In solcher Zeit ward „Kladderadatsch" erzeugt.
Da liegt das Kind, die muntern Glieder regt's!
Wer wird es großziehn? — hieß es — Wer verlegt's?
So leicht nicht war's — das bildet euch nicht ein —
Der Pflegevater solchen Kobolds sein.
So Mancher, der jetzt denkt: Ich hätt's gewagt
Hätt' damals doch wohl lieber Nein gesagt.
Doch Dieser that's, er fand dazu den Muth:
Und daß er's that, bekam ihm selber gut.

Am Anfang hatt' er seine liebe Noth:
Das Kind war vielfach von Gefahr bedroht;
Es mußte weilen von der Heimath fern,
Bis wieder schmolz der Zorn der strengen Herrn.
Da wär' ein andrer Mann vielleicht verzagt
Und hätt': Geh' fort! Ich mag dich nicht! — gesagt,
Und ausgesetzt hätt' er das Schreckenskind.
Der that es nicht, er blieb ihm wohlgesinnt,
Hielt aus mit ihm, das auch von ihm nicht wich,
In Sorg' und Noth durchhelfend ihm und sich,
Bis daß zuletzt vorüber die Gefahr
Und Alles glücklich überwunden war.

———————

Ruhloser Mann, Du hast Dir nicht gegönnt
Den Lohn der Arbeit, den doch Armuth kennt!

Durchs Leben eilend in geschäft'ger Hast,
Fandst Du den Abend, aber nicht die Rast.
Noch war Dein Herz der Arbeit zugewandt,
Als schon der Tod auf Dich gelegt die Hand.
Nach Müh' und Qual und Leiden fandest Du
Nun endlich doch den Frieden. Schlaf' in Ruh!

—◄►—

„Kladderadatsch!" — „Kladderadatsch!" schrien am 7. Mai
die unverfrorenen „fliegenden Buchhändler" durch ganz Berlin und
rannten im siegreichen Sturm ihre Konkurrenten, den „Satyr", die
„Ewige Lampe" den „Teufel in Berlin", Glasbrenner's „Freie
Blätter" und Held's „Lokomotive" über den Haufen, sodaß am
Abend schon 4000 Exemplare der ersten Nummer, die in immer
neuen Auflagen gedruckt werden mußte, vergriffen waren.

„Kladderadatsch", meinte der Verleger sei ursprünglich kein
Berliner Wort; der Ausruf sei damals den „Spree-Athenern" ganz
neu gewesen und die Jungen hätten beim Ausrufen des ihnen so
ungeläufigen Wortes sich fast die Zunge verrenkt.

Wenn der Ausdruck damals in Berlin auch ein ungewöhnlicher
war, so ist er doch ohne Zweifel norddeutscher Abkunft, denn er ist
aus dem niederdeutschen Worte Kladde — d. h. Dreck, Schmutz,
Morast — entstanden und soll als Ausruf meines Erachtens einen
Zusammenbruch im Schmutz bedeuten. So liegt im Namen
„Kladderadatsch" — im richtigen Gefühl instinktiv ihm gegeben
— schon die gelungenste Satire auf die Zeit seiner Entstehung:
den Zusammenbruch des alten absoluten Staates mit
seiner Polizeiwirthschaft im Chaos und Schmutz der
Revolution.

Andere Erklärungen des Wortes, wie „das plötzliche Zerbrechen
eines Gegenstandes mit klirrendem Getöse", „allgemeine Auflösung",
„allgemeiner Bankerott" 2c., wie man sie häufig gehört und gelesen,
möchte ich als weniger zutreffend und ungenau bezeichnen.

„Frisch grinst uns das feiste Gesicht des weltberühmten
„Kladderadatsch" entgegen. Mann des Jahrhunderts, der Du nur
zu lallen, zu stöhnen, zu kauderwelschen brauchst und deine Weisheit geht über die Weisheit aller sieben Weisen Griechenlands; was
will unsere armselige Feder an deiner ewigen Dauer zweifeln!"

So sprachen in Anerkennung seiner Verdienste vor mehr als dreißig Jahren die „Blätter für literarische Unterhaltung" bei einer Musterung der illustrirten Witzblätter sich über den Kladderadatsch aus.

Das feiste Gesicht des echten Berliner Philisters alter Sorte, auf dem überlegener Witz, gepaart mit gesundem Menschenverstand in gelungener Vereinigung zum Ausdruck kommt, schaut uns noch jetzt nach fünfzig Jahren im Titelkopf unseres Jubilars allwöchentlich unverändert mit seinen schlauen Augen an und ladet uns zum Lesen der neuen Nummer ein, auf ihren Inhalt mit dem Finger hinweisend. Ja, eine sehr konservative Seite hat bei seinem hohen Alter der Kladderadatsch die langen Jahre seines Bestehens hindurch sich bewahrt: die Unveränderlichkeit seiner äußeren Erscheinung, die Hand in Hand geht mit der unveränderten Selbständigkeit und Frische seines witzigen und humorvollen Inhalts.

Von dem Kladderadatschkopf habe ich schon bei der Entstehungsgeschichte des Blattes gesprochen. Passender hätte keine Titel-Vignette gezeichnet werden können, als dieser charakteristische Kopf, in welchem die ganze Eigenart des Blattes zum entsprechenden Ausdruck kommt, und es war ein selten glücklicher Zufall, daß der Verleger den gelegentlich erworbenen Holzschnitt gleich bei der Geburt des Kladderadatsch bei der Hand hatte. Der Kopf hatte vorher den Umschlag des vom Buchhändler B. Senff in Leipzig herausgegebenen „Anekdotenjägers", Jahrgang 1847, geziert und außerdem noch einmal Verwendung gefunden in Nr. 52 desselben Jahrgangs bei einer Anzeige, die eine Aufforderung zum Abonnement auf jenes Blatt brachte.

Buchhändler Bartholf Senff in Leipzig machte dem jetzigen Verleger Rudolf Hofmann, Sohn des verstorbenen Albert Hofmann, über die Entstehung des Kladderadatschkopfes kürzlich folgende interessante briefliche Mittheilung: „Der Kopf des Kladderadatsch entsprang dem Kopfe oder den Fingern eines Seidenhandlungs-Kommis, der damals mitunter in unserem Kreis literarisirender Buchhandlungsjünger erschien. Er kam aus dem hiesigen Seidenhause der Gebrüder Felix, hatte ein hübsches Zeichentalent und seinem Skizzenbuch entnahm ich den Kopf für den zu jener Zeit von mir verbrochenen „Anekdotenjäger". Der Name des Künstlers ist mir entfallen. Ich habe den Kopf korrigiren und in Holz schneiden lassen. Ihrem Herrn Vater, mit dem ich in jahrelangem freundlichen Verkehr blieb, überließ ich Cliches. Er kaufte bei Bedarf neue, bis er auf den ökonomischen Einfall kam, das Original zu erwerben. Wir gingen zum Advokaten Karmann, und das Kaufdokument befindet sich in Ihren Händen."

Das erwähnte Kaufdokument liegt mir im Original vor; es lautet wörtlich:

„Den von Herrn An . . . gezeichneten Kopf des Kladderadatsch, welcher jetzt als Vignette dieser Zeitschrift benutzt wird, habe ich, als rechtmäßiger alleiniger Besitzer desselben, mit allen meinen daraus entspringenden Rechten, dem Buchhändler Herrn Albert Hofmann in Berlin zum freien und unbeschränkten Eigenthum käuflich überlassen und bescheinige dies demselben durch diese meine eigenhändige Namens-Unterschrift.

Leipzig, 1. August 1850.

Bartholf Senff."

Aus dem Briefe des Verkäufers haben wir bereits erfahren, daß Hofmann von ihm „bei Bedarf" neue Cliches kaufte, bis er das Original mit allen Rechten erwarb. Dadurch bekommt das späte Datum des Kaufdokuments seine Erklärung.

„Der ökonomische Einfall, das Original zu erwerben," war es aber weniger, was Hofmann zum Kauf des Original-Holzschnittes veranlaßte, als die vielen Nachahmungen und Nachbildungen des so schnell berühmt gewordenen Witzblattes, die alle unter der Flagge, bezw. dem Titelkopfe des Kladderadatsch segelten und gegen die der Verleger den nöthigen gesetzlichen Schutz durch seine definitive Erwerbung sich verschaffen mußte, denn nicht allein andere Witzblätter — wie „New-Yorker Kladderadatsch" — und Kalender — wie der in Leipzig erscheinende „Schultze- und Müller-Kalender", — sondern sogar kaufmännische Reklamen, wie mir solche von dem „Allergrößten Marktgeschäft von F. Leonhard in Magdeburg" vorliegen, benutzten in ausgiebigster Weise den Kopf des weitverbreiteten Witzblattes.

Die private Benutzung der Kladderadatsch-Ausstattung für festliche Vorkommnisse im Familien- und Vereinsleben ist, wie die vielen Fest-Kladderadatsche aller Art beweisen, immer sehr beliebt gewesen und auch heute noch an der Tagesordnung. Gegen solche harmlose Nachahmung einzuschreiten, hat sich die Verlagshandlung natürlich nie veranlaßt gefunden.

Ob die Erscheinung des Hundekopfes in der Backe des Kladderadatsch Zufall oder Absicht des Zeichners gewesen ist, darüber läßt uns die Mittheilung Bartholf Senff's im Unklaren. In der

Entstehungs-Geschichte habe ich des interessanten Rebus bereits
gedacht.

Wie ich schon bemerkte, hat der Kladderadatsch während
der fünfzig Jahre seines Bestehens in seiner äußeren Erscheinung
und Einrichtung bis auf wenige, kaum bemerkbare Aenderungen
sein stets gleiches Aussehen sehr konservativ sich bewahrt.

Bei seinem Eintritt in die Welt stand ihm an der Stirn geschrieben: „Organ für und von Bummler" und er trug diese
grammatische „Bummelei" bis zum 5. August 1849, also ungefähr
bis zu dem Zeitpunkte, wo er die Kinderschuhe des für den Lokal-
geschmack des Berliner Weißbier-Philisters wesentlich noch zuge-
schnittenen Witzes allmählich ausgezogen hatte und den zielbewußten
Weg zum bedeutenden Weltblatte mit großem Mannesmuth und
thatkräftiger Energie einschlug.

Eine zweite „Bummelei" hielt länger vor. Dreiundzwanzig
Jahre lang las man „Humoristisch-satyrisches Wochenblatt." Endlich
am 16. April 1870 traute man dieses gewagte „Satyrspiel" unserer
Rechtschreibung nicht mehr zu und änderte die Bezeichnung in
„Humoristisch-satirisches Wochenblatt", wohl in der Erwägung, daß
der Satyr mit der Satire eigentlich nichts zu schaffen hat und der
Ursprung des Wortes in dem lateinischen Worte satira oder satura
zu suchen ist.

Von anerkennenswerther Dauerhaftigkeit ist endlich der Ausspruch: „Dieses Blatt erscheint täglich mit Ausnahme der
Wochentage", der Adolf Glaßbrenner zum Vater und bis auf
den heutigen Tag unverändert sich erhalten hat.

Die Einrichtung des „Wochenkalenders", der stets auf den
beiden Seiten des Titelkopfes sich befindet, finden wir schon in den
ersten Nummern, die David Kalisch in Verein mit dem Verleger
allein herausgab. Jede Nummer pflegt eingeleitet zu werden entweder
durch einen die unmittelbaren Tagesfragen berührenden Artikel in
Prosa, oder durch ein in Form und Inhalt vorwiegend ernst und stim-
mungsvoll gehaltenes Leitgedicht. In den ersten Jahren waren die
prosaischen Leitartikel überwiegend,*) später brachte uns Dohm's,
Löwenstein's und Trojan's Muse meisterhafte poetische Schöpfungen in
Leitgedichten, die bei ernsten Ereignissen in verhängnißvollen Zeiten
eine klassische Höhe erreichten.

Im Jahre 1856 beginnt der Kladderadatsch in Nr. 59 u. 60

---

*) Einen Neudruck des ganzen ersten Jahrgangs vom Kladderadatsch hat
die Verlagshandlung als willkommene Jubiläumsgabe veranstaltet.

zum erſten Male ſeine regelmäßigen vierteljährlichen „Illuſtrirten Rückblicke" zu veröffentlichen.

Der Illuſtrationsſchmuck, in welchem wir neben dem Kladderadatſchkopf in jeder Woche unſere alten Freunde Müller und Schulze begrüßen, iſt mit der Zeit recht reich und wechſelvoll geworden und beſteht hauptſächlich aus Vollbildern, welche die Zeitereigniſſe und Zeitverhältniſſe in ſatiriſcher Schärfe uns vorführen.

So war denn der Kladderadatſch in den ſchönen Maientagen auf dem heißen Boden der Revolution ins Leben getreten und hatte als witz- und humorvoller Kobold ſofort die Herzen der Preußiſchen Hauptſtadt und darüber hinaus ſich erobert.

Der glücklichſte von der ſtattlichen Schaar ſeiner Berliner Preß-Kollegen war in den freiheitverklärten Frühlingstagen wohl unſtreitig der Kladderadatſch. Der Erfolg der erſten Nummer, trotzdem ſie auf ſchlechtem Papier und in dürftigem Illuſtrationsſchmuck erſchienen war, muß ein ganz enormer geweſen ſein. Jedenfalls war er ein entſchieden durchſchlagender, und da bei der Herausgabe der ſpäteren Nummern vom Juni an Ernſt Dohm und Rudolf Löwenſtein ſich mit David Kaliſch vereinigt hatten (der geniale und witzige Illuſtrator Wilhelm Scholz hatte ſchon in der zweiten Nummer ſeine Thätigkeit begonnen) ſo mußte bei dem Zuſammenwirken ſo hervorragender Kräfte das Unternehmen ein geſichertes werden

Wohl nie hat man ein einmüthigeres Zuſammenwirken auf geiſtigem und künſtleriſchem Gebiete erlebt, als es ſich in den vier genannten Herausgebern des Kladderadatſch unſeren Augen darſtellt. Erſt nach vierundzwanzig Jahren raubte der am 21. Auguſt 1872 erfolgte Tod von David Kaliſch das erſte Blatt dem glücklichen Vierblatt.

Dohm, Kaliſch und Löwenſtein, die nicht allein durch Geiſtes-, ſondern auch durch Familienbande verknüpft waren und alle drei aus Breslau ſtammten, haben ihre ganze geiſtige Vollkraft, ihr beſtes Wiſſen und Können dem gemeinſamen Unternehmen gewidmet, ohne daß einer von ihnen jemals ſeine durchweg hervorragenden Geiſteserzeugniſſe mit ſeiner Namensunterſchrift verſehen, oder auch nur mit Chiffre der Welt, welche dieſelben allwöchentlich mit größtem Beifall begrüßte, kenntlich gemacht hätte.

In ſeiner Eigenart ſchaffte jeder der Herausgeber in verdienſtvollſter Weiſe an dem gemeinſamen Werke, und daß ihre Schöpfungen immer zu einem harmoniſchen Ganzen ſich verſchmolzen, war das beſondere Verdienſt Dohm's, deſſen geniale Redaktionsführung die

glückliche Mischung in ihrem einheitlichen Zusammenfluß zu Wege
brachte.

So kam es, daß in bewunderungswerther Vereinigung der
Geist des Horaz, Juvenal und Aristophanes fast ein Vierteljahrhundert hindurch die geistigen Schöpfungen, welche das Dreiblatt
Dohm-Kalisch-Löwenstein und seit 1862 mit ihnen Trojan der Welt
in reichster Fülle bot, und denen der scharfe Stift des genialen
Wilhelm Scholz humorvolles, oft drastisches Leben gab, einheitlich
belebend durchwehte. Dieser klassische Geist ist auch nach dem Da-
hinscheiden des Vierblatts unserem Jubilar treugeblieben, da bis
zum heutigen Tage Herausgeber sowohl wie Verleger den Kladderadatsch genau in demselben Sinne und derselben Gestaltung
weiter fortgeführt haben.

Sehr bald wurden die vier Herausgeber des immer mehr in
der Gunst des Publikums steigenden Witzblattes im Munde des
Volkes die „Gelehrten des Kladderadatsch" genannt, welche
witzige Benennung auch jetzt noch den Herausgebern geblieben
ist. Von den vier „Gelehrten" war nur Wilhelm Scholz ein geborener Berliner.

Die Leitung des „Kladderadatsch" war zunächst von Seiten
seiner Gelehrten, die sich — soweit ich mich erinnern kann — zur
endgültigen Feststellung einer Nummer in der Regel jeden Donnerstag Abend zusammenfanden, eine gemeinsame.

Für die Redaktion verantwortlich zeichnete die Berliner Verlagshandlung bis 1848 Nr. 28, darauf die Verlagshandlung
Ernst Keil u. Co. in Leipzig bis Nr. 32, dann wieder die Berliner
Verlagshandlung bis 1849 Nr. 2. Von Nr. 3 bis 20 finden wir
Rudolf Löwenstein als Redakteur; von da an übernahm Ernst
Dohm die Leitung des Blattes und behielt dieselbe bis zu seinem
am 5. Februar 1883 erfolgten Tode. Die Donnerstag-Abende für
die gemeinsame Schlußredaktion wurden dabei immer festgehalten
und bestehen heute noch.

Die unverwüstlichen echten Berliner Typen Schultze und Müller,
deren charakteristische Porträts, wie ich schon früher erwähnte, vom
Verleger vor der Gründung des Kladderadatsch zufällig erworben
waren, führen die in Berlin populärsten Namen, unterhalten sich
allwöchentlich im Berliner Dialekt über alle vorkommenden Tagesfragen, haben sich von ihrem ersten Auftreten an als Vertreter des
guten Kleinbürgerstandes durch ihren gesunden Menschenverstand,
der mit treffendem Mutterwitz und Humor gepaart ist, zu ausge-

sprochenen Lieblingen des Volks gemacht, und sind lange Eigenthum der ganzen Nation geworden.

Das erste Zwiegespräch von Müller und Schultze bringt Nr. 8
von 1848. Dasselbe ist wegen des behandelten Gegenstandes für
uns unverständlich.

In Nummer 3 finden wir schon die beiden typisch gewordenen
Figuren des Baron von Strudelwitz und von Prudelwitz.

Wie zeitgemäß diese beiden Repräsentanten eines bornirt-
blasirten Junkerthums waren, beweist ihr großer, durchschlagender
Erfolg und ihre lange Lebensdauer.

Ihre brieflichen Ergüsse, in welchen mit karikirender Ueber-
treibung die Arroganz des Junkerthums in jederlei Gestalt er-
barmungslos mit der Pritsche gegeißelt wird, sprühen unter der
Schellenkappe die hellsten Witzesfunken.

Ihre mit vielen barocken Fremdworten gespickte affektirte
Sprache, die sich in den übertriebensten Phrasen ergeht, und in Ausrufen und Versicherungen wie „pyramidal!" — „auf Taille!" —
„auf Hüfte!" gipfelt, zeigt uns die gelungensten und amüsantesten
Zerrbilder feudal-blasirten Witzes.

Der als Verfasser der sinnigen Kinderlieder bekannte Dichter
Rudolf Löwenstein hat Strudelwitz und Prudelwitz vorwiegend
verfaßt. In seinen poetischen Schöpfungen beherrschte er Form
und Reim meisterhaft, verstand dabei tief ergreifende Töne anzu-
schlagen und in schwungvollen Versen Herz und Gemüth zu packen
und zu bewegen. Viele hervorragend schöne Dichtungen, die mächtig
zündeten und begeisterten, haben Löwenstein zum Verfasser. Das
erste hier folgende Gedicht stammt aus dem Jahre 1849, das zweite
vom 24. Juli 1870, bei Ausbruch des Krieges geschrieben:

Witz und Wahrheit.

Witz und Wahrheit sind in diesen
Schweren Zeiten zwar verwiesen,
Irren unstät in der Welt;
Doch, wer kann dem Frühling wehren,
Daß er möge wiederkehren,
Wenn des Eises Decke fällt?

Wer kann einen Strom wohl halten,
Wenn er, donnernd, mit Gewalten
Fort des Winters Fesseln schiebt?

Und wer kann dem Vogel sagen:
Darfst nur singen noch und schlagen,
Wie's dem strengen Herrn beliebt?

Witz und Wahrheit — nur verstopfen
Könnt ihr sie mit engem Pfropfen,
Aber könnt sie binden nicht.
Denn der Pfropf dient nur zur Klärung,
Und es wirft der Most in Gährung
Euch die Pfropfen ins Gesicht!

Gegen den Tyrannen.

Verlöscht die Leuchten, die mit mildem Lichte
Vor Klippen warnten und zum Hafen riefen!
Nacht überm Meer! — Mit grinsendem Gesichte
Der Opfer harrt die Gottheit schon der Tiefen.

All, was da Tod nur und Verderben brütet
Und Wunden schlägt, in grausiger Verschwörung!
Volk gegen Volk, unheimlich eifernd wüthet
Und schafft allein an Werken der Zerstörung.

Schon sengt des Krieges Pesthauch her von Westen,
Und tausend Thränen fließen schon im Stillen,
Die ganze Welt erbebt in ihren Vesten,
Und alles das um eines Frevlers willen!

Auf eines Dämons Wink der Hölle Rotte
Entfesselt und bewehrt mit scharfer Waffe!
Wie heißt die Mißgeburt von Dreck und Spotte?
Es ist des großen Dämons großer Affe.

ER ist's, der auf des Meineids schwanker Leiter
Von Sproß' zu Sprosse stieg, bis er zum Throne
Gelangt, und seine eitle Fratze heiter
Geschmückt mit jenes großen Dämons Krone.

Der über Leichen trat zur Kaiserhalle,
Und über Recht und Freiheit frech geschritten —
Vernehmt, ihr Fürsten, hört's, ihr Völker alle:
Heut rächt sich furchtbar, was ihr einst gelitten!

Verlöscht die Leuchten und des Friedens Sterne!
Zu blut'ger Ernte hebt der Tod die Hippe!
Doch durch die Nacht hin flammt in Näh' und Ferne
Millionenfach der Fluch von jeder Lippe:

Daß IHM verdorre die meineid'ge Zunge,
Die Hand absterbe, die von Mord befleckte,
Der Fuß verkrumme, der im Tigersprunge
Rücklings ein ganzes Volk zu Boden streckte.

Daß ER, gleich Tantalus, in Qualen ächzend,
Verschmachten mög' in blut'gem Sündenpfuhle,
Von Blute triefend und nach Blute lechzend,
Verdammt auf ewig, ER sammt seiner Buhle!

Sie lag IHM frömmelnd, flüsternd stets am Ohre,
Sie trieb zum Völkerstierkampf die Gesellen,
Wie sie vom Söller einst die Matadore
Mit heißem Blick antrieb, den Stier zu fällen.

Daß eh' der Sonn' und Sterne Licht erblasse —
Also geloben wir mit heil'gen Schwüren —
Eh' diese Bastard=Art Hispan'scher Race
Und Corsenbluts noch darf das Scepter führen!

Verlöscht die Leuchten! Doch unlöschbar lodert
In Deutschen Herzen der Begeistrung Flamme.
Noch steht die Deutsche Eiche unvermodert,
Und neues Leben quillt im alten Stamme.

Ja, frisch belaubt steht sie in neuem Glanze
Und will mit Friedensschatten euch umspannen.
Auf denn zum Wettkampf nach dem Eichenkranze,
Zum letzten Kampfe gegen den Tyrannen!

David Kalisch, den ich wohl den fruchtbarsten von den Ge=
lehrten des Kladderadatsch nennen möchte, erfreute lange Zeit die
Welt durch den „höheren Blödsinn", dessen tiefer Sinn in vielen
Kouplets und Prosa=Artikeln in Berliner Mundart, „Sprüchen der
Weisheit", Parodien und Travestien von hervorragenden Dichtungen,
Novellen und Dramen seinen überaus komischen und witzigen Aus=
druck fand. Vor allem ist Kalisch aber hier als Vater der beiden köst=
lichen Figuren, des berühmten Bank= und Börsenmanns Zwickauer
und des ewigen Quartaners Karlchen Mießnick, dem mitunter
sein Freund Adolar Stindt zur Gesellschaft beigegeben wurde, zu
nennen.

Kalisch, der, wie man erzählt, in seiner früheren Stellung als
Kommis bei dem Bankier L. die beste Gelegenheit gehabt, seine
klassische Schöpfung zu studiren, hatte die Figur des Zwickauer mit
vielem Glück schon früher auf die weltbedeutenden Bretter gebracht,
und sie dann aus seiner beliebten Posse „Einmalhunderttausend
Thaler" in den Kladderadatsch übernommen.

Er soll seinem Prinzipal, der ihm als Vorbild gedient, die
kleinsten und feinsten Eigenthümlichkeiten und Eigenarten abgelauscht
haben. Ob und wie viel bei der köstlichen Ausgestaltung der Figur
seine Phantasie mitgearbeitet hat, ist hier nicht von Belang; jeden=
falls hat Kalisch uns in seinem Zwickauer den sprechendsten Aus=
druck der Plutokratie, den vortrefflichsten Repräsentanten der jüdischen
haute finance geschaffen, der in köstlich übertriebenem und dem
Vorbilde eigenen jüdischen Dialekt seine feine Bildung zur Schau
trägt, als Kunstenthusiast den ästhetisch angehauchten Mäcen
herauskehrt, durch Kunstkritik zu glänzen strebt und stets mit un=
fehlbarer Sicherheit seine Urtheile fällt. Mischt man dazu den be=

rechnenden Scharssinn, der den Zahlenmenschen auszeichnet, und der sich häufig in Urtheilen ausspricht, durch welche Zwickauer den Nagel auf den Kopf trifft, so hat man das ganze Original, welches uns den Vertreter eines unserer hervorragendsten Kulturelemente in optima forma zeigt.

Am besten wird die gelungene Figur durch eine passende Probe illustrirt, die ich dem Leser in Zwickauer's „dreißig Sylvestergedanken" aus dem Jahre 1855 geben möchte:

Des würd ümmer schwüriger, dü Wölt ün Oerstannen zu söhen. Man muß dahör das Unmögliche möglüch zu machen suchen, und dör Schrüftstöller von heute, wölcher wüll gewünnen dü Mönge — das heußt sowohl dü Mönge dör Leute als auch dü Mönge dös Göldes, muß seun eun Homör und eun Haus= wurst, eun Arüstophanös und eun Oeckenstöher, majöstötüsch und gemeun, poötüsch und löppüsch, önörgüsch und töppüsch, Dante und Nante zu gleucher Zeut.

Uech schmeuchle mür, meune Oepoche aus Uenstünft erkannt zu haben. „Hat man Alles übertrüben," — sagte üch zu mür — „muß man sogar über= treuben dü Buchstaben und schreuben und spröchen ün Düphthongen."

Eun reucher Mann löbt ün den jötzigen socialen Zustönden wü eune Spünne fortwöhrend ün dör Schwöbe. Und dahör alleun seun Haß gögen dem **Bösen**.

Das Wortspül üst schlöcht, aber dü Udöö üst nücht neu.

Uech habe ümmer bedauert, daß das Büld dör Treue dör Pudel üst. Düses Thür üst oft söhr schmutzig.

Eun Weub vörlürt weut öher den Vörstand als dü Sprache.

Düser Gedanke kam mür göstern beim Eunschlafen, als meune Adelheude mür ötwas erzöhlte.

Dör größte Phülosoph ün Vörlün üst unstreutig das Trottoir. Des trögt dü klügsten Leute und dü größten Narren müt dörsölben Geduld, und jöder Hund dünt ühm zur Unterhaltung.

Uen Vörlün gübt ös für müch nur dreuörleu Arten von Vörgnügungen: Oerstens, daß üch nücht brauche zu göhen ün das Opernhaus; Zweutens, daß üch nücht brauche zu göhen ün dör Früdrüch=Wülhölms= stadt, und Drüttens, daß üch überhaupt nürgend hünzugöhen brauche.

Nothschüld soll jöhrlüch verdünen möhrere Müllüonen Thaler. Dönnoch glaube üch, daß Alöxander von Humboldt größere Verdünste hat.

Uech habe dü Bemörkung gömacht, daß üm Sommer dör Rögen dü Kleuder von außen, und dü Sonne sü von ünnen durchnötzt.

Neulüch fragte müch meun Sohn Josöph, was ör soll wörden? Uech sagte zu ühm: Meun Sohn, wönn du wüllst wörden bekannt, so mache Schulden; wüllst du aber bleuben unbekannt, so wörde eun Schrüftstöller.

Müt dön guten Gedanken üst ös wü müt dön Haaren. Uem Anfang wörden sü Euenem beschnütten, spöter göhen sü Euenem von sölber aus, und zulötzt hat man nücht möhr dü eugenen.

*   *   *

Daß die Figuren des Karlchen Mießnick und seines Freundes Adolar von Stindt auch zu den Vertretern unserer modernen Kultur-Elemente gehören — wer möchte es bezweifeln?

„Unter den Tulpen", „Bei der Weißen" waren Titel von Aufsätzen im Kladderadatsch, in welchen Kalisch die politischen Tagesereignisse mit unnachahmlichem Witze behandelte. Der folgende Artikel aus Nr. 51/52 des Kladderadatsch vom 6. November 1859 möge dies zeigen. Er bezieht sich auf die Grundsteinlegung des Schillerdenkmals in Berlin.

Eine Berliner Weißbierstube.

Starke (nachdem er getrunken). Pui!

Buchholz. Ja wol. Es ist eine culturhistorische Blamage für Berlin!

Stille. Aber sobald einmal alle geräuschvolle Vergnügungen mit Rücksicht auf die obwaltenden Umstände nicht gestattet werden können

Radecke. Dann müssen auch alle Hetz- und Parforcejagden in geschlossenen Räumen stattfinden.

Strampelmeier. Räsonnirt man nicht zu früh! Wer weiß was der Magistrat und die Stadtverordneten über die Schillerfeier beschlossen haben! Da kommt ja Mörner, der weiß es gewiß!

Mörner (in das Local tretend) Und in Poseidons Fichtenhain
        Tritt er mit frommem Schauder ein!
Wilhelm, eine kleine Weiße; ich muß gleich wieder fort. Juten Abend, meine Herren! Na was sagen Sie? Es wird nicht!

Buchholz. Also jar nischt?

Mörner. Bloß Gratisvertheilung von 60,000 incomplette Schillers an die Schuljugend.

Birnbaum (aus dem Winkel von einem andern Tisch) Im späteren Interesse der Buchhandlungen Berlins. Die Jungens verkloppen ja doch Allens wieder bei die Antiquare.

Mörner. Find' ich so den Menschen wieder,
        Dem ein Gott sein Bild geliehn?

Starke. Wie kann man bei so einem edeln Feste an so 'ne jemeine Nebenabsichten denken!

Birnbaum. Nebenabsichten? Des sind schon Hauptabsichten.

Starke. Was wissen Sie denn überhaupt da drüben in Ihrem Winkel, an dem Handschuhmachertisch von Schiller?

Mörner. Scheu in des Gebirges Klüften
        Birgt der Troglodyte sich.

Buchholz. Es bleibt ein Scandal, daß Berlin von sämmtliche Städte Deutschlands übertroffen werden soll. Was werden einst unsere Enkel dazu sagen?

Strämpel. Enkel? Ich habe schon jetzt an meine Kinder genug! Das jeht ja den janzen Tag: Vater, 'nen Jroschen zu 'ne Schillermedaille! Vater, 'nen Jroschen zu 'n Stück Schillerseife! Vater, 'nen Jroschen zu Schillerbonbons! Wenn nu noch Jöthe bald dran kommt, denn danke ich vor sämmtliche deutsche Classiker.

Körner. Ha! spricht der Gastfreund mit Entsetzen.

Mein Freund kannst du nicht länger sein! Das ist ja eine grundgemeine Weltanschauung von Ihnen, Strümpel! Wie können Sie so unvorsichtig sein, so was zu äußern?

Starke. Das will deutsche Nation sind? Pfui!

Buchholz. Wie sollte man auch bei solchem Tütenkrämer den Adel der Gesinnung treffen, der einen Schiller zu würdigen versteht?

Strümpel. Da haben Sie wieder 'mal Recht, Buchholz. Der wahre Adel der Gesinnung wohnt nur bei'n Baron — von Cotta, Stuttgart und Tübingen, mit 'n jährliches Einkommen von 50,000 Thlr. für Schillers sämmtliche Werke und gleichzeitige Androhung von Strafe durch die Gesetze als Nachdruck, wenn sie zum Besten der Schillerfeier die Glocke illustriren wollen, und sämmtliche preußische Minister, der Mann zu zehn Thaler auf die Schillerliste, und von andere hochgestellte Personen gar nischt, was auch nich viel ist.

Körner. Seht ihr dort die alten grauen
Schlösser sich entgegenschauen? —
Aber gegeben wird nischt!

Buchholz. Deßhalb sind Schiller und Göthe doch gegenwärtig noch immer eine Zierde Deutschlands.

Radecke. Aber Deutschland ist gegenwärtig noch immer keine Zierde für Schiller und Göthe.

Stille. Das mag sein, wie es will. So gut sie den Stralauer Fischzug gestatten und das Mottenfest und Fliegenfest, so gut konnte auch ein Schillerfest sind.

Körner. Erloschen sind die heitern Sonnen
Die unsrer Hoffnung Pfad erhellt!

Geben Sie mir eine Ziehgarre, Willem!

Buchholz. Schiller war einmal ein Volksdichter und kann nur durch das Volk gefeiert werden!

Radecke. Na hören Sie 'mal, Ihr Wort in Ehren, aber was man hier bei uns jetzt unter Volksdichter versteht — — ach du gerechter Kotzebue!

Körner. Ich sah des Ruhmes heil'ge Kränze
Auf der gemeinen Stirn entweiht!

Radecke. Und wer den Scandal mit erlebt hat, wie sie Humboldt'n nach Tegel Abends gebracht haben, der weiß was Schiller zu erwarten hat!

Buchholz. Was haben sie denn gemacht?

Radecke. Des müssen Sie im „Publicisten" nachsehen. Der sagt, sie hätten eckelhafte Lieder gesungen und gepfiffen und einige anständige Leute, die dem Unfuge steuern wollten, mit Steene geschmissen.

Buchholz. Und die Polizei?

Radecke. Seitdem „Hermann", mein Rabe, krächzt — — —

Starke. Ach so! Rechte nette Zustände, wahrhaftig!

Körner. Wie schön, o Mensch mit deinem Palmenzweige
Stehst du an des Jahrhunderts Neige!

Strümpel. Aber ich bitte Sie, meine Herren! Was kann auch Schiller damit gedient sein, wenn am 10. November so und so viel Bier mehr getrunken und so und so viel Löcher von die Fackeln ins Gedränge in die Kleider gebrennt werden?

Radecke (schon etwas angetrunken). So is es. Hier in dieses nordische Klima

9

— November — nie ohne Regen — naßkalt — Rheumatismus, — und nie keine Droschte nich zu bei solche Gelegenheiten — — noch einen Zilla, Willem!

Strämpel. Und mit die Festessen, des is ja doch auch bloß eine Gelegenheit, daß man sich fest trinkt. Und denn von Kroll bis nach die Zollnowsstraße nach Hause, wenn man was im Koppe hat, um 2 Uhr in der Nacht! Anfangs fassen wol 'n Paar jute Freunde Eenen mit unter — aberst denn —

Mörner. Doch ach! schon auf des Weges Mitte
Verloren die Begleiter sich!

Strämpel. Denn sitzt man da auf die feuchte Erde im Thiergarten, und die Frau zu Hause weiß nich, wo man jeblieben is.

Mörner. Wer wird nach dem düstern Strande
Meines Grames Bote sein?

Stille. Ich begreife man bloß nich, wie ihr euch über des Verbot streiten könnt! Des weeß ja doch schon jedes Kind, wo der janze Krempel 'raus will. Schiller is ja man bloß vorjeschoben!

Radecke. Das hab' ich auch jehört: bloß man so vorjestoßen!

Stille. In Wirklichkeit soll es ja doch man bloß ein Erinnerungstag an die rothe Republik sind. Mein Sohn hat es mehrfach nachgeschlagen: 1793 am zehnten November war das Fest der Vernunft in Paris, wo sie ein leicht gekleidetes Frauenzimmer als höchstes Wesen darstellten; am zehnten November 1848 Sperrung aller Klubs in Berlin durch Hindelden; und so geht es am zehnten November durch die ganze Weltgeschichte; — Schiller is bloß vorgeschoben

Radecke. Nu des versteht sich. Is ja Allens man bloß auf Communismus berechnet. Schiller heeßt es — und Bäckerläden stürmen, so is es! Wer is denn überhaupt Schiller? Was hat er vor Berlin jethan? Wie kann der Majistrat und die Stadtverordneten ohne Weiteres 10,000 — Gilla! Jeben Sie mir noch einen, Willem, halb Pfeffermünze, halb Boonekamp!

Mörner. Des Lebens ungemischte Freude
Ward keinem Sterblichen zu Theil.

Radecke (nachdem er getrunken). Jar nischt hat er jethan.

Strämpel. Des sagen Sie nich, Radecke! Der Mann hat schöne Sachen jeliefert. Zum Beispiel, seine sämmtlichen Werke in Schillerformat sollen doch sehr gelungen sein. Ich erinnere mir bloß noch aus meiner Jugend des herrliche Gedicht von ihm, wo ein König einen Becher in das Wasser 'rin schmeißt, und ein Knappe immer 'runter muß in das feuchte Element, um ihm wieder 'raus zu holen, und wenn er ihn wieder oben hat Kladderadatsch! wirft er ihn wieder 'rin, und der Knappe muß nu wieder 'run. Schwere Breet! Wie heeßt es doch?

Radecke. Der Thierquäler.

Strämpel. Ach, Unsinn! Der Handschuh — heißt es. Zuletzt schlägt ihm der König ins Jesicht und sagt: Ich sei, gewährt mir die Bitte, in eurem Bunde der Dritte.

Starke. Nann is es genug! Nu verbitte ich mir das! Versteht ihr mir? Ich dulde des nich mehr, daß hier so jesprochen wird. Ihr steht zwar viel zu niedrig, als daß ihr an so 'ne Größe heranreichen könnt; aber des is frühwohl!

Radecke. Frivol heeßt es.

Starke. Ich sage Ihnen, Radecke, halten Sie Ihren Mund — oder! (Er greift nach seinem Stock, und will auf Radecke eindringen.)

Körner. Nehmet Holz vom Fichtenstamme,
Doch recht trocken laßt es sein!

Mehrere Stimmen. Ruhe! Ruhe!

Radecke. Was sagen Sie? Sie wollen mir den Mund verbieten, — den Mund wollen Sie mir? — mit'n Stock wollen Sie mir —? Sie — (ergreift ein leeres Glas und wirft es Starke an den Kopf.)

Stimmen durcheinander. Raus mit ihm! Raus mit Radecke! Er hat ihn gereizt! Radecke hat angefangen!

Körner. Da bricht die Menge tobend aus,
Gewalt'ger Sturm bewegt das Haus.

Radecke. Wie kann er mir hier mit seinem Knüppel drohen?

Starke (dringt mit seinem Stock auf Radecke ein, und versetzt ihm einige Hiebe).

Mehrere Stimmen. Haut ihm! Nehmt ihm den Stock weg! Stock weg. (Starke wird an die Luft gesetzt.)

Körner. Hochherziger Jüngling, fahre wohl!

Strämpel (zurückkommend). Na, den hätten wir besorgt. Der hat sich aber etlich auf'n Rücken gesetzt.

Körner. Wohl ihm, er ist hingegangen,
Wo kein Schnee mehr ist!

Strämpel. Hier liegt ja noch der Corpus delicti: Starke's Stock! Willem, tragen Sie mal Starke'n seinen Knüppel 'raus, er wird wol noch draußen auf der Schwelle sitzen.

Körner. Legt ihm unters Haupt die Beute,
Die er tapfer schwang!

Wirtbaum (Starke's Platz einnehmend). Na, meine Herren lassen Sie mir auch 'n bißchen hierher sitzen, da der Kratehler raus ist! — Bitte rücken Sie 'n bißchen zusammen meine Herren!

Körner. Schließt den heil'gen Cirkel dichter!

Buchholz. Aber das nehmt mir nicht übel, Kinder, das ist doch kein Betragen von einer anständigen Gesellschaft!

Stille (vom andern Tisch). Die Behörde hat janz Recht, daß ein solches Volk noch nicht reif ist für Fackelzüge!

Stimmen durcheinander. Was sagt er? Was hat er gesagt? Wo ist der Kerl? (Neuer Tumult. Der Nachtwächter tritt ein.)

Körner. Doch das Auge des Gesetzes wacht.

Der Nachtwächter. Was giebt es denn heut fortwährend hier? Ich bitte mich Ruhe aus, meine Herren, oder ich lasse Allens arretiren! (Plötzliche Stille.)

Körner. Wie wenn auf einmal in die Kreise
Der Freude mit Gigantenschritt,
Geheimnißvoll nach Geisterweise
Ein ungeheures Schicksal tritt!

Nachtwächter. Kommen Sie, Herr Stille, es soll Sie keiner nicht auslassen, ich werde ihnen nach Hause bringen. (Stülpt ihm seinen Hut auf, giebt ihm den Stock in die Hand und entfernt sich mit ihm.)

Radecke (aufstehend und schwankend). Des sage ich ja! — Den Scht — den Schtille bringen sie nach — nach Hause! — Aber mir — mir bringt Keiner — — (er hält sich an den Tischen fest) — nach Hau — Hause!

Mörner. Einen Nachen seh' ich schwanken,
Aber ach! der Fährmann fehlt!

Radecke (taumelnd). Na jute — Nacht, meine Herren, ju — te Nacht
Scht - Schträmpel (er umarmt und läßt Schträmpel in der Trunkenheit). Ich — ich habe
ja jar — jar nischt — jejen den Mann — jejen Schillern. — aber so jut
— Schulze ins Comitee jewählt is, — so jut, so jut hätten Sie mir doch ooch
— nich wahr, Strämpel? (küßt ihn wieder).

Mörner. Todte Gruppen sind wir, wenn wir hassen,
Götter, wenn wir liebend uns umfassen!

Radecke. Sag' 'mal, hat er denn — ich jlaube — er hat jar nich mal
jedient?

Strämpel. Wer denn?

Radecke. Schiller.

Strampel. Er war bloß Compagnie-Chirurjus, jlaube ich.

Radecke (sich den Rücken streichend). Donnerwetter! Wenn mir der Starke nur
nischt zer — brochen hat! (Strämpel's Glas ergreifend) Laß mir noch 'mal trinken,
Bruder! (trinkt).

Mörner. Trink' ihn aus den Trank der Labe
Und vergiß den großen Schmerz;
Wundervoll ist Bachus Gabe! — Na jute Nacht, meine
Herren, ich muß nun auch jehen!

Buchholz. So bleiben Sie doch noch 'n bißken! Wo wollen Sie denn
so spät schon hin?

Mörner. In die heitern Regionen,
Wo die reinern Formen wohnen,
Und ins Leben tritt der Traum!

Buchholz. Ach so! Na jute Nacht auch! (Reicht ihm seine Hand über den Tisch
hinüber.)

Mörner. Und gütig, wie er nie gepflegt,
Ergreift er seine Hand! Wohl zu schlafen! (Verläßt das Local,
indem er die Thür zumacht.)
Und das Stadtthor schließt sich knarrend!

Birnbaum. Is 'n komischer Kerl, der! — Sagen Sie 'mal, Willem,
wer is denn der, der jetzt eben hier wegging?

Wilhelm. Der? Der heißt eigentlich Krause; aber weil er immer
so 'ne Jöthische Verse declinirt, nennen sie ihn Mörner.

Die Thätigkeit Ernst Dohm's beim Kladderadatsch wurde
vorzugsweise durch die Leitung des Blattes in Anspruch genommen.

Mit einem gründlichen Wissen verband Dohm, dessen Fachstudium Theologie gewesen war, ein außerordentlich großes
geistiges Können, vorzugsweise auf dichterischem Gebiet. Er
war Meister in der Form, die er mit seltener Gewandtheit
und Sicherheit beherrschte, und wußte zu packen und zu be-
geistern. Die klassische, universelle Bildung Dohm's verliehen seinen
Schöpfungen einen ganz eigenartigen Reiz, und wenn sich seine

geistessprühenden Gedanken in dichterischem Schwung ergossen, und sich daraus ein poesieverklärtes Stimmungsbild oder Lied gestaltet hatte, dann war die entstandene Dichtung stets eine vollendet schöne.

Die geist- und humorvollen „Epistolae obscurorum virorum" sind eine köstliche Erfindung Dohms.

Es kostete Dohm immer einige Ueberwindung, zur Feder zu greifen und seine Berufsarbeit aufzunehmen. Feder und Tinte waren ihm überhaupt sehr verhaßt, wie am handgreiflichsten aus einem Gelegenheitsspruche hervorgeht, den er auf wiederholtes, andauerndes Drängen in den siebziger Jahren einer Leipziger Dame in ihr Stammbuch geschrieben hat:

Von allen Völkern, die die Erd' umfaßt,
Sind die Phönizier mir von je verhaßt.
Es melden uns von ihnen alte Kunden,
Daß diese Gauner- und Gründer-Nation,
Der Welt zum Schaden und mir zum Hohn,
Die Kunst des Schreibens erfunden.

Dohm mußte zum dichterischen Schaffen gedrängt werden; dann entstanden in der Regel seine besten Dichtungen, die überall einschlugen und den größten Erfolg hatten.

So war es beim Tode des Königs Friedrich Wilhelm IV., der in der Neujahrsnacht 1860/61 erfolgt war. Nummer 1 des neuen Jahrgangs war zum Druck fertig, als die Trauerkunde von dem Ableben des Monarchen die zur Druckrevision versammelten Gelehrten des Kladderadatsch traf. Daß das Witzblatt in der vorliegenden Form nicht erscheinen konnte, war allen klar, und der erste Gedanke war, die Nummer ganz ausfallen zu lassen. Man ließ diesen Gedanken jedoch gleich fallen, denn das richtige Gefühl sagte jedem, daß gerade der Kladderadatsch, dem der Dahingeschiedene im Leben immer die wohlwollendsten Sympathien entgegengebracht, die Ehrenpflicht erfüllen müsse, des hohen Todten in einem würdigen Nachruf zu gedenken.

Da ergriff in der Druckerei Dohm plötzlich Papier und Feder, und es entstand in kürzester Zeit eine Augenblicksdichtung, die mächtig ergreifend und erhebend zugleich den heimgegangenen König feierte und ehrte.

Dieses eine vollendet schöne Gedicht war der Inhalt der ganzen Nummer, die mit Trauerrand, ohne jeglichen Illustrationsschmuck, nur noch mit dem einfachen Titel:

Kladderadatsch. 14. Jahrg. Nr. 1. 1861

erschien. Ganz Berlin war, wie ich mich noch lebhaft erinnere, hingerissen von der Trauernummer des Kladderadatsch, und man zollte
der taktvollen Form sowohl, wie der Dichtung, welche ich in Nachstehendem mittheile, ungetheilte und allgemeinste Bewunderung.

Am 2. Januar 1861.

— —

Einst saß ein Fürst auf Preußens Königsthrone,
So groß und hehr wie vor und nach ihm Keiner,
Sein Scepter mächtig, und der Glanz der Krone,
Er strahlte nirgend heller, niemals reiner:
Vor Friedrich, Preußens größtem Fürstensohne,
Ist Keiner der nicht beugte sich, nicht Einer.
Und der sprach, eh' er müd' ins Grab ging schlafen:
Ich bin es satt zu herrschen über Sclaven!

Das Wort aus eines großen Königs Munde,
Weit schallend ist's in alle Welt erklungen;
Und die Geschichte gibt die treue Kunde,
Wie tief es in des Volkes Herz gedrungen,
Wie hat das Volk zu mancher heißen Stunde
In blutig opfervollem Kampf gerungen,
Um auf dem Grab zertrümmerter Gewalten
Der Freiheit Banner mächtig zu entfalten!

Und er, dem sie die Stätte jetzt bereiten
Im wilden Kampf der gährenden Gewalten
Gestellt hart an die Gränzmark zweier Zeiten,
Der neuen fremd: so hat er an der alten,
Die Poesie vergangner Herrlichkeiten
In sich umfassend, treulich festgehalten.
So war Sein Leben ein mühselig Streiten,
Ein Zucken des dem Untergang Geweihten.

So war der Gaben Füll', in der so hell
Durch lange Zeit wir glänzen Ihn gesehen:
Des Wissens Schatz, der Blick so scharf und schnell,
Des Schönen tiefes inniges Verstehen,
Des Witzes nie versiegender Sprudelquell,
Des frischen Geistes stets lebendig Wehen,
Kurz Alles war was Ihn so reich beglückte,
Kostbarer Schmuck, der nur ein Opfer schmückte.

Es ist vollbracht! Wo immer sich vollendet
Zu ernstem Schluß ein tragisches Geschick,
Da bleibt — lebend'ge Frucht, vom Tod gespendet
Nur der Versöhnung Weihe stets zurück.

Es ist vollbracht, und vom Vergangnen wendet
Zum Künftigen sich hoffend jetzt der Blick,
Dem neuen Herrscher an des Thrones Stufen
Des großen Ahnen Wort zurückzurufen.

Ein König soll nicht herrschen über Sclaven,
Frei soll er sein der Erste unter Freien.
Ein König soll, der Bravste von den Braven,
Recht übend, thronen über den Parteien.
Ein deutscher König soll nicht von dem Slaven
Und von dem Wälschen seine Macht nicht leihen.
Frei mög' er walten in den eignen Reichen,
Fest und gewaltig wie die deutschen Eichen!

Manchen Kindern der Satire seiner Kollegen, welche aus der glücklichen Verschmelzung von Witz und Humor entstanden, hat Wilhelm Scholz durch seine Kunst lebensfrische und lebenswarme Gestaltung verliehen.

Wilhelm Scholz, ein Schüler des Hofmalers Professor Wach, hatte die Akademie besucht und war ein mit seltenem Talent begabter Zeichner, der nicht allein das ihm Gebotene glücklich erfaßte und illustrirte, sondern vor allem auch selbstschöpferisch war, und als geborener Humorist mit großem Scharfblick alles Komische und Lächerliche kühn ergriff, um es mit kunstgeübtem Stift in wenigen genialen Strichen sofort karifirend zu gestalten.

Er selbst besaß einen unerschöpflichen Schatz von Geist, Witz und Humor, aus dem er mit feckem Griff die köstlichste Ausbeute zu Tage förderte, die, wenn auch oft in übermüthiger Laune der Welt geboten, stets naturwahr aber nie verletzend, sondern durch hinreißende Komik drastisch, aber zugleich wohlthuend wirkte. Die meisten der größeren Kladderadatschbilder, als Augenblicks-Schöpfungen mit leichten, flüchtigen Strichen genial hingeworfen, sind von so unnachahmlichem Humor durchweht, daß sie als eigenartige Kunstwerke den Namen des Künstlers unvergeßlich machen werden.

Wilhelm Scholz gehört so nothwendig und ergänzend zu dem damaligen Kreis der Herausgeber des Blattes, daß sich ohne ihn die „Gelehrten des Kladderadatsch" nicht denken lassen.

Von des Künstlers Eigenart als satirischer Zeichner und Illustrator geben die in dieser Schrift verstreuten Bilder und die hier folgenden Proben ein kleines, wenn auch wenig ausgiebiges und nur sehr bescheidenes Bild. Die erste Bilderreihe aus dem Jahre 1859 legt Zeugniß ab von dem weitsichtigen politischen Blicke von Scholz, und die zweite zeigt uns eine Anzahl gelungener Karikaturen auf Louis Napoleon, dem „intimsten Feinde" des Kladderadatsch.

Aus dem Kladderadatsch, Oktober 1858.
Zeichnungen von Wilh. Scholz.

Von Zeit zu Zeit lieferten damals auch Albert Wolff, C. Reinhardt, Herbert König, Steinitz, Löffler, F. Trützel aus Köln und

F. Schroeder aus Zeulenroda Illustrationen für den Kladderadatsch. Rudolf Genée führte anfangs, wie er selbst erzählt, manche Scholz'sche

Ein Tag aus dem Leben eines Vielbeschäftigten.

Napoleon=Karikaturen aus dem Kladderadatsch 1860.
Von Wilhelm Scholz.

Zeichnung in Holzschnitt aus, später aber befaßte er sich mehr damit, Ideen für die Zeichnungen des Blattes zu entwerfen.

Daß der immer beliebter werdende und an Bedeutung und
Verbreitung rasch wachsende Kladderadatsch außer seinen „Gelehrten“
noch eine stattliche Reihe namhafter Mitarbeiter hatte, brauche ich
wohl kaum zu erwähnen. Da die Anonymität aber von je bekannter Grundsatz des Blattes war, so entziehen sich die meisten
Namen der Mitarbeiter natürlich unserer Kenntniß.

Nennen kann ich hier als Mitarbeiter Dr. Cohnfeld, der
unter dem Namen „Buddelmeyer“ damals als witziger Plakat-

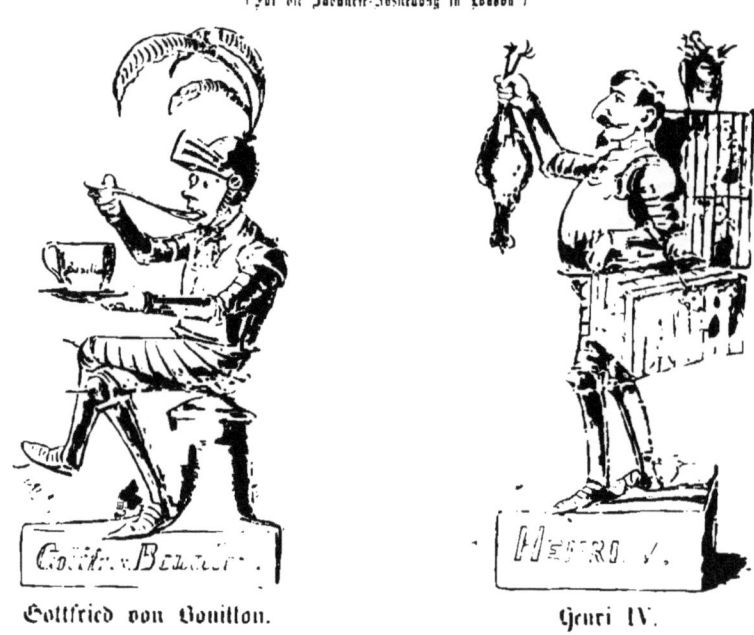

(Für die Industrie-Ausstellung in London)

Gottfried von Bouillon.   Henri IV.

Zeichnungen von Albert Wolff in „Kladderadatsch in London“ 1851.

schreiber bekannt und beliebt war, Adolf Glaßbrenner, der
unter dem Namen Brennglas die humoristisch satyrische Bro-
schüren-Litteratur sehr bereicherte und Herausgeber eines weitverbreiteten Volkskalenders war, Albert Wolff aus Köln,
der spätere Figaro-Redakteur, der auch als Zeichner an dem
Blatte thätig war, Georg Herwegh, der seine Beiträge G. H.
zeichnete, Constantin von Grimm, den schon erwähnten Professor
der Meteorologie Dove, Ernst Kossak, den späteren Herausgeber

der „Berliner Feuerspritze" und „Montagspost", aus welcher an=
fangs der sechziger Jahre unter Stroußberg die Zeitung „Post"
entstand, Robert Pruß, Franz Dingelstedt u. a. m.

Daß Kladderadatsch selbst ein gekröntes Haupt zu seinen Mit=
arbeitern gezählt hat, diese sogar von namhaften Blättern mitunter
aufgestellte Behauptung gehört wohl in das Gebiet der Erfindung
und Sage. Bei meinem mir zu Gebote stehenden ganz erschöpfenden
Quellenmaterial habe ich nichts gefunden, was die Behauptung
rechtfertigt, und oft gehörte und gelesene Bemerkungen, wie
„Manches ‚Eingesandt' aus Potsdam floß aus hoher Quelle"
ermangeln der thatsächlichen Beweise und sind nur Ver=
muthungen.

In König Friedrich Wilhelm IV. hatte allerdings Kladderadatsch
unzweifelhaft einen hohen Gönner und mächtigen Protektor. Der
König, ein feinsinniger, hochgebildeter Fürst, von großem, viel=
seitigem Wissen, hatte bei aller Neigung für Romantik und Mittel=
alter einen stark ausgeprägten Sinn für feinen, geistreichen Witz
und liebte, wie der Berliner, der sich durch ein witziges Wort an
rechter Stelle selbst über unangenehme Lagen des Lebens hinweg=
zusetzen weiß, ein treffendes Bonmot sehr. So wurde durch seinen
mit Humor gepaarten pikanten Witz, mit dem er ohne Gnade die
kräftigsten Hiebe nach rechts und links austheilte, Kladderadatsch
auch der Liebling des Königs, und es war bald kein Geheimniß mehr,
daß derselbe zu den eifrigsten Lesern des Witzblattes gehörte, welches,
wie es heißt, immer auf dem Zeitungspacket liegen mußte, das am
Sonnabend der hohe Gönner empfing.

Nach einer Mittheilung von Schmidt=Weißenfels sollen die
wohlwollenden Sympathien soweit gegangen sein, daß der König,
als er vernommen, daß auf Beschluß des Staatsministeriums der
Kladderadatsch wegen seiner unverbesserlichen Haltung unterdrückt
werden solle, sogleich an Minister von Manteuffel nach Berlin
telegraphische Weisung gab: „Kladderadatsch nichts zu Leide thun!"

Trotz der hohen Gönnerschaft fingen aber für den Kladdera=
datsch doch bald recht schwere Zeiten der Verfolgung an. In
großem Sturm und Drang sollten die ersten Jugendjahre für das
kühne Blatt verlaufen.

Mit der Ablehnung der deutschen Kaiserkrone von Seiten
Friedrich Wilhelm's IV. hatte es sich abgefunden. Muthig hatte es
sich durch die Fährlichkeiten der verschiedenen im raschen Wechsel sich
folgenden Ministerien Arnim=Schwerin=Auerswald, Camphausen,

Auerswald-Hansemann-Milde und Pfuel durchgearbeitet, bis das
Ministerium Brandenburg-Manteuffel am 10. November Berlin
durch die Truppen Wrangel's besetzen ließ und am 5. Dezember
Preußen eine Verfassung oktroyirte, die später von den im
Februar 1849 zusammenberufenen Kammern anerkannt wurde.

Die brave Bürgerwehr, deren komische Seiten der Kladderadatsch sich nicht hat entgehen lassen, war wohl durch den Belagerungszustand überflüssig geworden. Dafür hatte aber der aus dem auf-
gelösten Gensdarmerie-Corps entstandene Konstabler eine längere
Lebensdauer und griff in die bürgerlichen Verhältnisse der preußischen
Hauptstadt unter seinem bekannten Schöpfer Hinckeldey recht unan-
genehm und empfindlich ein, wie uns durch Wort und Bild im
Kladderadatsch oft klar vor Augen geführt wird. „Ha, welche Lust
doch ein — Konstabler zu sein! — Sagt, ist das nicht das schönste
Leben? — Zu steh'n auf einem Fleck, — nur zu dem einz'gen
Zweck — zu stehen und sehen, — wie Andre gehen!" war das
damals viel verbreitete und beliebte Lied, welches wir Jungen mit
Begeisterung zum verbotenen Bier sangen.

Die heiteren Tage des „Völkerfrühlings" waren vorüber.
Sie waren vor dem kalten Novemberfrost der siegreich eingezogenen
Reaction geflohen, der sehr bald die durch die heiße Freiheitssonne
so rasch gezeitigten jungen Blätter am Baume der Freiheit mit
seinem eisigen Reif tötete und abstreifte.

Kladderadatsch hatte jedoch ein zäheres Leben, wie seine meisten
jungen, schwächlichen Kollegen. Mit seinen immergrünen kräftigen
Nadeln stach er nach allen Seiten muthig darauf los.

> „Er war kein guter Unterthan,
> Sondern ein Mensch in seinem Wahn,
> Der nie sich den Verstand beschränkt
> Und über alles selber denkt,
> Ja, sich zu fragen unterstand:
> Was ist des Deutschen Vaterland?"

Ich kann es nicht unterlassen, zur Kennzeichnung des gesunden
echt preußisch patriotischen Sinnes des Kladderadatsch hier einige
Verse ohne Ueberschrift, einzuschalten. Nr. 12 vom 23. Juli 1848
bringt das patriotische Gedicht, welches wahrscheinlich Dohm zum
Verfasser hat.

> O Preußen-Aar, der einst die scharfen Klauen
> Dem Doppel-Aar hat ins Genick gehauen,
> Der Du bei Zorndorf und bei Lowositz
> Vorangetragen hast des Zornes Blitz!

Der Du im Schlachtgewühl die Flügel spreiztest
Und kühn der Franken Adler niederbeiztest,
Der stolz der Knechtschaft und der Dämmrung Flor
Durchbrochen mit der Freiheit Meteor.

Hoch in der Sonne glänzte Dein Gefieder
Und scharfen Blickes herrschtest Du hernieder —
Und nun? — und nun! wie ist Dein Schwung gelähmt!
Wie hat man Dich gekettet und gezähmt!

Wer hat in Staub getreten Deine Krone?
Wer weidet sich an Dir mit frechem Hohne?
Wer hat der Herrschaft Scepter Dir zersplittert?
Sie selber sind's, die einst vor Dir gezittert.

Nehmt euch in Acht, noch dürft ihr ihm nicht trauen!
Wenn er sich losreißt — scharf noch sind die Klauen!
Und rauftet ihr auch frevelnd sein Gefieder —
Nehmt euch in Acht: Die Schwingen wachsen wieder.

Kladderadatsch hatte seinen Kampf gegen die Reaktion mit
ihrer „Beschränkung des Unterthanenverstandes" und eifrig betrie-
benen „Staatsretterei" frisch und fröhlich aufgenommen und schleu-
derte die Pfeile seiner kaustischen Satire keck und ohne Furcht so
lange gegen seine Feinde, bis Papa Wrangel darob hoch ergrimmte
und das „naseweise" Blatt während des Belagerungszustandes im
zweimeiligen Umkreis von Berlin verbot und ihm auch den Post=
debit entzog.

Da trat denn eine traurige Zeit der Verbannung für das
junge Blatt ein und es gehörte die große Thatkraft, Umsicht und
Gewandtheit eines besonders begabten und tüchtigen Verlegers,
wie Hofman, dazu, das Unternehmen gegen alle Chikanen und Verfolgungen zu schützen, die empfindlichen Schläge glücklich zu pariren
und es über Wasser zu halten.

Bis auf Dohm, der in Berlin blieb, waren Verleger und
Herausgeber mit dem Kladderadatsch ausgewiesen.

Hofmann wanderte mit seinem verbannten Kinde nach Leipzig
und fand bei seinem Kollegen Ernst Keil, dem späteren berühmten
Herausgeber und Verleger der „Gartenlaube," ein menschen=
freundliches Asyl.

Vier Wochen lang übernahm Freund Keil Vaterstelle an dem unbän=
digen Berliner Kinde und ließ den Kladderadatsch in seinem Verlage
weiter erscheinen. Auch die Redaktion geschah, wie wir aus den in
Leipzig erschienenen Nummern ersehen können, unter der Verant=
wortung der neuen Verlagshandlung. Es kann jedoch mit Sicher=
heit angenommen werden, daß der mit ausgewiesene Rudolf Löwen-

stein die Herausgabe des Blattes in Leipzig besorgt hat. Aus einer allerdings etwas dunklen Stelle eines Briefes von Ernst Keil an Hofmann ist man wohl berechtigt, diesen Schluß zu ziehen, wenngleich von einer eigentlichen Redaktionsarbeit hier nicht die Rede ist, sondern lediglich die Anwesenheit Löwenstein's in Leipzig dadurch festgestellt wird.

Es heißt in dem Briefe:

„Ueber Löwenstein weiß auch Leo nichts zu sagen, im Gegentheil wünschte er von mir zu wissen. Kaltschmidt (ein Weinhändler) meinte, daß er sehr saufe!!!"

Daß sich der Kladderadatsch in seiner Verbannung an den Ufern der Pleiße nicht heimisch fühlen konnte, ist sehr begreiflich, und so machte sein fürsorglicher Verleger alle Anstrengungen, ihn wieder nach Berlin zurückzubringen.

Das gelang ihm auch. Seine eifrigen Bemühungen wurden von Erfolg gekrönt und unterm 9. Dezember 1848 erhielt er folgendes amtliche Schreiben:

„Auf das unterm 7. d. Mts. an den Oberbefehlshaber in den Marken, Herrn General von Wrangel, gerichtete Gesuch ertheile ich Ihnen den Bescheid, daß der Herr Oberbefehlshaber unter der Bedingung, daß die Redaktion des Wochenblattes „Kladderadatsch" sich den während des Belagerungszustandes der Stadt Berlin und des zweimeiligen Umkreises angeordneten Bedingungen unterzieht, das bisherige Verbot des Wochenblattes Kladderadatsch aufgehoben und das Wiedererscheinen des gedachten Blattes gestattet hat.

Königlicher Polizei-Präsident
v. Hinckeldey."

Kladderadatsch kehrte nach Berlin zurück und gab seiner großen Freude durch ein „Extrablatt" Ausdruck, in welchem er zum ersten Male statt des gewohnten Leit-Artikels ein Leit-Gedicht bringt. Dasselbe hat folgenden Wortlaut:

Weihnachten kommt! was Monarchisten!
Was Demokraten! Republik!
Weihnachten kommt für alle Christen.
Zum Waldteufel! mit der Politik!
Was Meinung und Partei geschieden,
Ist jetzt für eine Nacht kirri:
Denn an dem Tag der Pyramiden
Berlin einstimmig illum'nirt!

Weihnachten kommt! und Reich' wie Armen
Erglänzt der Friedensgöttin Haupt!
Selbst Wrangel fühlte ein Erbarmen:
Und hat den „Kladd'radatsch" erlaubt!

Die zarte Rücksichtnahme, zu der er verurtheilt war, konnte Kladderadatsch sich aber nicht lange auferlegen. Beschwerden aller Art, darunter diplomatische Noten aus fast allen europäischen Kabinetten, die alle laute Klagen erhoben und auf Maßregelung und Unterdrückung des Blattes drangen, waren bald eingelaufen und hatten das Sündenregister so gefüllt, daß, wie es fast scheint, nur das Wohlwollen des königlichen Gönners den satirischen Uebelthäter vor seinem gänzlichen Untergange bewahrte.

Eine zeitweilige Verbannung war aber nicht abzuwenden. Nur vier Wochen hatte die Freude, den belebenden Sauerstoff der Berliner Luft wieder athmen zu können, für den Kladderadatsch gedauert.

Da erhielt sein Verleger unterm 9. Januar 1849 folgende „Oeffentliche Bekanntmachung."

„Das Königliche Ober-Kommando der Truppen in den Marken hat mittelst Verfügung vom gestrigen Tage den Kladderadatsch in Berlin und in den Umkreise von zwei Meilen für die Dauer des Belagerungszustandes verboten.

Nach derselben Verfügung sollen Verkaufslokale, in welchen diese Blätter dem Verbot zuwider zum Zweck der Verbreitung gehalten werden, geschlossen werden, und jede andere Verbreitung hat sofortige Arrestation zur Folge.

Das betheiligte Publikum wird von dieser Verfügung des Königlichen Ober-Kommandos hiermit in Kenntniß gesetzt.

Königliches Polizei-Präsidium
gez. von Hinckeldey.

Abschrift der Bekanntmachung vom heutigen Tage ist der Redaktion des Kladderadatsch gegen Empfangsbescheinigung zu insinuiren.

Berlin, den 9. Januar 1849.
Königliches Polizei-Präsidium
gez. von Hinckeldey."

Die „Lokomotive" von Held und das „Pommersche Vereinsblatt" unterlagen übrigens dem gleichen Schicksal des Kladderadatsch. Die unmittelbare Veranlassung zu dem Kladderadatsch-Verbot hatte die Charakterisirung der freien Wahlen unter polizeilicher

Ansicht in Nr. 1 des neuen Jahrgangs 1849 gegeben. Sie lautet wörtlich:

Das freie Wahlrecht während des Belagerungs-Zustandes.

Da den Berlinern die Vorversammlungen zu den Wahlen nur unter Aufsicht von Polizei-Beamten gestattet, und politische Debatten streng verboten sind, so stellen wir unter polizeilicher Aufsicht folgende Wahlcandidaten für die erste Kammer auf.

I. Den Major a. D. Herrn F. v. Bülow,

da derselbe sicher sein dreißigstes Lebensjahr vollendet hat! —

II. Den Doktor Andreas Sommer,

dessen Aufsätze in der Vossischen Zeitung nach genauer Berechnung ihm täglich 18 bis 22 Thaler Insertionsgebühren kosten, und der daher sicher ein jährliches Einkommen von 500 Thaler nachweisen kann.

III. Den alten Churfürsten auf der Langen-Brücke,

da derselbe sicher seit sechs Monaten seinen Wohnsitz in Berlin hat!

IV. Kladderadatsch,

da derselbe keinesfalls Unterstützung aus öffentlichen Mitteln erhält.

Mitbürger! Die Wohlfahrt des Vaterlandes hängt davon ab. Also prüfet und wählet!   Civis. Ein Patriot.

Sollte nicht auch die letzte Nummer des Jahrs 1848 zu der zweiten Verbannung des Kladderadatsch mit beigetragen haben? Der satirische Scharfschütze sendet in derselben seine Geschosse vorwiegend gegen das Wrangel'sche Verbot der rothen Farbe (siehe Kladd. 1848 Nr. 34).

Kladderadatsch mußte also zum zweiten Male den öden Weg in die Verbannung antreten, und mit ihm sein Verleger und sein Redakteur Löwenstein. Diesmal zog er den Dornenpfad ins Exil nach dem näher gelegenen Neustadt-Eberswalde vor, wo er unter der Leitung Löwenstein's in der Buchdruckerei von C. Müller weiter erschien.

Die in Nummer 1 von 1849 zu dem verhängnißvollen Artikel „Das freie Wahlrecht" erschienenen gelungenen Typen des Belagerungszustandes, eine Gruppe Gensdarmen neben einer Kanone und eine Gruppe Konstabler, damals im amtlichen Cylinderhut, welche von Nummer 2 an auf beiden Seiten der Titel-Vignette an Stelle des Wochenkalenders postirt sind, versetzen mehrere Wochen hindurch den Kladderadatsch gleichsam in Belagerungszustand oder stellen ihn unter Polizeiaufsicht und sind von sehr komischer Wirkung.

Die Prüfungszeit im neuen Exil erreichte erst mit Aufhebung des Belagerungszustandes ihr Ende. Nr. 30 vom 22. Juli 1849

ist die letzte, welche in Neustadt-Eberswalde das Licht der Welt
erblickte.

Daß Hofmann mit unermüdlicher Sorgfalt und größter Umsicht thätig war, sein hart gestraftes und gemaßregeltes Kind in der
Verbannung lebensfähig zu erhalten, geht aus vielen mir vorliegenden Schriftstücken der damaligen Schmerzenstage hervor. Auch
lange Gerichtsverhandlungen, denen die Buchdruckerei wegen uner-
laubter Einfuhr von Kladderadatsch-Packeten nach Berlin ausgesetzt war, liefern den Beweis davon. Wie hart man polizeilicher-
seits dem braven Buchdrucker Müller derzeit zugesetzt haben muß,
zeigt nach Durchsicht der Prozeßakten ein mißmuthiges Schreiben
desselben an Albert Hofmann des Inhalts:

> „Hiermit muß ich Ihnen die Anzeige machen, daß ich
> ferner meine Firma zum Betriebe des „Kladderadatsch"
> nicht mehr geben kann. — Es kann mir wohl Niemand
> verdenken, davon abzustehen, da ich zuletzt noch Unannehm-
> lichkeiten entgegensehen muß.
> Freundlich grüßend
> C. Müller."

Erst im Februar 1850 erreichte die Untersuchungssache gegen
Müller, wie aus einem Schreiben desselben hervorgeht, mit der
Rückgabe der konfiszirten Kladderadatsch-Nummern ihr Ende.

Die Fortentwickelung des Blattes wurde durch diesen Aus-
nahmezustand natürlich vollständig gehemmt. Der auch aus Berlin
verbannte Verleger konnte es trotz rastloser und thätigster Anstrengungen nicht hindern, daß die Zahl der Freunde des in den Bann
gethanen Kladderadatsch immer weniger wurden und seine Abnehmer-
zahl allmählich auf 800 sich verringerte.

Bei seiner großen Findigkeit war Hofmann sehr bald auf die
originelle Idee gekommen, sein Blatt während der Unterdrückung
in anderer Form und Fassung in Berlin wieder aufleben zu lassen,
und schon im Januar 1849 sehen wir eine „Karnevals-Zeitung"
an Stelle des Kladderadatsch erscheinen.

Dieselbe wurde jedoch gleich nach ihrem Erscheinen verboten,
wie nachstehende amtliche „Bekanntmachung" vom 16. Januar
zeigt:

> „An Stelle des Zeitblattes „Kladderadatsch", welches
> durch die Bekanntmachung vom 9. d. Mts. verboten worden,
> ist bei A. Hofmann & Comp. hierselbst und gedruckt bei
> J. Draeger ein Blatt unter dem Namen „Karnevalszeitung"
> erschienen.

10

Das Königliche Ober-Kommando der Truppen in den Marken hat mittelst Verfügung vom gestrigen Tage diese „Karnevalszeitung" in Berlin und im Umkreise von 2 Meilen für die Dauer des Belagerungszustandes gleichfalls mit der Bestimmung verboten, daß diejenigen Verkaufslokale, in welchen diese Zeitung dem Verbote zuwider zum Zweck der Verbreitung gehalten wird, sofort geschlossen, andere Verbreiter aber verhaftet werden sollen.

Das betheiligte Publikum wird von dieser Verfügung des Königlichen Ober-Kommandos hierdurch in Kenntniß gesetzt.

Königliches Polizei-Präsidium.

Der nimmer ruhende Verleger ließ sich durch diesen schmerzlichen Mißerfolg nicht sogleich entmuthigen. Im Februar machte er einen zweiten Versuch, indem er eine „Fastnachts-Zeitung in der Art des Kladderadatsch" erscheinen ließ.

Mit diesem neuen Unternehmen sollte er aber auch kein dauerndes Glück haben. Um sich gegen eine Verfolgung wegen Preßvergehens zu sichern, hatte die Buchhandlung der Polizeibehörde noch vor der Ausgabe ein Exemplar der Fastnachtszeitung eingereicht, welche sogleich nach ihrem Erscheinen eine enorme Verbreitung fand.

Aber die Freude dauerte nicht lange; der fürsorgliche Vater Wrangel mußte den Inhalt für seine lieben Berliner doch wohl zu bedenklich finden, denn er ließ die Zeitung am 20. Februar in der Verlagshandlung, wo die Konstabler, wie ein amtlicher Nachweis ergiebt, nur 428 Exemplare vorfanden, mit Beschlag belegen. Gleichzeitig schloß die Polizei die Träger'sche Buchdruckerei, aus welcher die Fastnachtszeitung hervorgegangen war indem sie das Arbeitspersonal vertrieb, die Fortsetzung aller angefangenen Arbeiten verhinderte, Wachtmannschaften vor den Eingang der Werkstätte stellte und letztere zuletzt unter Siegel legte.

Die Einzelheiten dieser Beschlagnahme sind höchst tragikomischer Natur und liefern ein gelungenes Bild von der Art und Weise, mit welcher damals die gewährte Preßfreiheit in Berlin praktisch gehandhabt wurde.

Nachdem der Polizeikommissarius Huth die Träger'sche Druckerei unter Siegel gelegt hatte, begab sich eine Deputation, bestehend aus Arbeitern der genannten Druckerei unter Führung von dem Redakteur des Kladderadatsch, zum General Wrangel.

Obgleich der Zugang zum Königlichen Schlosse, auf dessen

Hofe noch immer Kanonen aufgepflanzt waren, sehr erschwert war, und obgleich der Oberbefehlshaber in den Marken, der im Schlosse seine Residenz aufgeschlagen hatte, sonst nur einzelnen Personen, und auch diesen nur in Gegenwart des diensttuenden Offiziers Audienz zu geben pflegte, so machte er doch diesmal eine Ausnahme und ließ sechs Mitglieder jener Deputation vor sich.

Ein Mitglied verlas eine zu diesem Zwecke vorher aufgesetzte Beschwerde, die der General nur mit geringer Aufmerksamkeit an= hörte. Als man ihn aber daran erinnerte, wie er in seiner berühmten Standrede den Berlinern versprochen, „daß er Handel und Gewerbe wieder aufblühen machen wolle" und hinzufügte, „daß ein Wrangel doch noch nie sein Wort gebrochen", während die gegenwärtige Maßregel viele Arbeiter außer Brot bringe, da entgegnete Wrangel nur: „Ja liebes Kind, Belagerungszustand!"

Gegen einen der Arbeiter, welcher ebenfalls bemerkte, daß die Arbeiter so ihres Verdienstes beraubt würden, äußerte der General, dann möchte er nur zu ihm kommen, er würde ihm etwas geben. Den größten Eindruck machte es aber auf den Oberbefehlshaber, als im Laufe des Gesprächs einmal des Kladderadatsch Erwähnung geschah. Bei diesem empfindlichen Worte fuhr er wie elektrisirt auf und rief: „Kladderadatsch!? Schreiben Sie über mich, was Sie wollen!"

Das praktische Resultat der Audienz war leider nur, daß der Diktator gestattete, es dürfe in den nächsten drei Tagen in der Dräger'schen Druckerei unter polizeilicher Aufsicht noch fortgedruckt werden, um die bereits kontraktlich übernommenen Arbeiten zu erledigen.

Von der so hart verfolgten Fastnachtszeitung wurden übrigens trotz der bei der Beschlagnahme aufgebotenen bewaffneten Macht von 32 Konstablern, recht große Vorräthe vor den konfiszirenden Händen der Polizei in Sicherheit gebracht. —

„So wie die Abendsonne am flammenden Firmamente blutig= roth versinkt, so wird auch das Ministerium Brandenburg=Manteuffel in Feuer und Blut seinen Untergang finden!"

Diese tröstliche Versicherung hatte uns damals bei einem Abendspaziergange unser sehr verehrter Klassenlehrer gegeben, aber das gefürchtete und verhaßte Ministerium der Reaktionszeit hielt länger aus, als sich der europamüde Philologe dachte. Dahingegen wurde Berlin endlich von dem drückenden Alp, der lange auf ihm gelastet hatte, befreit und der Belagerungszustand aufgehoben.

Mit einem „Extra-Blatt" der Freude hielt am 30. Juli 1849
Kladderadatsch seinen Einzug wieder in die preußische Hauptstadt,
wobei er ausrief:

„Der Belagerungszustand ist aufgehoben! das heißt:
Kladderadatsch wird in Berlin nicht wieder, sondern ruhig
weiter erscheinen. Ist er seit acht Monaten auch nicht i n
Berlin, sondern a u s Berlin herausgekommen, so ist er doch
auch immer wieder hineingekommen, heimlich und verstohlen,
wie die Liebe, der Geist und das Ungeziefer. Jetzt aber,
da die Zeit des Druckes in Berlin vorbei ist, wird der Druck
wieder in Berlin beginnen; und von den Wasserflüssen Baby-
lons ziehen die trauernden Juden des Kladderadatsch wieder
ein in Zions königliche Mauern. Und die Völker ziehen ihnen
entgegen und preisen sie mit Pauken und wohlklingenden
Cymbeln, und rufen: Allah il Allah! Und von der Hegira
nach Medina-Neustadt wird man beginnen zu zählen ein neu
Jahrhundert und eine neue Zeit bis in Ewigkeit, und Kind
und Kindeskind und die Geschlechter werden sagen: Allah ist
groß, und sein Prophet ist — Kladderadatsch."

Nach dem aufregenden Redaktions- und Geschäftsbetrieb der
traurigen Verbannungszeit war endlich eine wohlthuende, lang
ersehnte Ruhe für den Kladderadatsch eingetreten. Dieselbe bedeu-
tete zwar keinen Frieden, denn das Damoklesschwert der Polizeiwillkür schwebte natürlich fortwährend über seinem Haupte, aber
die ewigen Hetzjagden hörten doch allmählich auf, die arg Verfolgten konnten wieder freier athmen und das Blatt, dessen Beliebtheit
durch die Episode der Verbannung sich in hohem Grade gesteigert
hatte, trat von nun an ohne gewaltsame Störungen, wie die er-
lebten, in das Stadium einer stetigen und kräftigen Fortentwicklung,
in der lange Zeit keine wesentliche Unterbrechung mehr eintreten
sollte.

Kleine Verfolgungen, an denen es natürlich nicht fehlte,
wußte der Kladderadatsch stets in seiner satirischen Laune glücklich
auszubeuten, wobei er dann immer die Lacher auf seiner Seite
hatte und an Beliebtheit zunahm.

So brachte die Urwählerzeitung die Notiz, daß am
29. August 1849 die zweite Kammer eine vom Staatsanwalt ge-
forderte Genehmigung zur Verfolgung des Kladderadatsch ver-
weigerte, wobei sie ihn „mit stiller Verachtung" zu strafen vorzog.
Das war natürlich Wasser auf seiner Mühle.

Den Lorbeer „stiller Verachtung" auf der Schläfe, erklärte er diese für eine Retourkutsche und tröstete sich, daß, bevor der Beschluß der zweiten Kammer bindende Kraft habe, noch die Zustimmung der ersten und der Krone erfolgen müsse; „und diese", schließt er, „deß sind wir gewiß, werden sie nie geben — niemals, niemals, niemals!"

Nachdem Preußen in Folge seiner Minister-Konferenzen mit Oesterreich und Rußland zur friedlichen Schlichtung der deutschen Wirren 1850 sein Olmütz erlebt und in Folge der dortigen Abmachungen sich dem alten Bundestag wieder in die Arme geworfen, hatte sich die Reaktion namentlich in Preußens Hauptstadt recht breit gemacht und es regnete reichlich Verwarnungen auf das Haupt des Kladderadatsch, der dieselben aber nicht ernst nahm und sie wie lästige Schneeflocken leicht abschüttelte.

Das ging auch lange Zeit gut, bis der lose Schelm es sich einfallen ließ, sich an der geheiligten Person des allgemein gefürchteten Czaren, vor dem damals ganz Europa zitterte, zu vergreifen.

Das große Ereigniß des Kaiserbesuches im Mai 1852 trat ein und der Polizei-Präsident von Hinckeldey war bemüht, dem mächtigen Beherrscher aller Reußen die Wege zu bereiten und ihm durch schmeichelhafte Ovationen des Publikums bei seinem Empfange die möglichst beste Meinung von der für revolutionär verschrieenen Bevölkerung Berlins beizubringen. Rellstab hatte sich huldigend auf den Pegasus geschwungen und in einem Jubelhymnus den Kaiser gefeiert. Nur Kladderadatsch war anderer Meinung und in seiner unverfrorenen Keckheit band er mit dem gefürchteten Autokraten an. Er geißelte Rellstab's Huldigungsgedicht, die befohlenen und erkauften Ovationen und Hurrahs und brachte es dahin, daß der gewaltthätige Hinckeldey, der die Verfälschung der öffentlichen Meinung gemacht hatte, keine Schonung mehr übte.

Bei einer Verwarnung ließ es der Polizeichef nicht mehr bewenden. Kalisch erwachte nachts und sah plötzlich einen jungen Mann an seinem Bette stehen, der sich ihm als Sohn eines Kriminalbeamten zu erkennen gab und ihm mittheilte, daß sein Vater soeben Ordre erhalten habe, bei Kalisch sofort Haussuchung zu halten. Dieser hatte gerade noch Zeit, alle kompromittirenden Papiere zu beseitigen und dann seine Person in Sicherheit zu bringen.

Die Ausweisung von Kalisch und Löwenstein war die Folge der „naseweisen" Ausfälle, wie Papa Wrangel sie gern bezeichnete. Dohm fiel dem Zorne Hinckeldey's nicht zum Opfer, weil das

Bürgerrecht ihn schützte, und er demzufolge in Berlin bleiben konnte.

Diese aufregende Episode und ihre Folgen nahmen aber auch endlich ein Ende, und die beiden Ausgewiesenen, die von ihrem Aufenthaltsorte Spandau oft heimlich nach Berlin kamen, und dort von der Polizei stillschweigend geduldet wurden, durften bald ganz wieder zurückkehren.

Hofrath Louis Schneider, der bekannte frühere Schauspieler und Schriftsteller, war Vorleser des Königs, und stand bei demselben in ebenso hoher Gunst, wie in späterer Zeit bei König Wilhelm I. Er war eifriger Leser und Verehrer des Kladderadatsch und brachte demselben unverhohlen sein Wohlwollen entgegen. Die Aufhebung der Verbannung der beiden Kladderadatschgelehrten wird hauptsächlich seinem Einfluß zugeschrieben.

Die Verbreitung des Kladderadatsch nahm gerade in der Blüthezeit der Reaction so enorm zu, daß er sich rasch zum einflußreichen Welt-Witzblatt entwickelte. Er fand überall begeisterte Anhänger und erbitterte Gegner, letztere namentlich in den Kabinetten der deutschen und auswärtigen Staaten.

Im Königreich Polen fand er keine Aufnahme; es wurde ihm hier der Zutritt regierungsseitig sogleich verboten, wie nachstehendes amtliches Schreiben ohne Jahreszahl besagt:

„Le Directeur en Chef de l'Interieur et des Cultes, Président du Conseil de l'Instruction Publique du Royaume de Pologne.

Varsovie le 30 Octobre."

„Auf Ihre Eingabe vom 9. August dieses Jahres betreffs der Debits-Erlaubniß des Blattes „Kladderadatsch" im Königreiche Polen, bestimmt der Kurator hierdurch mit Zurücksendung der überschickten Exemplare, daß dem Wunsche des Bittstellers nicht Genüge geleistet werden kann."

Mit der österreichischen Regierung hatte der Kladderadatsch es bald ganz verdorben. Schon ein Brief eines Ministerialbeamten Schweitzer aus Wien warnt in aller Freundschaft den Kladderadatsch und macht ihn darauf aufmerksam, daß nach den Aeußerungen eines bekannten freisinnigen Schriftstellers in einer Wiener Zeitung „Oesterreich nicht länger geneigt wäre, sich von Berlin aus so verhöhnen und in's Gesicht schlagen zu lassen".

Bald traten denn auch die unangenehmen Folgen der Ver=
höhnung zu Tage in der Form der Entziehung des Postdebits für
das Kaiserthum Oesterreich. Das war im schönen Monat Mai
des Jahres 1852, und unser Witzblatt meinte lachend dazu,
es sei höchst undankbar, daß das österreichische Staatsministerium
den Absatz und Vertrieb des Kladderadatsch nicht dulden
wolle, während er doch niemals etwas dagegen gehabt habe,
daß das österreichische Ministerium abgesetzt und vertrieben
werde. — „Seht wir Wilden sind doch bessere Menschen!"

Mit kleinlichen Chikanen, die er durch sein Gebahren reichlich
herausforderte, hatte Kladderadatsch natürlich andauernd zu kämpfen.
Polizeiliche Verwarnungen wechselten dabei mit Prozessen und Ver=
urtheilungen zu Geldbußen ab. Es ist aber nicht zu verkennen,
daß nach der letzten Ausweisung ein schützender Genius dem Witz=
blatt gewissermaßen zur Seite stand.

Fast sollte man glauben, daß das höchste Wohlwollen, das in
maßgebenden Kreisen gewiß kein Geheimniß war, den unbändigen
Schalk schützte und ihn vor ferneren harten, empfindlichen Prüfungen,
wie sie hinter ihm lagen, bewahrte. Nur so werden verschiedene
mir vorliegende Briefe verständlich, die der sehr gefürchtete und
berüchtigte Adjutant Hinckeldey's, Polizeirath Stieber, in freund=
schaftlicher Weise an den Verleger und die Gelehrten des Kladde=
radatsch gerichtet hat.

Ich wollte meinen Augen nicht trauen, als ich plötzlich las:

  Herrn Maler Scholz nebst Fräulein Braut,
  Herrn Rudolph Löwenstein nebst junger Frau Gemahlin,
  Herrn Dr. Dohm,
  Herrn David Kalisch

beehre ich mich zu einem freundschaftlichen Abendessen nebst
Bowle zum Montag, 22. d. M., Abends gegen 7 Uhr, in
meiner Wohnung ganz ergebenst einzuladen.

       Stieber,
       Polizeirath.
      19. September 1851.
      Neu=Cölln a. W. 23.

Andere interessante Briefe Stieber's an den Verleger lauten:

  B. 28. 9. 52. Sie würden nach einem mir heute zu=
gekommenen bedeutungsvollen Winke jedenfalls in Ihrem
Interesse handeln, wenn Sie fernere Angriffe gegen die

Zeitung „Die Zeit" unterließen. Ueberdies ist ja dies Thema schon in der Kreuzzeitung hinreichend abgenutzt.

Ergebenst im Augenblick der Abreise.

Stieber.

24. 11. 53. Es ist von Erhebung der gestern besprochenen Anklage Abstand genommen worden, und haben Sie vorläufig nichts zu fürchten. Ich ermahne Sie aber, doch recht vorsichtig zu sein, und allen Grund zur Klage zu vermeiden.

Ich reise heut Abend auf ganz kurze Zeit nach einem kleinen Ort zu einer Extra-Revision der Polizeiverwaltung.

Ergebenst

Stieber.

11. 5. 54. In der letzten Nummer des Kladderadatsch finden sich Angriffe gegen die Schwester des Herrn v. Hassenpflug, des Fräulein Malchen Hassenpflug.

Der Herr Polizei-Präsident hat mich beauftragt, Sie zu ersuchen, diese ganz harmlose Dame, welche gar keine politische Rolle spielt, ungeschoren zu lassen. Dieselbe steht in enger verwandtschaftlicher Beziehung zu hiesigen, höchst achtbaren Familien.

Ergebenst

Stieber.

Dieser letzte Brief ist m. E. insofern von besonderer Bedeutung, als aus seinem Inhalt unzweifelhaft hervorgeht, daß nicht etwa persönliche freundschaftliche Gesinnung des Polizeiraths Stieber allein hier zum Ausdruck kommt, sondern daß von der obersten Polizeibehörde die wohlgemeinte Warnung und freundliche Schonung diktirt worden ist.*)

Wie wenig dankbar der Kladderadatsch, dessen satirischer Mund keine Rücksichten kannte, für die wohlwollende Schonung sich zeigte, geht aus dem eigenthümlichen Umgangston hervor, in welchem er die hohe Polizei zu behandeln und mit ihr zu verkehren pflegte.

Bei der vorwiegend freundlichen und rücksichtsvollen Schonung entfaltete der Kladderadatsch seine kühnen Schwingen und nahm

---

*) Uebrigens war Hinkelden persönlich kein Feind des Kladderadatsch. Er las das Blatt zu seinem Vergnügen allwöchentlich am Sonnabend in der Schneider'schen Buchhandlung.

seinen weiten Flug glücklich über Land und Meer. Ueberall erwarb er sich neue Freunde und auch Feinde, welch' letztere es oft liebten, den Kampf mit dem Witzblatte von Weltbedeutung aufzunehmen und im heißen Federkriege sich mit ihm zu messen, wobei solche Vermessenen allerdings immer den Kürzeren zogen und nur zum Ruhm und zur immer weiteren Verbreitung des Blattes beitrugen.

Ja, von Weltbedeutung war schon im Laufe der fünfziger Jahre der Kladderadatsch geworden, von so wachsender Bedeutung, daß die Regierungen und ihre hervorragendsten Staatsmänner ihn

berücksichtigen und mit ihm als einem nicht zu unterschätzenden Faktor rechnen mußten.

Der unermüdliche Verleger unterließ nichts, den Namen des Witzblattes stets von neuem der Welt bekannt und beliebt zu machen, und durch litterarische Unternehmungen mancherlei Art, die immer mit dem Blatte im engsten Zusammenhang standen, das Interesse für dasselbe rege zu erhalten und zu vermehren.

Ich führe hier an die Herausgabe einer Reihe von Fastnachts-Kladderadatschen, die als „Karnevals-Zeitung", „Karnevals-Schwindel", „Fastnachts- oder Sylvester-Kladderadatsch" rc. erschienen sind, „Kladderadatsch in London"*),

---

*) Von Albert Wolff.

in „Paris", in „Cassel" 2c., ferner die „Kladderadatsch-Kalender", deren erster Herausgeber Kalisch war, und die vielen „Reisen von Schultze und Müller", deren erste „Schultze und Müller am Rhein"*) sich betitelte.

Ich möchte bei dieser Gelegenheit es nicht unterlassen, eine nahe liegende Pflicht zu erfüllen, und den Kladderadatsch als Wohlthäter dem Leser bekannt zu machen, oder ins Gedächtniß zurückzurufen.

Eine große Anzahl von amtlichen und nichtamtlichen Dankes-schreiben liegt mir vor, welche über große Gaben des Kladderadatsch quittiren und ihren Dank für seine hochherzige Mildthätigkeit und Unterstützung in warmen Worten ausdrücken.

In großen, dringenden Nothlagen, wo das Unglück durch Hungersnoth, Ueberschwemmung oder Krieg über unser Land hinein-gebrochen, pflegte der Verleger die Herausgabe eines „Albumblatt des Kladderadatsch" für die Nothleidenden zu veranlassen, und es wurden durch den Verkauf dieser Albumblätter die schönsten Er-folge zur Linderung der großen Noth erzielt. Ich nenne hier die Albumblätter zum Besten der Nothleidenden in Schlesien, in Ost-preußen, in den Rheinlanden und der im Kriege Verwundeten, so-wie der Hinterbliebenen gefallener Krieger.

In den Kriegen war Kladderadatsch mit Ueberweisung von Frei-Exemplaren und Sendung von Unterhaltungsschriften an Lazarethe und Rekonvalescenten sehr freigebig, wodurch er, wie aus vielen Briefen ersichtlich, den Empfängern überall Freude und Genuß verschaffte.

Wie beliebt das Blatt bei vielen Offizieren der Armee war, sagt uns manches Schreiben derselben.

Ich möchte wenigstens aus einem dieser Briefe, den ein Hauptmann 1866 aus Teplitz an die Redaktion gerichtet hat, zum Beweise des Gesagten einige Worte mittheilen.

„Seit unserem Einrücken in Böhmen," heißt es in dem Briefe, „also seit Ende Juni haben uns die Kriegsverhält-nisse den Genuß Ihres geschätzten Blattes unmöglich gemacht. Jetzt jedoch, wo wir theils verwundet, theils von nassen Bivaks rheumatisch angekränkelt Heilung suchend in Teplitz einige Muße gefunden, fühlen wir eine tiefe Sehnsucht, nach vielen ernsten und schweren Tagen, uns an Ihrem gesunden Humor zu erheitern.

Da Teplitz augenblicklich noch nicht wieder von der

*) Von Albert Wolff.

Sonne des Kladderadatsch beschienen wird, so bitte ich für
viele hier zur Zeit weilende Preußische Offiziere um Ueber=
sendung der beiden letzten Monate 2c."

Die Ueberweisung von Frei=Exemplaren nach Teplitz für die
dortigen vielen humorbedürftigen Krieger war die natürliche Folge
dieses Schreibens.

Es mag hier noch als ein Zeichen der großen Bedeutung und
hervorragenden Beachtung, deren sich unser Jubilar mit der Zeit
bei außerordentlichen Vorkommnissen erfreute, unter anderen ein
Schreiben des Magistrats zu Perleberg vom 3. September 1861
Erwähnung finden, in welchem an den Verleger das Ersuchen ge=
stellt wird, zur Aufnahme in den Grundstein zum Realschulgebäude,
dessen Legung am 7. September geschehen sollte, ein Exemplar der
am letztvergangenen Sonntag erschienenen Nummer des Kladderadatsch
zu liefern.

Interessant ist ein Brief Ernst Keil's vom 17. Oktober 1850
an Albert Hofmann. Ernst Keil gab damals „Die Bremse" und
„Die Wartburg" heraus und sprach sich in seinem Briefe mit
Bezug auf diese beiden Blätter ganz neidlos aus über die große
Höhe und Bedeutung, welche während der kurzen Zeit seines
Bestehens das Konkurrenzblatt Hofmann's im Fluge sich errungen
hatte.

„Ich gestehe Ihnen gerne zu," äußert sich Keil, „daß der
Kladderadatsch sein Ziel in der famosesten Weise erreicht hat, daß
ich mit allem Text meiner beiden Jahrgänge noch nicht eine solche
Nummer zusammenbringe, wie sie der Kladderadatsch jede Woche
bringt, und daß er, was den Text anbelangt, jedenfalls das genialste
und witzigste Blatt ist."

Solches Urteil von einem Manne wie Ernst Keil wiegt schwer.
Im Jahre 1850, als er Obiges geschrieben, ahnte er noch nicht,
daß er in kurzer Zeit der Herausgeber und Verleger des berühmtesten
und in seiner Glanzzeit am weitesten verbreiteten illustrirten Unter=
haltungsblattes, der „Gartenlaube", werden sollte.

Durch die erste Zeit der fünfziger Jahre mit ihrem Erfurter
Reichstag, Wiederauferstehung des Bundestages, dem „Schimmel
von Bronzell", „Sanct Stahl" und „Sanct Gerlach", Hassenpflug
und Sonnenfinsterniß, Kammerauflösung und Lola Montez, der
„Rettung der Gesellschaft" und vielen anderen Fährlichkeiten hatte
Kladderadatsch sich glücklich durchgerungen, bis ihm sein erbitterter
Kampf gegen den gefürchteten Mimen an der Seine mit seinem
Staatsstreich vom 2. Dezember 1851 und der diesem nach Jahres=

frist folgenden Errichtung des zweiten Kaiserreiches seine Abonnenten-
zahl glücklich verdoppelt hatte.

Kladderadatsch feierte sein fünfjähriges Bestehen in der
„Sylvester= und Neujahrszeitung des Kladderadatsch" in folgenden,
von Wilhelm Scholz vortrefflich illustrirten Versen:

Die gerettete Gesellschaft.

Fünf Jahr ist es her, seit zuerst ihren Schmerz
Sich Müller und Schulze vertrauten.
Herr Zwickauer kam, das christliche Herz;
Und aus seinen geläuterten Lauten,
Und aus Müllers und Schulzes politischem Matsch
Entstand der erste Kladderadatsch.

Eintracht macht stark zu jeder Stund'.
Sie ist's, die Kleines oft groß macht:
So ward auch unser deutscher Bund
Bald eine gefürchtete Großmacht;
Und als Alles wankte rings um uns her,
Da standen wir fest wie ein Fels im Meer.

Mancher, der mit uns zugleich begann,
Hat ein Ende genommen höchst kläglich;
Wir aber standen wie ein Mann.
Einträchtig und einträglich.
Und wenn Alles unter zusammenfällt:
Dem Muthigen gehört die Welt!

Stoßt an! Prost Neujahr! Wir wollen frisch
Und treu aneinander halten!
Und lachen: Apres nous le déluge
Im neuen Jahr wie im alten!
Unsere Zuflucht im allgemeinen Matsch.
Die Arche der Rettung heißt —

Kladderadatsch.

Der verwegene Staatsstreich Napoleons wurde für Kladderadatsch Veranlassung, den Kampf gegen den mächtigen Usurpator
aufzunehmen, ihn trotz aller Verwarnungen, Prozesse und Verur-
theilungen mit größter Erbitterung und tapferster Unerschrockenheit
fortzusetzen und kühn bis zum glorreichen Ende, bis zum Sturze
des verhaßten Gegners, siegreich durchzuführen.

Mit großem Scharfsinn hatte Kladderadatsch sogleich die
wachsende Gefahr erkannt, die Deutschland von Seiten des immer
mächtiger werdenden Emporkömmlings jenseits des Rheines drohte,
und er wurde nicht müde, immer wieder die Pfeile seiner Satire
gegen ihn zu richten und ihn, wo er nur konnte, in den Augen

Aus dem Kladderadatsch, Juli 1859.

Deutschlands als lächerlichen, verächtlichen Schauspieler in Wort und Bild zu kennzeichnen und seine ruchlosen Handlungen ans Licht zu ziehen. Kladderadatsch wurde dadurch zum muthigen Vorkämpfer des großen Entscheidungskrieges 1870/71 mit Frankreich.

Die Figur Louis Napoleons, die Kladderadatsch uns durch den genialen Stift von Wilhelm Scholz geschaffen, ist klassisch und ihre Wirkung immer tragikomisch. Mit seinem dicken Kopf und der langen Nase, dem martialisch spitz gedrehten Schnurrbart, dem dicken Bauch, getragen von kurzen dünnen Beinen mit hohen Reiterstiefeln, wird ER, wie Kladderadatsch ihn mit Vorliebe zu nennen pflegte, noch in fernster Zukunft der Welt unvergessen bleiben.

Wie richtig der weitsehende, prophetische Blick des Kladderadatsch damals gewesen ist, beweist uns eine Durchsicht der Nummern des Jahrgangs 1850 bis 52. Nr. 4 von 1850 bringt uns Napoleon zum ersten Male im Bilde, wie er im vertraulichen Gespräch mit dem in der Seinestadt weilenden David Kalisch in Paris sitzt. Nr. 41 vom Jahrgang 1851 bringt Napoleon als Fischerknaben, wie er nach der Kaiserkrone angelt. „Eine Heirath nach der Mode" in Nr. 39 zeigt uns dagegen das Porträt des Begehrenswerthen — La France — zweiköpfig — auf der einen Seite mit der Jakobinermütze, auf der anderen mit der Kaiserkrone. Zu bewundern ist aber die richtige Prophezeiung des Staatsstreiches vom 2. Dezember, die schon im Wochenkalender der Nr. 48 vom 30. November 1851 zu lesen.

Wochenkalender.

Montag, den 1. December.

Der Republikaner Lagrange schwört, er werde die Republik im Stiche lassen nur mit dem Bayonnet im Leibe.

Dienstag, den 2. December.

Hierauf versetzt Louis Napoleon, auch er werde die Republik im Stich lassen nur mit dem Bayonnet im Leibe einiger Volksvertreter

Mittwoch, den 3. December.

Hierauf versetzt Lagrange, er hoffe dem Präsidenten zuerst die Spitze bieten zu können.

Donnerstag, den 4. December.

Hierauf versetzt der Präsident, daß das ihn gar nicht berühren werde.

Freitag, den 5. December.

Hierauf versetzt das Französische Volk Louis Napoleons Hoffnungen den Todesstoß.

Sonnabend, den 6. December.

Hierauf versetzt Louis Napoleon alles, was er noch besitzt, und läßt die Republik im Stich, allein ohne ein Bayonnet noch sonst etwas Warmes im Leibe zu haben.

In Nr. 49 vom 7. Dezember 1851 sieht Kladderadatsch die Kaiserkrone, die nach einem neuen Plebiscit vom 2. Dezember 1852 erst als erblich proklamirt wurde, klar voraus und veröffentlicht als Hellseher folgendes schöne Gedicht aus der Feder Dohms:

Vive l'empereur!

Das war die Sonne von Austerlitz,
Die heut aufging zum zweiten Mal;
Das war der Kaiserkrone Blitz,
Der heut erglänzt mit neuem Strahl.

Da hat er gesessen Tag und Nacht,
Studirt, probirt mit ernstem Sinn,
Und was der Ohm ihm vorgemacht,
Er hat's jetzt alles trefflich inn'.

„Am Zweiten des December kam
Der sechste Pius her von Rom,
Und salbte hier in Notre Dame
Zum Kaiser meinen großen Ohm.

Am Zweiten des December schlug
Mein Ohm bei Austerlitz die Schlacht! —
Jetzt bin ich präparirt genug,
Ich mach's genau wie er's gemacht.

Heut spiel' ich meinen ersten Trumpf,
Er heißt: der achtzehnte Brumaire!
Und morgen schon jauchzt im Triumph
Mein Volk mir zu: Vive l'empereur!

Heut wird der Lumpen-Assemblee
Der Daumen fest auf's Aug' gedrückt,
Und wo ich 'nen Burggrafen seh',
Da wird er flugs ins Loch geschickt.

Und weggeblasen wie vom Wind
Ist gleich das Schwätzerparlament;
Die „wahren Volksvertreter" sind
Von jetzt allein am Regiment!

Die Prätorianer ausgerückt
Und in Colonnen aufmarschirt —
So werd' ich, wo man mich erblickt,
Mit Enthusiasmus salutirt.

Und wo das Volk sich staunend drängt
Auf Plätzen, Straßen und Boulevards,
Wird im Galopp hindurch gesprengt,
Mit stolzem Ruf: Lex mihi mars!

Dann zu den Pyramiden gleich!
Dort wird ein Denkmal aufgethürmt,
Und dann das große Czarenreich
Mit meiner Waffen gloire gestürmt!

Nicht rasten soll mein Donnerstrahl,
Bis mir die Welt zu Füßen liegt! —
Ach, hätt' ich nur ein einzig Mal
Gerochen erst --- wie Pulver riecht!

Ja, die Geschichte löst mein Wort,
Und alle Nachwelt spricht von mir!
Im Charivari leb' ich fort,
Vielleicht auch im Journal pour
            rire!" — —

Das war der Kaiserkrone Blitz,
Der ihm zersprengt die kleine Stirn;
Das war die Sonne von Austerlitz,
Die ihm versengt sein kleines Hirn!

An Verwarnungen ließen es die maßgebenden Behörden nicht fehlen. Dieselben wurden zum Theil selbst vom hohen Ministerium veranlaßt, bei welchem mit der wachsenden Macht des frechen Abenteurers an der Seine die ängstlichen Bedenken im gleichen Maße zu steigen schienen. So lautet ein mir vorliegendes Schreiben des Ministers von Westphalen an den obersten Polizei-Chef vom 11. Oktober 1852, der es wahrscheinlich vertraulich dem Kladderadatsch hat zugehen lassen:

„Ew. Hochwohlgeboren stelle ich ergebenst anheim, auch dem Kladderadatsch, der schon einmal verwarnt worden,

wegen seiner beleidigenden Angriffe gegen den Prinz-
Präsidenten Napoleon gemaßenst zu verwarnen, event.
gegen ihn einzuschreiten. Cf. das Bild in der letzten Nr.!

Hochachtungsvoll

v. Westphalen."

Das Vollbild in Nr. 43 vom 10. Oktober, worauf sich die
Schlußbemerkung des Briefes bezieht, ist betitelt „Zur Rückkehr.
Vive Napoleon III." und von höchst komischer Wirkung. Es
sieht den Ausgang des neuen bevorstehenden Plebiscits, die Kaiser-
krönung, voraus und zeigt uns in gelungener Zusammenstellung
von einzelnen Bildchen die umfangreichsten Vorbereitungen, die in
verschiedenen Schichten der Pariser Bevölkerung dazu in Scene
gesetzt werden. Zwei größere Mittelbilder bilden den Kernpunkt,
um den sich die kleinen herum gruppiren. Das eine zeigt uns vier
Lakaien, von denen drei den alten hermelingefütterten Kaisermantel
ausklopfen, der vierte aber die Kaiserkrone blank polirt; das andere
zeigt zwei glückstrahlende Weiber, die an einer langen Stange eine
aus Rosen gewundene Riesen-Kaiserkrone tragen, auf deren langer
flatternder Schleife die schönen Worte: „Die dankbaren Damen
der Halle ihrem Louis!" zu lesen sind. Nachstehende Verse
begleiten das Bild:

> Er kehrt zurück! Er kehrt zurück!
> Sie wollen ihm entgegen;
> Sie drängen sich, sie holen ihn ein
> Auf blumenbestreuten Wegen.
>
> Es präparirt sich Groß und Klein,
> Wie sie ihn empfangen wollen;
> Statisten, Choristen und Akteurs
> Studiren ihre Rollen.
>
> Doch wie studirt und präparirt
> Ein jeder Komödiant ist,
> Da zeigt sich's, daß der Haupt-Akteur
> Doch leider nur — Dilettant ist.

Wenn Kladderadatsch 1852 das „Jubeljahr des Staatsstreichs"
nannte, so war 1853 für ihn das der „aegyptischen Finsterniß", in
welchem die edelsten Menschen das „harte Beefsteak des Exils" kauen
mußten und welches besonders gekennzeichnet wurde durch „Gesinnungs-
strolche", „Knopflochgucker", „Schmeißfliegenritter", Fensterillu-
minirer" u. s. w.

Die folgenden Jahre brachten ein buntes Gemisch von welt=
bewegenden Ereignissen und Vorkommnissen aller Art auf den ver=
schiedensten Gebieten des Staats=, Litteratur=, Kunst= und Gesell=
schaft=Lebens und boten der lustigen Satire unseres Witzblattes
reiche Ausbeute.

Die innere Politik und die großen Vorgänge, die sich im Auslande
vollzogen, waren zwar das tägliche Brot für seine Satire, doch
auch mit der bekannten spanischen Tänzerin Pepita de Oliva,
der ganz Berlin zu Füßen lag, und den trauernden, aus der
preußischen Hauptstadt ausgewiesenen Biermamsells zog er
heiter in das „Jubeljahr der weltgeschichtlichen Stockprügel,“ wie er
das Jahr 1855 bezeichnet, um sich hier außer mit Krieg und Politik
unter anderem auch angelegentlich mit dem damals starkes Auf=
sehen machenden Plagiat „Halm=Bachert's Fechter von Ravenna“
zu beschäftigen.

Hervorragende Fragen der Litteratur und Kunst pflegt Kladdera=
datsch nie aus den Augen zu lassen und sich mit ihnen in seiner humo=
ristisch=satirischen Weise pikant und anziehend zu beschäftigen. An hoch=
komischen Parodien von Dichtungen und Romanen, besonders aus
der Feder von Dohm und Kalisch, besitzen wir eine reiche Fülle,
während in gleicher Weise uns beachtenswerthe Kunstausstellungen
in ihren Bildern höchst amüsant vorgeführt werden.

Der 1854 im Bunde mit England gegen Rußland begonnene
Krimkrieg, der 1856 mit dem Frieden von Paris endigte, war glück=
lich verlaufen und hatte die Machtstellung Napoleons, der als großer
Kaiser in Europa nunmehr die erste, tonangebende Rolle spielte,
ganz besonders gestärkt und gefestigt.

Kladderadatsch, der bei seiner universellen Thätigkeit sich auch
eingehend mit der „Erweiterung des moralischen Stumpfsinnes“ und
der „galoppirenden Charakterschwindsucht unter den Volks= und
Staatsmännern“ beschäftigte, unterließ es aber nicht, der siegreichen
Ruhmesbahn seines verhaßten Feindes stetige Aufmerksamkeit zu
widmen. Der unerschrockene Wagemuth, mit dem er seine empfind=
lichen Geschosse versandte, erregte jedoch trotz des Heimgangs des
gewaltthätigen Hinckeldey, der am 10. März 1856 im Duell mit Herrn
von Rochow gefallen, die schwersten Bedenken der obersten Behörde
und trug ihm neben den eindringlichsten Verwarnungen eine erhöhte
Auflage von über 20000 Exemplaren ein.

Zwei längere Schreiben aus dem Ministerium des Innern,
gez. v. Westphalen, befassen sich sehr eingehend mit dem bösen
Treiben des gefürchteten Witzblattes. Durch die Beurtheilung und

11

Kritik der Unthaten des Kladderadatsch und ihre unheilvolle Wirkung leuchtet immer die Furcht vor dem drohenden Usurpator, dem noli me tangere an der Seine, und es geben diese beiden Schreiben ein so interessantes Bild von der damaligen Lage und Auffassung der politischen Verhältnisse im hohen preußischen Ministerium, daß ich sie im Wortlaut nachstehend zum Abdruck bringe. Die beiden Schreiben waren höchst wahrscheinlich an den Polizeirath Stieber gerichtet, der sie dem Kladderadatsch vertraulich mitgetheilt haben wird.

P. P.

Die hier erscheinende Zeitung „Kladderadatsch", deren in jeder Beziehung frivole und unverkennbar demoralisirende Richtung sich in den letzten Zeiten wiederum mehrfach Gebieten zugewandt hat, von welchen sie unbedingt fern gehalten werden müßte, enthält in seiner letzten Nummer 32) eine Reihe von verwerflichen Artikeln der verschiedensten Art. Während die neuesten Pariser Wahlen als Anlaß zu den ungehörigsten Aeußerungen über die französische Regierung und zur freudigen Begrüßung herannahender revolu tionärer Ereignisse vielfach benutzt werden, ist in dem Artikel „Officieller Briefwechsel", namentlich aber in den „Interessanten Zeitungsnachrichten" die frevelhafte Absicht der Ehrverletzung gegen hohe fürstliche Personen so un verkennbar, daß ein polizeiliches Einschreiten gegen das Blatt schon um deswillen sich dringend empfohlen hätte. Nicht minder ist dies in Bezug auf den zur Aufreizung der Arbeiterklasse berechneten Artikel über „Deutsche Bienenzüchter" der Fall.

Ich kann es daher nur in hohem Grade bedauern, daß die Nummer nicht gleich bei ihrem Erscheinen mit Beschlag belegt worden, muß Ew. Hoch wohlgeboren aber umsomehr ersuchen, der Redaktion eine eindringliche Ver warnung wegen des Inhalts dieser Nummer, sowie in Betreff der ganzen neueren Haltung des Blattes zu Theil werden zu lassen.

Der Charakter grade dieser Art der Publizistik, welche vermöge ihres Wesens eine leicht eindringliche, wie tief verderbliche Einwirkung auf die allgemeine Gesinnung ausübt, erfordert die strengste Ueberwachung und Zügelung Seitens der Aufsichtsbehörden, und es ist nicht ferner zu dulden, daß das in Rede stehende Blatt in der Form frivolen Witzes boshafte An griffe auf Personen und öffentliche Institutionen richte, welche in anderer Form sicher nicht gestattet würden.

In dieser wie in jeder anderen Beziehung erscheint aber grade jetzt eine sorgsame Beachtung der Tagespresse um so unerläßlicher, als die gleichzeitig in Italien und in Frankreich hervortretenden Anzeichen einer erneuerten Agitation der demokratischen Partei unzweifelhaft auch den diesseitigen de mokratischen Elementen zur Ermuthigung dienen werden, wenn dieselben nicht von vornherein durch die kräftige Handhabung der öffentlichen Autorität in jeder Beziehung niedergehalten werden.

Ew. Hochwohlgeboren ersuche ich daher, der Redaktion des Kladderadatsch bei Ertheilung der Verwarnung alle Uebergriffe auf dem bezeichneten Gebiete auf das Gemessenste zu untersagen und derselben anzudeuten, daß die Nichtbeachtung dieses Verbotes ein entscheidendes Einschreiten gegen das Blatt zur Folge haben würde, bei etwaiger Erneuerung derartiger Ungehörigkeiten wie in der letzten Nummer aber mit sofortiger Beschlagnahme vorzugehen.

Berlin, den 13. Juli 1857.

Der Minister des Innern

v. W.

P. P.

In Verfolg meines Erlasses vom 20. Feb. d. J., die gehässigen Ausfälle einiger hier erscheinenden Blätter, darunter auch des Kladderadatsch, gegen die Französische Regierung betreffend, haben Ew. Hochwohlgeb. mittelst gefälligen Schreibens von demselben Tage mir angezeigt, daß Sie den betreffenden Redactionen zuvörderst im vertraulichen Wege die eindringlichste Vorhaltung gemacht hätten, wenn diese jedoch ohne Erfolg bleiben sollte, Sie nicht anstehen würden, mit allen zu Gebote stehenden Mitteln amtlich gegen die Blätter einzuschreiten.

Die Zeitschrift Kladderadatsch hat in einigen, seitdem erschienenen Nummern 9, 10, 11 u. 12 mehrfach darauf hingedeutet, daß die Redaction jene vertrauliche Vorhaltung empfangen habe, sich auch nothdürftig danach gerichtet. In der Nr. 13 vom 21. ds. Ms. aber sucht sie sichtlich eine Genugthuung darin, der erhaltenen Verwarnung zum Trotz wiederum den größeren Theil des Blattes lediglich mit giftigem Spott und Schmähergüssen gegen das französische Gouvernement und dessen Maßregeln anzufüllen.

Es prägt sich hierin eine so offenbare und geflissentliche Mißachtung der früheren Verwarnung aus, daß dieselbe keinesfalls ungeahndet bleiben kann. Es gewinnt sogar den Anschein, als habe das Blatt diesmal grade zur Verhöhnung jener Verwarnung seiner Frivolität nach der ihm untersagten Richtung hin die Zügel schließen lassen wollen, denn eine ähnliche Tendenz, wenn auch nach einer anderen Seite hin, sprach sich schon in der Nr. 12 vom 14. März insofern aus, als diese Nummer, obwohl der Redacteur kurz zuvor wegen Ehrenkränkung des Magistrats zu Liegnitz gerichtlich in Strafe verurtheilt worden war, doch abermals eine ganze Reihe frecher und niedriger Injectiven gegen jene Behörde brachte, welche ebensosehr auf eine fortgesetzt kleinliche Herabwürdigung der letzteren, als auf eine Verspottung der richterlichen Autorität, und auf ein Zurückschrecken jeder etwa weiter hin verdienten gerichtlichen Verfolgung wegen ähnlichen Beleidigungen berechnet war.

Ein derartiges, die Gesetze und das Ansehen der Behörde mißachtendes Verhalten darf umsoweniger geduldet werden, als die frivole, allen ernsten staatlichen und sittlichen Interessen feindliche Richtung desselben, worüber ich mich schon früher mehrfach zu Ew. Hochwohlgeb. ausgesprochen habe, überhaupt strenge Zügelung erheischt. Im vorliegenden Falle erfordert überdieß die Rücksicht auf die Wohlfahrt des eigenen Staates und an die hieran, wie Ew. Hochwohlgeb. bekannt ist, geknüpften Wünsche des Herrn Ministerpräsidenten, daß die verübte Ausschreitung nachdrücklich gerügt und der Fortsetzung einer derartig gehässigen Polemik gegen das französische Staatsoberhaupt und dessen Regierung mit allem Ernste gesteuert werde. Ew. Hochwohlgeboren ersuche ich daher ergebenst, nunmehr mit der bereits in Aussicht genommenen amtlichen Verwarnung der betreffenden Redaction, resp. des Druckers, sofern derselben, wie ich voraussetze, seither noch Anstand gegeben worden ist, vorzugehen und für den Fall der ferneren Nichtbeachtung dem Drucker die Einleitung des Verfahrens auf Entziehung der gewerblichen Concession im Verwaltungswege bei gleichzeitiger Suspension des Druckereibetriebes gemessenst anzudrohen, eintretenden Falls muß ich wünschen, daß dieser Verwarnung alsdann ohne weitere Nachsicht Folge gegeben werde. Es kann dabei keinem Zweifel unterliegen, daß eine geflissentlich fortgesetzte und nach dem in dieser Zeitschrift eingebürgerten Geiste in handgreiflicher Verhöhnung ausartende Mißachtung einerseits der Gesetze und der Autorität der Behörden, andererseits der politischen Interessen des Staats gegenüber einer mit Preußen in friedlichem Vernehmen stehenden auswärtigen Regierung, sowie der Ehre von Privatpersonen die unehrenhafte Tendenz die Grundlagen des Bestehenden entweder dem Bestreben, durch Witzelei das Publikum zu fesseln, zum Opfer zu bringen oder aus revolutionären Gelüsten zu untergraben, kundgiebt und einen Verlust des gesetzlichen Requisits der Unbescholtenheit (§ 1 des Preßgesetzes vom 12. May 51) begründet und somit die Entziehung der gewerblichen Concession (§ 71, 74 allg. Gewerbeordnung vom 17. Januar 1845) zu rechtfertigen geeignet ist.

Ueber das hiernach Veranlaßte sehe ich Ew. Hochwohlgeboren gefälliger Anzeige entgegen.

26. 4. 58.   Der Minister des Innern.

L'empire c'est la paix! — war die glückverheißende Losung, die nach dem Krimkriege von Paris in alle Welt hinausposaunt wurde, und „Rouher ist die erste Kaiserpflicht", ergänzt Kladderadatsch, indem er belehrend hinzufügt: „Si vis bellum simula pacem."

Auch hier zeigte er sich als Hellseher und richtiger Deuter des geflügelten Friedenswortes. Nicht lange dauerte es, da hatte der große Ränkeschmied auch schon wieder den blutigen Krieg von 1859, den Frankreich mit Italien gegen Oesterreich führte, eingefädelt.

Inzwischen hatte Kladderadatsch sich mit dem großen Kometen, der 1857 nach seiner Meinung die Kartoffelfäule und das Tischrücken erzeugt hatte, abgefunden und vergriff sich darauf an dem Magistrat zu Liegnitz, welche naseweise That in dem erwähnten ministeriellen Schreiben rügende Erwähnung findet.

Das Honorar für den aufdringlichen Unterricht, den er der hohen Stadtbehörde im Stil und in der Rechtschreibung zu ertheilen sich erkühnte, brachte ihm unter Annahme mildernder Umstände vier Tage Gefängniß und einen Zusatz von 4000 Abonnenten ein. Das war die erste Freiheitsstrafe für den Kladderadatsch, und er bezeichnet daher 1858 auch als das „Jubeljahr der Verurtheilung".

In diesem bedeutungsvollen Jahr, in welchem der Prinz von Preußen aus den Händen seines schwer erkrankten Bruders als Prinz-Regent die Regierung übernahm, sollte Kladderadatsch von seinem bösen Geist, unter dessen kleinlichen Scherereien er lange gelitten hatte, befreit werden. Die neue Aera war angebrochen, und nachdem Fürst Anton von Hohenzollern ein neues liberales Ministerium gebildet hatte, trat endlich das Ministerium Brandenburg-Manteuffel vom Schauplatz seines langjährigen traurigen Wirkens ab und mit ihm der Minister von Westphalen.

Daß der Minister während seiner langen Amtsthätigkeit nicht pro domo gearbeitet und sich dabei nicht bereichert habe, wurde ihm von seinen Freunden damals vielfach nachgerühmt, und es wurde in der Parteipresse besonders gepriesen, daß der Uneigennützige gerade so arm von seinem Ministerposten abtrete, als wie er ihn angetreten hätte. Das nachstehende, im Kladderadatsch schwarzumrandete vorzügliche „Nachruf-Sonett an einen abgetretenen Staatsmann" aus der Feder Dohm's war die schlagende Antwort auf die recht eigenthümlichen Lobeserhebungen:

Er ist nicht mehr! Jetzt ruht er aus in Frieden:
Der Strom, mit dem so rüstig er geschwommen,
Die Höhe, die so mühvoll er erklommen —
Sie zu behaupten war ihm nicht beschieden.

Ihm ward des höchsten Ruhmes Preis hienieden;
Wir alle haben jüngst sein Lob vernommen:
Wie „unvermögend" er ins Amt gekommen,
Ist „unvermögend" er daraus geschieden.

O schönster Lorbeer! Werth vor allen Dingen
Für jeden Sterblichen danach zu ringen!
Stets „unvermögend!" — — Doch sapienti satis!

Versöhnt sind alle wir, die einst ihm grollten:
Das höchste Lob, das seine Freund' ihm zollten,
Es war — ein **Testimonium paupertatis**!

Ein Glückstern leuchtete dem preußischen Königshause bei Anbruch des neuen Jahres, und helle Freude strahlte in demselben, als am 27. Januar 1859 der eherne Mund der Geschütze den Bewohnern der Hauptstadt die Geburt des Prinzen Wilhelm, unseres jetzigen Kaisers, verkündete.

Das treffliche Festgedicht, welches Kladderadatsch diesem glücklichen Ereigniß widmete, lautet:

Am 27. Januar.

Was rennt das Volk? was wälzt sich dort
Die langen Gassen brausend fort?
Es sammelt sich in eilger Hast
Die laute Menge vor dem Palast.

Und Hurrahrufe dringen im Chor
Und lufterschütterndes Vivat empor:
Es neigen sich grüßend vom hohen Balcon
Ein Vater und sein glücklicher Sohn.

Doch drinnen schlummernd sondern Harm,
Nichts ahnend von all' dem lauten Schwarm,
In seligem Mutterarm gewiegt,
Ein neugeboren Knäblein liegt.

Es that der Kanonen donnernder Mund
Der Residenz die Botschaft kund;
Drum eilt herbei in schnellem Lauf
Die laute Meng' in hellem Hauf.

Als oben auf seinem ehernen Sitz
Die Kunde vernimmt der alte Fritz,
Da hat er genickt und ließ gerührt
Mit seiner Krücke salutirt:

Seitdem sie mich hierher postirt,
Hab' ich mich weidlich ennuyirt;
Heut hab' ich auf meinem Posten hier
Doch endlich wieder 'mal ein Plaisir.

Warum kamst Du, mein kleiner Held,
Nicht drei Tag' früher schon zur Welt?
Wußtest doch, daß mein Geburtstag war
Am vierundzwanzigsten Januar!

Du wolltest nicht? Ça ne fait rien!
Hast Deinen Kopf für Dich? Eh bien!
Drei Tage sind eine kurze Frist,
Die leicht wohl einzuholen ist.

Thu's nur, und schau' aus Deinem Haus
Fleißig nach mir zum Fenster hinaus!
Willst Du nur meine Wege gehn,
Soll schützend Dich stets mein Geist umwehn.

In Hoffnung grüßt und als ein Pfand
Für beßre Zeiten Dich das Land.
So grüßt auch von seines Ruhmes Sitz
Den kleinen, jungen — der alte Fritz.

Wenn angesichts der italienischen Frage und infolge des von Napoleon mit schlauer Perfidie glücklich wieder zurechtgedrechselten italienisch-österreichischen Krieges der Prinz-Regent damals an Natzmer schrieb: „Seit fünf Monaten habe ich den Frieden und somit Millionen erhalten, jetzt muß ich rüsten, um Deutschland zu lenken; sonst zöge dies den Krieg vom Po nach dem Rheine" — so ist es trotz der vielen abfälligen Urtheile unzweifelhaft, daß der Lenker Preußens im echt deutschen Sinne mit hellem, weitsehendem Blick und in klarer festbewußter Ueberzeugung die Mobilmachung damals verfügte.

Kladderadatsch mochte in diesem Augenblick fühlen, daß der Retter Deutschlands nahe war und in dem Lenker der Geschicke Preußens zu suchen sei. Er giebt dem Herzenswunsche und dem langen Sehnen aller echten deutschen Patrioten beredten Ausdruck in dem Gedichte vom 8. Mai 1859:

Dem Helden der Zukunft.

Wo weilt der Held, dem in den
                                Tagen
Der Noth in allen Deutschen Gauen
Die Herzen all' entgegenschlagen,
Auf den erwartend aller Augen schauen?
Der Starke, Deutschem Blut entstammt,
Dem anvertraut hat die Geschichte
Vergangner Sünden Rächeramt,
Und daß ein einig Deutschland er
                                errichte?

Der starke Held, er komm' herbei,
Uns von der Lüg' und allem Bösen,
Von pfiffiger Staatskünstelei,
Verblendendem Wirrsal endlich zu
                                erlösen!
Er komme bald, eh' noch die Nacht
Anbricht, da keine Sterne scheinen,
Um unter eines Banners Macht
Die Deutschen Völker kräftig zu
                                vereinen.

Nicht send' er beutegier'gen Blick
Zu fremden Völkern in die Ferne!
Selbst schafft sich jedes Volk sein
                                Glück,
In seiner Brust sind seines Schicksals
                                Sterne.
Noch nie sah aus Ital'schem Krieg
Deutschland des Glückes Sonne strahlen:
Des Barbarossa blut'gen Sieg
Mußt' Conradin mit seinem Blute zahlen.

Der Held ist's der am Deutschen
                                Land
Fest hält mit einem Deutschen Herzen,
Ohnmächtiger Zerstückung Schand'
Und Schmach mit kühnen Thaten
                                auszumerzen.
Die Stund' ist da! Das Feuer flammt!
Wo weilt der Held, dem die Geschichte
Hat anvertraut das Rächeramt,
Und daß ein einig Deutschland er errichte?

Im italienisch-österreichischen Kriege lernen wir auch des Kaisers Vetter, den Prinzen Napoleon mit dem bezeichnenden Namen Plon-Plon im Schlachtendonner von einer wenig kriegerischen und ritterlichen Seite kennen, nämlich von seiner Wind-, und Wetterseite, welche die schmackhafte Zielscheibe für die Pfeile des Kladderadatsch wurde. Vielleicht trug diese auf blutigem Schlachtfelde gemachte rücksichtsvolle Bekanntschaft dazu bei, daß in dem Kriegsjahre 1859, in welchem „zur Aufrechterhaltung des europäischen Rechtszustandes" auch Preußen mobil machte, der Armeebestand des Kladderadatsch stattlich anwuchs und die respektable Truppenzahl von 25000 Mann gemischter Waffengattungen betrug.

Nach dem ernsten Kriegs- und Schlachtenlärm, der mit dem Frieden von Villafranca endigte, lachte unter den Friedensklängen der ersten Geige, welche bekanntlich der allmächtige Musikant an der Seine damals spielte, uns wieder die helle Sonne der Sänger-, Turner-, Schützenfeste und Fürstentage, bei welchen Kladderadatsch volle Beschäftigung fand.

Die Thätigkeit des humoristisch-satirischen Kladderadatsch Vierblatts fand nicht allein die Anerkennung der großen Welt, sondern auch eines gleichstrebenden Kollegen, des bekannten Julius Stettenheim, der unter dem Titel „Kleine Reisebilder" unter anderen auch die großen Verdienste der Kladderadatsch-Gelehrten in folgenden Versen würdigte und in das richtige Licht stellte:

Fünf Herren nenn' ich Euch inhaltschwer
Ich fand sie, da kanibalisch
Die Hitze war, auf Albrechtshof:
Dohm, Hofmann, Scholz, Löwenstein, Kalisch.

Das sind die Gelehrten des Kladderadatsch,
Die nun schon dreizehn Jahre
Den Staat des Witzes absolut
Beherrschen als kleine Czare.

Das sind die Gelehrten des Kladderadatsch,
Des irdischen jüngsten Gerichtes,
Sie fällen ihr Urtheil auf Leben und Tod,
Verdonnern heitern Gesichtes.

Die Weltgeschichte harrte sonst
Der Nemesis: nach Decennien
Erschien sie rächend und lohnend zugleich
Den Völkern und den Kön'gen.

Das war recht hübsch, doch ennuyant,
Das Warten war unerträglich.
Mit Ausnahm' der Wochentage nun
Erscheinet die Nemesis täglich.

Jetzt heißt die Nemesis Kladderadatsch
Und giebt in Rosinen die Pillen,
Doch sind es Pillen, die Wirkung thun
Hier laut und dort im Stillen.

Die beste Materia medica,
Wenn Malz verloren und Hopfen,
Sind Spott, Satire, Humor und Hohn,
Die A. Hofmann'schen Tropfen.

Dohm hat bei großen Todten gelernt,
Bei Horaz, Catull und Nepos,
Zu tödten die Lebenden mächt'gen Streichs
In Oden, Episteln, im Epos.

Er kämpft philologisch, er ist alliirt
Mit allen klassischen Göttern,
Sogar die Setzer der Druckerei
Quält er mit griechischen Lettern.

Wie Lessing einst versucht, den Horaz
Zu retten, so rettet auf's Neue
Der Major Dohmus ihn für den Humor,
Und giebt ihm die lustigste Weihe.

Der dicke Löwenstein ist der Poet,
Der Sänger der Lieder und Fabeln,
Er ist der Berliner Lafontaine
Den Rotten Korahs, den Babeln.

Er findet die klingendste Sprache heraus
Für Thiere, Bäume und Sterne,
Sie reden politische Poesie,
„Die Kinder, sie hören es gerne."

Der Kalisch ist der Witz an sich,
Der Vater aller Kalauer,
Der Vater selber von Prudelwitz,
Von Schultze und Müller, Zwickauer.

Und Carlchen Miesnick, er weiß daraus
Die niedlichsten Menschen zu machen,
Und wäre es wahr: Le style c'est l'homme.
Er müßte immer lachen.

Doch lacht er nicht. Entfährt ihm ein Scherz,
Um seine Lippen entspinnt sich
Ein harter Kampf, es siegt der Ernst,
Erklärt permanent geschwind sich.

Es ist die Ruhe vor einem Sturm,
Den er heraufbeschwöret
In Wallners Theater, dem er alsbald
Eine neue Posse bescheeret.

Ja, ja, nur Einen Menschen giebt's,
Der nie über Malisch gelacht hat,
Das ist der kleine Malisch selbst,
Der über Millionen Macht hat.

W. Scholz ist ein gefährlicher Mensch,
Aus seinem Aermel schüttelt
Er Scherz und Witz, der Todte selbst
Aus ihrem Schlafe rüttelt.

Mit kleinen Scherzen spielt er Ball.
Der ernste drollige Riese,
„Der Bauch ist rund und muß sich dreh'n!"
So lautet seine Devise.

Der blonde Hogarth des Kladderadatsch
Ist lang auch; er mußte sich bücken,
Ich sprang beherzt an ihm hinauf,
Um ihm die Hand zu drücken.

Die ganze Weltgeschichte trägt
Der Scholz in seinem Stifte,
Der ist so mächtig, wie das Schwert
An Ritter Bayards Hüfte.

Einst sah ich reiten in Paris
Den Kaiser, den großen und stolzen,
Und sieh, ER hat sich gebildet ganz
Nach Bildern von Wilhelm Scholzen.

Das sind die Gelehrten des Kladderadatsch,
Die fünf Welttheile des Witzes:
Lang trage das heilsame Blatt sie noch,
Und Wilhelm der Erste schütz' es!

Zur großen Semisäkularfeier der Berliner Universität sang
Kladderadatsch in Nr. 47 vom 14. Oktober 1860 folgenden, von
Ernst Dohm verfaßten lateinischen Jubelhymnus:

Zur Jubelfeier der Universität Berlin.

Gaudeamus igitur
Dios hos natales,
Alma matris genuini
Filii, qui Berolini
Fuimus sodales.

Almae matris filii
Omnes sumus pares:
Veterani ac tirones,
Omnes nunc commilitones
Semiseculares.

Patriae doloribus
Alma mater nata;
Patriae honoribus,
Literis et moribus
Splendide probata.

Crescat Academiae
Et futura gloria;
Sempiterna conditorum,
Mortuorum ac vivorum
Floreat memoria.

Semper sit. ut antea,
Literarum templum:
Semper morum castitatis,
Verao liberalitatis
Lucidum exemplum.

Pereat, qui literas
Verti vult deorsum!
Sacramentum nos quod dare
Juvat semiseculare,
Est: Nunquam retrorsum!

„Ex ungue Napo-leonem" - so bezeichnete Kladderadatſch ſehr treffend die politiſche Weltlage. Nach den glücklichen Waffen= erfolgen hatte die verblendete Selbſtüberhebung unſerer kriegeriſchen Nachbarn im Weſten Berlin nur als eine Station für Frankreich im Norden erklärt. Daß der Prinz=Regent aber ſehr genau die Kralle des Löwen erkannte, zeigt unmittelbar nach dem Frieden von Villa Franca ein Schreiben an den Herzog Ernſt von Coburg, in welchem es heißt: „Nun iſt Alles zu Waſſer zerronnen; aber die Reihe wird nun an uns kommen und zwar auf eine viel ernſtere Art . . . . . aufgeſchoben iſt nicht aufgehoben!"

Der Kaiſerliche Schauſpieler war, wie man ſieht, von dem hellen Blick des Prinz=Regenten voll erkannt. Für die augenblickliche Weltlage hielt er es aber für richtiger, um ſeine kriegsruhmberauſchten Franzoſen zu beſchäftigen, allmählich vor der Welt das blutige Drama in Mexiko in Scene zu ſetzen, welches ſich bekanntlich mit großem Fiasco für ihn in den nächſten Jahren abſpielte und ſchließlich mit dem tragiſchen Tode ſeines unglücklichen Opfers, des Kaiſers Maximilian, am 19. Juni 1867 endigte.

Gleich mit dem Beginn des Jahres 1861 war der Prinzregent ſeinem in der Neujahrsnacht dahingeſchiedenen Königlichen Bruder in der Regierung gefolgt und hatte in ſeiner Thronrede dem Volke „ſein eigenſtes Werk", die Heeresreorganiſation, angekündigt. Mit freudigem Jubel wurde die vom König Wilhelm verkündete Amneſtie begrüßt und von Rudolf Löwenſtein in nachſtehendem Gedichte gefeiert:

Amneſtie.

Die Weckerglocke ſchallt von Land zu Lande,
Der Funke zuckt, es ſchnurrt die Batterie,
Das Rädchen ſauſt, und auf papiernem Bande
Malt blitzſchnell ſich das Wörtlein „Amneſtie!"
Und wie, der halben Welt zugleich entzündet,
Erglänzt der Morgenſonne erſter Strahl,

So fliegt dies Wort ins Land hinaus und kündet
Der Freude Grüße über Berg und Thal.
Zur Sennenhütte, zu dem Meer hernieder
Trägt es der längst ersehnten Botschaft Glück:
„Die Heimat, Brüder, ist euch offen wieder
Versöhnung reicht die Hand euch — kehrt zurück!"

Da wird's lebendig in der Alpen Grunde,
Lebendig in den Städten überall:
„Versöhnung! Amnestie! Ersehnte Kunde!"
Die Luft erbebt von lautem Jubelschall.

Der steckt ein Alpenröslein noch zum Scheiden,
Der einen Gemsbock auf des Hutes Rand:
„Lebt wohl, ihr Gletscher und ihr saft'gen Weiden,
Lebt alle wohl! — mich ruft das Vaterland.
Laß, kalte Jungfrau, Lebewohl dir sagen —
Dank für den Schutz — nicht mag ich bei dir ruhn!
Wo warme Herzen mir entgegenschlagen,
Da zieht mich's hin, da will ich rasten nun."

Ein Andrer ruft: „Zurück zum Heimat-Heerde
Will ich, wenn auch mit tiefer Wehmuth, ziehn!
Wohl war es schön auf freier schweizer Erde;
Am schönsten is's bei Muttern in Berlin!
Ein Andrer wieder: „Neu willkommen heiße
Ich morgen schon den goldnen, deutschen Rhein!"
„Ich aber grüße dich, berliner Weiße!"
So ruft aus voller Brust der dicke Stein.

Und wie dort an der fernen Alpen Rande
Zum Abschied sich ein muntres Volk geschaart,
So rüstet sich auch an der Themse Strande
Manch deutscher Mann zu winterlust'ger Fahrt.

„Fare well, du Reich, das mir mit weiblich milder
Gerechter Hand geöffnet deine Schwell'
Du Reich der parlamentnen Nebelbilder,
Du Volk der kühlen Rechenkunst — fare well!
Du gabst dem Armen, der vom Sturm vertrieben,
Ein Rettungstau und einen sichern Port;
Doch, ach, er ist ein Fremdling stets geblieben,
Als Fremdling zieht er wieder von dir fort!
Zurück! Zurück! Fare well, du stolzer Brite,
Zurück, wo uns der Freunde Kreis umringt,
Wo lang entbehrte Lust — auf jedem Schritte
Der süßen Muttersprache Laut erklingt!
Zurück! Schon fällt des Dampfers Landungsbrücke —
Was stehst du, Dichter, sinnend noch am Strand?
Komm mit, komm mit und frischen Lorbeer pflücke
Daheim für deine Stirn im Vaterland!" —

Wohl mögt ihr fröhlich diese Stunde preisen,
Die euch zurückführt an den alten Heerd,
Ihr Glücklichen, nicht darf ich mit euch reisen -
Der Heimath Boden, mir bleibt er verwehrt!
Euch rief zurück der Freiheit Jubelnote,
Die völlige Versöhnung euch versprach;
Mich aber fesselt hier der lahme Bote,
Der jenem Freudenboten hinkte nach."

Der Dichter spricht's — da ruft ihm aus der Jolle
Ein Freund entgegen: „Wag's und steige ein!
Für dich auch wird das Herz, das liebevolle,
Für dich auch wird die Heimat offen sein!
Nur mit, nur mit! Nicht feilschen wird und handeln
Man um die Form — man gibt dir voll und ganz
Wie uns Versöhnung; mit uns wirst du wandeln
An deines Rheines Rebenhügelkranz.
Nur mit, nur mit! Zu deutscher Freiheit Segen
Sei jeder Groll dem Untergang geweiht!
Und mit uns steure muthig jetzt entgegen
Dem alten Land' und einer neuen Zeit!"

Im Jahre 1862 war für Preußen das Ende der neuen Aera gekommen und nach der Ablehnung der Heeresorganisation durch das Abgeordnetenhaus und der Ernennung Otto von Bismarcks zum interimistischen Vorsitzenden des Staatsministeriums die böse Konfliktszeit heraufbeschworen.

Bismarck und der Kladderadatsch — das wäre ein Thema, über welches sich, wenn man es eingehend und mit verständnißvoller Liebe behandelte, eine hochinteressante, historische Studie schreiben ließe, die allen Besitzern des von der Verlagshandlung als Festgabe zum 75jährigen Geburtstage des Altreichskanzlers herausgegebenen „Bismarck-Album" willkommen sein würde.

Im Rahmen dieser Schrift ist es natürlich nicht möglich, das interessante Verhältniß in der Ausführlichkeit zu behandeln, welche die Vorliebe für beide mir gerne in die Feder diktiren möchte. Ich vermag hier diesen Punkt nur so weit zu streifen, wie es mir in Rücksicht auf den Charakter und den Umfang dieser Festschrift geboten erscheint, aber eine, wenn auch nur kurze, doch volle Würdigung möchte ich mir gestatten.

Schon früher hätte ich in dieser Schrift des großen Staatsmannes gedenken können. Ich unterließ es aber in dem gewiß richtigen Gefühl, daß einzelne, nach der Zeitfolge herausgegriffene bemerkenswerthe Aussprüche oder Vorkommnisse das Bild: Bismarck-

Kladderadatsch) in seiner Gesamtheit stören und trüben, ja verzerren könnten, und behielt mir vor, bei dem Eintreten der vollen staatsmännischen Persönlichkeit Bismarcks in unsere neue Einheitsgeschichte, als deren Schöpfer er gepriesen wird, sein Verhältniß zum Kladderadatsch in gedrängter Kürze zu beleuchten.

Die Stürme des Jahres 1848 trugen zuerst Bismarck's Namen in die größere Oeffentlichkeit. Als „Führer der Junker" war der damalige Deichhauptmann von Schoenhausen vom vereinigten preußischen Landtag 1847 her schon bekannt geworden.

Mit großem Zornesmuth erfüllten ihn die revolutionären Ereignisse in Berlin, sodaß er erkrankte, aber auf die Nachricht von dem Barrikadenkampf am 18. März hin sein Krankenlager verließ, „um mit eigenem Leib und Leben den König vor weiterem Unglimpf zu schützen."

Das Bild des gewaltigen Nordlandsrecken aus sagenhafter Vorzeit mit seiner unvergleichlichen Königstreue steht hier lebendig vor uns.

Schwerwiegend waren damals Bismarcks Worte, welche er über die Märzrevolution und den neuen polnischen Aufstand an die Magdeburger Zeitung schrieb. Unterm 30. März heißt es u. a.: „Wenn alle Handlungen Seiner Majestät in den letzten vierzehn Tagen durchaus freiwillig gewesen sind, was weder Ihr Korrespondent noch ich mit Sicherheit wissen können, was hätten dann die Berliner erkämpft? Dann wäre der Kampf am 18. und 19. mindestens ein überflüssiger und zweckloser gewesen — und alles Blutvergießen ohne Veranlassung und ohne Erfolg."

Ueber den neuen polnischen Aufstand sagte er unterm 20. April: „Die Befreiung der wegen Landesverraths verurtheilten Polen ist eine der Errungenschaften des Berliner Märzkampfes und zwar eine der wesentlichsten. Die Berliner haben mit ihrem Blute die Polen befreit und sie dann eigenhändig im Triumph durch die Straßen gezogen. Zum Dank dafür sind die Befreiten bald darauf an der Spitze von Banden, welche die deutschen Einwohner einer preußischen Provinz mit Plünderung und Mord, mit Niedermetzelung und barbarischer Verstümmelung von Weibern und Kindern heimsuchen. So hat deutscher Enthusiasmus wieder einmal zum eigenen Schaden fremde Kastanien aus dem Feuer geholt. Ich hätte es erklärlich gefunden, wenn der erste Aufschwung deutscher Kraft und Einheit sich damit Luft gemacht hätte, Frankreich das Elsaß abzufordern und die deutsche Fahne auf den Thurm von Straßburg zu pflanzen. Aber es ist mehr als deutsche Gutmüthigkeit, wenn wir

uns mit der Ritterlichkeit von Romanhelden vor allem dafür be-
geistern wollen, daß deutschen Staaten das Beste von dem entzogen
werde, was deutsche Waffen im Laufe der Jahrhunderte in Polen
gewonnen hatten."

Das sind kräftige deutsche Worte, die vor 50 Jahren, wo im
Kampf der Gegensätze politisches Hochstaplerthum im Verein mit
gefühlsseligem Freiheits= und Gleichheits=Enthusiasmus die Begriffe
im Volke sehr verwirrt und die klare Einsicht und richtige Erkenntniß
der Verhältnisse stark getrübt hatten, wohl wenig Anklang und
Beachtung gefunden haben mögen.

Diese Worte des Wiedererweckers unserer Einheit weisen schon
klar und bestimmt auf das hohe Ziel hin, dem er nach 22 Jahren
Deutschland siegreich entgegenführte, und zeigen uns Bismarck im
Revolutionsjahre als klarsehenden Politiker und ächten deutschen
Patrioten schon genau so, als wie wir ihn auf der Höhe seines
ruhm= und thatenreichen Schaffens und Wirkens in dankbarer
Erinnerung haben.

Das hatte Kladderadatsch bei dem „bestgehaßten" Staatsmann
sogleich richtig durchgefühlt. Seine tiefinnerste Neigung für den
„rücksichtlosen Junker" mit seiner genialen, oft übermüthig=burschi-
kosen Eigenart, der von Anfang an volles Verständniß und große
Vorliebe für das kecke, unverfrorene Witzblatt zeigte, weil er selbst
ein hervorragender Humorist und Satiriker war, blickt zu häufig,
selbst bei den vielen, oft sehr heftigen und erbitterten Angriffen in
der schweren Konfliktszeit, durch, als daß er sie leugnen könnte.
Ja diese tiefinnere Neigung ging oft so weit, daß er in manchen
kritischen Augenblicken, in denen er Bismarcks Handeln für richtig
erkannte, muthig sich auflehnte gegen das ganze Gewicht der Volks=
meinung.

Kladderadatsch hatte schon im Jahre 1849 in Bismarck einen
Gegner erkannt, dessen vornehme Kampfesführung ihm den größten
Respekt einflößen mußte, und der mit der größten, selbstbewußten
Entschiedenheit unleugbaren Humor verband.

Die Kampfesweise mit einem solchen Gegner konnte keine
gewöhnliche, sondern bei aller Energie nur eine ausgesucht feine
und geschickte sein. Die enorme geistige Höhe des großen gewiegten
Diplomaten, sein hoher Mannesmuth und unbesiegbar scheinende Kraft
waren dem Kladderadatsch entschieden sympathisch. Unwillkürlich fühlt
man beim Durchblättern der verschiedenen Jahrgänge des Kladderadatsch
selbst den fast unerklärlichen fascinirenden Zauber, der einen
ergreift, wenn man Kampf und Streit des Witzblattes mit dem ge-

waltigen Heros im Verein mit der unverhofenen Bewunderung und Huldigung in Wort und Bild vor Augen hat und auf sich wirken läßt. In vielgestaltiger, buntester Abwechslung ergötzt uns immer von Neuem bei Durchsicht der Blätter die Reckenfigur des großen Kanzlers, wie er in seiner offenen, chevaleresk-burschikosen Weise Personen und Staatsfragen behandelt und Weltgeschichte macht — alles genial, packend, unnachahmlich, auch wenn Wort und Bild mitunter heftige Angriffe auf den eisernen Staatsmann markiren.

Unleugbar schaute Kladderadatsch die Heldenfigur Bismarck's im Sturm und Drang der Zeit mit ganz anderen Augen an, als die große Masse; in den großen deutschen Fragen mit den hellen Augen des treuen Waffengenossen und tapferen Mitkämpfers.

Zu dieser eigenartigen Anschauung hat wohl schon im Jahre 1849 ein kurzer Briefwechsel zwischen Bismarck und dem Redakteur des Kladderadatsch, Dohm, den Grund gelegt.

In der Nummer des Kladderadatsch vom 2. Dezember 1849 lesen wir die kurze Notiz: „Wo kommandirte doch im Jahre 1809 ein gewisser Herr von Bismarck?"

Was diese eigenthümliche Frage, die ihren Platz unter anderen Angriffen gegen die Kreuzzeitungs-Partei einnimmt, eigentlich zu bedeuten hat, läßt sich heute leider nicht mehr feststellen. Jedenfalls gab sie damals Bismarck Veranlassung, an den Redakteur Ernst Dohm folgendes Schreiben zu richten:

Berlin, 2. Dezember 1849.

Ew. Wohlgeboren

haben mir in Ihrem geschätzten Blatte schon öfter die Ehre erzeigt Sich mit meiner Person zu beschäftigen; in der letzten Nummer wenden Sie Ihre Theilnahme auch meiner Familie zu, und freue ich mich Ihre gefällige Anfrage, insoweit sie sich auf meine näheren Verwandten, die Angehörigen des Schönhauser Hauses bezieht, dahin beantworten zu können, daß im Jahre 1809 einer derselben das Brandenburgische Cürassierregiment commandirte, ein anderer Major im ehemaligen Regiment Göcking-Husaren war, und 2 sich als Offiziere beim Schill'schen Corps befanden.

Weniger Werth für Ew. Wohlgeboren hat vielleicht die Notiz, daß von den 7 Mitgliedern dieser Familie, welchen es vergönnt war, an dem französischen Kriege theilzunehmen, 3 auf dem Schlachtfelde blieben, und die 4 anderen mit dem eisernen Kreuz heimkehrten. Alle diejenigen meines

Namens, welche nicht aus dem Schönhauser Hause stammen, waren zu jener Zeit entweder westphälische, oder, wie noch heut, nassauische und würtembergische Unterthanen, und ist mir nicht bekannt, wo im Jahre 1809 einer von ihnen commandirt hat. Sollten Ew. Wohlgeboren im Besitz näherer Daten hierüber sein, so würde ich es dankbar erkennen, wenn Sie mir davon Mittheilung machen wollten, da ich mich für die Geschichte meiner Familie auch in ihren etwaigen unerfreulichen Beziehungen interessire. Was aber Veröffentlichungen in Ihrem Blatte betrifft, so verhülle ich mich, soweit meine Person dabei betheiligt ist, weder mit der zweiten Kammer in den Mantel stillschweigender Verachtung*), noch würde ich jemals zu anderen Mitteln der Abwehr greifen, als zu denen, welche die Presse gewähren kann; was aber Kränkungen meiner Familie anbelangt, so nehme ich bis zum Beweis des Gegentheils an, daß Ew. Wohlgeboren Denkungsweise von meiner eigenen nicht soweit abweicht, daß Sie es als einen Zopf vorsündfluthlichen Junkerthums ansehen würden, wenn ich in Bezug auf dergleichen von Ihnen diejenige Genugthuung erwartete, welche nach meiner Ansicht ein Gentleman dem andern unter Umständen nicht verweigern kann.

Ich bitte Sie, die Versicherung der ausgezeichneten Hochachtung vor Ihrer Person und Ihrem Blatte zu genehmigen, mit welcher ich die Ehre habe zu sein

Ew. Wohlgeboren
ergebenster Diener
von Bismarck-Schönhausen,
Behrenstraße 60.

Was der Redakteur Ernst Dohm damals auf dieses Schreiben geantwortet hat, entzieht sich meiner Forschung. Erfreulich ist es aber, Bismarck's Beantwortung des unbekannten Dohm'schen Briefes hier mittheilen zu können:

Berlin, 6. Dezember 1849.

Ew. Wohlgeboren

sage ich meinen verbindlichsten Dank für die offene und zufriedenstellende Art, in der Sie die Güte gehabt haben,

---

*) Diese Bemerkung bezieht sich auf den von mir Seite 148 berichteten Beschluß der Zweiten Kammer vom 29. August 1849, den Kladderadatsch nicht zu verfolgen, sondern „mit stiller Verachtung" zu strafen.

mein Schreiben zu beantworten. Ich freue mich, daß ich mich in der Voraussetzung nicht getäuscht habe, daß neben einer politischen Farbe, die sich auch unter veränderten Umständen gleich bleibt, auch das Vorhandensein einer ehrenhaften Auffassung von Privatverhältnissen anzunehmen sei.

Die mangelhafte Bestellung meines Briefes fällt der Post zur Last, falls nicht, im Widerspruch mit seiner Aussage, der Diener vorgezogen haben sollte, sich das Porto selbst zu verdienen.

Mit der Versicherung aufrichtiger Hochachtung

Ew. Wohlgeboren

ergebenster

von Bismarck-Schönhausen.

Die ausgesucht vornehme Höflichkeit dieser beiden Briefe, verbunden mit der Bismarck eigenen energischen Entschiedenheit, mußten dem Kladderadatsch imponiren und seine Sympathie für den Schreiber, seinen politischen Gegner, unwillkürlich erwecken.

Ein Vollbild in Nr. 45 vom 4. November 1849 zeigt uns den Abgeordneten der Zweiten Kammer, Otto von Bismarck, zum ersten Male im Bilde; es trägt die Ueberschrift: „Der neue Peter von Amiens und die Kreuzfahrer."

Das Bild stellt eine Gruppe der Kreuzzeitungs-Partei dar: von Gerlach auf einem Esel reitend mit erhobenem Kreuz — dem Zeichen des reaktionären Blattes — in der Mitte; ihm zur Rechten v. Bismarck als Ritter mit der Geißel in einem Panzer, der in Krebsform den Rückschritt zum Ausdruck bringen soll, zur Linken Stahl, im Gewande eines Jesuiten-Paters, während im Hintergrunde die Redakteure der Kreuzzeitung, Wagner und Gödsche, als Don Quixote und Sancho Pansa sehr komisch aus der Gruppe herausragen.

Der Text unter dem Bilde lautet:

Es hält Sankt Stahl des Esels Zaum, Sankt Gerlach
                führt die Truppen,
Zur Seite steht Herr Bismarck treu, der Erzschelm, in
                Panzer und Schuppen.
Und die sich als Landsknechte mit ihren Mähren quetschen,
Das ist Herr Wagner-Don Quixote mit Sancho-Pansa-
                Gödsche.

Auf diesem Bilde erscheint der jugendliche Kreuzritter von Bismarck mit Vollbart. Erst nach 1853 finden wir ihn mit dem für das geniale Gesicht des großen Staatsmannes uns so gewohnten Schnurrbart, den er 1883 nur vorübergehend einmal mit dem Vollbart wieder vertauscht hat.

Charakteristisch für die hohe, gewaltige Stirn Bismarck's sind auch die drei Haare geworden, welche die witzige Laune des Zeichners W. Scholz für alle Zeiten ihm verliehen hat. Nr. 20 vom 3. Mai 1863 bringt in sechs Bismarck-Bildern „Aus der Kammer", die uns in verschiedenen Stellungen des Staatsministers gründliche Verachtung der Kammer-Opposition zeigen, diesen originellen Hauptschmuck zuerst, während im Vorjahre 1862 nur wenige Wochen — Nr. 49—57 das Haupt des großen Mannes eine Helmspitze zierte, die unter Umständen selbst aus dem Cylinderhut herausragte. Vor 1862 erscheint Kopf und Figur Bismarck's ohne besondere charakteristische Merkmale.

Beeinflußt von unrichtigen Zeitungsnachrichten, ließen in Nr. 14-15 des Kladderadatsch vom 27. März 1859 Müller und Schultze es sich einfallen, eine angebliche Tischrede, die der von Frankfurt abgehende damalige Bundestagsgesandte von Bismarck bei der Abschiedsfeier gehalten haben sollte, in ihrer Weise scharf zu kritisiren.

Müller. Ob denn das wahr sein mag, daß der abjejangene Preußische Bundestagsjesandte bei des Abschiedsfest, das ihm Herr von Bethmann in Frankfurt jejeben hat, einen Toast auf der „Alliance Preußens mit Frankreich" ausgebracht haben soll?

Schultze. Ja, jehört habe ich es ooch.

Müller. Ich kann es mir jar nich denken. Ich finde es unter die jejenwärtigen Verhältnisse doch jar zu — —

Schultze. Na wie denn?

Müller. Na, zu — diplomatisch.

Schultze. Nüchtern betrachtet, freilich! aber ich will Dir sagen: bei solchen Jelejenheiten kommt es immer drauf an, beim wievielten Jlase so was jesprochen wird.

Müller. Na, jedenfalls war es bei dem Jlase, das — der Stiefbruder von den Wirth hinjesetzt .un nich mitjetrunken hat.

Schultze. Bravo!

Dieses ungehörige Gespräch dürfen wir wohl als ein sehr erfreuliches bezeichnen, denn es hat uns einen hochinteressanten, humordurchleuchteten Brief Bismarcks an den Kladderadatsch eingetragen, der dessen Stellung zu dem Witzblatt klar erkennen läßt und in

12*

offenen Worten seine große, unverhohlene Vorliebe für dasselbe ausspricht. Der Wortlaut dieses bedeutungsvollen Briefes lautete:

Petersburg, 14. Mai 1859.

Erst vor einigen Tagen sind mir von der hiesigen Post die mir bisher fehlenden Nummern Ihres geschätzten Blattes aus dem vorigen Quartal zugegangen. Nach Einsicht von Nr. 14 -15 erlaube ich mir an Ew. Wohlgeboren die ergebenste Bitte, Müllern darüber aufklären zu wollen, daß er sich von Schultze etwas hat aufbinden lassen. Die Angaben beider sind aus der Luft gegriffen, oder nach dem technischen Ausdruck „verfrüht", bis auf ein Abschiedsdiner bei Herrn von Bethmann; aber ohne gesinnungstüchtigen Stiefbruder, ohne Franzosen und ohne Toast, von dem der mir in den Mund gelegte, in einer aus östreichischen, deutschen und englischen Diplomaten, neben dem russischen natürlich, bestehenden Gesellschaft, auch „beim irgend wievielten Glase" nicht wohl vorzubringen gewesen wäre.

Diese Berichtigung hat nicht den Zweck, Sie zur Rehabilitirung eines in seinem Patriotismus und seiner Nüchternheit verkannten Staatsbeamten zu bewegen, sondern ist lediglich bestimmt, mich vor dem Forum eines Institutes, dem ich so viele angenehme Momente verdanke, wie dem Ihrigen, von dem Verdachte einer so groben Geschmacklosigkeit zu reinigen, wie sie in solchem Toaste unter solchen Umständen gelegen hätte.

Zugleich bitte ich Sie im Interesse des Blattes, Sich gegen Frankfurter Correspondenten ein grundsätzliches Mißtrauen aneignen zu wollen, und in meinem Interesse, sobald ich einmal mit mehr Recht als jetzt Ihrer Satire anheimfallen sollte, Sich zu erinnern, daß ich aus Nr. 14—15 auf ein Guthaben bei Ihnen Anspruch mache.

Mit vorzüglicher Hochachtung

Ew. Wohlgeboren
ergebener
v. Bismarck-Schönhausen.

Nachdem das Ende der neuen Aera zusammen mit der Auflösung des Abgeordnetenhauses und Verabschiedung des Ministeriums am 11. März 1862 gekommen war, wurde der ausgebrochene Konflikt noch stets verschärft durch das schneidige und energische

Auftreten des Herrn von Bismarck, der am 29. September den Staatshaushalts-Etat zurückzog und erklärte: „Nicht auf Preußens Liberalismus, sondern auf Preußens Macht sieht Deutschland. Wir müssen unsere Kräfte zusammenfassen und zusammenhalten für den günstigen Augenblick, der schon einige Male verpaßt ist. Preußens Grenzen, wie sie die Wiener Verträge geschaffen, sind zu einem gesunden Staatskörper nicht günstig. Nicht durch Reden und Majoritätsbeschlüsse werden die großen Fragen der Zeit entschieden — das ist der Irrthum der Jahre 1848 und 49 gewesen — sondern durch Eisen und Blut!"

Ich glaube diese wuchtigen Worte des Schmiedes unserer deutschen Einheit, so bekannt sie auch sein mögen, mit Recht hier anführen zu dürfen, weil ihnen sofort Flügel wuchsen, die sie im hohen Flug hinaustrugen in alle Welt, und „Eisen und Blut!" seitdem die ersten und berühmtesten geflügelten Worte Bismarcks geworden sind.

Zunächst hatten sie den Erfolg, daß der Konflikt wuchs und Herr von Bismarck am 9. Oktober definitiv zum Ministerpräsidenten und Minister des Aeußeren ernannt wurde. Den martialischen Eindruck desselben im Verfassungskampfe, mit der kriegerischen Helm-spitze auf dem gewaltigen Haupte, veranschaulicht uns ein charakte-ristisches Bild aus einer „Zeit-Glosse" in Nr. 57 des Kladderadatsch von 1862.

Daß nunmehr der gewaltige Staatsmann im Kladderadatsch den Kernpunkt bildete, um den sich die großen Zeitereignisse gruppirten, ist erklärlich, jedoch ohne IHN, den großen Macher an der Seine, der nach wie vor in unendlicher Vielseitigkeit zur Erscheinung kam, zu verdrängen.

Jemehr sich der Verfassungskonflikt zuspitzte, desto häufiger und stärker wurden im Kladderadatsch die Angriffe gegen das Ministerium Bismarck. „Nur genial" betitelt Rudolf Löwen-stein ein längeres Lied, welches beginnt:

Ich bin ein Genie vom Fuß bis zur Glatze —
Für Lumpe nur ziemet Bescheidenheit —
Ich frage den Teufel nach Kammergeschwatze
Und weniger noch nach dem Geist der Zeit.
Was Zeit! Was Geist! Philosophische Wendung,
Schulweisheit, abstrakte Begriffe zumal!
Ich trotze dem Geist kraft höherer Sendung —
Das ist zwar gewagt, aber 's ist genial.

Ein anderes Gedicht, welches seiner Zeit viel Aufsehen machte und den größten Beifall fand, heißt: „Poetisch-botanische Exkursion", und findet sich in Nr. 13 vom 22. März 1863.

Trotz seiner vielen Angriffe stimmt Kladderadatsch, der die Ziele von Bismarcks hoher Politik ahnte, in dem Kernpunkt doch dem eisernen Politiker bei und sagt u. a.: „Herr von Bismarck meint, daß die Spaltung in Deutschland nur durch Eisen und Blut, Herr von Dalwigk dagegen, daß sie durch Eisen und Wasser geheilt werden könne. Als Sachverständiger neige ich mich, trotz der Verschiedenheit unserer Parteistandpunkte, der Meinung des Herrn von Bismarck zu: Die deutsche Spaltung ist, wie jede andere, nur durch gehörige Keile auszufüllen.

Der Preußische Zimmermann,
der das Loch gelassen hat."

Während der hochgehenden Wogen des Verfassungskampfes hatte die klerikale und Junker-Partei einen Vernichtungskrieg gegen den Kladderadatsch paktirt und ein Kapital von 40000 Thalern zur Begründung eines konservativen Witzblattes zusammengebracht, welches unter dem Titel „Der kleine Reaktionär" dem verhaßten Feinde tötliche Konkurrenz machen sollte. „Wir müssen der falschen eine wahre Satirik entgegen setzen," heißt es, „dem zügellosen, zuchtlosen Witz den echten Humor gegenüberstellen." — Nicht lange dauerte es — es sollen nur neun Monate gewesen sein — da war die „wahre Satirik und der echte Humor" vom Schauplatze schon wieder verschwunden und mit ihnen die Kriegskasse von 40000 Thalern. Kladderadatsch aber „zählte die Häupter seiner Lieben, und sieh', es fehlt kein theures Haupt!"

Der Erste, welcher in den Kreis der alten Gelehrten des Kladderadatsch neu eintrat und bald von ihnen als willkommener Mitarbeiter in ihre Gemeinschaft aufgenommen wurde, war Johannes Trojan.

Schon 1862 lieferte er dem Kladderadatsch eine namhafte Anzahl von poetischen Beiträgen, die mit solchem Beifall aufgenommen wurden, daß er im August desselben Jahres als Mitarbeiter des bedeutenden Witzblattes fest angestellt wurde.

1865 trat er in die Gemeinschaft der „Gelehrten" und seit Ende 1885 ist er, nachdem er im Laufe des Jahres den erkrankten Leiter des Blattes, Rudolf Löwenstein, einige Wochen vertreten, von Nr. 51 an verantwortlicher Redakteur des Kladderadatsch geworden.

Johannes Trojan ist ein Humorist im besten Sinne des

Wortes. Mit gediegenem Wissen verbindet er einen scharfen Verstand und ein schlagendes Urtheil, welches meistens sich in treffendem Witz äußert. Sein Witz ist aber nicht von ätzender Schärfe und verletzend; er wirkt im Gegentheil wohlthuend, weil ihm durch gesunden, natür- lichen Humor der verletzende Stachel genommen ist. Als fein- sinniger Beobachter wirkt Trojan in seiner beschaulichen, natürlichen Weise außerordentlich angenehm und weiß seinen poetischen wie prosaischen Arbeiten, die außer im Kladderadatsch auch in Büchern mancherlei Art erschienen sind, durch seine, anziehende Kleinmalerei einen besonderen Reiz und eine eigenartige Anziehungskraft zu verleihen. Diese Eigenschaften, verbunden mit mannhafter Gesinnung, ächtem Patriotismus und natürlichem Takt, machten Trojan später für die leitende Stellung an dem Blatt ganz besonders geeignet.

Seine namhaften Arbeiten, die im Laufe der Jahre im Kladderadatsch erschienen sind, bilden eine reiche, interessante Fund- grube von Humor, Witz und Satire, aber auch von ernsten und ergreifenden Dichtungen, namentlich über den von ihm über Alles verehrten Fürsten Bismarck, in dessen Hause Trojan in den letzten Jahren vielfach als Gast weilte.*)

Es wird gewiß interessiren, wenn ich in Nachstehendem seinen ersten Beitrag aus Nr. 10 von 1862, der den damaligen Konflikt mit dem Kurfürsten von Hessen-Kassel behandelt, und sein erstes Leitgedicht für den Kladderadatsch aus Nr. 24 desselben Jahres zum Abdruck bringe.

Dionys in Kassel.
(Vgl. „Die Zeit", und die „Voss. Ztg." vom 25. Februar.)

Am Bett Pistolen, vor der Thür Musketen —
So wär' er sicher, daß kein Feind ihm dräue;
Doch unstät schweift der Blick umher, der scheue,
Und fern bleibt er dem Lager, dem verschmähten.

Denkt er vielleicht in dieser einsam späten
Schlaflosen Stunde noch mit bittrer Reue,
Wie süß er schlafen könnt' im Arm der Treue,
Heimlich bewacht von eines Volks Gebeten?

O nein! Er horcht in athemlosem Lauschen:
Was will der Sturmwind, der mit dumpfem Rauschen
Ans Fenster pocht, bald lauter und bald schwächer?

Weh, wenn sie schliefen, seines Lebens Wächter!
Schon klingt es ihm wie Stimmen und Gelächter,
Und auf dem Gange nah'n hört er den Rächer.

---

*) In den „Bismarckgedichten des Kladderadatsch" (Verlag von A. Hofmann & Comp. in Berlin) sind die besten Bismarck-Dichtungen Trojans — 84 an der Zahl — gesammelt erschienen.

Eine alte Geschichte.

Der alte Barbarossa ward im Kyffhäuser wach,
Er glaubt', er wär' gerufen, er meint, es würde Tag;
Er schüttelt den Staub vom Panzer, er gürtet um sein Schwert,
Das einst in alten Tagen in manchem Kampfe wohlbewährt.

Er läßt von seinem Knaben sich führen durchs deutsche Land.
Es war ihm fremd geworden, als hätt' er's nie gekannt:
Die Burgen in Schutt gesunken, die Felder offen und frei,
Gelichtet die dunklen Wälder — auch waren ihm die Kartoffeln neu.

Und wie der alte Kaiser im Lande ging umher,
Da sah er allenthalben viel blankes Militär.
Das thät' ihn schier verwundern, er sah den Grund nicht ein:
„Was müssen meine Deutschen ein kriegerisch Geschlecht jetzt sein!"

Und als er kam nach Coburg zum Nationalverein,
Und man als Ehrenmitglied ihn bald zum Essen ein:
Sollt' einen Beitrag geben zu Deutschlands Ruhm und Ehr' —
Er riß sein Schwert von der Hüfte und sprach, er hätt' nichts Besseres mehr.

Er wendet sich gen Norden, da hört er Nothgeschrei,
Sie winken in Schleswig Holstein zu Hilfe ihn herbei:
Sie wären schier verlassen und keine Rettung nah!
Der Kaiser spricht: „Wozu denn sind alle die Soldaten da?"

Er wendet sich gen Süden   auch dort ein Nothgeschrei,
Sie winken in Hessen-Cassel zu Hilfe ihn herbei:
Sie wären in hartem Drucke und keine Hilfe nah! —
Der Kaiser spricht: „Wozu denn sind alle die Soldaten da?"

Da hört er Waffengerassel — es rückt ein Heeresbann
Von Norden gegen Cassel, schier zwanzigtausend Mann.
Hell glänzen die Pickelhauben im Morgensonnenstrahl —
Der Kaiser spricht: „Jetzt athm' ich in Hoffnung auf zum ersten Mal!"

Und wieder Waffenklirren — es rückt ein Heeresbann
Von Süden ein in Cassel, schier zwanzigtausend Mann;
Strafbaiern sind's von Würzburg gesandt zu Preußens Trutz.
Der Kaiser spricht: So nimmt man in Deutschland ein armes Volk in Schutz?"

Er richtet seine Schritte gen Frankfurt an dem Main,
Tritt strack in die Versammlung des Bundestags hinein;
Da sieht er die Bescheerung, und wie man Deutschland macht —
Da hat der alte Rothbart gell in Verzweiflung aufgelacht.

Drauf spricht er zu dem Knaben: „Mir wird so trüb der Blick!
Führ' mich in den Kyffhäuser, führ' mich nach Haus zurück.
Weck' mich so bald nicht wieder, laß mich in Frieden ruhn;
Bis es erst Tag wird, denk' ich noch einen langen Schlaf zu thun!"

Der Verfassungskampf in Preußen wurde immer leidenschaftlicher und erbitterter geführt. Mit seiner kaustischen Satire griff
Kladderadatsch natürlich als Bekämpfer der Regierung tapfer ein und
errang sich dabei nach längerer Pause eine ernstliche an den Verleger gerichtete amtliche Verwarnung, die folgenden Wortlaut hatte:

„Die in Ihrem Verlage erscheinende Wochenschrift
„Kladderadatsch" beobachtet fortdauernd eine die öffentliche
Wohlfahrt gefährdende Haltung, indem sie durch Schmähungen
und Verhöhnungen die Einrichtungen des Staats, die öffentlichen Behörden und deren Anordnungen dem Hasse und
der Verachtung auszusetzen bestrebt ist.

Insbesondere tritt dieses Bestreben neuerdings in dem
in der Nr. 42 der gedachten Zeitschrift befindlichen Gedicht
„Der letzte Versuch" hervor, welches die durch Allerhöchste
Verordnung vom 2. d. Mts. erfolgte Auflösung des Hauses
der Abgeordneten, das Königliche Staatsministerium, und
namentlich die Motivirung jener Maßregel durch die
Königliche Staatsregierung in der oben charakterisirten
Weise bespricht.

Auf Grund der §§ 1, 3, 8 der Verordnung vom
1. Juni d. J. betreffend das Verbot von Zeitungen und
Zeitschriften wird Ihnen hiermit eine Verwarnung ertheilt.

Berlin, den 14. September 1863.

Der Polizei-Präsident.

v. Bernuth.

In der großen Politik hatte sich inzwischen Bedeutsames vollzogen. Preußen ließ sich in der ihm von Oesterreich geschickt
gelegten Falle nicht fangen und lehnte trotz wiederholter dringender
Einladungen den zur Berathung einer neuen Bundesverfassung im
August zusammengetretenen Fürstenkongreß in Frankfurt a. M. ein-
fach ab, indem Bismarck dem preußischen Gesandten beim Bunde
schrieb: „wenn Preußen auf die österreichischen Reformpläne eingehe,
entsage es dem Range, den Macht und Geschichte ihm in Europa
verschafft haben und laufe Gefahr, die Kräfte seines Landes fremden
Zwecken dienstbar zu machen."

So war die Lage der Dinge, als mit dem am 15. November
erfolgten Tode Königs Friedrich VII. von Dänemark die Schleswig-
Holsteinsche Frage eine so brennende wurde, daß selbst die Liebe
des deutschen Bundes für die Herzogthümer Dänemark gegenüber

keine Grenzen mehr kannte und den Beschluß faßte, die so lange Jahre schwebende ungelöste Frage durch Bundesexekution zum kriegerischen Austrag zu bringen.

Durch seine hellsehende Gabe hatte Kladderadatsch sich inzwischen wieder als der wahre Prophet seines Jahrhunderts gezeigt, denn schon im Juni, als man noch nicht an einen Krieg mit Dänemark dachte, der 1864 in tapferer Waffengemeinschaft von den verbündeten preußischen und österreichischen Truppen mit der Loslösung der Herzogthümer von Dänemark zum siegreichen Ende geführt wurde, hatte Kladderadatsch gerade drei Jahre vorher das Jahr 1866 verkündet, in welchem am 4. Juni — also mit großer Pünktlichkeit der Prophezeiung entsprechend — die Auflösung des Bundestages und die preußische Kriegserklärung erfolgte.

„Nach der Börse, im Kaffeehaus" betitelt sich in Nr. 27 das erleuchtete hier folgende Gespräch:

Eemeier. Haben Sie gelesen in den hinterlassenen Papieren des Grafen Cavour, daß Napoleon III. hat gebraucht zur Vorbereitung auf den italienischen Krieg drei Jahre?

Demeier. Drei Jahre! Nun, dann können wir Sechsundsechzig erst — recht ruhig spielen bis dahin.

Das Jahr 1863 sollte dem Kladderadatsch in seinem Verlauf noch verhängnißvoll werden. Es war am 15. November, dem Todestage des Königs von Dänemark, als der lose Schalk es sich einfallen ließ, mit der Fürstin Karoline von Reuß älterer Linie anzubinden, indem er sich unterfing, eine von ihr verfügte „Prinzessinsteuer" in einem längeren Gedichte, welches Trojan zum Verfasser hatte, zu kritisiren.

Die Folge davon war eine Anklage gegen den Redakteur Dohm, die nach langer Verhandlung endlich mit der Verurtheilung zu fünf Wochen Haft endigte.

Am 23. Oktober 1864 lesen wir im Kladderadatsch folgendes Gedicht:

„Le mie prigioni."

Von Silvio Pellico jun.

Neun Ellen im Geviert — ein enges Loch,
Kaum größer als die Großmacht von Reuß-Gera —
In einem Haus, das stets bedenklich roch
Nach etwas Armensünder-Atmosphära!
Fünf Wochen   zwar nicht lange, aber doch
Fast länger als so manche „neue Aera!"
Neun Ellen hat als Wohnung auf fünf Wochen
Das Tribunal mir freundlichst zugesprochen.

Warum? — Weil leichten Spotts ich mich vermaß —
Urtheilet selbst, ob ich es nicht verdiene —
Weil ich in schwachem Augenblick vergaß
Der Majestät, der Fürstin - Crinoline!
(Ein zartes Weib versteht nicht tecken Spaß,
Doch werd' ich deßhalb noch kein Misogyne)
Darum wird mich der Staat — o seltne Ehren! -
Fünf Wochen jetzt — im Prytaneum nähren.

Ja, Recht geschieht mir! Offen sprech' ich's aus,
Und jede Klag' aus meinem Mund verstumme!
Nimm gut mich auf, mein wollenmärktlich Haus!
Nur Eins ist, was mich kränkt - das einz'ge Dumme:
Ich schlage nicht den Preis dabei heraus!
Denn wenn ich schon fünf lange Wochen brumme,
Dafür hätt' ich — kaum wag' ich's mir zu gönnen —
Den schönsten Staatsminister ärgern können!

Und die Moral? — Fruchtbarer Regen neußt
Sich auf mein sündig Haupt aus dieser Wolke:
Wann sich der Freiheit Pforte mir erschleußt,
Komm' ich geläutert her vom Markt der Wolle;
Der Unschuld weißgewaschnes Kleid umfleußt
Die Glieder, und ich schwör's vor allem Volke,
Mich, wie Franz Moor, in meinem ganzen Leben
Nie mehr mit — Kleinigkeiten abzugeben!

An dieses Gedicht schließt sich eine kleine amüsante Geschichte,
von Paul Lindau mitgetheilt, die hier nachzuerzählen derselbe mir
wohl gestatten wird.

An demselben Tage — also am 23. Oktober — traf Kaiser
Alexander von Rußland zum Besuch unseres Königs in Berlin ein
und wurde von dem Ministerpräsidenten von Bismarck am Bahnhofe
empfangen.

„Nun, wie geht's Ihnen, schönster Staatsminister?" fragte der
Kaiser.

Bismarck zeigt sich über diese Anrede einigermaßen verwundert.

Der Kaiser wiederholte unmittelbar darauf wieder:

„Schönster Staatsminister." Da er nun Bismarck's Verwun-
derung von dessen Mienen ablas, fügte er gleich die Frage hinzu:
„Ist Ihnen denn der Kladderadatsch noch nicht zu Gesicht gekommen?"

„Noch nicht, Majestät."

„Den müssen Sie lesen! Er hat in seiner heutigen Nummer
ein köstliches Gedicht." Und der Kaiser zitierte aus dem Kopfe:

„Denn wenn ich schon fünf lange Wochen brumme,
Dafür hätt' ich — kaum wag' ich mir's zu gönnen —
Den schönsten Staatsminister ärgern können!"

„Der schönste Staatsminister sind doch unbedingt Sie", fügte der Kaiser hinzu.

Kurze Zeit nach dem rechtskräftig gewordenen Urtheil trat Dohm seine Strafe in der Stadtvoigtei an. Er hatte etwa vier Wochen abgesessen, und es verblieben ihm also noch einige Tage, da brachte der Kladderadatsch am 4. Dezember eine prächtige Karrikatur von Wilhelm Scholz: Unter dem Eisengeflecht einer riesigen Krinoline, die als „Crino—caro—line" bezeichnet ist,

sitzt Dohm mit übergeschlagenen Beinen, den unvermeidlichen Stock zwischen denselben, und neben sich eine Kanne mit der Aufschrift: „Molke". Links von ihm, in Freiheit, die drei Kollegen: der kleine lustige Kalisch, der Barde Rudolf Löwenstein mit dem biederen Dichterkopfe und der unendlich lange Wilhelm Scholz, die voll Theilnahme auf den unter der Krinoline Festgesetzten blicken. Zur Rechten der Kladderadatsch mit dem sogenannten „Barbierflügel", der Guitarre in der Hand, von Müller und Schulze begleitet. Als Ueberschrift: „Albumblatt für unsere geistigen Geranten", und als Unterschrift:

Drinnen gefangen ist einer!
Bleibet haußen, folg' ihm keiner!

Könnt ihr ihm nützen,
Laßt ihn nicht sitzen!
Denn er that uns Allen
Schon viel zu Gefallen.   (Goethe's Faust.)

Diese Karrikatur war also am 4. Dezember 1864 erschienen.
Am 7. war der Einzug der siegreichen Truppen aus Schleswig-
Holstein, und am folgenden Tage hatte der Ministerpräsident von
Bismarck Vortrag bei dem Könige. Der König, der nach der glän-
zenden militärischen Feier in bester Stimmung war, hatte den
Kladderadatsch gesehen und sich über das Bild köstlich amüsirt. Der
Ministerpräsident schlug Sr. Majestät vor, dem eingesperrten Re-
dakteur die paar Tage zu erlassen, und der König ging auf diesen
Vorschlag gleich ein.

Bismarck schrieb nun sofort einige Zeilen an Dohm, und be-
nachrichtigte seinen Kollegen Eulenburg, zu dessen Ressort die Angelegenheit gehörte, von dem Befehle Sr. Majestät. Die Freilassung wurde auf der Stelle vollzogen.

Dohm war gerade im Zimmer des Stadtvoigtei-Direktors von
Drygalski, wo er mit seiner Frau und seinem jüngsten Töchterchen,
Eva, die er seit längerer Zeit nicht gesehen hatte, über allerlei plauderte.
Er ließ sich den Einzug schildern, als ein Bote Herrn von Drygalsky
verschiedene Briefe übergab. Nachdem der Direktor dieselben geordnet hatte, übergab er Dohm ein für diesen bestimmtes Schreiben,
das dieser, da er gerade mit seiner Frau sich lebhaft unterhielt, un-
gelesen in die Rocktasche steckte. Inzwischen hatte von Drygalsky
ein an ihn gerichtetes offizielles Schreiben entsiegelt, und nachdem
er dasselbe gelesen, unterbrach er die Unterhaltung:

„Nun, Herr Dohm, was sagen Sie dazu?"

„Wozu?"

„Sie haben doch eben einen Brief bekommen? Haben Sie
denselben nicht gelesen?"

„Noch nicht."

„Nun, dann lesen Sie ihn."

Dohm nahm den Brief aus der Tasche und las die Aufschrift
auf dem Konvert in den ihm wohlbekannten energischen Zügen von
der Hand unseres späteren Reichskanzlers: „Seiner Wohlgeboren
dem Redakteur Herr Dohm, Stadtvoigtei." Darunter standen in
einer eleganten Handschrift die Worte: „Sofort an den Herrn
Adressaten zu bestellen.

Der Minister des Innern, Gr. Eulenburg."

Dohm öffnete nun den Brief und wurde durch die folgende Mittheilung freudig überrascht:

Berlin, 8. Dezember 1864.

Ew. Wohlgeboren

benachrichtige ich, daß S. M. der König soeben den Nachlaß der noch nicht abgelaufenen fünf Wochen vollzogen hat; das Amtliche erfolgt auf amtlichem Wege. Abgesehen von der gestrigen Feier ist das hübsche Bild der letzten Nummer auf die Entschließung nicht ohne Einfluß geblieben. Darf ich eine persönliche Bitte an diese Mittheilung knüpfen, so ist es die, die arme Caroline nun ruhen zu lassen.

Mit vorzüglicher Hochachtung

Ew. Wohlgeboren ergebenster

v. Bismarck.

Aus Nr. 59.60 des Kladderadatsch von 1864.

Eine Stunde später hatte Dohm die „neun Ellen im Geviert" hinter sich, wenn auch nicht zum letzten Male.

Das interessante Schreiben Bismarck's findet sich in Facsimile-Nachbildung im „Bismarck-Album des Kladderadatsch" (Berlin, A. Hofmann u. Comp.)

Nachdem Preußen angefangen hatte, „in Eisen und Blut" zu arbeiten, zog Kladderadatsch gerne mit in die neue Aera der Annexionen. Mit voller Ueberzeugung wurde er ein Verbündeter der Annexionspolitik Preußens und Gegner der liberalen Strömung, welche bismarckfeindlich die Selbständigkeit der Herzogthümer Schleswig-Holstein unter dem Kronprätendenten, dem Herzog Friedrich von Augustenburg, auf ihre Fahne geschrieben hatte. Sein

politischer Scharfblick sagte ihm, daß er trotz des für die Kandidatur
des Augustenburgers mobil gemachten Nationalvereins und groß-
deutschen Reformvereins hier sich auflehnen müsse gegen die ganze
geschlossene Macht des Liberalismus im national-deutschen Interesse.

Bekanntlich wurde nach dem Wiener Friedensschluß die Ver-
nunft-Ehe zwischen Preußen und Oesterreich geschlossen, die nicht
lange vorhalten konnte und, wie zu erwarten stand, in gegenseitiger
unwiderstehlicher Abneigung bald einen Scheidungsgrund zu finden
wußte. Der deutsche Krieg 1866 war die nothwendige Folge
davon.

Im Hinblick auf diesen Krieg möchte ich hier einer unvergeßlichen Begegnung mit dem Altreichskanzler aus dem Jahre 1894
gedenken.

Der Journalisten- und Schriftstellertag hatte sich in den letzten
Junitagen in der freien Stadt Hamburg versammelt und wurde,
obschon ein geplanter Besuch in Friedrichsruh vom Festprogramm
wieder abgesetzt war, doch noch am 1. Juli auf besonderen Wunsch
Bismarck's im Schloßpark empfangen. Ich hatte hier das Glück,
daß mich der Fürst durch Dr. Chrysander zunächst zu sich rufen ließ.

Während er in liebenswürdiger Weise mit mir sich über Ver-
schiedenes unterhielt, hatte sich Alles im Park versammelt und um
den gewaltigen Recken, in dessen verwittertem Gesicht das große
Stück Weltgeschichte, das er gemacht, mit tiefen Zügen eingegraben
war, gruppirt.

Da wandte der Eisenkanzler sich zu den Versammelten, unter denen
verschiedene Oesterreicher waren, und sprach sich in gewichtigen,
inhaltsschweren Worten, die ich noch an demselben Mittag zu
Papier brachte, über Deutschlands Verhältniß zu Oesterreich aus.

Es sei ein großer Irrthum, sagte er, wenn gewisse Leute noch
immer von dem Kriege 1866 wie von einem Bruderkriege sprächen.
Der Krieg gegen Oesterreich sei eine historische Nothwendigkeit gewesen und uns durch den unerbittlichen Gang der Weltgeschichte auf-
gezwungen worden. Eine Klärung der deutschen Verhältnisse, die so lange
Zeit im Argen gelegen, war dringender denn je geboten. „Habe ich es
doch in Frankfurt nur zu oft selbst erlebt", meinte der Fürst mit
humoristischem Anflug, „daß wenn Preußen die Pferde vor den
deutschen Staatswagen spannte, Oesterreich nichts Eiligeres zu thun
hatte, als seine Pferde hinten anzuspannen, und dann ging das
Ziehen auf beiden Seiten los, bis zum Schluß eine noch größere
Zerrissenheit unseres armen deutschen Vaterlandes, welches die
Kosten tragen mußte, dabei herauskam."

„Endlich", meinte der Altreichskanzler dann weiter, „mußte die große Entscheidung getroffen werden, wer an der Spitze Deutschlands für die Zukunft marschieren, wer das zersplitterte Reich zu einer achtunggebietenden Stellung führen, zu einer selbständigen Welt= macht es erheben sollte; sie trat mit solch dringender Nothwendig= keit heran, daß der Krieg unvermeidlich war. Wie weit entfernt wir aber von einem Bruderkriege waren, wie richtig wir unsere große Aufgabe verstanden, das hat zur genüge unsere weise Mäßi= gung gezeigt, die uns an den Thoren Wiens umkehren und mit Oesterreich Frieden schließen hieß, das wir nicht demüthigen und schwächen, sondern im Gegentheil in allen seinen Theilen erhalten wollten, damit wir für die Zukunft unseren deutschen Brüdern die Hand reichen und in Oesterreich einen natürlichen mächtigen Bundes= genossen gewinnen konnten zur Stärkung Deutschlands, zur Abwehr drohender Feinde und zur Wahrung des allen Völkern so noth= wendigen Friedens."

Einen tiefen, nachhaltigen Eindruck machten diese hoch= bedeutsamen Worte auf die Versammelten. Ich habe die Aufzeich= nungen dieses Bismarcktages nie der Oeffentlichkeit übergeben, weil von Bismarckbesuchern schon genug publizirt wird; hier aber scheint es mir am Platze zu sein, um in einer Zeit, in der Bismarck bei allen liberalen Parteien Deutschlands noch der „bestgehaßte" Mann war, den klaren und weiten Blick des Kladderadatsch für Deutsch= lands Zukunft zu zeigen und seine fest und klar ausgesprochene Stellung als Verbündeter der preußischen Regierung mit ihrer auf die Einheit Deutschlands hinzielenden Annexionspolitik zu begründen und zu rechtfertigen.

Der siegreiche Feldzug hatte unser Verhältniß zu Frankreich nicht freundschaftlicher gestaltet, sondern im Gegentheil recht ernst zugespitzt. Der große Louis hatte sich allerdings eine zeitlang der friedlichen schriftstellernden Thätigkeit hingegeben und das Leben Caesars geschrieben; dazu stand die Pariser Weltausstellung 1867 in naher Aussicht — das Alles konnte ihn aber nicht von den drückenden Magenbeschwerden befreien, die ihm das verhaßte Königgrätz verursachte. Die Empfindlichkeit scheint gleich nach dem Friedensschluß zu Prag am 23. August eine so hochgradige geworden zu sein, daß Bismarck im Interesse des gefährlichen Kranken sogar den Kladderadatsch zu sich berufen mußte.

Es liegt mir ein Brief Dohms vom 28. August 1866 an den Verleger vor, welcher lautet:

Lieber Hofmann!

Soeben (3 Uhr Nachmittags) komme ich von Bismarck, der mich heut' zu sich rufen ließ und mir Mittheilungen über die momentanen Beziehungen Preußens zu Frankreich machte, die mich zwingen, unter allen Umständen das für die nächste Nummer bestimmte Bild vorläufig fortzulassen.

Wir nehmen deshalb für die nächste Nummer die für die folgende bestimmten Stöcke, und Scholz wird schon nicht umhin können, unterwegs noch eine Platte zu zeichnen.

In Eile besten Gruß an Sie und alle biederen Touristen von

Ihrem

E. Dohm.

Nachdem der Kladderadatsch wegen Religionsverspottung noch einmal seinen Einzug in die öden Mauern der Stadtvoigtei gehalten, weil er der Wunderkraft einiger heiligen Reliquien nicht mit dem nöthigen Respekt begegnet war, vollzog sich der große Annexionskrach und mit ihm die Uebernahme Windthorst's und der Welfen durch Preußen, während der Minister von Beust, der stets eine Zielscheibe der beißendsten Satire für den Kladderadatsch gewesen, von Sachsen an Oesterreich abgetreten wurde und nun, zum Grafen erhoben, „Oesterreich allein selig machte".

Um sich von seinen immer drückender werdenden Magenbeschwerden zu erleichtern, versuchte der große Intriguant, unser westlicher Nachbar, zunächst mit Luxemburg niederzukommen. Er fand aber keine Gegenliebe bei der neuen deutschen Reichsbehörde, dem Norddeutschen Bunde, der durch die Gründung des Zollparlaments und die Einführung einheitlicher Maße und Gewichte sich immer fester gestaltete, und es trat eine unheimliche Stille ein, die Stille vor dem Sturm, die hin und wieder nur unterbrochen wurde durch den endlichen Tod der Krinoline, Barbara Ubryk, den drohenden Stock Tölcke's, das Schicksal der Gerichtslaube, die aufregende Trichinenfrage, das Auftreten Knak's und Wantrup's, die päpstliche Verleihung der goldenen Tugendrose an die Königin Isabella und die Auffrischung der ältesten Meisterwerke im Berliner Museum durch frischen Anstrich.

Man fühlte, daß die Entscheidung nahte. „La Silencieuse", die geräuschlose Nähmaschine der Nemesis — meinte der Kladderadatsch — näht das Leichentuch Louis. Der norddeutsche

Moses zerschlägt die Gesetztafeln des Bundes, geht auf den Sinai-Varzin und kehrt nicht mehr zurück."

Es wurde immer unheimlicher auf dem vulkanischen Boden. Die Unfehlbarkeitserklärung in Rom und der alte Schwindel des wieder von neuem in Szene gesetzten Plebiscits in Frankreich beschäftigten noch die Gemüther, als das Angebot der spanischen Krone an den Erbprinzen von Hohenzollern endlich dem nach dem belebenden Sauerstoff der blutigen Schlachtfelder durstenden, rheinlandgierigen Mephisto einen willkommenen Vorwand bot, loszuschießen.

Wie ein reinigender Blitz fuhr es aus heißer politischer Stickluft und schlug mächtig ein in den jahrelang angesammelten Zündstoff, daß mit einem Male die Welt erdröhnte und tausend Feuergarben aufstiegen zum Himmel gleich leuchtenden Riesen-Kriegsfanalen, im Verein mit der flammenden Begeisterung des Volkes die Sommersonnenwende von 1870 glühendroth begrüßend.

Der große Napoleonskrach war angebrochen: Krieg gegen Frankreich! war die allgemeine Losung, die Alldeutschland einig machte und die Mainbrücke schlug zum großen Aufmarsch gegen den Erbfeind.

„Die Wacht am Rhein" erklang und mit ihr das schlachtenfröhliche Kriegslied des Kladderadatsch:

(Mel.: Wer will unter die Soldaten zc.

Jubelnd sei's der Welt verkündet:
:,: Nicht mehr scheidet uns der Main! :,:
Darum rücken wir verbündet
Ins Franzosenland hinein.
Von der Alpe bis zum Strand
Schallt das Lied fürs Vaterland:
„Immer frisch, frei, fromm und froh
Haut sie auf den Chassepot,
Chasse pot pot pot—pot pot—
Auf den Chass'pot mit Hurrah!"

Baiern, Schwaben, Sachsen, Hessen,
:,: Schließt euch tapfer, Glied an Glied! :,:
Was geschehn ist, ist vergessen.
Und vergessen, was uns schied!
Von der Alpe u. s. w.

Ob den heil'gen Chass'pot preise
:,: Auch der Franzmann voller Gluth :,:
Glaubt mir, auch der heil'ge Trense
Und der Werder Wunder thut.
Von der Alpe u. s. w.

Immer feste auf die Weste!
:,: Halt dich tapfer, alter Krupp! :,:
Bring uns bis zum letzten Reste
All' das Kruppzeug auf den Schub!
Von der Alpe u. s. w.

Daß der Teufel euch die Treffer
Und die Chassepots verehrt!
Fahrt zum Lande, wo der Pfeffer
Von Cayenne üppig wächst
Von der Alpe u. s. w.

Jagt den Kaiser der Franzosen,
:,: Brüder, fort von Reich und Haus! :,:
Drüben stehn die rothen Hosen —
Wer da Muth hat, klopft sie aus!
Von der Alpe bis zum Strand
Schallt das Lied fürs Vaterland:
„Immer frisch, frei, fromm und froh
Haut sie auf den Chassepot,
Chasse pot—pot pot—pot pot—
Auf den Chass'pot mit Hurrah!

Unter den Klängen dieses in vielen tausend Exemplaren un=
entgeltlich unter die Soldaten vertheilten, sogleich populär gewordenen
Marschliedes und der „Wacht am Rhein" brachen im todesmuthigen
Siegesmarsch unsere begeisterten Krieger in Feindesland hinein.

„Von der Farce: „Lulu mit der Kugelspritze" bis zum helden=
müthigen Satyrspiel: ‚N'ayant pas pu mourir á la tête de mes
troupes' ist nur ein Schritt — der deutschen Truppen nach Paris",
meinte der Kladderadatsch.

Der Schritt nach Paris geschah bald. Nach dem Vernichtungs=
schlage, der J.H.M. bei Sedan getroffen und zu seiner unfreiwilligen
Uebersiedelung nach Wilhelmshöhe veranlaßte, stand man bald vor
den Thoren von Paris, in welche unsere braven Truppen als
Siegespreis später ihren ruhmreichen Einzug halten sollten.

Eine reiche unerschöpfliche Fundgrube von patriotisch=be=
geisterten Dichtungen ernster und heiterer Richtung, von über=
sprudelnder Laune und köstlichem Witz und Humor bieten die vielen
Nummern des Kladderadatsch in der Kriegszeit. Viele derselben,
wie z. B. „Des Rheines Antwort", „Schultze beim Abmarsch seiner
Jungen", „Unsere Mainbrücke" stammen aus der Feder Julius Loh=
meyers, der von 1870—72 dem Redaktions=Verbande des Kladde=
radatsch angehörte.

> Die Muse schreibt: Das Jahr, so heut verronnen,
> Hat in Jahrtausenden nicht seinesgleichen,
> So reich an Festen und an Siegeswonnen —
> Das erste Kaiserjahr in deutschen Reichen.

So beginnt des Kladderadatsch Abschiedsgruß an das ver=
flossene Jahr 1871. Wie ein wunderbarer Traum erschien nach
dem Friedensschluß die große thatenreiche Zeit, wo im Siegessturm
der Schlachten die deutschen Brüder sich wiedergefunden und aus
dem vergossenen Heldenblut, strahlend im neuen Glanze, die deutsche
Kaiserkrone emporgestiegen war, um das erhabene ehrwürdige Haupt
des lorbeergekrönten greisen Heerführers zu schmücken. „Heil Kaiser
Dir!" hallte es jubelnd vom Versailler Schloß durch alle Lande.

Nach langem Schlaf war das Deutsche Reich wieder erstanden,
mächtiger und stärker denn je, und der deutsche Aar konnte macht=
voll seine Schwingen regen, die nun auch wieder ein Stück deutschen
Landes schützen sollten, ein schon verloren geglaubtes - - Elsaß=
Lothringen.

13

Friede! war für das neue mächtige deutsche Kaiserreich die Losung geworden, während das ungläubige Ausland eine Aera von Kriegen und Eroberungen weissagte, da es bei dem beispiellosen Erfolge an die weise Mäßigung des Volkes nicht zu glauben vermochte. Die Weisheit des Kaisers und seines Reichskanzlers hat aber solche Voraussetzungen zu schanden gemacht. Das deutsche Kaiserreich ist in Wahrheit der Friede geworden. Nicht im Schüren des Feuers, im Löschen sollte fortan seine segenbringende Thätigkeit bestehen.

Wir lassen dem Franzosen gerne seine Marseillaise, dem Engländer sein Rule Britannia, aber wir fragen auch nicht mehr: „Was ist des Deutschen Vaterland?" — weil die Antwort gefunden ist und in unserem mächtigen Kaiserreiche, ein verkörperter Traum aus begeisterten Jugendtagen, vor uns steht.

Die Erhebung des Grafen Bismarck in den erblichen Fürstenstand durch Kaiser Wilhelm 1. war schon bei der Eröffnung des ersten Reichstages am 21. März erfolgt.

Schultze begrüßt diese Ehrung im Kladderadatsch:

> „An Otto."
>
> Allah is jroß!
> Nu bist Du Fürst!
> Nu sag' mir bloß,
> Was Du noch wirst?
> Wenn Du berghoch
> So weiter trabst, —
> Dann wirst Du noch
> Am Ende Papst!

Denn unfehlbar bist Du schon wejen Deinen prophetischen Ausspruch vor acht Monate: „Zur Strafe sollen die Franzosen Louis Napoleon wieder kriegen!"

Naturgemäß beschäftigte sich der erste Reichstag mit den nächstliegenden Fragen und genehmigte fast einstimmig die deutsche Reichsverfassung. Die Kaiserwürde soll erblich bei der Krone Preußens bleiben und der Reichstag aus allgemeinen und direkten Wahlen hervorgehen. Einheit im Heerwesen bei allgemeiner Wehrpflicht, Einheit im Post- und Zollwesen, in Münze, Maß und Gewicht. Elsaß-Lothringen wird Reichsland, Kiel und Wilhelmshaven werden Kriegshäfen der deutschen Flotte.

So war die erste große Aufgabe der Reichsvertretung, das neue

Reich im Innern zu einigen und zu stärken, bald, soweit möglich, erfüllt.

Daß nunmehr Handel und Wandel, Gewerbe und Industrie, befreit von dem schweren Druck der ewig langen, alle freie Entwickelung lähmenden Kriegsdrohungen, in nie geahnter Kraft und Schnelligkeit mächtig sich entwickelten und emporblühten, war die unmittelbare Folge des befruchtenden Friedens, der gefestigten Einheit im neuen Reich und des „Milliardensegens", der sich mit der Kriegsentschädigung von Frankreich über Deutschland als goldener Regen ergoß.

Die Auswüchse des emporblühenden Handels und Gewerbes, sowie der rasch und in kaum geahntem Umfange sich entfaltenden Industrie auf den vielseitigen Gebieten konnten nicht lange ausbleiben. Die aus Kriegsfurcht in früheren Jahren ängstlich zurückgehaltenen Kapitalien waren der Industrie dienstbar gemacht und brachten dieselbe mit einem Male auf eine schwindelhafte Höhe, welche bald die Kehrseite der schönen Prägung zeigte in unsoliden Gründungen und Aktienschwindel schlimmster Art.

Daß Kladderadatsch bei diesem neuen Werdegang des Reiches aus dem Himmel des „Massenlorbeers" in das gemeine „Zeitalter der schwindelhaften Gründungen" unbarmherzig die Pritsche schwang und rechts und links auf die „Tänzer um das goldene Kalb" seine empfindlichen Jagdhiebe austheilte, braucht hier wohl kaum besonders erwähnt zu werden.

Die Zeit des Gründungsschwindels illustrirt Kladderadatsch sehr anschaulich durch

Eine Minute im Cours- und Maklerzimmer der Berliner Börse.

Mittags zwischen 1 und 2 Uhr.

Nu? Ich! — Nicht einen Sechser! Heißt ä Zustand! — Hannover-Altenbecken kann mir auch gestohlen werden! Märkisch-Posener 86½! — Ich trieg' ä Gänsehaut! — Gänsegrieven wären mer lieber! — Was sagen Sie zu Makler-Bank-Actien 125½? — Ich sag' gar nischt mehr, ich hab' mit dem Leben abgeschlossen! — Mit wem Anders haben Sie sich neulich bei Hiller abgeschlossen? — Warum ä so branges? — Die Brauerei-Actien sind ihm sauer geworden! — Nu, er wird nischt davon sterben! — Aber auch nischt davon leben! — Nimmst du Credit rein? — Wo waren Sie gestern Abend? — Bei Lohengrün! — Heißt'n Nosche! — Wie stehen Centralstraße? — Mehr Geber als Nehmer! — Das Pflaster fehlt! — Nähmaschinen nischt einzufädeln! — Haben Sie gehört, was Er gesagt hat? Er will nur'n Juden zum Cultusminister! — Warum nicht? Ist er doch durch Bleichröder immer am besten unterrichtet worden! — Ei weh! Heißt'n Witz! — Franzosen, ä Bertel mehr! — Gott, ist das 'ne Atmosphäre hier! — Haben Sie schon Billets zu Taglioni? — Zehn Thaler verlangen sie! — Ich laß mer nischt auf de Nase 'rum tanzen! — Platz dazu wär da! Vermiethen Sie se an Taglioni! Tapeten-Fabrik gar kein Cours! — Sehn Sie nur! Gibt sich auch für mehr aus, als er ist! — Er gibt sogar für sich mehr aus, als er hat! — Egels? — Sicher keine Blutegels! — Schwarzkopp! — Disconto 192! — Hansemann groß! — Mach' flau, schlag's 'raus, halt's fest, bring's heim! — Wie heißt, Pringsheim? 'ne Million! — Kann sich auch nur satt essen! — Und die Bauern von Schöneberg? — Eine Million dreimalhundertsiebzigtausend Thaler baar ausgezahlt vom Berliner Bauverein für Ländereien! — Die Freude bei die Ein-commensteuer-Commissionen! — „Der Bauer als Millionär", kein Zaubermärchen! — Was werden se machen mit's Geld? An Erbswurscht werden sie sich den Magen verderben werden se! — Noch immer keine letzten Course? — Schreien Sie nicht! — Wer schreit? Ich schrei'? Sie schreien! — Was sagen Sie zu dem Europäischen Geldmarkt? — Die Milliarden fangen an zu marschiren! — Wie bei die Völkerwanderung, aber nicht von Osten! — Und die Massenansammlung von Gold in Berlin! — Wir werden bezahlen müssen die Dreierschrippen in Louisd'or! — Reden Sie keine Abrupta aus dem goldenen Stegereif! — Silber ist Schweigen, aber keine Münzwährung! — Nu, was sagen Sie zu Oestreich? — Lassen Sie den Mann, der hat sein Oestreich vor sich! — Seine Ida hat in Wiesbaden 100 Louisd'or verspielt! Ist er doch deßhalb noch nicht ruinirt! — Nein. Er ärgert sich auch nicht, daß sie das Geld verspielt hat, sondern nur, woher sie's gehabt hat!

Nicht lange dauerte es, da folgte dem Reigen um das goldene Kalb der unausbleibliche große Krach der unsoliden schwindelhaften Gründungen.

Zum letzten Mal versammelt
Sitzt düster der Verwaltungsrath.
So trübe brennen die Lichter,
So ernst sind die Gesichter,
Die Stimmung ist so desperat.

Es war ein Unternehmen,
Das schien so sicher, schien so sein.
Im Winde thät es zerstieben
Und nichts ist übrig geblieben
Als der Verwaltungsrath allein.

Da greift der Räthe Einer
Mit düst'rer Stimm' zum dunklen Wort:
„Was wollen wir Sitzung halten?
Es ist ja nichts zu verwalten,
Es ist ja Alles längst schon fort!"

Die Andern Beifall nicken.
Man fängt bereits an aufzustehn.
„Auf Wiedersehn am Comté!
Verwechselt nur nicht die Hüte
Beim schnellen Auseinandergehn."

Die Nacht ist wild und traurig,
Aus Wolken zuckts wie Wetterschein.
Mit Flüstern und mit Gemunkel
Verschwinden alle im Dunkel,
Der Letzte steckt die Lichter ein."

Zu einer der tollsten Gründungen der Schwindelzeit gehört unstreitig die der Dachauer Bank durch Adele Spitzeder, bei der selbst 1872 der Vesuv sich empörte und des ärgsten Zornausbruches sich nicht enthalten konnte.

Tröstlich und mildernd wirkte dagegen die Aufhebung der Spielbanken in Deutschland, die mit der Gründung des Zentrums, bezw. den Anfängen des Kulturkampfes und der Antisemiten= bewegung ungefähr zusammenfällt.

Es erfolgte nun die definitive „Schließung des Kyffhäusers unter Fortbestand des Raben", wie Kladderadatsch meint, wobei er in einer besonderen lorbeerumrandeten Willkommens = Festnummer zum 16. Juni 1871 den festlichen Einzug der aus Frankreich heim= kehrenden siegreichen Truppen in Berlin begrüßte.

Am 10. November feierte Berlin endlich die langerwartete Enthüllung des Schillerdenkmals, zu welchem 1859 bereits der Grundstein gelegt war.

Berlin war Weltstadt geworden. Durch Droschkenstrike und Wohnungsnoth, die das bösartigste Auftreten der stetig steigernden Hauswirthe im Gefolge hatte, trat diese neu errungene Höhe zu= nächst empfindlich in die Erscheinung.

Der Schah von Persien versäumte nicht, der neuen Welt= stadt seinen Besuch zu machen und erfreute sich dabei der entgegen= kommenden Berücksichtigung des Kladderadatsch. Auch den anderen Ereignissen des Jahres 1872, wie dem „Auftreten Don Carlos' als Kronenjäger in Spanien", dem „dreihundertjährigen Jubiläum der Pariser Bluthochzeit", dem „großen Pairsschub im Herrenhause" und der Dreikaiserzusammenkunft in Berlin — dem glücklichen Ab= schluß der letzten großen Weltereignisse — widmete Kladderadatsch natürlich seine besondere Theilnahme.

Vor allem aber war es der Kulturkampf, der das größte Interesse in Anspruch nahm und der auch vom Kladderadatsch am meisten berücksichtigt wurde. Fast alle bedeutenderen bildlichen Darstellungen beschäftigen sich mit ihm und dem Reichskanzler, nicht minder natürlich seine Dichtung und Prosa.

Ein großer, schmerzlicher Verlust sollte im Jahre 1872 Kladderadatsch treffen — man kann wohl sagen ein unersetzlicher

Verlust. Sein Begründer David Kalisch war der Erste, der nach langem, schmerzhaftem Leiden mit dem am 21. August erfolgten Tode aus dem Kreise der „Gelehrten", dem er in treuer Freundschaft als tapferer Kampfgenosse 24 Jahre angehört hatte, scheiden mußte. Es sollte ihm nicht beschieden sein, das Vierteljahrhundert des Bestehens zu erleben, und so trat Kladderadatsch ohne ihn mit den ihm gebliebenen Getreuen rüstig und voll Jugendfrische in sein „Großjährigkeits-Jubeljahr" ein.

Zahllos waren die Glückwünsche, die aus allen Landen dem gefeierten fünfundzwanzigjährigen Jubilar zuströmten, der am 7. Mai 1873 auf ein langes ereignißreiches und thatenfrohes Streben, Wirken und Schaffen zurückblicken und nun, begleitet von den besten Wünschen seiner ihm als Leser treu ergebenen 50000 Freunde, wohlgemuth die Fahrt in das Semisäkulum antreten konnte.

Von den vielen Huldigungen, die dem Kladderadatsch an seinem hohen Ehrentage dargebracht wurden, möchte ich zwei hier besonders hervorheben: die Festgedichte der beiden Witzblätter „Wespen" und „Ulk".

In den „Berliner Wespen" von Julius Stettenheim lesen wir:

Dem Kladderadatsch
zu seinem 25jährigen Jubiläum am 7. Mai.

Denkst Du daran, Du tapf'rer Kampfgenosse,
Wie Du, ein Kind noch, munter zogst in's Feld.
Des achtundvierz'ger Frühlings letzter Sprosse,
Voll Muth, zugleich ein Sänger und ein Held?
Geweckt war Deutschland aus dem tiefen Schlummer,
Da kamst Du kühn heraus zu kühnem Streit
Und schmettertest hinein die erste Nummer
Als ein Posaunenengel jener Zeit.

Die erste Nummer! Vor uns aufgeschlagen,
Vergilbt zwar, liegt sie jetzt, doch klingt hervor
Noch heute, wie in jenen Maientagen
In frischen, vollen Tönen der Humor.
Der Witz, er wird zum wohlgezielten Pfeile,
Zum scharfen Schwerte wird das munt're Lied,
Und nieder auf den Feind saust jede Zeile,
Daß heulend er und schwer getroffen flieht.

Zur ersten Nummer lesen wir die letzte, —
Das ist dasselbe lust'ge Weltgericht,
Das heut uns freut, wie damals es ergötzte,
Das ist dasselbe fröhliche Gesicht.

Vor dessen Blick Junker und Pfaffen beben
Und weichen müssen, sei'n sie noch so dreist,
Das ist dasselbe wack're Vorwärtsstreben,
Der Geist des Jünglings blieb des Mannes Geist.

Dieselben Lieder sind's aus frohem Herzen,
So oft Du brummen auch dafür gemußt.
Gäb' es ein eisern Kreuz für tapf'res Scherzen,
Die erste Klasse zierte Deine Brust.
D'rum, wie auch heut von hüben und von drüben
Begrüßt Du werden magst, wir fänden schwer
Ein besser Wort: Du bist Dir treu geblieben!
Weiß Jemand Ehrenvoll'res, sag' er's her.

Die Berliner Wespen.

Der „Ulk" brachte folgenden Festgruß:

An den Jubilar des 7. Mai.

Seit vollen fünfundzwanzig Jahren —
's ist eine Zahl, die etwas wiegt —
Hast, tändelnd spottend der Gefahren,
Du nun gestritten und gesiegt!

Ward Dir für ritterliche Jugend
Auch Stern und Kreuz nicht angethan,
Schmückt doch der Orden ew'ger Jugend
Die Brust Dir, tapf'rer Veteran!

Hei, wie die Rabenschaar oft krächzte,
Die Deines Pfeiles Flug verdroß,
Und wie so manch ein Geßler ächzte:
Das war des Kladd'radatsch Geschoß!

Des Kladd'radatsch Geschoß; — ja, Alle,
Die schießend je versucht ihr Glück,
Sie blieben in der Schützen=Halle
Weit, ach weit hinter Dir zurück.

Die Werder, Remington und Wänz'l,
Und was noch der Erfinder mehr.
Sie dürfen schnüren nur ihr Ränz'l,
Du überstrahlst sie hoch und hehr!

Denn wie sie auch nach heißen Stunden
Ihr „Heureka" gerufen froh:
Kein Dreyse hat Dich überwunden,
Kein Mauser und kein Chassepot.

Es bleiben — missend nie in's Leere,
Nein, immer treffend in das Ziel —
Die sichersten der Schußgewehre
Dein Bleistift und Dein Federkiel!

Am 9. Januar 1873 war in Chislehurst der größte Feind des Kladderadatsch, Napoleon III., aus dem Leben geschieden.

Am Sedantage desselben Jahres wurde zur Erinnerung an die ruhmreichen Tage von 1864, 1866, 1870 und 1871 auf dem Königs= platze zu Berlin die aus den eroberten Geschützen erbaute mächtige Siegessäule mit hochragender Viktoria enthüllt. Während die Welt= Ausstellung in Wien gleichzeitig mit „Westend" und „Pleß= ner" in finanzieller Bedrängniß dem unvermeidlichen Krach ent= gegentrieb, hatte, namentlich infolge der im Vorjahre stattgefundenen Ausweisung des Jesuiten=Ordens aus dem Deutschen Reich, der Kulturkampf immer größere Dimensionen angenommen.

Kladderadatsch, der selbstverständlich ein eifriger Streiter im Kulturkampfe war, wußte diesem auch manche idyllische Seite abzu= gewinnen, und wanderte in dem „Zeitalter der Wunder und Er= scheinungen" als fröhlicher Wallfahrer nach Lourdes — später auch nach Marpingen —, um die „Belästigung der Pflaumen-, Pappel- und Ahornbäume durch Erscheinungen" an Ort und Stelle zu er= leben, und dem wunderthätigen „Auftreten der Louise Lateau" per= sönlich beizuwohnen.

Auf dem Gebiete der Entdeckungen und Erfindungen war man mittlerweile nicht müßig gewesen. Nach der Entdeckung der Reb= laus hatte Schliemann nach langem Forschen den Schatz des Priamus ans Tageslicht gebracht, während Bismarck seine „groben Bleistifte" und die Centrumsmänner für die Liberalen die Bezeich= nung „Knechte Bismarcks" erfunden hatten.

Falk dagegen, „der noch immer für brauchbar galt", hatte inzwischen die Standesämter eingerichtet, und Stephan den Weltpostverein begründet.

Auch die Herstellung des Königthums in Spanien sollte sich endlich unter dem Sohn der Königin Isabella, Alfons XII., voll= ziehen.

Das große Lebenswerk des wackeren Patrioten Ernst von Bandel, das kolossale Arminius=Denkmal im Teutoburger Walde, war nach langen Jahren unermüdlicher Arbeit seitens seines Schöpfers endlich vollendet und wurde am 16. August 1875 unter Theilnahme unseres alten ehrwürdigen Heldenkaisers durch eine große deutsche Nationalfeier eingeweiht.

Am folgenden Tage erklang zum ersten Male die Kaiserglocke vom Kölner Dom.

Die festliche Enthüllung des Stein=Denkmals auf dem Dönhofsplatz in Berlin geschah in demselben Jahre am 27. Oktober.

„Dank euch! Heut steh' ich enthüllet,
Ein neu Wahrzeichen der Stadt,
Daß sich die Zeit erfüllet,
Die einst euch ward verkündet,
Die ihr erstrebt verbündet,
Die mir geträumt nur hat.

Die Freiheit euch zu bringen,
Hab' ich ohn Rast und Ruh'
Gekämpft mit Finsterlingen.
Wenn irgend diese Frommen
An's Ruder in Deutschland kommen,
Dann — deckt mich wieder zu!"

Diese bezeichnenden Worte läßt Kladderadatsch vom hohen Postament herunter bei der Enthüllung seines Denkmals den gefeierten großen Patrioten zu der Festversammlung sprechen.

Die nächsten Jahre brachten allerhand Veränderungen in der Weltgeschichte, welche allgemeines Interesse, und damit die rege Thätigkeit des Kladderadatsch in Anspruch nahmen.

In erster Reihe überraschte der Tod des Sultans Abd ul Asis, der nach Ansicht des Kladderadatsch zur Beförderung in ein besseres Leben „eine neue Verwendung der Scheere zum Aufschneiden erfunden."

Königin Viktoria von England nahm 1876 den Titel „Kaiserin von Indien" an, und durch Stanley's Reise vom Tanganyika-See bis zur Kongomündung 1876—77 wurde uns Central-Afrika erschlossen. Die orientalische Frage hatte unterdessen einmal wieder an die Thore Europa's geklopft, und die Aufstände in der Herzegowina und in Bulgarien gegen die türkische Herrschaft führten bald zum russisch-türkischen Kriege, der mit dem Siege der Russen in der Schlacht bei Plewna im Dezember 1877 sein Ende erreichte. —

Die Ausgrabungen in Olympia brachten in dieser Zeit die herrlichsten Kunstschätze zu Tage.

In unserem deutschen Vaterlande war das Verhältniß der Konservativen zu dem Reichskanzler ein sehr gespanntes geworden. Fürst Bismarck reichte im April 1877 aus Gesundheitsrücksichten sein Abschiedsgesuch ein, welches der Kaiser aber mit einem kategorischen „Niemals!" ablehnte. Des Kanzlers Absicht, vom Kampfplatze abzutreten, war eine sehr ernste, und wurde auch allgemein so aufgefaßt. Kladderadatsch mußte den drohenden Verlust vor allem bedauern, und in seinem Schmerz rief er u. A. „Dem Scheidenden" nach:

Du scheidest! Mit des Amtes hoher Würde
Streifst von der müden Schulter Du die Bürde
Der Arbeit und der Sorgen schwere Last.
So geh', ist unerschütterlich Dein Wille;
Fern den Geschäften, wie Beatus ille,
Dich selber bannend in die traute Stille
Ländlicher Muße, halte gute Rast.

Was Du gewirkt - ein heiliges Vermächtniß,
Bewahrt's im unvergänglichen Gedächtniß
Ein dankbar Volk im Herzen fort und fort
Im Frieden später glücklicherer Zeiten
Wird mancher Groll und all' das bittre Streiten,
Darob des Tags Parteien sich entzweiten,
Ausklingen in harmonischem Accord.

Zehn Monate dauerte die Muße, der sich Fürst Bismarck in
Varzin zur Erholung und Pflege seiner Gesundheit hingab. Nach
seiner Rückkehr erwartete ihn eine große Aufgabe, deren meisterhafte
Lösung ein Muster diplomatischer Kunst genannt werden kann.

Englands Widerspruch gegen die Friedensbedingungen, die
Rußland der Türkei auferlegt, hatte unter Deutschlands Vermittlung
zum Berliner Kongreß geführt, der unter Bismarcks Leitung,
welcher dabei nach seiner trefflichen Bezeichnung "nicht das Amt
eines Schiedsrichters übernommen hatte, sondern sich mit der Rolle
eines ‚ehrlichen Maklers', der das Geschäft wirklich zu Stande
bringen will, begnügte", in Berlin tagte. Das praktische Resultat
des musterhaft geleiteten Kongresses war: die Beschränkung des
Fürstenthums Bulgarien auf das Land nördlich des Balkans mit
Sofia, die Besetzung Bosniens und der Herzegowina durch Oesterreich, Vergrößerung Griechenlands und Erklärung von Rumänien,
Serbien und Montenegro zu unabhängigen Staaten.

Der Kongreß sowohl, wie die Ablehnung des Tabakmonopols
im Reichstag boten der Satire des Kladderadatsch ausgiebigen
Stoff.

Auch die Ausnahmegesetze gegen die Sozialdemokratie, und
später der Abschluß des Schutzbündnisses zwischen Deutschland und
Oesterreich nahmen das allgemeine Interesse sehr in Anspruch.

In Italien hatte nach dem Tode Vittor Emanuels sein Sohn
Humbert den Thron bestiegen, und in demselben Jahre — 1878 —
starb Papst Pius IX., dem Leo XIII. im Pontificat folgte.

In dem Kriege der Engländer gegen die Zulu-Kaffern war
der Sohn Louis Napoleons, der 1870 als „Lulu" bei Saarbrücken den
Scherz mit der Mitrailleuse aufführen mußte und dabei die „Feuer-

taufe empfing", gefallen. Dem abgehenden Präsidenten Mac Mahon
in Frankreich war Grévy gefolgt. Aegypten hatte einen neuen
Khedive bekommen, und Bulgarien seinen Fürsten Alexander. Alle
diese hervorragenden Veränderungen auf dem Welt = Theater boten
dem Kladderadatsch lauter anregende Thätigkeit.

Die wichtigen Fragen der Zollgesetzgebung und Steuerreform,
welche im Jahre 1879 die Reichstagssession fast ausschließlich be=
schäftigten, nahmen die ganze Riesenkraft des Reichskanzlers in
Anspruch. Sein Streben war auf die Vermeidung der direkten
Steuern durch Vermehrung der Staatseinnahmen in Folge indirekter
Abgaben gerichtet. Aber diese Reformpläne fanden starke Opposition
in den Reihen seiner Gegner und die ewige Durchkreuzung seiner
für ihn zur Lebensaufgabe gewordenen Wirthschaftspolitik hatte
den Reichskanzler, wie es scheint, so empfindlich gemacht, daß er
selbst der wohlgemeinten Satire des ihm sonst so sympathischen
Kladderadatsch abhold geworden war. So nur erklärt es sich, daß
er wegen zweier Bilder in Nr. 35 und 36 des Kladderadatsch An=
klage erheben ließ, welche wegen des Bildes in Nr. 36 angenommen,
wegen des in Nr. 35 aber zurückgewiesen wurde. Der Redakteur
Dohm sowohl wie der Zeichner Scholz wurden in Folge dessen
jeder zu 200 Mark Geldstrafe verurtheilt.

Fürst Bismarck hatte sich zur Erholung nach Varzin begeben.
Erst nach einigen Monaten kehrte er nach Berlin zurück, wo ihm
Kladderadatsch in Nr. 5 von 1880 zum Empfang folgenden Gruß
aus Trojans Feder zurief:

Delatori.

„Zweihundert Mark ein Jeder! Könnt ihr's nicht,
So muß ein Jeder zwanzig Tage brummen!" —
So sprach, verdammend uns, das Landgericht,
Uns auferlegend die genannten Summen.
Zweihundert Mark! Und schweigend nahmen wir
Den Spruch entgegen, ernst, doch ohne Klagen;
Nun aber ist's uns wohl erlaubt zu sagen:
Nein, Otto, nein, das war nicht hübsch von dir!

Wer hat aufs Haupt dir manchen Kranz gedrückt?
Wer manches Lied gesungen dir zur Ehre?
Wer mit der Haare Dreizahl dich geschmückt?
Der ist's, nach dem du warfest mit dem Speere!
Zwei Speere warfst du voll Zornbegier;
Der eine sauste in den Sand, der zweite
Traf ihn, der tausendmal dich conterfeite —
Nein, Otto, nein, das war nicht hübsch von dir!

Ich werd' es tragen, wie ich Manches trug.
Und auch von diesem Schmerz werd' ich genesen;
Doch wollt' ich wohl, die mir die Wunde schlug,
Wär' eines andern Mannes Hand gewesen.
Indeß, — vielleicht schon reut dich, daß du mir
So hart begegnet bist in deinem Grimme;
Vielleicht ruft in dir selbst schon eine Stimme:
Nein, Otto, nein, das war nicht hübsch von dir!

Doch nun genug davon! Ich bin zum Glück
Gutmüthig, leichten Sinns, und kann vergessen.
Du kamst soeben aus Varzin zurück,
Wo lange du, ein Eremit, gesessen.
Wen sucht dein Blick? Wohlan, hier stehen wir!
Was kann das Hadern, kann das Grollen frommen?
Großmüthig rufen wir dir ein Willkommen!
Doch unter uns: Hübsch war es nicht von dir!

Zur großen weihevollen Nationalfeier gestaltete sich am
15. Oktober die Vollendung des Kölner Doms, welcher unser
Heldenkaiser mit seiner Familie beiwohnte. Derselbe gedachte in
seiner Rede an erster Stelle seines Königlichen Bruders Friedrich
Wilhelms IV., durch dessen nachdrückliche und thatkräftige Anregung
die Vollendung des Riesenbaues zu Stande gekommen. In schöner
erhebender Dichtung gedenkt Kladderadatsch der großen nationalen
Feier.

Die Vorbereitungen, welche die Klerikalen zu dem großen
Dombaufeste trafen, zeigte Kladderadatsch uns in nebenstehendem
sprechenden Bilde.

Nach dem Ableben des hochverdienten Mitbegründers und
Verlegers des Kladderadatsch Albert Hofmann am 19. August
1880 übernahm sein Sohn Rudolf Hofmann das umfangreiche
Verlagsgeschäft.

In bessere Hände hätten die große Schöpfung Hofmanns und
alle mit ihr mehr oder weniger eng verbundenen Verlagsunternehmungen nicht fallen können als in die thatkräftigen, schaffens-
frohen Hände seines Sohnes, der mit voller Energie die nicht un-
bedeutende Last der vielseitigen und schwierigen Geschäfte auf seine
Schultern nahm. —

Rudolf Hofmann war am 26. Mai 1854 in Berlin geboren.
Nach seiner wissenschaftlichen Ausbildung trat er 1872 in den
Buchhandel und wandte sich nach beendeter Lehrzeit nach dem
Auslande, wo er in größeren Geschäften Genfs und Londons
in seinem Berufe reiche Erfahrungen sammelte, bis er 1878 in das

väterliche Geschäft trat, um diesem von nun an seine Kräfte zu widmen.

Das erste Jahr nach dem Tode des Vaters stellte die höchsten Anforderungen an die Arbeits- und Schaffenskraft Rudolf Hofmanns, denn er mußte neben seinen eigentlichen Berufsgeschäften auch noch die Leitung des im Besitze Albert Hofmanns gewesenen Friedrich-Wilhelmstädtischen Theaters übernehmen, welches später im

Herbst 1881 L'Arronge von den Hofmann'schen Erben kaufte und zum jetzigen Deutschen Theater umgestaltete.

Mit bestem Erfolge ist er bemüht gewesen, im Sinne seines verdienstvollen Vaters weiterzuwirken, und wie dieser stets ein schönes, freundschaftliches Verhältniß mit den Redakteuren und Mitarbeitern des Kladderadatsch zu unterhalten. Ein solches gemeinsames, freundschaftliches Zusammenwirken kann nicht verfehlen, dem Weltblatte zu immer neuem Aufschwunge zu verhelfen.

Die Verstaatlichung der Eisenbahnen war wesentlich das Programm der nächsten paar Jahre, welche Kladderadatsch treffend als das „Zeitalter der Verstaatlichungen und Zollcuriosa" bezeichnete. Zur stehenden Redefigur wurde in dieser Zeit „der arme Mann mit Lämpchen, Pfeischen ꝛc.", „Tabak" und „Schnaps" waren in Zollsachen tägliche Schlagwörter geworden, und der amerikanische Hungerdoktor Tanner endlich versuchte, wie Kladderadatsch meinte, die soziale Frage praktisch zu lösen. Während in der Presse neben der Politik vorwiegend die sozialen Verhältnisse und die Judenfrage in leidenschaftlicher Weise behandelt wurden, machte das Kunstfeuilleton auch mobil und zog den falschen Rubens im Berliner Museum bis zum Ueberdruß durch seine Spalten.

In der großen Politik ist der durch den Mordanschlag der Nihilisten am 13. März 1881 erfolgte Tod des Kaisers Alexander II. von Rußland, dem sein Sohn Alexander III. auf den Thron folgte, zu verzeichnen. Ferner die Abtretung Thessaliens an Griechenland, die Besetzung von Tunis durch die Franzosen, die französischen Eroberungszüge nach Madagaskar, die Abtretung der Provinz Tonking durch das unter französischem Schutz stehende Reich Anam an Frankreich, der Aufstand Arabi-Paschas in Aegypten gegen die Europäer, in Folge dessen Besetzung Alexandrias und Einnahme Kairo's durch die Engländer und der herrschende Einfluß Englands in Aegypten. Rumänien und Serbien wurden zu Königreichen erhoben.

Am 5. Februar 1883 sollte von dem nach dem Hinscheiden Kalisch zurückgebliebenen Dreiblatt der Kladderadatsch = Gelehrten auch Ernst Dohm abfallen; der unerbittliche Tod pflückte auch dieses Blatt und endete damit ein schaffensfrohes und thatenreiches Leben. Ein tapferer und siegreicher Streiter im Kampfe der Geister war gefallen.

In sehr erhebender Weise vollzog sich am 28. September 1883 die feierliche Enthüllung des Nationaldenkmals auf dem Niederwald. Aus allen deutschen Gauen war das Volk zu der großartigen Festfeier zusammengeströmt und jubelte seinem verehrten alten Heldenkaiser zu, als er bei der Enthüllung die denkwürdigen Worte sprach:

„Für die spätesten Zeiten will Deutschland dem Danke für die Gnade Gottes bleibenden Ausdruck geben, in diesem Sinne ist das vor uns stehende Denkmal geschaffen."

Deutschlands Kolonialpolitik und die Gesetzgebung zur Förderung des Wohles der Arbeiter beschäftigten jetzt neben dem Kulturkampf das allgemeine Interesse. Der parlamentarische Brütofen hatte also im Dienst des Deutschen Reichs genügend Arbeit und der große Kanzler führte, um diese Arbeit zu fördern, die Begriffe zu klären und das Gefühl der Gemeinsamkeit beim großen Schaffen für das Reich zu wecken, den berühmten Reichsfrüh= schoppen ein, den Trojan im Kladderadatsch poetisch so schön ge= schildert und gefeiert hat:

Der Reichsfrühschoppen.

Welch ungewohntes Stimmenschwirren
In unsers Kanzlers stillem Park?
Horch, Teller klappern, Gläser klirren —
Das find' ich wirklich etwas stark!
Die strenger Arbeit aufgehoben,
Der Morgenstunden edle Zeit,
Sie wird — kann dies der Weise loben? —
Dem frohen Frühtrunk hier geweiht.

Er, den in scharfem Wortgefechte
Der Landtag unduldsam verletzt,
Wird hier in seine ew'gen Rechte
Vom Reichstag wieder eingesetzt.
Der Wahrheit fröhlicher Verkünder,
v. Meyer, spricht: „Was kann da sein?
Wir sind ja schließlich alle Sünder,
Ich sehe sämmtliche Partei'n!"

Manch schneid'ger Landrath spricht vergnüglich:
„Wie schmeckt Euch, Herr Kaplan, dies Naß?
Geeignet scheint es ganz vorzüglich,
Flugs zu ertränken Groll und Haß.
Stoßt kräftig an! Der uns gespendet
Den duft'gen, goldigklaren Wein,
Und der das Centrum uns gesendet,
Gepriesen sei der Vater Rhein!"

Nicht denkt an Kampfgeschrei und Fehden
Die kleine Excellenz zur Stund':
„Ihr Herren, trinkt! Nicht nur zum Reden
Gab uns der Himmel ja den Mund!"
Seht, wie im frohen Kreis der Seinen
Herr Hobrecht maßvoll sich erquickt,
Indeß er oft — so will's mir scheinen —
Voll Sehnsucht nach dem Kanzler blickt.

Gar mancher sprach mit stolzem Munde:
„Ich bin ein Mann! Frei ist mein Sinn!"
Jetzt trägt er wohlgemuth zum Spunde
Den rasch geleerten Schoppen hin.

14

Und fühlt er, wie im tiefsten Herzen
Sich leise regt geheime Reu',
Ertränkt er lächelnd seine Schmerzen
In Bayerns trefflichem Gebräu.

Nur wer zu seines Landes Frommen
„Wahrhaft und wirklich liberal."
Ist nicht zum Gartenfest gekommen.
Er flieht des Kanzlers Bacchanal.
Zu seinen Wählern darf er sprechen:
„Gottlob, daß mein Gewissen rein!
Früh Morgens lockte schon zum Zechen
Der Kanzler mich, doch sprach ich: „Nein!"

Im Jahre 1883 trat auch der Philologe Wilhelm Polstorff, der als Gymnasiallehrer in Hannover seit 1874 schon verdienstvoller Mitarbeiter für den Kladderadatsch gewesen war, definitiv in die Redaktion und in den Kreis der „Gelehrten" ein. Bei der im Kladderadatsch üblichen Anonymität ist Polstorff als Dichter bis dahin der Welt nicht bekannt geworden, da auch, soviel ich weiß, noch keine Dichtungen in Buchform, die einen Anhalt zum Erkennen und zur Beurtheilung seiner poetischen Kladderadatsch-Arbeiten bieten könnten, von ihm erschienen sind. Seine poetischen Schöpfungen sind hervorragende Geistesarbeiten, deren Witz und Satire, mit feinem Takt und Humor gepaart, wohlthuend und packend wirken. Für Form und Versmaß bietet die altklassische Dichtung dem Dichter vielfach das gewünschte Vorbild. Seine vielseitige universelle Bildung befähigt ihn, in seinem prosaischen wie poetischen Schaffen die weitesten Gebiete zu beherrschen. Die „Episteln an einen Landbewohner" kommen stets aus der Feder Polstorff's. Mit J. Trojan wechselt er in der Abfassung der Leitgedichte, von denen zur Probe hier eins folgen möge, desgleichen eine Probe seines unpolitischen Humors.

Zum 18. August.*)

Vor fünfundzwanzig Jahren
Stand heut der greise Held
Mit seinen tapfren Scharen
Auf blutgetränktem Feld.
Es sank die Nacht hernieder,
Des Kampfes Tosen schwieg,
Da scholl es durch die Glieder
In Jubeltönen: „Sieg!"

Viel tausend Kämpfer lagen
In ihrem rothen Blut.
Doch war der Feind geschlagen,
Gebrochen war sein Muth.
O blut'ger Tag der Ehren,
Der der Gewißheit Glück
Den Deutschen gab: „Wir kehren
Als Sieger einst zurück."

In großer Tage Kette
Ist das der rechte Tag,
Da Lieb' und Treu die Stätte
Dem Theuren weihen mag.
In erzgegoss'nem Bilde
Wird dort der Kaiser steh'n,
Zum alten Schlosse milde
Und ernst hinüberseh'n.

Noch oft in künft'gen Zeiten,
Wenn Jahr um Jahr entflohn,
Spricht im Vorüberschreiten
Der Vater wohl zum Sohn:
„Die Mütze ab! Da oben
Siehst Du den theuren Mann,
Der in der Feldschlacht Toben
Uns einst das Reich gewann."

Und wenn den Blick, den frohen,
Vom altersgrauen Schloß
Zum Ahnherrn lenkt, dem hohen,
Ein Hohenzollernsproß,
Dann schaut mit ernstem Mahnen
Der Held ihn an und spricht:
„Zeig' würdig dich der Ahnen,
Sei tapfer, treu und schlicht!"

Der Gattin Heimkehr.

Eben bereitete sich zum Gehen der biedere Schultze,
Stülpte den Hut auf das Haupt und griff nach dem spanischen Rohre,
Siehe, da brachte die dienende Magd ihm eine Depesche.
Jagend erbrach er das Ding — da stand's ganz deutlich: „Ich komme
Nachts elf Uhr. Sei ja an der Bahn!" In trüben Gedanken
Stand der vortreffliche Mann. Nicht hatt' er ein schlechtes Gewissen,
Wie es so manchem geschieht, der verwittwet daheim auf dem Stroh bleibt;
Hatt' er doch immer die Treue bewahrt der stattlichen Gattin,
Selbst in der Zeit, eh' noch die behäbige Ruhe des Alters
Ihn den Gefahren entrückt, die weiblicher Reiz uns bereitet.
Nein, das drückte ihn nicht! Doch eben gedachte zum Wettkampf
Er in den Statклub zu gehen; es waren aus Mitteln der Kasse

*) Bezieht sich auf die Grundsteinlegung des National-Denkmals für Kaiser Wilhelm I. 1895.

Lockende Preise gestiftet, und einige mußten doch sicher
Fallen an ihn, den als Meister im Spiel ein jeder verehrte.
Arg nun ward ihm der Abend gestört durch der stattlichen Gattin
Heimkehr, die er so nah nicht geglaubt; doch fügt' er mit Würde
Sich in das schwere Geschick und sagt zu dem dienenden Mädchen:
„Eile, die Thür zu umwinden mit freundlichem Grün, und vergiß auch
Ja das „Willkommen!" mir nicht, das roth auf dem goldenem Grunde
Grüßt in jeglichem Jahr die Herrin des Hauses, wenn heim sie
Kehrt aus dem stärkenden Bad. Dann geh an den Bahnhof ich selber,
Komme vom Klub dahin." Er sprach's und wandte zum Gehn sich.

Fröhlicher Jubel empfing der vereinten Genossen den Wiedern,
Als in den Saal er trat, denn es schätzten als Stifter des Bundes
Alle ihn hoch und dabei als trefflichen Menschen und Zecher.
Aber er dämpfte den Lärm und that in beweglichen Worten
Kund, was die Lust ihm verdarb an dem fröhlichen Abend; von Mitleid
Wurden die Freunde erfaßt, und drückte gar mancher die Hand ihm,
Klopfte die Schulter ihm sanft und sprach die mahnenden Worte:
„Aber nun gleich an den Tisch, damit du die flüchtigen Stunden
Gründlich genießest, die dir so karg zumißt das Verhängniß!"
Und sie erhoben die Hände und mischten die wechselnden Karten.

Bald war völlig vertieft in den Stat der treffliche Schulze;
Jetzt gewann er ein schwächeres Spiel durch wagende Kühnheit,
Dann erschlug er den Feind durch still abwartendes Mauern.
Eifrig sucht' er dabei durch intensiveres Trinken
Wett zu machen die Kürze der Zeit. Doch mit redlichem Sinne
Legt' er die Uhr auf den Tisch, die goldene, welche an schwerer
Kette ihm hing, er kannte sie längst als gut und verläßlich;
Denn nicht wollt' er versäumen die Frist und der stattlichen Gattin
Ursach geben zum Zorn. Ach, leider verlockte zu schnoder
Tücke den listigen Lehmann die Uhr! Als der redliche Schulze
Stand in der Pause des Spiels am Buffet, mit kundigem Auge
Prüfend die prangende Schar der lecker bereiteten Speisen,
Griff er behende nach ihr und stellte zurück sie um gute
Dreißig Minuten. Wohl sahn die Freunde des Schändlichen Unthat,
Doch sie verriethen ihn nicht; zu freun sich über den Schaden
Anderer, gilt für erlaubt ja auch bei ehrlichen Menschen.

Arglos kehrte zurück an den Tisch der Betrogne, zur Eile
Trieb er, zu nutzen die Zeit. Stets blickt er mit spähendem Auge
Auf die verläßliche Uhr, und endlich sprang er vom Stuhle:
„Kinder, ich muß zur Bahn, lebt wohl!" Da tönte unendlich
Lachen und Lehmann sprach voll Ruhe die Worte: „Du bleibst wohl
Besser bei uns, denn lange zu Haus ist sicher die Elle."
Starr stand Schulze, als jetzo der Trug ihm des Freundes enthüllt ward;
Jammernd erhob er den Ruf: „Sie wird es nicht glauben! Es muß gleich
Lehmann gehen mit mir und bekennen die lautere Wahrheit."
„Fällt mir nicht ein!" entgegnete der. „Nun sei doch vernünftig!
Schlecht ist der Scherz, doch es ist nun geschehn und die gründlichste Predigt

Wartet auf dich; sie läuft dir nicht fort, drum bleib noch ein Stündchen!
Schlimmer, als jetzt sie schon ist, kann doch die Sache nicht werden."
Alle nun sprachen ihm zu, bis seinem verwirrten Gehirne
Ganz plausibel der Vorschlag erschien. „Sie würde mir doch nicht
Glauben," so rief er verstockt, „nun kommt es mir auch auf ein bißchen
Mehr nicht an! Wer giebt?" Und er setzte sich wieder zum Spiele.
Doch so laut er auch lachte und sprach, stets nagte der Reue
Wurm am Herzen ihm leis; ihn einzuschläfern, genoß er
Mehr, als ihm gut, von dem schäumenden Saft der goldenen Gerste.

Tief schon war's in der Nacht, als mit tastenden Schritten behutsam
Schultze die Treppen erstieg; doch laut oft krachten die Stufen
Unter dem bleiernen Fuß, von fern schon kündend der Gattin,
Die beim Schimmer der Lampe noch saß, des Schuldigen Heimkehr.
Schwer jetzt tappt' er herein, in der linken den mächtigen Humpen,
Den er erbeutet als Preis, und grüßte die Theure mit blödem
Lächeln: „Willkommen! Schon da? Wie geht es? Der schändliche Lehmann
Nämlich die Uhr" — doch hemmte sogleich der Redefragmente
Stockenden Strom mit strafendem Wort die entrüstete Gattin:
„Das ist das Wiedersehn nach den schmerzlichen Wochen der Trennung!
Völlig betrunken kommst du heim und schleppst im Dunkeln der Nacht mir
Humpen und Krüge ins Haus, als ob nicht genug von dem Zeug du
Längst schon hättest! Doch ändert sich's jetzt! In den kommenden Jahren
Bleibe dem Bade ich fern, du bedarfst der beständigen Aufsicht!"
Sprach es und schob den Verstummten hinein in die ehliche Kammer.
Schwer nun büßte das schwere Vergehn der vortreffliche Schultze:
Wenn ihn der Schlummer befiel bei den zürnenden Worten der Gattin,
Trat sie im Traume sogleich ihm drohender fast noch entgegen,
Daß er erschreckt auffuhr; so zwischen dem schrecklichen Wachen
Und dem entsetzlichen Traume verbracht' er die schleichenden Stunden.
Als er mit schmerzendem Haupt sich erhob von den Kissen des Lagers,
Sprach er zu sich: „Nie mehr, das schwör' ich, bleib ich zu lange
Sitzen beim Stat, und könnt' ich damit der herrlichsten Humpen
Hundert gewinnen! Zu schlimm war die Nacht. nach längeren Jahren
Werd' ich mit Schrecken an sie und lähmendem Schauder noch denken!"

———

England und Frankreich ging es wie Alexander dem Großen,
dem sein Vaterland zu klein geworden; sie suchten sich bei ihrer
Vorliebe für freie und gesunde Bewegung in außereuropäischem
Klima die schönsten Gegenden der Welt aus und erhoben ein großes
Geschrei darüber, als auch Rußland, diesem sanitären Zuge folgend,
sich Merw zum angenehmen klimatischen Aufenthalt erwählt hatte.
Der Weltfriede wurde übrigens dadurch nicht gestört und die
europäische Konferenz zu Berlin führte zur Anerkennung des
Kongostaates unter Leopold II., König der Belgier. „Bei der meist-
seitigen Befriedigung darüber," meint Kladderadatsch, „wurde hier

wieder einmal ein gutes, altes Sprichwort zu Schanden gemacht, nämlich: „Viele Köche verderben den Brei."

Seinen 70. Geburtstag beging der Reichskanzler unter dem Jubel des ganzen deutschen Volkes am 1. April 1885. Unter den unzähligen Gratulanten fehlte Kladderadatsch nicht, der dem großen Steuermann am Staatsruder und Lenker der Weltgeschicke in beredten Versen seine Huldigung darbrachte, von denen die ersten Strophen hier folgen mögen:

Dem deutschen Reichskanzler.
Zum ersten April 1885.

Ein starker Baum, weit sein Gezweige breitend,
Im deutschen Boden festgewurzelt steht
Er schön und prangend, vielen Schutz bereitend.

Ob Lenz ihn schmückt, ihn Wintersturm umweht,
Getrost erträgt er's, eine mächt'ge Eiche,
Was auch für Wetter über ihn ergeht.

So kraftvoll stehst Du in dem Deutschen Reiche,
Der besten Freude und des Landes Zier —
Wo ist ein andrer, der sich Dir vergleiche?

Des Volkes Herz schlägt froh und dankbar Dir,
Und nicht vergessen wird es Deiner Thaten,
Ob lang' auch schon im Grabe liegen wir.

So oft der Lenz erneut das Grün der Saaten
Wird dieses Tags gedacht in Ehren sein,
So oft auf's Neu' des Frühlings Münder nahten.

Es müßte rückwärts fließen denn der Rhein,
Es müßte denn verschwunden alle Treue
Und alles Recht geworden sein zu Schein.

Sei froh begrüßt an diesem Tag und freue
Des Kranzes Dich, den Dankbarkeit Dir flicht —
O, daß noch oft der Lenz sich Dir erneue!

Nachdem der Bundesrath die Regierung des Herzogs von Cumberland in Braunschweig aus Verfassungsgründen für unmöglich erklärt, wurde die Regentschaft dem Prinzen Albrecht von Preußen übertragen.

Je mehr die väterliche Fürsorge unseres Kaisers für das Wohl der Arbeiter — beispielsweise durch das geschaffene Unfallversicherungsgesetz — greifbare Formen annahm, desto größere Ansprüche machte die Sozialdemokratie und desto stärkeren Widerstand setzte sie den zu schaffenden Wohlfahrtseinrichtungen entgegen. Ihre

Eigenart und ihr Wirken illustrirt Kladderadatsch vortrefflich in einem anschaulichen, recht schmackhaften Bilde. (Nr. 33 von 1885.)

Die seltenen Leckerbissen, welche die anderen Großmächte in ihren überseeischen Niederlassungen gefunden, hatten auch Italien Appetit ge= macht auf den Hafen Massaua am rothen Meer, den es in Besitz nahm, um diesen Besitz später (1887—89) im Kriege gegen Habesch noch zu erweitern. Das unersättliche England, welches auf dem An= nexionsgebiet an lehrreichen Beispielen es bekanntlich nie fehlen läßt, verschlang indessen mit gewohntem Appetit das Königreich Birma.

Der ritterliche Fürst Alexander von Bulgarien erkämpfte gegen die Serben in siegreichen Schlachten sich die schönsten Lorbeeren, die dem ruhmvollen Sieger jedoch sehr bald verbittert wurden. Schon im September 1886 wurde der Held von Slivnitza durch die mächtige russische Partei gestürzt und aus seinem Lande ver= trieben. Kladderadatsch widmete dem ritterlichen Helden folgende schönen Worte.

An den Fürsten Alexander.

Das ist der Dank dafür, daß Tag und Nacht
Du für dies zweifelhafte Volk dich plagtest,
Der Dank dafür, daß in der blut'gen Schlacht
Du ritterlich dein junges Leben wagtest!

Was trieb dich auch — verfehlt schien dein Bemühn
Den Diplomaten lange schon, den kühlen —
Zu freien Männern die heranzuziehn,
Die nur als Russenknechte wohl sich fühlen!

Du hättest leben können sonder Harm
Als Puppe nach des mächt'gen Vetters Willen —
Groß ist der Czar und weithin reicht sein Arm,
Und kräftig wirkt der Rubel ganz im Stillen.

Doch was auch kommt, das deutsche Volk wird dein
Vergessen nicht und deiner tapfern Thaten.
Das laß im Leiden einen Trost dir sein,
Wenn achselzuckend stehn die Diplomaten.

Sie warfen, als die Kunde sie gehört
Von deinem Falle, gleich dich zu den Todten.
„Ein andrer folgt, die Ruh' wird nicht gestört"
So schrieben klüglich sie in ihren Noten.

Wie unbequem, daß jetzt bei seiner Pflicht
Dein Heer verbleibt und dich nicht will verlassen!
Daß sie, sie mögen wollen oder nicht,
Sich müssen ferner noch mit dir befassen!

Was wirst du thun? Haft du davon genug,
Auf Künd'gung als Bulgarenfürst zu leben?
Wirst kehren du dahin, wo Lug und Trug
Auf jedem deiner Schritte dich umgeben?

Ich fürchte fast, mir würde trüb zu Muth,
Säh' ich noch einmal dich die Sache wagen:
Ein wackrer deutscher Mann ist viel zu gut,
Um sich mit diesem Volk herumzuschlagen.

Nach langem Suchen fanden die Bulgaren endlich wieder in Ferdinand von Koburg einen deutschen Fürsten, der dem Reiz der Krone nicht widerstehen konnte und 1887 den vakanten bulgarischen Thron bestieg.

Im englischen Reiche versuchte man vergebens die harte Nuß der irischen Frage zu knacken, in welche sich der unermüdliche Gladstone gründlich verbissen hatte. Frankreich, welches den großen Boulanger zum Kriegsminister sich auserkoren hatte, wurde immer mehr erfaßt von dem unheilbaren Leiden des Verfolgungswahnsinns. Ueberall witterte es Dynamit-Attentate, die feinsten Nasen wurden mobil gemacht, um das ganze Land nach Spionen abzuriechen, und sogar das bairische Bier, welches man in den Café's und Restaurants aus Deutschenhaß gänzlich zu vertilgen suchte, wurde endlich aus Paris verwiesen.

Hochherzig nahm Berlin sich des Verbannten an und „baute ihm große Bier-Paläste, in denen es nun ungestört seinen hohen geistigen Beruf erfüllen kann."

Das große, weihevolle Ereigniß des Jahres 1887 war der 90. Geburtstag des allgeliebten und verehrten Kaisers. Die Herzen aller Deutschen, die sein starker Arm geeinigt, die seine unermüdliche väterliche Fürsorge durch segensreiche Friedenswerke glücklich zu machen gesucht, schlugen dem großen Kaiser, dem ehrwürdigen „Vater des Vaterlandes" in Liebe und Treue entgegen. Aus begeistertem Herzen bringt auch Kladderadatsch an diesem seltenen Ehrentage seine tiefgefühlte Huldigung dar.

Dem deutsch-österreichischen Bündniß trat 1887 Italien bei, wodurch der Dreibund zur Erhaltung des europäischen Friedens gebildet wurde. Sadi Carnot folgte in diesem Jahre dem abgehenden Grévy als Präsident der französischen Republik.

Schon bald nach des Kaisers 90. Geburtstage zeigte sich beim Kronprinzen das unheilvolle Kehlkopfleiden, welches den großen Dulder so lange an das Schmerzenslager fesselte, bis ihn am 15. Juni 1888 der Tod von dem unerbittlichen Leiden erlöste.

Sein Vater, Deutschlands großer Kaiser, sollte ihm im Tode vorangehen, nachdem dessen gottbegnadetes Leben fast unser ganzes Jahrhundert umfaßt und demselben gewissermaßen den Stempel aufgedrückt hatte. Als er starb, da begann seine hehre Gestalt erst recht in seinem Volke zu leben. Alldeutschland trauerte um ihn; die ganze gebildete Welt empfand schmerzlich seinen Heimgang. Fürsten und Könige sind hinter seinem Sarge gewandelt; alle Länder des Erdenrunds haben ihm Blumen gestreut, er war das Haupt Europas, der König der Könige geworden.

Mit dem feinen Takt, den Kladderadatsch schon beim Tode König Friedrich Wilhelm's IV. bewiesen, erschien seine Nummer 12 vom 9. März 1888 mit Trauerrand ohne jeglichen Illustrationsschmuck, nur mit einem tief empfundenen Nachruf:

Auf Kaiser Wilhelms Tod.

Todt ist der Kaiser, todt! Von Mund zu Munde
Erschallt die Botschaft, und von Land zu Land,
Und übers Meer hin pflanzt sich fort die Kunde
Auf Blitzes Flügeln bis zum fernsten Strand.
Wo sie erschallt auf weitem Erdenrunde,
Da sinkt dem Mann das Werkzeug aus der Hand,
Die Rede stockt, es löst sich rasch der Reigen,
Und alles steht erstarrt in tiefem Schweigen.

Wie drängte jüngst noch oft in seine Nähe
An trübem Tag das Volk sich wie zum Licht!
Daß einmal er am Fenster ihn erspähe,
War jedes Wunsch, und Liebres gab es nicht.
Die Mutter hob ihr Kind auf, daß es sähe
Des alten Kaisers freundliches Gesicht.
Und wenn sonst nichts von ihm zu melden bliebe
Dies wär' genug: ihm ward des Volkes Liebe.

Des Volkes Herz, das hat er sich erstritten,
Denn gütig war er, war gerecht und mild.
Umsonst zu ihm kam keiner, um zu bitten,
Und seine Macht war der Bedrängten Schild.
Vom Alpenschnee bis an der Fischer Hütten
Am Meeresstrand zu finden ist sein Bild,
Des guten Kaisers Bild, das Bild des Helden,
Von dem die Bücher der Geschichte melden.

O Glanz, o Ruhm! Was ist dem zu vergleichen,
Was Wilhelms Schwert errungen uns im Streit!
In Feindesland aufpflanzt' er unsre Zeichen,
Des Sieges Zeichen, selber todbereit.

Nicht sah man wanken ihn im Kampf und weichen,
Voran den Seinen war er alle Zeit.
So treuer Arbeit, schwerer Müh zum Lohne
Trug er als Greis des deutschen Reiches Krone.

Als Lohn der Treue hat er sie getragen,
Die er in heißen Schlachten uns gewann.
Das wird man einst als Bestes von ihm sagen:
Was er gefordert vom geringsten Mann,
That auch er selbst. Gedenk' in guten Tagen
In schlimmen auch, o Vaterland, daran!
Was groß gemacht dich hat, was stets aufs Neue
Dir Kraft verleihen wird, ist eins: die Treue.

Trüb' ist die Zeit, und düstre Wolken schweben
Heran, verhüllend uns der Zukunft Thor.
Ach, auch auf unsers alten Kaisers Leben
Sank jüngst hernieder schweren Kummers Flor.
Doch muthig wollen wir den Blick erheben,
Und unsre Herzen richten wir empor,
Des großen Todten würdig uns zu zeigen:
Sein Wert, sein Ruhm, sein Sinn bleib' unser Eigen!

Nur wenige Monde war es dem vom Volke so viel geliebten und
allverehrten Kaiser Friedrich beschieden, seinen unsterblichen Vater
zu überleben. Schon am 15. Juni schloß der Tod die Augen des
hochbegabten ritterlichen Fürsten und brachte ihm Erlösung von
seinem langen, qualvollen Leiden. In seiner dem hohen Todten
besonders gewidmeten Nummer ruft Kladderadatsch aus:

O deutsches Volk, was für ein Lenz voll Leid,
Von dem noch reden werden späte Jahre!
Zum zweiten Mal, in, ach so kurzer Zeit
Trittst du an eines deutschen Kaisers Bahre.
Dem großen Vater ist der große Sohn
Gefolgt, als kaum die ersten Rosen blühten.
O deutsches Volk, fest steh zu Reich und Thron,
Vertrauend denen, die sie beide hüten!

Kaiser Wilhelm II. bestieg den Thron und in die Huldigung des
deutschen Volkes stimmte Kladderadatsch freudig ein:

Dem Reich, das jüngst sein Liebstes erst verlor,
Schon wieder kam ihm eine Zeit der Schmerzen!
Doch Du, o Kaiser, richtest uns empor
Und füllst mit neuer Hoffnung unsre Herzen
Wie Schweres auch uns dieser Lenz gebracht,
Wir dürfen vorwärts schauen frei von Sorgen:
Das Scepter, das der Vater Dir vermacht,
In Deiner Rechten ist es wohl geborgen.

Der Dir den Namen gab, geht Dir voran,
Ein leuchtend Vorbild jeder Herrschertugend.
Was er im grauen Haar uns einst gewann,
Bewahren wird's uns Deine frische Jugend.
Nun er nach langer Arbeit ging zur Ruh,
Soll sich in Dir sein theures Bild erneuen:
Milde und stark, wie er, so wirst auch Du
Den Frieden lieben und den Kampf nicht scheuen.

Und mit ihm wandelt, eine Lichtgestalt,
Der Herrliche, um den noch alle weinen.
Wer war wie er so treu? Im Sterben galt
Sein Denken noch dem Volke und den Seinen.
Gar reichen Samen streut' er aus ins Land,
Doch mußt' er hingehn vor der Ernte Tagen.
Die Felder die bestellt des Theuren Hand,
Beschirme sie und laß' sie Früchte tragen!

Es war am 23. September 1863, als der damalige Vorsitzende
des Preuß. Staatsministeriums Otto von Bismarck im Abgeordneten=
hause seine ersten gewaltig durchschlagenden und historisch gewor=
denen geflügelten Worte von „Eisen und Blut" sprach.

Als deutscher Reichskanzler schmetterte Fürst Bismarck in seiner
großartigsten Reichstagsrede bei Gelegenheit der schwerwiegenden
Wehrvorlage am 3. Februar 1888 seine letzten geflügelten Worte
in die Welt, die mit elementarer Gewalt einschlugen und wie
ein zündender Blitz sofort den Erdball umkreisten. „Wir Deutsche
fürchten Gott, aber sonst nichts in der Welt!" sind
ewig denkwürdige Worte, welche die Weltgeschichte zum bleiben=
den Gedächtniß an Deutschlands besten Patrioten und größten
Staatsmann für alle Zeiten verzeichnen wird.

Auch Kladderadatsch konnte sich natürlich dem Einfluß eines
solchen gewaltigen Ausspruchs nicht entziehen. (Vergl. Nr. 7 u. 8
vom 12. Februar 1888.)

Das war die letzte große deutsche That des eisernen Kanzlers!
Seinen 75. Geburtstag 1890 verlebte Fürst Bismarck und Herzog
von Lauenburg schon „von Geschäften fern," im einsam=friedlichen
Schatten seines Sachsenwaldes, gefolgt von der treuen Liebe und
Verehrung des deutschen Volkes, welches dem unvergeßlichen
Kanzler zu seinem seltenen Ehrentage unzählige Huldigungen in
Zuschriften, Dichtungen und Ehrengaben aller Art darbrachte.

Die Abschiedsworte des Kladderadatsch an den Fürsten
Bismarck, der häufig sein mächtiger Gegner und Widersacher war,
zu dessen Größe er aber immer voll Achtung hinaufschaute, und dem

er in großen deutschen Fragen immer als sicherem Leitstern vertrauensvoll folgte, sind so tiefsinnig und warm empfunden, daß sie an dieser Stelle nicht fehlen dürfen.

Wenn einsam heut im Sachsenwald Du Dich ergehst,
So lässest die Gedanken rückwärts wandern Du
In alte Zeit. Der Jugend stürm'sche Tage ziehn
Vorüber Dir, da kühne Pläne schon Du trugst
Im hohen Sinn, erwägend, wie das Vaterland
Zu retten sei aus schimpflicher Ohnmacht schwerem Bann.
Und weiter denkst Du, wie begonnen Du das Werk,
Und wie gefügt mit starker Hand Du Stein zu Stein,
Bis endlich stand vollendet da der Riesenbau,
Die Welt mit Staunen füllend und Bewunderung.
Wenn also rückwärts schauend heute Du erwägst,
Was Du vollbracht, Dich weihend ganz dem Vaterland,
Darfst sagen Du: "Noch größer ist's, und herrlicher,
Als ich in kühnem Jugendmuth dereinst geträumt!"
Heil Dir, o Fürst! So lange auf dem Erdenrund
Noch Deutsche wohnen, wird die stolze Kunde nicht
Von dem ersterben, was Du für Dein Volk gethan.

Von langer Arbeit ruhe nun in Frieden aus!
Was in vergangenen Tagen oftmals Du ersehnt,
Beschieden ist es jetzt Dir: Auf eignem Grund
Als schlichter Gutsherr sitzest Du. Du siehst, wie sich
Dein Wald mit frischem Laube schmückt im jungen Lenz;
Durch Deine Felder schreitest täglich Du und siehst
Die reichen Saaten fröhlich wachsen und gedeihn;
Und wenn im Herbst die Schnitter sich beim Erntefest
Im Tanze mit den drallen Mägden drehn, so trittst
Du unter sie, von lautem Jubelruf begrüßt.
Und fühlst als Herr in Deinem kleinen Reiche Dich
Beglückter, als gewesen Du zur Zeit, da noch
Gespannt Europas Völker Deinem Wort gelauscht.

Doch ob Du auch geflüchtet vor der Hauptstadt Lärm
Dich in die Stille Deiner Wälder, nimmermehr
Magst Du entfliehn der Liebe und der Dankbarkeit.
In alter Treue denken Dein Unzählige,
Und heut erbraust durch's ganze Reich der laute Ruf:
Heil Dir, o Fürst! Beschieden sei Dir's lange noch
Mit rüst'gem Schritt im Sachsenwald Dich zu ergehn,
Und oftmals magst Du feiern noch den frohen Tag,
Der uns den besten Deutschen hat dereinst geschenkt.)

An Stelle des Fürsten Bismarck war 1890 als Reichskanzler
General von Caprivi getreten, dessen neuer Cours unserem Witzblatte
sehr viele Angriffspunkte bot und seiner Satire bis zu des Kanzlers
Abtreten vom Welttheater — Oktober 1894 — andauernd an=
heim fiel.

Von politischen Neugestaltungen dieser Zeit ist die nach dem
Tode des Königs von Holland erfolgte Trennung Luxemburgs vom
Königreich der Niederlande zu registriren. Der Erhebung des Groß=
herzogs Adolf von Nassau auf den Thron von Luxemburg widmet
Kladderadatsch in seiner Nummer 47 ein Leitgedicht.

Nach dem Vertrage zwischen dem deutschen Reiche und England
über Ostafrika und Stellung Zanzibars unter englische Schutzherrschaft
erfüllte das deutsche Volk die dadurch erreichte Wiedererwerbung
Helgolands von Seiten des Kaisers mit hoher Freude und Ge=
nugthuung, welcher der Kladderadatsch in seinem Gedicht: „Helgoland
wieder Deutsch!" (Nr. 27 von 1890) schöne Worte lieh.

Während der 75jährige hohe Jubilar in ländlicher Zurück=
gezogenheit seines Sachsenwaldes als Cincinnatus lebte, feierte am
26. Oktober 1890 sein großer Mitstreiter, Feldmarschall von Moltke,
den seltenen Ehren= und Jubeltag seines 90. Geburtstages.

Dich ziert der Lorbeer, welchen Bewunderung
Dem sieggewohnten Lenker der Schlachten reicht,
Doch mehr erfreuen Dich die Kränze,
Welche die Liebe des Volkes Dir darbringt.

ruft ihm huldigend der Kladderadatsch zu. Die Liebe und Ver=
ehrung des Volkes, welche aus allen deutschen Gauen bei dieser
Jubelfeier sich kundgab, sollte der letzte, sonnigwarme Abschiedsgruß
sein am Lebensabend des gefeierten Schlachtenlenkers. Schon im
nächsten Frühling, am 24. April, schloß der Tod die Lippen des
großen Schweigers zum ewigen Schweigen. —

---

*) Aus Nr. 14—15 vom 30. März 1890 „An den Fürsten Bismarck zum
ersten April" von Wilhelm Polstorff.

Auch von den alten Gelehrten des Kladderadatsch wurde der schon seit längeren Jahren von schwerem Siechthum ergriffene Dritte, Rudolf Löwenstein, durch den unerbittlichen Tod abgerufen, der am 5. Januar 1891 erfolgte. Ein vorzügliches Portrait des alten Freiheitskämpfers bringt Kladderadatsch seinen Lesern zur bleibenden Erinnerung und widmet dabei seinem Gedächtniß folgenden tief= empfundenen Nachruf.

Alt, müd' und krank schloß er die Augen zu
Und ist zur ew'gen Ruhe eingegangen,
Er, dem so gern wir einstmals hörten zu
Und dessen Lieder einst so fröhlich klangen.

So fröhlich und so kräftig auch zugleich,
Als noch die neue Zeit nicht war geboren,
In jenen Tagen, als das deutsche Reich
Ein Traum noch schien der Jugend und der Thoren.

Der Freiheit Kämpe stand er auf der Wacht
Mit kecken Wort, mit scharfen Liedes Wehre;
Und als geworben ward um Ruhm und Macht,
Sang fröhlich er zu deutschen Landes Ehre.

Nun ging dahin er; zu den andern Zwein,
Die vor ihm sanken, lenkte er die Schritte,
Das Grab, in das wir senkten ihn hinein,
In unsrer Gräber Reihe ist's das Dritte.

Dem, der dort ruht, blieb, ach, kein Leid erspart,
Doch ließ die Muse Schönes ihm gelingen,
Daß ihm ein gut Gedächtniß wird bewahrt
Und daß die Kinder seine Lieder singen.

Ein Kranz aufs Grab ihm, der dem Mann gebührt,
Des Name nicht wird des Vergessens Beute,
Der wacker sich im Kampfe hat gerührt —
Und frischen Muths dann auf zu neuem Streite!

Wilhelm Scholz, der vierte und letzte der alten Gelehrten, über= lebte Rudolf Löwenstein nicht lange. In den letzten Jahren seines schaffensfreudigen Lebens finden wir wenige Bilder mehr von seiner Hand im Kladderadatsch. Er hatte jüngeren Kräften, denen er leuchtendes Vorbild geworden war, Platz gemacht, und nur selten noch überraschte uns sein genialer, unverkennbarer Stift, den ihm am 20. Juni 1893 der Tod für immer aus der lange Jahre so unermüdlich schaffenden Hand wand. Kladderadatsch ruft dem letzten seiner alten Getreuen beim Scheiden nach:

O Freund, den eben wir begraben,
In Trauer Dein gedenken wir.
Wie vieler Jahre Frohsinn haben
Wir in die Gruft gesenkt mit Dir!
Der so viel Freude hat bereitet,
Wie traurig scheiden mußtest Du,
Den unsre Liebe hat geleitet
Und unser Dank zur ew'gen Ruh!

Dir war kein milder Herbst beschieden
Mit stiller Luft und Sonnenschein,
Du konntest nicht in Ruh und Frieden
Dich eines rüst'gen Alters freun.
Du gingst dahin in bittern Schmerzen,
Die keines Arztes Kunst gestillt,
Doch bleibt von Dir in unsern Herzen
Ein anderes, ein heitres Bild.

Dein Amt war's, Menschen froh zu machen,
Da selbst Du warst von Herzen froh;
Du zündetest vergnügtes Lachen,
Und keiner sonst verstand es so.
Dein war der Blick, der sichre, klare,
Dein war der Witz, der spielend trifft;
So hat durch zweiundvierzig Jahre
Uns und die Welt erfreut Dein Stift.

Wie wußtest Du getreu zu schildern,
Was auf des Lebens Bühne stand,
In Tausenden von lust'gen Bildern,
Die uns geschenkt hat Deine Hand!
Dir war's gegeben, festzuhalten,
Was leicht dahingeht und zerfällt;
So schufst Du bleibende Gestalten
In Deinem Reich der heitern Welt.

Nie müßig warst Du, nie verlegen
Um Stoff und um das rechte Wort.
Wo Du erschienst, kam Dir entgegen
Die Bitte: Geh nicht wieder fort!
In guten und in bösen Tagen
Warst Du der Freunde Freund' und Stolz:
Ach, oftmals noch wird einer sagen
Umschauend: Wo ist Wilhelm Scholz?

In Deinem Leid, dem hoffnungslosen,
Der Tod erlösend Dir erschien;
Bald steigen über Dir die Rosen
Empor aus Deines Hügels Grün.
Wir aber fragen, wann uns wieder
Ein guter Geist gleich Dir erscheint.
Du legtest Dich zum Schlafe nieder —
Schlaf sanft! Schlaf süß, Du treuer Freund!

Schon längere Zeit vor seinem Tode hatte Wilhelm Scholz
seinen bewährten Stift ruhen lassen und jüngeren Kräften das lange
beackerte Feld überlassen. Als festangestellte Zeichner traten Gustav
Brandt — 1885 — Arthur Wanjura und Franz Jüttner beim
Kladderadatsch ein. Nach dem Ausscheiden der beiden letztgenannten
kam zunächst Ernst Retemeyer, dann Ludwig Stutz an ihre Stelle.
Die Eigenarten dieser Künstler und die Vielseitigkeit ihres Könnens
sind jedem Leser des Kladderadatsch bekannt. Auch Beiträge anderer
hervorragender deutscher Künstler zierten die Spalten des Blattes. So
weisen z. B. die letzten Jahrgänge u. A. Zeichnungen von Wilhelm
Busch, Franz Stuck und H. Schlittgen auf. Paul Roland,
welcher schon seit 1886 literarische Beiträge für den Kladderadatsch
geliefert hatte, trat 1890 in den Verband der Redaktion. Seine hervorragende Begabung in der Bilder-Erfindung haben dem Kladderadatsch
viele werthvolle Produkte politisch-satirischer Darstellung gebracht.
Aber auch in den Gedichten und Prosaartikeln des Blattes ist er vielfach hervorragend vertreten. Außer den festengagirten Mitgliedern der
Redaktion hat der Kladderadatsch noch eine Anzahl ständiger Mitarbeiter, von denen ich hier nur den Gymnasialdirektor a. D. Carl
Schmelzer, den jetzigen Verfasser der „Novae epistolae obscurorum
virorum" und den Schriftsteller Leick, der schon seit vielen Jahren
dem Blatte werthvolle Beiträge liefert, erwähne.

Die hohe Politik brachte nun — nach 1891 — längere Zeit wenig
lohnende Beschäftigung. Da aber Kladderadatsch auch für weniger
weltbewegende Ereignisse und Begebenheiten ein scharf beobachtendes
Auge hat, so beschäftigte er sich gern mit dem Werdegang des
Reiches und seiner sozialen Entwickelung. So nahm er mit Interesse Theil an der auf Anregung des Kaisers in Berlin tagenden
Konferenz für Schul-Reform. Im tiefen Mitgefühl sang er den ent-
bürdeten Schülern einen schwungvollen Jubelhymnus:

„Tanzt, ihr Schüler, auf den Bänken,
Lärmt und jauchzt aus voller Brust!
Kein Verständ'ger kann verdenken
Euch die übermüth'ge Lust.
Eure Freude, o Pennäler,
Münde jubelndes Geschrei!
Von dem Quälgeist voller Fehler
Seid ihr jetzt für immer frei.
Der lange, ein Schreckgespenst, vor euch gestanden,
Er ist, o ihr Glücklichen, nicht mehr vorhanden:
Lateinischer Aufsatz, mit dir ist's vorbei!

Ferdinand von Bulgarien, sowie Boulanger widmete er gern seine besondere Aufmerksamkeit in Wort und Bild, desgleichen dem plötzlich wieder zur Erscheinung gekommenen „heiligen Rock", der gar keine Ruhe finden kann. Die Betrachtungen aber, die Kladderadatsch über ihn anzustellen für gut befand, trugen dem Redakteur, Verleger, Drucker und Setzer des Blattes eine Anklage wegen Religionsverspottung ein, die jedoch mit Freisprechung endete.

Fürst Hohenlohe war nach von Caprivis Abgang deutscher Reichskanzler geworden. Der Handelsvertrag des deutschen Reiches mit Rußland, dessen Thron nach dem Tode Alexanders Kaiser Nicolaus II. bestiegen, stand lange im Vordergrund des Interesses, das sich aber bald dem großen, erfolgreichen Kampfe des kleinen, muthigen und kriegstüchtigen Japan gegen den Riesenkoloß China zuwandte.

Das Jahr 1895 gestaltete sich im ganzen deutschen Reiche zu einem Jubeljahre echt patriotischer Erhebung. Auch Kladderadatsch feierte in begeisterten Klängen die große Zeit vor 25 Jahren und alle ihre hohen Gedenktage.*) Natürlich hält er auch Einkehr im Sachsenwald, um „dem besten Deutschen", dem großen Einiger des Reiches, zum 80. Geburtstage in einer Extranummer seine warme, tief empfundene Huldigung darzubringen. Außer dem schwungvollen Leitgedicht brachte der „Wochenkalender" jener Nummer das folgende hübsche Gedichtchen:

Es strömt dem Altreichskanzler zu
Der Heerbann seiner Getreuen;
Sie bringen den Lenz nach Friedrichsruh,
Ihn vor ihm auszustreuen.

Die Veilchen haben es wohl bedacht,
Daß sie so spät erschienen;
Rechtzeitig doch sind sie erwacht
Vom Lerchensang über ihnen.

Die Veilchen sind durch Bescheidenheit
Bekannt, die anspruchslosen;
Doch was mich wundert um diese Zeit,
Das sind die zahllosen Rosen.

Es gibt eine Blum', in Heck und Strauch
Blüht sie den Sommer über,
Schön anzusehn und duftig auch,
Sie heißt „Je länger je lieber."

Noch blüht sie nicht, sonst wär' ein Strauß;
Davon gut zu verschenken.
Der Name der Blume spricht es aus,
Was jetzt so viele denken.

„Je länger je lieber", wenn je das galt,
So gilt es von dem alten
Geliebten Helden im Sachsenwald,
Der bleib' uns noch lang' erhalten!

Die Ablehnung einer Ehrung des Fürsten Bismarck Seitens der Stadtverordneten = Versammlung in Berlin, dessen Ehrenbürger

---

*) Die Verlagshandlung des Kladderadatsch gab um diese Zeit die „Kriegsnummern des Kladderadatsch 1870/71" in einem stattlichen Bande vereinigt heraus.

der große Kanzler ist, gab dem Kladderadatsch Veranlassung, der Entrüstung weitester Kreise unseres Volkes über diesen ablehnenden Beschluß kräftigen Ausdruck zu geben. No. 12 von 1895 brachte aus der Feder Trojans folgendes Leitgedicht:

Die Erbärmlichen.

Für die Mehrheit der Berliner Stadtverordneten.

So ist es wirklich denn geschehen,
Was schlechterdings unmöglich schien:
Krähwinkel und Abdera sehen
Sich übertroffen von Berlin.
O Großthat, ruhmvoll zu vermelden:
Beschränkter Kripse Haß und Neid
Versagt den Gruß dem greisen Helden,
Dem Schöpfer deutscher Herrlichkeit!

Zum Ehrenbürger hat erkoren
Ihn einst die Weltstadt an der Spree.
Doch ihre Gunst hat er verloren,
Herab sank er von stolzer Höh.
Was er gethan, das ist vergessen,
Mit seinem Ruhm ist's, ach, vorbei;
Ein Centimetermaaß zum Messen
Des großen Manns dient der Partei.

O wie sie recht thun, da zu fehlen,
Wo man den großen Deutschen ehrt!
Wie haben diese Krämerseelen
So wohl erkannt den eignen Werth!
Ob in die Acht sie den erklären,
Der Deutschland Macht und Glanz verlieh,
Das raubt ihm nichts von seinen Ehren
Doch Schande bringt es über sie.

Schad' aber wär's, wenn ihre Namen
Verschwänden in der Zeiten Lauf;
Man bring' sie unter Glas und Rahmen
Und hänge sie im Rathhaus auf.
Damit auch noch Urenkel lesen,
Wenn manches sich verändert hat,
Was für Mannele einst gewesen
Die Väter unsrer größten Stadt.

Dieses Gedicht hatte einen durchschlagenden Erfolg und fand eine fabelhafte Verbreitung. Aus aller Welt gingen dem Kladderadatsch und seinem Verfasser Zustimmungstelegramme und begeisterte Anerkennungsschreiben zu. Auch der greise Fürst im Sachsenwalde hatte seine Freude daran, und lange Zeit bewahrte er die Nummer auf seinem Schreibtische auf.

Eine große Feier von weltgeschichtlicher Bedeutung vollzog sich unter Betheiligung aller seefahrenden Nationen im Juni des Jubeljahres: es war die Eröffnung des Nord-Ostsee-Kanals, zu welchem Riesenwerke Kaiser Wilhelm I. den Grundstein gelegt hatte und dem in Folge dessen Kaiser Wilhelm II. bei der Eröffnung den Namen Kaiser-Wilhelm-Kanal verlieh. Kladderadatsch weiht dem bedeutungsvollen Ereigniß ein Leitgedicht, dessen erste und letzte Strophe also lauten:

Dank sei dem günstigen Geschicke,
Vollendet endlich ist der Bau,
Und fröhlich stellt mit stolzem Blicke
Germania ihn der Welt zur Schau.
Was still gewachsen ist in Jahren,
Darf dem Verkehr sie festlich weih'n;
Die Völker, die das Meer befahren,
Lad' sie zu seltnem Schauspiel ein.

Dem Vaterland zu Nutz und Ehre
Dien' es, was festlich jetzt geweiht,
Verbindend unsre beiden Meere,
Ein starkes Band für alle Zeit.
Sei fest zu dauern ihm beschieden,
Und Segen bring' es und Gedeihn!
Ein Werk des Friedens soll dem Frieden
Vor allem es gewidmet sein.

Ich bin am Ende meiner langen historisch-politischen Kladderadatschwanderung. Ein großer nationaler Merkstein bezeichnet dasselbe und schließt die Wanderung ab; es ist die erhebende Gedächtnißfeier für Kaiser Wilhelm den Großen, die Hundertjahrfeier am 22. März 1897 in Berlin.

In diesem großen Fürsten, der vor einem Jahrhundert der Welt geboren wurde, fand sich der Held, der dem langen Sehnen nach nationaler Einheit Erfüllung gebracht und das neue deutsche Reich aufgerichtet hat. „Welche Wendung durch Gottes Fügung!" Das gilt für unsere ganze neue deutsche Einheitsgeschichte — eine feste, stetig fortschreitende Verkörperung des nationalen Gedankens, ein wunderbarer Aufschwung in einer verhältnißmäßig so kurzen Spanne Zeit.

Alldeutschland nahm begeisterten Antheil an der großen vaterländischen Gedenkfeier, die hier ausklingen möge in den schönen, vom Kladderadatsch ihr gewidmeten Versen:

Zum 22. März 1897.

Sei uns froh gegrüßt, o du festlicher Tag.
Der uns gab einst den gütigsten Herrn,
Dessen Bild uns bleibt, was auch kommen mag,
Wie am Himmel ein freundlicher Stern.
Wir denken zurück an das, was entschwand,
An Krieg und Frieden zurück,
An den alten Kaiser, der sucht' und fand
In der Liebe des Volkes sein Glück.

Wir denken an ihn, wie das deutsche Heer
Er geführt einst über den Rhein,
Ein einiges Volk in blanker Wehr,
Tief ins Land des Feindes hinein
Sein Kanzler ihm mit des Geistes Schwert,
Und der Schlachtendenker zur Seit'
Und die Helden all', die sich treu bewährt
In der großen, der herrlichen Zeit.

Wir denken daran, wie das Eisen klang,
Ruhm werbend auf blutigem Feld.
Da gingst du, Germania, stolzen Gang,
Und mit Staunen sah dich die Welt.
Da brachten die Kinder, die einst dir geraubt,
Zurück du an deinen Herd
Und setztest die Krone des Reichs aufs Haupt
Dem, der sie nimmer begehrt.

O schöner Tag, als sein greises Haupt
Zum ersten Male sie trug,
Da war zu jubeln uns wohl erlaubt,
Und der Freude gab es genug;
Als die Herzen all voll Begeisterung
Nach glorreich beschlossenem Streit,
Wie warest du, Vaterland, wieder so jung
In der großen, der herrlichen Zeit!

Im Kampf ein Mann und von Herzen ein Kind,
Wie war er mild und gerecht!
Als Edler galt ihm, wer edel gesinnt,
Und war's auch der unterste Knecht.
Groß war er an Güte, wie hat er Verzeihn
Und Duldung und Nachsicht geübt!
Das köstlichste Alter, das wurde sein:
Er war bis zum Tode geliebt.

Bis zum Tode geliebt, und nicht verglüht
Seitdem sind Liebe und Treu';
In jedem Geschlecht, das neu erblüht,
Wird dankbare Liebe neu.
Nun füllt den Pokal mit dem Wein vom Rhein,
Dem Gedächtniß soll er geweiht
Unsers alten Kaisers, des Gütigen, sein
Und der großen, der herrlichen Zeit.

Werfen wir einen Blick in die fünfzig stattlichen Jahrgänge des Kladderadatsch — welch' eine Fülle von funkelndem Witz und Humor in Wort und Bild, aus der uns echt mannhafte Gesinnung mit weitem politischen Scharfblick, ausgestaltet im Verlaufe der Zeit in immer vollendeterer Formenschönheit, entgegen tritt. Wir staunen über die Vielseitigkeit, die der Schalk im Narrenkleide als muthiger Streiter für das Wohl des Volkes entwickelt hat. Zuerst auf engerem preußischen Boden, sehr bald aber zum deutschen Gemeingut sich erhebend, wurde er bald allmächtig trotz aller Unbilden und Verfolgungen, die er in schwerer Zeit erleiden und erdulden mußte.

Kladderadatsch hatte stets den Mannesmuth, nie mit dem großen Strome zu schwimmen da, wo nach seiner ehrlichen Ueberzeugung für seine hochgesteckten Ziele es nicht angebracht war, und so finden wir ihn oft als treuen Bundesgenossen auf Seiten der Regierung, wenn in den Fragen der Politik dieselbe gegen die Allgemeinheit für das Wohl und die Interessen des preußischen oder deutschen Volkes eintrat. Dazu gehörte unter Umständen hoher Muth, denn die große liberale Strömung trieb mitunter einen ganz anderen Kurs, und so verdient gerade in diesem Punkte Kladderadatsch unsere volle Anerkennung für seine wichtigen Dienste, die er durch sein überzeugungstreues Vorgehen der nationalen deutschen Sache geleistet hat.

Seinem scharfen Auge entgeht nichts. Jede Ungehörigkeit deckt er auf und jede Dummheit und Niederträchtigkeit zieht er vor sein gefürchtetes Forum. Er ist überall; oft erscheint er als Retter in der Noth den arg Bedrängten, oft als Rächer und gestrenger Richter den Peinigern und Bedrückern. Dabei dringt der lose Schalk in Schloß und Hütte, in alle Kreise und Verhältnisse und besticht alle Welt durch die unwiderstehliche Macht seines Witzes und Humors, die stets treffend und schlagend ist, so daß Jeder — vom höchsten Staatsmann herunter bis zum gewöhnlichen Handwerksmann und Arbeiter — ihn mit wachsendem Interesse liest und — lacht.

Sehr bald hatte Kladderadatsch beim Volke einen mächtigen, unwiderstehlichen Einfluß ausgeübt, der sich mit der Zeit über ganz Deutschland erstreckte. Durchschlagende geflügelte Worte und originelle Redewendungen, die er in Fülle brachte, drangen in alle Schichten der Bevölkerung, wo sie sogleich Gemeingut wurden und dem ganzen Volks- und Verkehrsleben einen eigenartigen Stempel aufdrückten.

Daß mit der wachsenden Beliebtheit des Kladderadatsch sein Einfluß ein sehr mächtiger geworden war, mußten seine Gelehrten bald erkennen; um so höher müssen wir ihr Verdienst schätzen und hier besonders hervorheben, daß sie bis auf den heutigen Tag die gewaltige Waffe, die Witz, Humor und Satire ihnen in die Hand gegeben, nur für hohe und ideale Zwecke geführt und niemals mißbraucht haben. Ihre große Umsicht und ihr langbewährter feiner Takt, der wohl in schneidigem Witz sich kundgab, aber nie in Bosheit ausartete, hat sie stets davor bewahrt.

Aus demselben Grunde lag dem Kladderadatsch die von anderen Blättern oft beliebte Kampfesweise, Opposition um jeden Preis zu machen, ganz fern. Ehrlichkeit der Gesinnung im politischen Kampfe hat ihn von jeher ausgezeichnet. Was er einmal für Recht erkannt, das schrieb er unerschrocken auf seine Fahne und kämpfte ehrlich und tapfer dafür, und wenn er auch mit der ganzen Welt dabei in Konflikt gerieth. Der Freiheit und dem wahren Fortschritt dienend, ging er muthig, ja rücksichtslos den einmal von ihm für recht erkannten Weg und errang sich durch diese ritterliche Kampfesweise den Beifall und die Bewunderung seiner Freunde nicht minder, als die Achtung seiner ehrlichen Gegner, während seine verbissenen Feinde ihn natürlich fürchteten und haßten. Daß Kladderadatsch sich auch irren konnte in seinen Maßnahmen und Angriffen, ist selbstverständlich; Unfehlbarkeit hat er nie für sich beansprucht.

Hand in Hand mit der Ehrlichkeit der Gesinnung und der Ritterlichkeit der Kriegführung geht die Lauterbarkeit und Unbestechlichkeit des Kladderadatsch. Unlautere Reklamen und schwindelhafte Anpreisungen, in aufdringlicher Form aufgetischt, kennt man bei ihm nicht. Das Blatt ist jeder Bestechung stets unnahbar gewesen. Seine vielgerühmte Unabhängigkeit hat es sich durch alle Kampfesjahre voll bewahrt.

Mit derselben ehrenfesten Integrität haben die Gelehrten des Kladderadatsch es verschmäht, durch unzarte oder obscöne Scherze zu wirken und in ihrem Organ dem Kultus der Halbwelt auch nur den kleinsten Platz einzuräumen. Ohne einer natürlichen, ehrlichen Derbheit abhold zu sein, wird von ihnen alles Equivoque, alle leichtfertige Behandlung der Sitte und des Anstandes ferngehalten und alle verführerischen Darstellungen des Nackten oder Halbnackten, wie sie in auswärtigen illustrirten Witzblättern an der Tagesordnung sind, werden grundsätzlich vermieden. Niemals haben die Gelehrten des Kladderadatsch niedrigen Launen und Leidenschaften der Menge geschmeichelt. Durch alle Jahre haben sie ihren Ehrenschild blank gehalten und ihre eminenten Erfolge allein ihrem großen Geschick, ihrer vielseitigen Begabung, ihrer hervorragenden Weltbildung, ihrer unantastbaren Ehrenhaftigkeit und hohen Reinheit der Gesinnung und Gesittung zu danken.

So können wir die bedeutende Weltstellung des Kladderadatsch als die verdienstvolle Errungenschaft seiner Gelehrten im Verein mit ihrem hochbegabten tüchtigen Verleger bezeichnen.

Die nächsten zwanzig Jahre, welche dem großen französischen Kriege folgten, zeigen uns ein ganz anderes Gesicht, als die alte Zeit des erbitterten Kampfes es hatte. In das geeinigte deutsche Kaiserreich war der Liberalismus, für den Kladderadatsch so tapfer gestritten, und der Sozialismus eingezogen, Oesterreich war ausgeschieden aus der politischen Vereinigung mit Deutschland, Napoleon und sein ganzer Anhang gestürzt und weggefegt von der Bildfläche im Sturme des Krieges und der Revolution, die Frankreich zur Republik machte, der Papst hatte seine weltliche Herrschaft an das geeinigte Italien abgetreten, der große Eisenkanzler endlich lebt, zurückgezogen in seinem Sachsenwalde — so war der Kladderadatsch etwas vereinsamt, indem er die meisten Objekte seiner Angriffsthätigkeit allmählich verloren hatte, ohne entsprechend große und neue von so hervorragender Bedeutung wie die alten dafür wieder gefunden zu haben.

Die scheidenden alten Freunde gingen ihm verloren und die Verfolgung des entweichenden Feindes nahm ein Ende.

Der Feind war geschlagen, überwunden und Kladderadatsch als Sieger zurückgeblieben auf dem großen Kampfplatze, auf dem ein ganz neues Leben, vorwiegend ein Leben voll Arbeit des Friedens im Ausbau des neuen Reichs sich zunächst gestalten mußte.

Schwer fiel es in den neuen Verhältnissen dem Witzblatt, für seine Geschosse die reiche Fülle von Zielobjekten, wie sie ihm der stürmische Werdegang nicht allein unserer Einheitsgeschichte, sondern auch die bewegte Geschichte von ganz Europa's geboten, wiederzufinden. In unserem neuen Reiche giebt es aber, wie bei der Unvollkommenheit unseres Erdendaseins es nicht anders sein kann, stets Unrath genug, den wegzukehren Kladderadatsch fleißig und energisch Hand mit anlegt, und die Weltgeschichte, die der Satire stets neuen Stoff bietet, steht bekanntlich nicht still.

Wenn nun nach den siebenziger Jahren mit dem Fall so vieler Widersacher dem Kladderadatsch und seiner Satire ein großes Stück seines Nährbodens entzogen und er dabei unvorsichtig genug war, nach Dohm's Tode unter Löwenstein's Leitung eine kurze Spanne Zeit einseitig der Fortschrittspartei mehr zu huldigen, als dem Weltwitzblatt seine hohe Stellung über den Parteien es erlaubte, so darf man sich nicht wundern, daß eine Zeit des Stillstandes eintrat, die energisch überwunden werden mußte. Bei den damaligen geehrten und glatten Zeitverhältnissen war es eine naturgemäß eingetretene Periode, nicht des gesunkenen Einflusses und Niederganges, sondern einer durch diese Verhältnisse gebotenen zeitweiligen thatenlosen Ruhe.

An Bedeutung und an innerem Werth hat Kladderadatsch durch die geänderten Zeitverhältnisse nicht verloren. Wenn er die Art mancher Witzblätter, prinzipiell Opposition zu machen, Hohn und Spott auszugießen, den Reiz in bissigen und pikanten Angriffen zu suchen, verachtet, so beweist das nur seinen hohen Standpunkt, und es kann ihm seine vornehme Haltung nur zum Lobe gereichen, weil sie von seiner tüchtigen ehrlichen Gesinnung zeugt.

Nach dem Abgang des Fürsten Bismarck trat wieder eine neue Periode des bedeutenden Aufschwungs für den Kladderadatsch ein, die noch fortwährend im Steigen ist. Unsere innere Politik bietet ausgiebigen Stoff für die Satire. Sozialismus und Ultramontanismus sind für den Kladderadatsch Kampfobjekte von wachsender Bedeutung geworden, und die Weltpolitik, in der Deutschland seine hervorragende Rolle spielt, bringt täglich Neues.

Nach langen harten Kämpfen, in denen Kladderadatsch einer der tapfersten Mitstreiter war, haben wir aber das hohe Ziel, das wir uns gesteckt, errungen: ein geeinigtes Vaterland!

Die neue Zeit wird in ihrer Entwickelung, die ohne Kampf sich nicht vollziehen kann, uns neues eigenartiges Leben bringen, das in seinen Licht- und Schattenseiten auch der Satire eine Fülle von willkommener Anregung bieten wird. Hält unser Jubilar aber an seinem hohen Ehrentage Umschau im deutschen Reiche, so muß sein Herz mit heller Freude erfüllt werden. Sieht er nicht, daß die hohen Ideale, nach denen er gestrebt, für welche er mit den Waffen des Geistes gekämpft und gestritten hat, wenn auch viele schwarze Wetterwolken noch drohend den Himmel trüben, nunmehr in der Hauptsache verwirklicht sind, nachdem die alten Ketten und Banden, mit welchen die Mächte der Knechtschaft und Finsterniß den menschlichen Geist bezwungen und gefesselt hielten, zersprungen und zerrissen sind vor dem mächtigen, unbezwinglichen Wehen der neuen Zeit? Schaut er nicht überall ein zukunftsfrohes Ringen und Streben nach Recht und Freiheit, Wahrheit und Schönheit, Kräftigung und gesunder Entwickelung im neuen deutschen Reiche? Oeffnet sich nicht auch heute der geistige Blick, daß wir staunen ob all dem Wunderbaren, Ungeahnten und Weltbewegenden, was Entdeckung auf Entdeckung, Erfindung auf Erfindung unserem Leben zuführt? Aber was höher, was größer, was bedeutsamer ist als das Alles

— unfer Vaterland ift wiedergeboren und fteht da in Kraft, Größe und Herrlichkeit.

Es soll aber damit nicht gesagt sein, daß das Ende des Jahrhunderts uns etwa vollkommene Zustände gebracht habe und nur wenig mehr zu erstreben sei. Die Zeit darf nicht still stehen, eine Zeit ohne Kampf und Arbeit — das weiß unser Jubilar am besten — würde eine todte sein, die uns dem sicheren Untergange entgegenführte.

Wie manche feindliche Mächte giebt es bei den neu erwachenden reaktionären Bestrebungen unfrer Tage noch zu bekämpfen und zu besiegen für das wahre Wohl unseres Volkes; wie manche Finsterniß zu erhellen, wie manche Fessel zu sprengen, wie manches schneidende Mißverhältniß auszugleichen, wie manches Weh zu heilen! Da wird Kladderadatsch noch viele und lange Arbeit finden und nicht ermangeln, in den ersten Reihen der Streiter zu stehen.

Frisch auf denn! Das ist ein neues, weites Feld für unseren stets jugendfrischen, tapferen Jubilar: mitzukämpfen, mitzulehren, mitzuhelfen und zu heilen, mit voller Seele, mit ganzer Kraft — denn aus solchen Kämpfen fließt das wahre Leben, eine köstliche Quelle von Glück und Frieden, und wenn in diesem Ringen und Streben unser Jubilar einzieht in sein zweites Semisäkulum, dann möge er in echter, ungetrübter Herzensfreudigkeit mit dem tapferen Kämpen des großen Reformationswerkes, Ulrich von Hutten, jubelnd ausrufen: „Es ist eine Lust zu leben!"

A. Schwartz.

Die Gelehrten des Kladderadatsch

1848 – 1898

Ernst Dohm   David Kalisch   Rudolf Loewenstein

Wilhelm Scholz

David Kalisch.

Der Mitbegründer des Kladderadatsch, David Kalisch, der
Vater der Berliner Posse wurde am 23. Februar 1820 in Breslau
geboren. Der Vater starb als David 17 Jahr alt war und ließ
die Familie in Verhältnissen zurück, die den Sohn zwangen, sogleich
einem praktischen, geldbringenden Berufe sich zuzuwenden. Er
wurde Kaufmann und brachte es in kurzer Zeit zu einer angesehenen
wenn auch abhängigen aber ertragsreichen Stellung in dem Möbel-
geschäft der Gebrüder Bauer in Breslau.

Früh schon zeigte David Kalisch ein großes Talent für
humoristische Poesie und seine Gelegenheitsdichtungen fanden in
geselligen Kreisen wohlverdiente Anerkennung. Die kleinen bescheidenen Verhältnisse des damaligen Breslau mochten Kalisch, obgleich
er Zeit seines Lebens und selbst in den Tagen seiner größten Erfolge das Urbild der Bescheidenheit blieb, zunächst doch wohl nicht
genügt haben.

Er sehnte sich hinaus in die Welt, sein Glück zu versuchen,
Anregung und Gelegenheit zu größerem Wirken zu finden. 1844
verließ er Breslau und wandte sich direkt nach Paris, um in diesem
„Mittelpunkte des europäischen Kulturlebens" die Verwirklichung
vielversprechender Träume zu finden. Daraus ist aber nichts geworden, im Gegentheil, er kam während des Pariser Aufenthaltes
aus Kummer und Sorgen nicht heraus.

Aber die gewonnenen Kenntnisse des Pariser Lebens, welches
er in jederlei Gestalt zu studiren Gelegenheit fand, waren für
Kalisch's Zukunft von größter Bedeutung. Mit seinem klaren
Blick, seiner scharfen Beobachtungsgabe verband er die Kunst, das
einmal Gesehene und Erlebte in seinem Gedächtniß festzuhalten
und es — wenn die geeignete Gelegenheit sich dazu bot – zu
verwerthen.

Kalisch lernte die Pariser Theater, die dramatische Litteratur und Kunst der Franzosen gründlich kennen, und diese Kenntniß ward ihm bei seinen späteren dramatischen Arbeiten von größtem Nutzen.

„Arm an Geld und Hoffnungen," schreibt Max Ring in seinen Erinnerungen*), „aber reich an Erfahrungen und Menschenkenntniß von politischer Einsicht, litterarischen und dramatischen Eindrücken, betrat Kalisch nach jahrelanger Abwesenheit die deutsche Heimath. Ein anderer „Gil Blas" hatte er die verschiedensten Verhältnisse, Personen und Zustände in seiner Jugend kennen gelernt, die Freuden und Leiden des Daseins, selbst Mangel und Noth erprobt.

Abwechselnd Kaufmann, Fremdenführer, Projektenmacher und Proletarier, hatte er tiefe Blicke in das Leben gethan und eine Fülle von interessanten Beobachtungen gemacht.

Zunächst ließ sich Kalisch in Leipzig nieder, wo ihn das dort herrschende litterarische Leben fesselte und anregte. Mit Herloßjohn und Carl Maria Oettinger bekannt, arbeitete er für dessen „Charivari" und andere Zeitschriften. Ein von ihm verfaßtes Gedicht machte die Runde in fast allen deutschen Blättern, und wurde Heine zugeschrieben. Da er aber in Leipzig zwar Anerkennung, aber kein Honorar fand, so vertauschte er noch einmal seine litterarische Laufbahn mit einer Stelle in einem bekannten Berliner Expeditions= und Kommissions=Geschäft. In seinen Mußestunden schrieb er mehrere kleine Stücke, darunter die witzige Bluette: „Ein Billet von Jenny Lind", welches in einem Sommertheater in Schöneberg bei Berlin zum ersten Male aufgeführt und mit großem Beifall aufgenommen wurde.

Dieser unerwartete Erfolg öffnete ihm die Pforten des Königsstädtischen Theaters in Berlin, wo er mit seiner ersten größeren Posse: „Einmalhunderttausend Thaler" einen ungewöhnlichen Triumph feierte. Obgleich die Handlung einem französischen Original entlehnt war, so hatte Kalisch verstanden, ein ebenso treues als unterhaltendes Bild des damaligen Berliner Lebens zu geben.

Die von ihm vorgeführten Charaktere, besonders der unvergleichliche „Zwickauer", waren keine gewöhnlichen Theaterschablonen, sondern wirkliche Menschen, die bekannte Typen der Berliner Gesellschaft zeigten. Dazu kam noch der, bei der schon vorhandenen

*) Konkordia, Deutsche Verlagsanstalt, Berlin 1898.

Gährung doppelt zündende Dialog, voll versteckter, aber wirk-
samer Anspielungen auf das allgemein verhaßte reaktionär-pietistische
Regiment, vor allem aber das in dieser Weise nie zuvor benutzte
Kouplet mit seinen scharfen Spitzen und treffenden Pointen, ge-
tränkt mit der ätzenden Laune eines revolutionären Witzes, der sich
unter scheinbarer Harmlosigkeit verbarg und selbst die Polizei zum
Lachen zwang.

Mit einem Schlage wurde der kleine, unbekannte Kommis ein
populärer, allgemein beliebter Schriftsteller.

Das Volk sang seine leicht faßlichen Lieder auf der Straße,
die Gebildeten lachten über seine drolligen Einfälle, und seine witzigen
Redensarten wurden sprichwörtlich.

Es erschienen bald darauf zwei weitere lustige Volksstücke
Kalisch's auf der Bühne des Königstädtischen Theaters: „Berlin bei
Nacht" und „Junger Zunder, alter Plunder", die, wenn auch ohne
nachhaltige Wirkung, einen großen Erfolg erzielten".

Nachdem er in Gemeinschaft mit Albert Hofmann den Kladderadatsch begründet hatte, konzentrirte er zunächst seine Thätigkeit
auf dieses Blatt, und arbeitete hier auf dem Felde der politischen
Satire und der Travestie der gesellschaftlichen Schäden mit scharfem,
unerschöpflichem Witz. Es war dies seine eigentliche Domäne, und
auf ihr errang er die nachhaltigsten Erfolge. Wer liest nicht auch
heute noch mit Vergnügen die ungemein witzigen und treffenden
Artikel, die Kalisch unter dem Titel: „Bei der Weißen",
„Unter den Tulpen" 2c. im Kladderadatsch im Laufe der Jahre
veröffentlichte? Aber auch auf dem Gebiete des unpolitischen Humors
erfreute er durch die Drollerie und Schlagfertigkeit seines Witzes,
wie die folgenden Beispiele zeigen mögen:

Des Ahnherrn Fluch.*)
Romanze.

Kühl wehte schon der Abendschauer,
Da sprach zum Knapp der Jaromir:
„Geh'! hol' mir ein Paar warme Sauer
Und eine Flasche Bairisch Bier!"

„„O Herr! Nicht darf ich's Euch verhehlen"" —
Sprach bleich der Knapp zu Jaromir, —
„„Wo nehmen her — und doch nicht stehlen?"" —
Da polterte es an die Thür: —

*) Aus: Kalisch, Lustige Werke. 5 Hefte. Berlin, A. Hofmann & Comp.

16

Der Urahn Jaromir's   der todte
Er war's! – Mit kalter Grabeshand
Warf er vier Groschen auf die Kommode
Und seinen Fluch! – Ha! – Und verschwand!

Neueste Ballgrammatik.

I.

Von den Bällen im Allgemeinen.

Generalregel.

Die Bälle, Pickenik, Kränzchen, sind,   Was man im Sommer auf dem Land
Von Weihnachten bis Ostern sind.   Tanzt, Bal champêtre wird's genannt

Was nicht ein Jeder haben kann
Zieht man als Subscriptionsball an.

Ausnahmen.

Doch viele Bälle sind noch da.   Matrazenbälle nennt man des:
Wo's unbekannt bleibt, was geschah.   Kommune-Weiblich-Männliches.

Das wäre nun die Generalregel mit ihren Ausnahmen, und man sollte glauben, wer sie inne hätte, brauchte jetzt weiter nichts, als sich einen für ihn passenden Ball auszusuchen, um zu tanzen und sein Glück zu machen.

Allein hierzu gehört weit mehr. Zunächst die Kenntniß des folgenden Kapitels.

II.

Von den Vorbereitungen zum Balle.

Hauptregel.

Pecunia ist allemal
Als Plural nöthig zu 'nem Ball;

Im Singularis ist es auch
Als „der Pump" männlich im Gebrauch.

Spezialregel.

Masculina.

Sobald ein Ball wo findet statt,
Rasire dir das Antlitz glatt;
Doch ist's zu spät, so läßt du es,
So hast du etwas Männliches.
Auch hast du grade Zeit und Lust
Du zum Friseur erst gehen mußt;
Der junge Mann erst intressirt,

Wenn ihm der Kopf gewaschen wird.
Zur „kleinen Handschuhmacherin"
Nach Handschuh'n eilt der Mensch nun hin.
Es streift sie auf die Finger auch
Das Femininum, wie' Gebrauch,
Daß sie dir sitzen wie im Guß,
Dies ist oft auch schon ein Genuß.

Feminina.

Sobald der Vater sagt: „Wie steht's?
Ihr Kinder schon auf Achte geht's!"
Dann lange noch nicht fertig is
Das femininum generis.
Denn es der Mund und es das Bein,
Die müssen erst in Ordnung sein.

Doch weil, was auf dem Ball man hat
Zu essen, niemals macht recht satt,
Holt man 'ne Weiße für den Durst,
Von Ritter Riquet Adler-Wurst —
Die Damen hauen ein ganz toll
Und schlagen sich den Magen voll.

Ausnahmen.

Bei Herich und Goldberg Manches steht,
Was nicht gleich auszulösen geht;

Denn merke dir, mein lieber Sohn!
Die Pfandleih' schließt um sieben schon!

III.

Von dem Betragen auf dem Balle.

Mel.: Gar viele Wörter auf ein is ꝛc.

Mach' viele Wörter, wenig iß,
So bist du angenehm gewiß.
Stehst du im Tanz mit deiner Miß,
Die Unterhaltung nicht vergiß.
Zeig' deiner Bildung Glanzfirniß,
Und sprich in verbis technicis
Von Synthesis und Genesis,
Von Lachesis und Kompromiß,

Dann von dem Fideikommiß,
Und daß Berlin Metropolis:
Bist du dagegen ein Kommis,
So sprich vom Wetter das und dies,
Und wie so schön sei der Narziß.
Als Fräulein aber nicht vergiß
Zu zeigen stets Dein schön Gebiß,
So bist du deines Siegs gewiß.

16*

Spezialregel.

1.

Den Stiefel wähle für den Fuß,
Stets bonus, melior, optimus.
Doch was den Hut betrifft, so muß

Er stets sein pejor, pessimus.
Weil er vertauscht wird jedesmal,
Und du deshalb oft hast Standal.

2.

Wenn du auf 'nem Privatball bist,
Das Rauchen streng verboten ist.
Doch wenn der letzte Tanz ist aus,
So eil' in die Gard'robe 'raus,
Und schlürf' nach dem Entbehrungskampf
Den herrlichen Havannadampf

Noch eh' von deinem Paletot
Das Weibsstück hat die Nummero.
Doch dann beschleunige deinen Schritt;
Denn Keiner hat Cigarren mit.
Und selbst der allerstolz'ste Mann
Spricht freundlich dich um eine an!

3.

Wenn du den Hausflur nun erreicht,
Und dir das Herz jetzt wird so leicht.
Die Möchin in den Weg sich stellt,
Den Leuchter dir entgegen hält;
Hast du dann grad' kein kleines Geld,
Schlägst du den Mantelkragen hoch
Und suchst des Zimmermannes Loch.

Ein ander Mittel ist es auch
Und in Berlin oft im Gebrauch,
Daß man zu andern sich gesellt,
Schnell in die Hand dann drückt das Geld
So weiß die Möchin niemals nicht
Von wem den Sechser sie gekriegt.

—

IV.

Firniss
coronat opus.

Hast du dir Alles eingeprägt,
Was ich dir hier ans Herz gelegt,
So führt dich diese Grammatik
Zu Wohlstand und Familienglück.

Denn Heiterkeit und grader Sinn
Ist dieses Lebens Hauptgewinn,
Bis einst geräth auch in Verfall —
Wie alle Bälle   der — **Erdball**.

———

Das Verhältniß zwischen Kalisch und seinen Kollegen und zu seinem Verleger war allzeit ein mustergiltiges. Die nachfolgende hübsche Erinnerung an David Kalisch von Johannes Trojan möge Zeugniß dafür ablegen:

„David Kalisch stand, als ich ihn persönlich kennen lernte, schon in der Blüthe des Ruhms, den er sich als Theaterdichter erworben hatte.

Er war der Schöpfer der wirklich lustigen, alten Posse des Berliner Wallner Theaters, keiner von uns Aelteren kann an ihn denken, ohne Anna Schramm, Helmerding und Reusche vor sich zu sehen. „Hunderttausend Thaler“, „Berlin bei Nacht“, „Berlin, wie es weint und lacht“, „Der Aktienbudiker“ und andere seiner Stücke hatten ihm einen weithin bekannten Namen gemacht.

Es erscheint fast wunderbar, daß er, der doch kein geborener Berliner war, sondern, wie auch Dohm und Löwenstein, ein Schlesier, das Berliner Leben so gut zu schildern verstand. Aber er war sehr eifrig bemüht, sich Berlinisches anzueignen, und glich darin Jean Paul, daß er sich von dem, was er hörte und las, alles ihm litterarisch verwerthbar Erscheinende aufnotirte, und zwar schrieb er es, ebenso wie Jean Paul, auf leere Zettel.

Diese Zettel that er in leere Cigarrenkisten, und nach seinem Tode sind von Ernst Dohm, der seinen litterarischen Nachlaß zu besichtigen hatte, unzählige Cigarrenkisten gefunden worden, die alle bis an den Rand mit Notizblättchen gefüllt waren.

Den Inhalt aller dieser Cigarrenkisten hat Dohm, soviel ich weiß, dem Feuer überantwortet, weil er ganz richtig sich sagte, daß diese Notizen nur Werth für den besaßen, der sie gesammelt hatte, und sich unter ihnen zurecht zu finden wußte. So erlitten sie das Schicksal der Cigarren, die einst dieselben Kisten gefüllt hatten. Dabei sei bemerkt, daß Kalisch gute Cigarren rauchte.

Im „Kladderadatsch" war Kalisch für jeden, der ihn kannte, leicht auffindbar. Er repräsentirte die Drolerie, die bald harmlos war, bald einen pikanten Beigeschmack hatte, immer aber herzliches Lachen erregte. Alles Pathos lag ihm fern. In schwierigen Versarten versuchte er sich nicht, wenn er in gebundener Rede dichtete, so beschränkte er sich in der Regel auf das Kouplet, dessen Muse es mit Längen und Kürzen, mit der Anzahl der Versfüße und der Reinheit der Reime nicht allzu genau nimmt. Aber auch was er in Versen vorbrachte, war immer drollig und schlagend. Er war auch musikalisch gut veranlagt, was für einen, der Verse für den Komponisten macht, eine sehr schätzenswerthe Gabe ist.

Es war, wenn ich nicht irre, im Jahre 1865, als ich — ich arbeitete schon ein paar Jahre für den „Kladderadatsch" — Kalisch persönlich kennen lernte. Er empfing mich mit großer Freundlichkeit, und wir kamen danach häufig mit einander zusammen. Bei einer dieser Zusammenkünfte sagte er zu mir: „Du mußt es nicht gering schätzen, daß wir Dich in die Gesellschaft der Kladderadatsch-Gelehrten aufgenommen haben. Ich kann Dir nur sagen, mancher von Namen und Ruf hat danach gestrebt, und es ist ihm doch nicht gelungen." Als ich das hörte, sperrte ich Augen und Mund auf, denn ich hatte mir bis dahin eingebildet, daß ich mir mit der größten Leichtigkeit meinen Platz gewonnen hätte. So war ich wieder einmal, wie schon manchmal in meinem Leben, ohne es zu wissen, einen Weg gegangen, der alles weniger als sicher gewesen war. Um so froher war ich, trotzdem mein Ziel erreicht zu haben, und äußerte das Kalisch gegenüber in Ausdrücken der unverstellten Freude.

Aus dem, was ich erzählt habe, geht hervor, daß wir einander „Du" nannten, und dazu waren wir gekommen in sehr kurzer Zeit. Kalisch galt als ein schweigsamer Mensch. In größeren Gesellschaften sprühte er weder Witzfunken, wie man das von einem Mann seines Faches erwartet, noch sprach er überhaupt viel, sondern saß stille da, hörte zu und notirte sich dies und jenes im Kopf. Wegen seiner Schweigsamkeit hielten ihn viele für einen Hypochonder, und er galt für einen der berühmten Komiker, die, wenn sie in ihrem Fach arbeiten, als die lustigsten Leute erscheinen, dabei aber innerlich unglücklich und eigentlich die trübsten Melancholiker sind. Das traf aber auf ihn nicht zu. Er hatte gar keine Ursache, sich unglücklich zu fühlen, denn es ging ihm gut in der Welt.

Also war er in großen Tischgesellschaften ein stiller Gast. Es wird erzählt, daß der einzige Toast, den er einmal auf anhaltendes Drängen ausgebracht hat, aus den beiden Worten „Die Damen!" bestanden habe. Das ist sehr glaublich, und zugleich spricht es für seine Klugheit, daß er sich so gut aus der Verlegenheit zu ziehen wußte; denn selten wird wohl eine lange Tischrede mit so großem Beifall aufgenommen worden sein, wie diese überaus kurze.

War man mit Malisch allein zusammen, so thaute er auf und wurde gesprächig.

Noch nicht lange hatte ich ihn kennen gelernt, als ich eines Abends im Königsgarten in der Leipzigerstraße mit ihm allein beim Bier saß. Wir tranken ein Glas nach dem andern, und er fing an aus seinem Leben zu erzählen.

Was er erzählte, interessirte mich sehr, denn er hatte manches erlebt, und aus kleinen Anfängen sich emporgearbeitet.

Er war auch in der Welt herumgekommen und kannte Paris, wo er als junger Mann ein paar Jahr zugebracht hatte. Endlich kam er auf seine Theaterstücke zu sprechen und bat mich, ihm offen zu sagen, ob sie in meinen Augen wirklichen Kunstwerth besäßen. Ich weiß nicht genau mehr, was ich auf diese etwas heikle Frage erwidert habe, meine Antwort muß ihn aber doch befriedigt haben, denn nach einer Weile sagte er: „Sie gefallen mir! Wollen wir nicht Brüderschaft trinken?" „Natürlich!" erwiderte ich, und wir thaten es. Wir thaten es mit frisch gefüllten Gläsern und mit verschlungenen Armen, wie es Studenten brauch ist; ob wir dabei uns auch küßten, weiß ich nicht mehr, halte es aber für nicht unmöglich.

Darauf leerten wir noch manches Glas, und als wir zu später Stunde uns trennten, sagte er zu mir: „Morgen Nachmittag um vier Uhr erwarte ich Dich an diesem Tisch hier. Ich besitze den Börne zwei Mal. Das eine Exemplar schenke ich Dir und bringe es morgen mit. Adieu!"

Als mir das am andern Morgen einfiel, war ich so schlecht, zu mir zu sagen: „Wahrscheinlich kommt er nicht. Wenn er aber kommt, hat er sicherlich die Brüderschaft und den Börne vergessen." Ich ging aber doch hin. Als ich in das Lokal trat, sah ich ihn schon von weitem an dem Tisch sitzen, wo wir den Abend vorher gezecht hatten, und vor ihm lag ein kleiner Stapel von Büchern.

Da erblickte er mich auch schon, stand auf, ging auf mich zu und sagte: „Das ist schön, daß Du kommst. Und hier" — er wies auf den Tisch hin — „ist auch der Börne, den ich Dir schenken wollte." Das gefiel mir außerordentlich von ihm.

Ich sah ihn dann öfters, und einmal wurde ich von ihm dazu ausersehen, eine Brüderschaftspflicht gegen ihn zu erfüllen, nämlich ihn zu beschützen. Es war im Frühjahr, als auf dem „Bock" vor dem Halle'schen Thor der braune Saft ausgeschenkt wurde, der eilig trunken machte, so eilig und so schwer, daß sich dort oben Szenen abspielten, die nicht zu beschreiben sind, und die Niemand für möglich halten würde, der sie nicht damals selbst erlebt hat.

Das Bockbier wird jetzt wohl nicht mehr so stark gebraut, oder die Menschen können mehr vertragen, oder sind mäßiger geworden. Nun, um diese Jahreszeit kam Malisch einmal zu mir und fing an: „Hör', ich möchte gern mal auf den Bock, um das Volksleben zu beobachten, ich traue mich aber nicht recht hin. Die Leute werden dort sehr aufgeregt, und ich fürchte, es könnte eine Juden-Verfolgung inszenirt werden, bei der ich jedenfalls schlecht wegkommen würde. Kommst Du mit, so wag' ich es, denn ich glaube, Du wirst mir zum Schutz dienen, weil Du so ganz unverdächtig aussiehst." „Jawohl," sagte ich, „ich komme mit Dir." Also stiegen wir auf den Bock hinauf, leerten so manches der Männlein, in die damals die betäubende Flüssigkeit verzapft wurde, betrachteten aufmerksam das ausgelassene Treiben und kamen glücklich, wenigstens vollständig unverletzt wieder herunter.

Einmal aber glaubte ich von Kalisch gekränkt zu sein. Er besuchte mich eines Tages mit einem Freunde in meiner Wohnung in der Neuenburgerstraße. Das Haus hatte einen Garten, und in diesem waren ein paar Beete mir zur eigenen Bewirthschaftung überwiesen.

Da fanden sie mich eifrig mit Gartenarbeit beschäftigt: ich riß Unkraut aus, oder band Blüthenpflanzen an kleine Stöcke an, oder tränkte sie mittelst der Gießkanne. Kalisch beobachtete mich aufmerksam. Als er mit dem Freunde fortging, und sie draußen waren, sagte er zu ihm, indem er auf mich hindeutete: „So was ist nun seelenvergnügt auf so einem elenden Stückchen Erde, und freut sich wie ein Straßenjunge, der sich am Rinnstein eine Erbse gepflanzt hat." Als mir der Freund das wiedererzählte, verdroß es mich, aber mein Aerger hielt nicht lange an: „Es klingt nicht gut, was er gesprochen hat," sagte ich mir, „eigentlich aber, glaube ich, ist darin weniger Geringschätzung, als Reid enthalten." Und das ist heute noch meine Meinung.

Armer Kalisch! Zuerst von allen Kladderadatsch-Gelehrten mußte er sterben nach schmerzlichem, jammervollem Leiden, und vorlieb nehmen mit einem Fleckchen Erde, das viel kleiner war, als mein Gartenstück.

Auf einem der Tausende von Zetteln, die er in Cigarrenkisten hinterlassen hat, stand, so vermuthe ich, auch mein Name. Da wir aber Brüderschaft mit einander gemacht hatten, so wird, glaube ich, sonst nichts Schlimmeres darauf gestanden haben, als etwa: „Ein guter Kerl, aber etwas beschränkt, und für das Theater nicht verwerthbar."

J. Trojan.

Neben seinen dramatischen Arbeiten und seiner Thätigkeit für den Kladderadatsch hat Kalisch noch gar vieles geschaffen, was heute leider — weil mit Unrecht — in Vergessenheit gerathen ist. Die ersten Jahrgänge des Kladderadatsch-Kalenders, der zuerst 1850 erschien, sind in der Hauptsache seiner Feder entflossen, ebenso eine Reihe humoristischer Schriften, die bei A. Hofmann & Co. verlegt worden sind, und aus denen die Perlen in „Kalisch's Lustigen Werken" (5 Hefte) gesammelt und im genannten Verlage erschienen. Wer diese Arbeiten liest, und Sinn und Verständniß für drolligen Humor sich bewahrt hat, wird auch heute noch seine helle Freude an diesen köstlichen Gaben haben, ebenso, wie sie die Generation empfand, für die sie geschrieben wurden.

Sicher ist, daß die Epigonen Kalisch's auf dem Gebiete der Possen-Litteratur bis auf unsere Tage die gewichtigsten Anleihen für ihre Arbeiten aus den von Kalisch hinterlassenen Schätzen gemacht haben.

Kalisch starb — noch nicht 53 Jahre alt — am 21. August
1872. Mit ihm schied eine Persönlichkeit aus der Reihe der
Kladderadatsch-Gelehrten, für deren Eigenart ein Ersatz nie wieder
gefunden worden ist, auch wohl nie wieder zu finden sein wird.

Wilhelm Scholz.

Wilhelm hieß er und als W. S. hat er seine Bilder gezeichnet.
Im vertrauten Freundeskreise aber wurde er Gotthilf genannt.
Das hing so zusammen: Er machte es seiner Mutter sehr schwer,
ihn der Welt zu schenken. Da gelobte der Vater, wenn das Kind
glücklich geboren würde und es wäre ein Knabe, so sollte es den
Namen Gotthilf erhalten. Den erhielt er denn auch, als alles sich
glücklich gefügt hatte, neben dem Hauptnamen Wilhelm, mit dem er
gerufen wurde." — So berichtet uns Johannes Trojan in seinen
prächtigen „Erinnerungen" an Wilhelm Scholz welche im Todes-
jahre Scholzens, 1893 in der National-Zeitung erschienen. Und
wer sonst von Wilhelm Scholz erzählen will, sein Leben, seinen
Charakter und seine Art zu schildern unternimmt, vermag es nur
in engster Anlehnung an diese Trojan'sche Plauderei, die unüber-
trefflich in ihrer humoristisch sinnigen Weise das getreuste Bild
dieses eigenartigen Mannes giebt. Auch in der vorliegenden
Lebensskizze Scholzens hat Trojan vornehmlich das Wort.

Wilhelm Scholz ist im Osten Berlins geboren und aufgewachsen.
Am 23. Januar 1824 erblickte er das Licht der Welt als Sohn
eines kleinen Beamten. Seine Schulbildung erhielt Scholz auf dem
Gymnasium zum Grauen Kloster in Berlin, das er wohl, wie
Trojan meint, mit keinem sehr bedeutenden Schatz an Kenntnissen
verlassen haben mag.

Früh zeigte sich bei ihm ein Zeichentalent, welches erwarten
ließ, daß er einst als Maler etwas Großes leisten könnte. Und so
betrat er denn die Künstlerlaufbahn. Er ging auf die Akademie
und wurde Schüler des Hofmalers Professor Wach. Der frühe
Tod des Vaters, der dem Sohne keine Mittel hinterließ, die
Studien fortzusetzen, zwang Wilhelm Scholz, die Akademie zu verlassen und mit dem bis dahin erworbenen Können, seinen Unterhalt zu verdienen. „Womit er sich durchhalf und worin er später
Erfolg hatte, das trug er schon in sich!"

Die um die Mitte der vierziger Jahre sich lebhaft entwickelnde
Zeitschriftenlitteratur, namentlich das mehr und mehr sich zeigende
Bedürfniß nach illustrirten Blättern, brachten auch Scholz will-

kommene Aufträge, die ihm Einnahmen mochten sie zunächst auch kärglich und schwankend sein — und Unterhalt gewährten.

Als Mitglied des „Rütli"-Vereins ward er Illustrator der „Rütli"-Zeitung und seine geistreichen und überaus witzigen Zeichnungen in jenem „Vereins-Organ" schufen ihm Freunde und machten die Buchhändler auf ihn aufmerksam.

Die erste größere Arbeit, mit der Scholz an die Oeffentlichkeit trat, war ein in Gemeinschaft mit Ernst Kossak herausgegebenes Werk, welches im Verlage von Albert Hofmann unter dem Titel:

Die Berliner Kunstausstellung im Jahre 1846
Humoristisch-satyrische Bilderschau

1847 in Berlin erschien.

Das Buch, welches über verschiedene Künstler und ihre ausgestellten Werke ein grausames Gericht hielt, erregte damals großes Aufsehen und fand die weiteste Verbreitung. Es trug Scholz, dessen in den Zeichnungen zum Ausdruck gekommener liebenswürdiger Humor die von Kossak geübte Kritik und rücksichtslose Verspottung in wohlthuender Weise milderte — große Anerkennung ein. Er machte sich mit diesem Erstlingswerk einen Namen!

Es wird vielleicht nicht ohne Interesse sein, einige Proben aus diesem sehr selten gewordenen Buche hier vorzuführen.

Das erste der beiden hier folgenden Bilder bezieht sich auf ein von dem Maler Schorn in München gemaltes Kolossalgemälde, welches in den Ausstellungsräumen schlecht untergebracht, einen richtigen Ueberblick dem Beschauer nicht gewährte.

In seiner Zeichnung stellt Scholz die Beschauer auf den Platz Unter den Linden, auf welchem später das Denkmal Friedrich des Großen errichtet wurde; das Bild lehnt er an das Brandenburger Thor und zur freien Durchsicht legt er die Bäume der Lindenpromenade nieder.

Zu dem zweiten Bilde „Waldfrevel" heißt es im Text:

„Es mag nun einmal Gebrauch sein, einen Maler, der eine Landschaft malt, einen Landschafter zu nennen; wir wollen hierzu noch den Mißbrauch fügen, eine Klasse gewisser Maler von dem Stammwort Landstrich: Landstreicher zu taufen.

Eine besondere Spezies, die zwischen Landschafter und Landstreicher mitten inne steht, ist der Waldfrevler.

Dieser trägt mit der Kelle einige Pfunde grünen Mörtel auf seine Leinwand, vertheilt sie mit einem Nudelholz und bossirt nun vorn das Laub heraus. Dann malt er hinten einen blassen verschwindenden Hintergrund und — die Forstgesetze sind verletzt! Der Vordergrund sieht aus wie gehackter Grünkohl u. s. w." . . .

Diese Kritik ließe sich übrigens auch heute auf manches Produkt der modernen Malerei anwenden.

Mehr und mehr fand Scholz's Kunst Aufnahme in der Buch- und Zeitschriftenlitteratur. Als das „tolle Jahr" anbrach sehen wir ihn thätig an den meisten hervorragenden Witzblättern jener Tage. „Krakehler", „Freie Blätter", „Berliner Großmaul" 2c. ja selbst für die Illustrirung politischer Plakate lieh er seinen Griffel her.

„Als ich Scholz kennen lernte", erzählt Trojan, „stand er in der Blüthe seines Lebens und bewegte sich in seinen künstlerischen Leistungen in aufsteigender Linie. Es war die Konfliktszeit, in der der Kladderadatsch einen großen Aufschwung nahm. Scholz sah sich gekrönt mit Anerkennung und war auch zugleich, nachdem er Jahre lang sich hart hatte durchschlagen müssen, in behagliche Lebensverhältnisse, für die er viel Sinn hatte, hineingekommen. Das prägte sich in seiner ganzen Erscheinung aus. Er hatte etwas Stattliches, man kann wohl sagen Schneidiges an sich. Nichts Abstoßendes aber war damit verbunden, auf seinem Gesicht lag schon damals das offene freundliche Wesen, das bis in die spätesten Zeiten hinein aus allen seinen von den Photographen gemachten Bildnissen spricht.

. . . . . Er war ein merkwürdiges und dabei gutes Gemisch von Salon und Straße, von Formlosigkeit und peinlicher Etiquette, von Burschikosität und bürgerlich strenger Anschauung.

Der Grundzug seines Wesens aber war eine innerliche Vornehmheit, die ihn liebenswürdiger machte als Alles, was sonst an ihm war.

Er war ein Mann von Wort und unbedingt zuverläßig, mochte es sich nun um eine Arbeit handeln, oder um sonst etwas."

Die schon vor 1848 mit Albert Hofmann angeknüpfte Verbindung brachte es mit sich, daß Scholz dem Kladderadatsch als Zeichner gewonnen ward. Seine Thätigkeit an diesem Blatte, dem er ununterbrochen und mit wenigen kurzen Zeitausnahmen als einziger Illustrator 42 Jahre lang seine Thätigkeit widmete, begann mit Nr. 2. Wer von dieser Zeit an Scholzens Thätigkeit im Kladderadatsch verfolgt kann nicht genug staunen über die wachsende Vielseitigkeit dieses ausgezeichneten Künstlers, über den Reichthum an Geist und Witz, den sein Stift in die Welt gesetzt hat. Die geradezu klassischen satirischen Darstellungen Louis Napoleon's seit dem Beginn von dessen Herrschaft bis zu ihrem Ende, dann die gleiche Behandlung Bismarcks von dessen erstem Auftreten im vereinigten Landtage (1849) an bis zu seiner Verabschiedung 1890 sind Meisterwerke auf dem Kunstgebiete der Karrikatur. Aber nicht nur der Reichthum der Erfindung macht uns staunen, auch die Art der Darstellung, die bei aller Schärfe immer liebenswürdig, nie verletzend wirkt, fordert unsere Bewunderung und Hochachtung. „Wie mit der wachsenden Größe Bismarck's" sagt Rudolph Genée in der Vorrede zum „Bismarckalbum des Kladderadatsch"*), „so schienen sich auch des Zeichners Kräfte zu erhöhen, und wer nach Scholz sich an diesem Gegenstande versuchte, der war doch genöthigt, die von Scholz erschaffenen und typisch gewordenen drei Haare mit zu übernehmen."

Alles, was Scholz für den Kladderadatsch gezeichnet hat, schuf er nach eigenen Ideen, nicht nach gegebenen Vorwürfen und das erhöht seine Bedeutung als eines mit weitem politischen Blick begabten Künstlers, dessen Art seinesgleichen sucht.

„Ihm war beschieden, in großen Zeiten und im Dienst großer Ideen, an diese anknüpfend, seine an sich bescheidene Kunst auszuüben und in der Ausübung dieser Kunst der erste zu sein: Das wird den Namen „Wilhelm Scholz" auch noch auf ferne Geschlechter bringen.

„Der arme Scholz!" — so schließt Johannes Trojan seine Erinnerungen „Manche Krankheit, die er angeblich gehabt hatte, mag er sich nur eingebildet haben. Die letzte Krankheit die ihn hinweggerafft hat, erkannte er früh schon und verzeichnete mit schrecklicher Genauigkeit ihre Symptome. Sie schritt langsam vor. Der barmherzige Tod nahm ihn endlich weg. In der Erinnerung seiner Freunde aber lebt er weiter, nicht als das Schattenbild, das er in der letzten Zeit seines Lebens war, sondern als der muntere fröhliche Scholz, der unvergleichliche Erzähler lustiger Dinge, der allwillkommene Gesellschafter, der gute und treue Kamerad."

---

*) Das Bismarckalbum des Kladderadatsch mit 300 Zeichnungen von Wilhelm Scholz. Berlin. A. Hofmann & Comp.

Ernst Dohm

Dohm's schriftstellerisches Wirken ist mehr als bei irgend einem anderen „Gelehrten des Kladderadatsch" eigentlich nur aus seiner Thätigkeit für dieses Blatt zu erkennen und zu beurtheilen, denn — im Gegensatze zu den Meisten seiner Kladderadatsch-Kollegen — war Dohm außerhalb dieser Thätigkeit verhältnißmäßig wenig litterarisch thätig. Es läßt sich, da er seine Manuskripte stets vernichtete, nicht Alles mehr mit Sicherheit feststellen, was Dohm für den Kladderadatsch geschrieben hat, auch nahm er manche ihm von talentvollen Dichtern zugesandte Arbeit auf, die er verbessernd für den Ton des Blattes einrichtete und die dann unter seiner Flagge in die Welt gingen.

Es bleibt aber ein reicher Schatz noch übrig von dem, was der Kladderadatsch aus seiner Feder besitzt, um daran zu erkennen, daß Dohm ein volles Anrecht auf einen Ehrenplatz unter den besten zeitgenössischen Dichtern hat. Jedenfalls steht in Bezug auf den Geschmack und die formale Vollendung keiner über ihm.

Außer den im vorigen Abschnitte zum Abdruck gekommenen Proben Dohm'scher Dichtkunst, sei hier noch besonders hingewiesen auf das Gedicht, welches Dohm der perfiden italienischen Politik Napoleons widmete: „Rom oder Tod" (1862). Ein anderes aus demselben Jahre glossirt das von Rom ausgegebene Stichwort: „non possumus" „Eine konventionelle Devise". Die Einnahme von Puebla begeisterte Dohm zu dem schönen Gedichte: „Die Rose von Puebla". Aus der Kriegslyrik des Kladderadatsch 1870 stammt von Dohm: „Die Schlacht von Metz" und vieles mehr.

Daß Dohm außer für den Kladderadatsch schriftstellerisch so wenig produktiv war, lag an einer bei seinen Fähigkeiten eigentlich unverständlichen Abneigung gegen das Schreiben und gegen die Ausübung einer Kunst, für die er durch seine hohe dichterische Veranlagung und sein universales Wissen, mehr als andere befähigt und berufen war. Nur wenn das bittere Muß an ihn herantrat oder wenn es der dem Kladderadatsch gegenüber nöthigen von ihm niemals versäumten Pflichterfüllung galt, griff er zur Feder! Dann aber schuf er Mustergiltiges, obgleich ihm meist nur eine kurze

Spanne Zeit der Fertigstellung zur Verfügung stand und die
Arbeitsstätte, das Redaktionszimmer der Druckerei mit dem es um-
gebenden Lärm, nichts weniger als geeignet zur Sammlung der Gedanken war. Man kann wohl sagen, daß die besten Gedichte, die Dohm
geschrieben, in der Druckerei entstanden sind. Auch das im vorher-
gehenden Abschnitte abgedruckte, nach Form und Inhalt klassische
Gedicht Dohms auf den Tod König Friedrich Wilhelm IV. entstand
dort und im Zeitraum einer halben Stunde. Er schrieb das
Gedicht, während der Druckerjunge eine jede einzelne Strophe,
ein jedes Oktavblättchen mit der noch nicht getrockneten Schrift ihm
unter den Fingern fortzog. Und so geschah es des Oefteren. Während die anderen Mitarbeiter angestrengt die Woche über für den
Kladderadatsch zu arbeiten pflegten und das Geschaffene am
Donnerstag, dem Redaktionstage, zur Stelle brachten, kam Dohm
meist mit leeren Händen, höchstens mit einigen ihm für den Kladderadatsch eingesandten Artikeln. Was nun aber fehlte oder der
Ergänzung bedurfte, schrieb er an Ort und Stelle aus dem Steg-
reif nieder.

Ein ganz besonderes Verdienst Dohm's für den Kladderadatsch
aber lag in der Kunst seiner Redaktionsführung.

Sein feines Verständniß für die jeweilige politische Lage, die
Kunst der Abwägung des richtigen, der Situation entsprechenden
Maßes in den Formen von Angriffen und Abwehrungen, ließen
ihn stets aus dem vorhandenen Stoffe dasjenige wählen, oder
wo es grade fehlte   selbst schaffen, was am treffendsten der
herrschenden Stimmung Ausdruck gab. So kam es, daß der
Kladderadatsch trotz seines Festhaltens an dem einmal gesteckten
Ziele, die lächerlichen und verächtlichen Ausgeburten des öffentlichen und geistigen Lebens zu geißeln, niemals nach irgend
einer Seite hin verletzend wirkte und dadurch sein hohes An
sehen bei Freund und Feind gewann. Es ist dies zweifellos
ein hohes Verdienst Dohm's, wenngleich nicht vergessen werden darf,
daß ihm dieses Verdienst durch die Qualität seiner Mitarbeiter, die
selbst in hohem Grade das Verständniß für die hohen Aufgaben
des Blattes besaßen, leicht gemacht worden ist. Ueberhaupt würde
es dem Wesen dieses eigenartigen Zusammenschaffens durchaus
widersprechen, wollte man,   wie Paul Lindau in einem Aufsatze
über Dohm und den Kladderadatsch*) richtig bemerkt - aus jener
Summe von Geistesarbeit, die eben „Kladderadatsch" heißt, die eine

---

*) Nord und Süd 1879.

oder die andere Sonderthätigkeit herausschälen und für sich als einzelne betrachten.

Mag auch der eine mehr Ursprünglichkeit und drastisch wirkende Komik, ein anderer mehr Schwung und packende Rhetorik besitzen, mag ein Dritter vorzugsweise im beschaulichen und sinnigen Humor sich hervorthun und bei dem Vierten der Geschmack, das Formgefühl, der Takt und die universale Bildung überwiegen, — das, was dem „Kladderadatsch" seinen Charakter und seine Bedeutung gegeben hat, ist weder dieses noch jenes Besondere; es ist Dieses und Jenes, es ist die glückliche Mischung, der Zusammenfluß aus verschiedenen Quellen zu einem einzigen Strome."

Dennoch muß dem Verdienst Dohm's als Leiter des Blattes in den ereignis und bedeutungsvollsten Zeiten unserer neueren vaterländischen Entwickelungsgeschichte die höchste Anerkennung gezollt werden. Die einem politischen Witzblatte so gefährlichen Perioden der Reaktions und Konfliktszeit, die aufgeregten Zeiten von 1864—1866, in denen die öffentliche Meinung in Deutschland und Preußen an Zwiespalt und Unklarheit nichts zu wünschen übrig ließ, —unter solchen Umständen und Zeitläufen an der Spitze eines Blattes zu stehen, dessen Meinung und Anschauung bereits führend und maßgebend geworden war für die öffentliche Stimmung, ja selbst auf die Entscheidungen der großen Masse des Publikums für diese oder jene Partei nicht ohne Einfluß blieb, — ein solches Blatt einheitlich hindurchzuführen durch die Klippen der Parteigegensätze, ohne jemals mit dem Strome zu treiben, war eine Aufgabe schwierigster Art. Grade in solchen aufgeregten Zeiten, in denen selbst bei einer so harmonisch gestimmten Gemeinschaft, wie das Redaktions-Kollegium des Kladderadatsch es war und heute noch ist, Gegensätze aus Temperaments-Veranlagung des Einzelnen wohl nicht ausgeschlossen waren, war eine zielbewußte Leitung mit besonderen Mühseligkeiten verknüpft, und ihre Durchführung gewann eine erhöhte Bedeutung. Und diese Bedeutung wurde im vollsten Maße von Dohm's Redaktions-Kollegen anerkannt und gewürdigt, und wie damals in der Erkenntniß der Wichtigkeit dieses Amtes die Harmonie eine ungetrübte blieb, so sehen wir sie heute in der gleichen kollegialen Anerkennung der Verdienste Trojan's unter seinem Redaktionsscepter blühen und gedeihen.

Dohm's Eigenart — ja der Grundzug seines Charakters war satirisch. Wenn man ihn erzählen hörte — und er war ein Plauderer, so amüsant und fascinirend, wie es wohl kaum je einen Zweiten geben wird — erstaunte man über den Reichthum seiner

geistvollen Gedanken und über die Fülle liebenswürdiger Bosheiten
mit denen er über Menschen und Dinge zu urtheilen pflegte, die
irgendwie seine Kritik herausgefordert hatten. Er war mit solchen
Kritiken recht freigebig und verschonte damit auch die besten Freunde
nicht. 1849 erschienen von ihm im A. Hofmann'schen Verlage eine
Reihe kleiner Hefte unter dem Titel „Der Aufwiegler in der Westentasche" worin sich u. A. ein für diese seine Eigenschaften außerordentlich charakteristisches Gedicht befindet, von dem die erste und
letzte Strophe hier Platz finden möge:

Fromme Wünsche eines Berliner Aufwieglers.

(Mel.: O wär ich doch des Mondes Licht rc. von Müchen. ·

O wär ich doch des Mondes Licht
Und im Kalender stände
Mondschein — dann schien ich grade nicht,
Bis daß die Woch' zu Ende.
Doch wenn die Gaslaternen flimmern,
Dann würd' in vollem Glanz ich schimmern.
:,: So wollt' ich ärgern früh und spat
Die Stadtverordneten, den Magistrat. :,:

O wär ich doch das Rathhausdach
Und unter mir da wäre
Der Magistrat versammelt — ach!
Dann stürzt' ich ein, auf Ehre,
Ich wollt' mit liebendem Entzücken
Die Väter unsrer Stadt erdrücken.
:,: Und so mich zeigen treu und gut,
Als wahres Bürgerrettungsinstitut! :,:

Dohm's schriftstellerisches Wirken außerhalb der Kladderadatsch-
Thätigkeit war — wie schon gesagt — ein verhältnißmäßig geringes,
namentlich in Bezug auf selbständige dichterische Arbeiten. Außer
dem genannten Büchelchen: „Der Aufwiegler in der Westentasche"
wäre nur zu nennen: „Der Trojanische Krieg" eine satirische Posse,
und die „Sekundenbilder", eine gereimte Chronik. Dagegen hat er
sich als Uebersetzer und Bearbeiter dramatischer Stoffe mehrfach
und in rühmlichster Weise hervorgethan.

„Durch seine Nachdichtung der Lafontaine'schen Fabeln," sagt
Paul Lindau in dem schon erwähnten Aufsatze „die in der Präzision
der Wiedergabe des Originals das Außerordentliche leistet, hat sich

· Das Lied war damals außerordentlich populär.

Dohm in die vordersten Reihen unserer poetischen Uebersetzer, neben Schlegel, Freiligrath und Geibel gestellt.

Durch diese Uebersetzung von Ernst Dohm ist einer der anmuthigsten und bedeutendsten Dichter Frankreichs für die deutsche Litteratur gewonnen worden."

Aber auch an weniger ernsten und weniger weittragenden Dingen hat Dohm seine Künste als Uebersetzer geübt und bewährt. Die witzigen Uebertragungen der Texte einiger Offenbach'schen Opern, namentlich der „Schönen Helena", die in der Munterkeit dem Original keineswegs nachstehen und in der Form dasselbe sogar oft übertreffen, dürfen nicht unerwähnt bleiben. Wie vollkommen gelungen ist z. B. die Uebersetzung des burlesken Auftrittskouplets der griechischen Könige:

Je suis l'mari de la reine — ri de la reine,
Le bon Menelas! —
Ich bin Menelaus der gute — laus der gute,
Der Mann der Helena! —

Dohm ist im Mai 1819 in Breslau geboren. Er hat Philosophie und Theologie studirt und „zwölfmal von der Kanzel herab die Gläubigen in der Umgegend von Halle durch fromme Predigten erbaut." Daß das nicht eigentlich sein Beruf war, muß er aber schon frühzeitig bemerkt haben. Wie fast alle Schriftsteller der Zeit hat auch er im „Magazin für Litteratur des Auslandes" seine ersten Sporen sich verdient. Nachdem er in dem von Joseph Lehmann geleiteten Blatte über spanische und französische Litteratur geschrieben und dem „Gesellschafter" von Gubitz Beiträge gegeben hatte, trat er im Jahre 1848 in die Redaktion des Kladderadatsch, an dessen Spitze er 35 Jahre lang in treuer Arbeit stand.

Am 5. Februar 1883 schied er aus diesem Leben.

Sein Name und sein Wirken bleiben unvergessen und für alle Zeiten mit dem Kladderadatsch verknüpft.

Seinem Hinscheiden widmete der Kladderadatsch das folgende Gedicht:

Schlaf wohl, Kamrad! In Reih und Gliede
Hast brav du deine Pflicht gethan.
Du schiedest nicht als Invalide,
Nein, als bewährter Veteran.

Du hast gekämpft mit scharfer Wehre,
Von Noth und Feinden rings umdroht,
Für Licht und Freiheit, Recht und Ehre
Ein wahrhaft deutscher Patriot.

17

Mit finstren Geistern haft gerungen
Du tapfer um den Machtbesitz.
Des Geistes Schwert, das du geschwungen,
War hell und schneidig, wie dein Witz.

Dein Flammenwort verhalf zum Siegen:
Es hob der Kämpfer Muth empor.
Und wenn des Krieges Donner schwiegen,
Dann weckte Frohsinn dein Humor.

In guten wie in bösen Tagen
Hast du dem Volk manch Lied geweiht.
Dein Wahlspruch war: „Niemals verzagen.
Und — heiter auch in ernster Zeit!"

In ernster Zeit, in Mühn unsäglich
Bliebst du des Wahlspruchs stets bedacht.
Durch fünfunddreißig Jahr alltäglich
Bezogst getreulich du die Wacht.

Du hieltest Wacht gen West und Osten,
Gespannt zur Umschau Aug' und Ohr.
Jetzt ruft, du wackrer Freund, vom Posten
Der Tod dich ab   Ablösung vor!

Rudolf Löwenstein

wurde als Sohn jüdischer Eltern am 20. Februar 1819 zu Breslau
geboren. Sein Vater, von Beruf Destillateur, hatte weitgehende
wissenschaftliche und Kunstinteressen, war selbst vorzüglicher Geiger
und mit vielen bedeutenden Musikern damaliger Zeit näher befreundet.
So erinnert sich Rudolf Löwenstein aus seiner Knabenzeit noch des
finster blickenden Paganini, der den geschätzten Breslauer Geigen=
kollegen auf einer seiner Kunstreisen damals aufgesucht.
    Schon als sechsjähriger Knabe hatte Rudolf Löwenstein seine
Mutter, deren liebes Bild sich ihm tief eingeprägt, verloren. Neun
Jahre alt, ließ ihm sein Vater mit zwei Brüdern in der reformirten
Kirche die christliche Taufe ertheilen. Des Vaters Streben war,

seinen Kindern neben einer guten Schulbildung noch eine besonders gute Ausbildung in der Musik zu geben, was dem Sohn später als Gymnasiast in Breslau durch seinen Eintritt in den Kirchenchor von St. Elisabeth Freischule und ein kleines Jahreseinkommen einbrachte.

Nach dem Tode des Vaters im Jahre 1829 trat der zehnjährige Knabe in Folge eines Bittgesuches seines Onkels in das von einem Schüler Pestalozzis, Direktor Kaverau geleitete Waisenhaus zu Bunzlau, wo er auf Kosten Friedrich Wilhelms III. seine fernere Erziehung erhielt.

Wenn auch die Verpflegung dort so schlecht wie möglich war, so ist dem jungen Zögling doch eine liebe, unauslöschliche Erinnerung an diese Anstalt geblieben. Empfing er doch hier die ersten Regungen seines verborgenen, tiefsinnigen Dichtergemüthes, hervorgezaubert durch die Schönheit der Natur. Ein kleines Gärtchen, welches er für sich mit Blumen und Pflanzen mancherlei Art bestellte, durfte er sein eigen nennen. Vor allem aber waren es die Spaziergänge in die Haide und weiteren Fahrten ins Riesengebirge, die der empfängliche und wißbegierige Knabe mit seinem Lehrer Holzschuher, der den aufgeweckten Schüler lieb gewonnen, des öfteren machte.

Sein Auge schaute hier die Herrlichkeit des Waldes und die Großartigkeit des Gebirges, und sein Ohr vernahm die Stimmen der Thierwelt und verstand den wundervollen Sang der Vögel in der weiten Gebirgseinsamkeit.

Seinen eigenen Ausspruch: „Die Liebe zur Natur, zur belebten, wie zur leblosen, führt zum Born der Dichtung" hat Rudolf Löwenstein in Wahrheit an sich selbst erfahren.

Mit einer Unterstützung von jährlich 120 Thalern kam er auf Empfehlung seines Direktors Kaverau nach Glogau, wo er zwei Jahre lang das Gymnasium besuchte, um dann nach seiner Vaterstadt Breslau zu gehen, wo er bis zu seinem Abgange zur Universität Schüler des Magdalenaeums und darauf des Elisabethaneums war.

Als Gymnasiast erregte R. Löwenstein durch seine ersten poetischen Versuche, die in metrischen Uebertragungen griechischer und römischer Klassiker bestanden, die Aufmerksamkeit des ihm sehr wohlwollenden Dr. Tschirer und des Prorektors Professor Weichert, in welchem er einen wahrhaft väterlichen Freund gewonnen hatte. Beide Gönner schätzten sein dichterisches Talent so hoch, daß sie ihn zu fernerem, selbständigem poetischen Schaffen anregten.

Löwenstein's Fachstudium, nachdem er Ostern 1840 die Universität Breslau bezogen, war Philologie. Seiner Neigung nach trat er hier in die Burschenschaft der Raczeks, der er drei fröhliche Semester mit ganzer Seele angehörte, bis er im Oktober 1841 die Breslauer Hochschule mit der Berliner vertauschte.

Bei einer sehr geringen Unterstützung von jährlich 60 Thalern, die er von einem Verwandten erhielt, mußte der Student seinen Lebensunterhalt zum größten Theile sich selbst verdienen durch litterarische Arbeiten und Ertheilung von Privatunterricht. Wie er selbst oft genug erzählte, hat er damals mitunter recht bittere Noth gelitten, die ihn auch veranlaßte, als Schüler von Carl Otto Reventlow im Jahre 1845 als Mnemoniker öffentlich aufzutreten.

Löwensteins Dichtername war aber inzwischen bekannt geworden. Wohl selten ist ein Dichter so tief eingedrungen in die Seele, in das reine Gemüth des Kindes, wie er. Er hat es verstanden in den Kinderherzen zu lesen und den ganzen Schatz von Leid und Freud, von Kummer und Seligkeit aus denselben zu heben und ihn humorverklärt in gebundener Rede zu fesseln.

Die Rütli-Gesellschaft, deren Mitglied Löwenstein war, vernahm zuerst seine poetischen Schöpfungen, unter denen sein bekanntes, in allen Kommersbüchern abgedrucktes Gelegenheitslied von der „Freifrau von Droste-Vischering" damals gewesen sein wird. Seinen ersten Verleger fand er 1845 in J. Guttentag, in dessen Verlage „Löwensteins Kindergarten" erschien. Die Kinderlieder machten gleich nach ihrem Erscheinen viel Aufsehen und fanden so große Verbreitung und Anerkennung, daß die besten Tonsetzer, wie z. B. Taubert, die ansprechenden Verse in Musik setzten. Daß von diesen Kinderliedern eine Anzahl sehr bald den Weg in die deutschen Lesebücher fand, ist ein Beweis für das warme, naturwahre und echt kindliche Empfinden, welches aus ihnen klingt und zum Herzen spricht.

Im Verlage von A. Hofmann & Co. in Berlin, in welchen auch der „Kindergarten" übergegangen war, erschien später von dem Düsseldorfer Maler Schulz illustrirter Cyklus von Gedichten Löwensteins unter dem Titel „Ehret die Frauen", der viele Perlen tief und innig empfundener Poesien enthält.

Von Gelegenheitsliedern des warmherzigen Humoristen, welche mächtig durchschlugen und gleich nach ihrem Bekanntwerden im Munde des ganzen Volkes klangen, möge hier noch besonders das „Chassepot-Lied" genannt sein, das gleich zu Anfang des deutsch-französischen Krieges im Kladderadatsch erschien und mit unseren Truppen gegen den Erbfeind siegreich ins Feld zog.

Eine zweite Folge des „Kindergartens" unter dem Titel „Kinder-
gedanken" erschien im Jahre 1885. Von seinen vielen politischen
Gedichten erschien eine passende Auswahl gesammelt mit einem
Vorwort von Albert Träger unter dem Titel „Aus bewegter Zeit".

Rudolf Löwensteins Hauptthätigkeit auf dichterischem und
schriftstellerischem Gebiete liegt aber im Kladderadatsch. Bald nach
der Begründung desselben durch Albert Hofmann und David Kalisch
traten er und Ernst Dohm, beide Verwandte von Kalisch, mit in
die Redaktion des Blattes und bildeten zusammen mit ihrem Vetter
und dem klassischen Illustrator Wilhelm Scholz ein Vierblatt, welches
im Volksmunde sich der treffenden Bezeichnung „die Gelehrten des
Kladderadatsch" erfreute und lange Jahre in seltener Einmüthigkeit
und mit bewunderungswürdigem Geschick das Weltwitzblatt herausgab. Auf dem Gebiete der ernsten sowohl, wie der lachenden
Satire hat R. Löwenstein Musterhaftes geleistet. Abwechselnd ist er
auch alleiniger Leiter des Kladderadatsch gewesen, zuletzt noch nach
Dohms Tode bis Ende 1885. Die einseitige freisinnige Parteirichtung
Löwensteins, an der er als alter achtundvierziger Volksmann festhalten
zu müssen glaubte, welche seine Mitarbeiter aber nicht theilten,
sowie zunehmende Kränklichkeit veranlaßten ihn, nach fast
vierzigjähriger verdienstvoller Thätigkeit im Jahre 1886 aus der
Leitung des Blattes zu scheiden.

In demselben Jahre traf den Dichter der schwere Schicksals-
schlag, seine liebenswürdige, hochbegabte Tochter, die als Malerin
ihre ersten Triumphe gefeiert, in dem blühenden Alter von 28 Jahren
durch den Tod zu verlieren. Seit diesem harten Verluste lebte
Rudolf Löwenstein als alter, kranker und gebrochener Mann mit
den ihm noch gebliebenen Seinen in einsamer Zurückgezogenheit,
bis ihn am 5. Januar 1891 der Tod von seinen langen Leiden
erlöste.

Bei der Trauerfeier entwarf in warmen Worten Prediger
Kirms ein Bild von dem Wesen des Entschlafenen, in welchem er
ausführte: Seine Jugend sei in eine Zeit gefallen, in der der Sinn
für das Ideale besonders mächtig gewesen, er habe diesen Sinn
sich bis an's Ende erhalten und sei mannhaft eingetreten für
Deutschlands Einheit und Größe, auch zu einer Zeit, wo der Kampf
ein gefährlicher gewesen. Mit den Waffen des Spottes habe er das
Schlechte und Ueberlebte angegriffen, und wenn der Angreifer mitunter auch der Angegriffene geworden, wenn er für seine Ueberzeugung zu leiden hatte, so habe dies ihn nur darin befestigt, alle
Kräfte einzusetzen, dem für Recht Erkannten zum Siege zu verhelfen.

Darum habe er auch, als im blutigen Kampf sich die Ideale seiner Jugend erfüllten, als die Einheit Deutschlands begründet wurde, in begeisterten und begeisternden Gedichten, welche durch die Wucht einer tiefen Ueberzeugung wirkten, diese Erfüllung gefeiert. Zugleich aber habe der unerschrockene Kämpfer im politischen Leben eine ungewöhnliche Empfänglichkeit für die Reize der Natur, eine kindlich harmlose Genußfähigkeit sich bewahrt und dichterisch bekundet. Seine Lieder, die dieser Ausdruck geben, und seine Kinderlieder, die von jenem Worte des Erlösers beseelt erscheinen: „Denn ihnen ist das Himmelreich", hätten viele Tausende erhoben und erquickt, seien die erste edlere geistige Nahrung unzählicher Kinder gewesen. Der Kämpfer im politischen Leben, der harmlose Beobachter und Freund der Natur, und der Kleinen — es sei immer derselbe gewesen, dessen Wesen Aufrichtigkeit und Lauterkeit war und dem es Gott daher habe gelingen lassen. Der Lohn für sein Wirken und Streben sei ihm in dem Glück, das er daheim in seiner Familie, bei der Frau und den Kindern gefunden, zu Theil geworden, und so könne man beim Abschluß dieses Lebens wohl sagen, er habe es ausgelebt, habe das Beste was er vermocht, der Welt gegeben, und so müsse man ihm die Ruhe gönnen, die er nun in Gott gefunden, den Flug, den seine Seele nun zum Höchsten genommen.

Johannes Trojan.

Johannes Trojan.

„Ich bin am 14. August 1837 in Danzig geboren als Zwilling, eine Stunde nach meinem Schwesterchen.

Viel Lebenszeichen gab ich nicht von mir. Die Wehmutter sagte: „Es braucht nicht ein zweites Bettchen angeschafft zu werden, das junge Herrchen wird seine Äugchen bald wieder zumachen.“ Es machte sie aber nicht wieder zu, außer zum Schlafen, sondern behielt sie sonst hübsch offen.

Wir Zwillinge wurden Johannes und Johanna getauft, und erhielten keine anderen Namen.“ —

So beginnt Johannes Trojan die Schilderung seines Lebenslaufes, die er seinem Freunde Julius Stinde übergab. Dieser veröffentlichte diese Selbstbiographie s. Z. in Schorers Familienblatt, und ihr entnehmen wir in Folgendem die Hauptdaten aus Trojans Leben.

Die Befürchtungen für das Leben des zarten Kindes gingen zum Glück nicht in Erfüllung, er wuchs heran und gedieh und überwand auch noch ein Brustleiden, welches ihn als Siebzehnjährigen überfiel.

Ostern 1856, nach bestandenem Abiturienten-Examen, ging Trojan auf die Universität Göttingen, um dort Medizin zu studiren. Nach 5 Semestern aber sattelte er um und wandte sich dem Studium der deutschen Philologie zu.

„Ich hatte immer den geheimen Gedanken gehabt, Schriftsteller von Beruf zu werden. Ich weiß nicht, wie ich auf diese verrückte Idee gekommen bin, aber es war einmal so. Auch als Student schriftstellerte ich schon hier und da. Ich schrieb sogar „Bändchen“ zusammen, die nach allen Richtungen hin fortgingen, aber immer wieder zu mir zurückkehrten.“

Nach dem Tode des Vaters machte er diesen geheimen Gedanken zur That, und widmete sich ganz der Schriftstellerei.

„Ich that also den furchtbaren Schritt,“ erzählt er weiter, „und mußte die Folgen tragen, die hart genug waren. Auch fand ich es natürlich in der Schriftstellerwelt ganz und gar nicht so, wie ich es erwartet und geträumt hatte, sondern es war stellenweise recht häßlich. Eine Enttäuschung folgte der andern, und meine Lage war manchmal ziemlich bedenklich. Dazu gerieth ich in eine Gesellschaft auf- oder auch schon wieder abstrebender Litteraten

hinein, die vielleicht nicht die beste war. . . . Jedoch bin ich durch
alle Fährlichkeiten glücklich hindurch gekommen und allmählich glückte
es mir doch, hier und da „anzukommen"."

1862 trat Trojan beim Kladderadatsch ein.

Was er diesem Blatte geworden ist, weiß und würdigt heutigen
Tages die Welt; aber was er dem Blatte schon gewesen, zur Zeit,
als noch das alte Trifolium Dohm, Löwenstein und Kalisch an
der Spitze standen. ist eigentlich nie bekannt geworden, und nur
wer mit scharfen Blicken und wahrem Verständniß für die
Eigenarten jener drei „Alten" den Kladderadatsch zu lesen verstand,
vermochte bald nach 1862 das durch Trojan vertretene neue Element in den Darbietungen des Kladderadatsch zu erkennen. Diese
Wenigen mögen dann wohl auch entdeckt haben, daß — im Gegensatz
zu der allverbreiteten Meinung, Dohm und Löwenstein seien die
einzigen Verfasser jener gehaltvollen, poesiereichen Leitgedichte, denen
häufig die lobende Kritik die Eigenschaften der Klassicität zusprach —
Trojan auch damals schon mit einer Fülle mustergiltiger Leitgedichte
hervortrat. Die im Kladderadatsch von jeher herrschende Gepflogen-
heit, die Verfasser der einzelnen Artikel ungenannt zu lassen, be-
raubte Trojan oft der wohlverdienten Anerkennung und führte dieselbe so mit Unrecht ausschließlich jenen Beiden zu, die nun einmal
in den Augen der großen Welt als die „Klassiker" des Kladderadatsch galten. Daß Trojan diesen Verlust verdienter Anerkennung,
der für einen jungen, aufstrebenden Dichter nicht schmerzlos war,
ohne Weiteres trug, gibt jedem den Beweis von seiner Bescheidenheit und treuen Kameradschaftlichkeit.

Trojans litterarische Eigenart ist unverkennbar, namentlich für
denjenigen, der ihn persönlich kennt, denn er schreibt — wie man
zu sagen pflegt — sich selbst.

Seinen liebenswürdigen Humor, seine kurzen, witzigen Bemerkungen, die anspruchslos in der Debatte hingeworfen, fast immer
den Nagel auf dem Kopf treffen, finden wir in seinen pointenreichen
politischen Gedichten wieder. Sein kluger Blick, die Sorgfalt seiner
Beobachtungen in allen Dingen, mit denen er sich beschäftigt, die
enge Fühlung, die ihn mit allen Schichten der Gesellschaft verbindet, lassen ihn die vorherrschende und deshalb meist richtige
Volksstimmung stets erkennen, und so vermag er ihr in seinen
poetischen wie Prosa-Artikeln allzeit den treffendsten Ausdruck zu
geben.

Ueberzeugungstreu, und mit dem Muthe erfüllt, seiner Ueber-

zeugung allzeit und ohne überflüssige Rücksicht nach oben wie nach
unten in Wort und Schrift Ausdruck zu geben, sieht man ihn gar
oft als wackeren Kämpen auf der „Barrikade" stehen, streitend für
freies Wort, für Recht und Wahrheit.

Wer Trojan persönlich kennen lernt, oder ihn aus seinen unpolitischen Schriften zu beurtheilen hätte, wird freilich nichts von
einer Kämpfernatur in ihm entdecken. Und mit Recht, denn der
Grundzug seines Charakters ist in der That der friedlichste von
der Welt, und treffend nennt Julius Stinde ihn den „Dichter des
frohen Gemüths". Durchliest man seine satirischen, seine unpolitischen
Scherzgedichte, seine reizenden Plaudereien, so erstaunt man über
die Vielseitigkeit seiner Begabung und seines Könnens. Wie schon
gesagt, Trojan ist ein ungemein scharfer Beobachter, und weil er
alle Eindrücke gleich verarbeitet, ist er oft auf seinen Gängen und
Reisen im wahrsten Sinne des Wortes „in Gedanken", und deshalb zuweilen vergeßlich.

In dem folgenden allerliebsten Gedichte geißelt er selbst eine
seiner kleinen Schwächen:

Mein Regenschirm.

Einst in ein Wirthshaus kehrt' ich ein —
's war nicht von erstem Range —
Doch weil vortrefflich war der Wein,
So trank ich viel und lange.
Da ließ ich beim Nachhausegehn
Den Regenschirm im Winkel stehn.

Ich kam zurück am Tag darauf,
Um mir den Schirm zu holen;
Den Wein auch sucht' ich wieder auf,
Der sich so gut empfohlen.
Aufs Neu blieb beim Nachhausegehn
Mein Regenschirm im Winkel stehn.

Noch manchen Tag so ging es mir,
Wenn ich hinkam und zechte.
Der Wirth war aller Wirthe Zier,
Der Wein genau der rechte;
Und wenn ich ging, blieb an der Wand
Mein Regenschirm da, wo er stand.

An einem Abend aber, da
Sich schwarz die Wolken thürmten,
Dacht' ich des Schirmes, weil ich sah,
Daß andre sich beschirmten.
Ich sucht' und suchte hier und dort —
Vergebens alles! Er war fort.

Da hab' ich bei mir selbst gedacht:
Mein Schirm ist gut geartet,
Hat manchen Tag und manche Nacht
Umsonst auf mich gewartet.
Ich schätz' ihn nicht deshalb gering,
Weil er zuletzt müd' ward und ging.

Fortan bin ich in seiner Schuld,
Der mein mit Langmuth harrte.
Jetzt ist's an mir, daß mit Geduld
Auf ihn ich paß' und warte.
Hier will ich bleiben unbeirrt,
Vertrauend, daß er kommen wird.

Drum wer mich oft hier sitzen sieht
Auf diesem Platz, der denke:
Mein Regenschirm ist's, der mich zieht
Hinein in diese Schenke,
Und seinetwegen trink' ich dann,
Weil ich nicht dürstend warten kann.

Schon wieder geht's auf Mitternacht
Und er ist nicht gekommen!
Ich saß und trank und hab' gewacht
Zu meines Schirmes Frommen.
Vielleicht noch kommt er, eh' es Eins — —
Herr Wirth! Noch einen Schoppen Weins!

Allerdings haben wohl sehr wenig Menschen in ihrem Leben
so viele Exemplare dieses Möbels stehen lassen wie er. Zu jeder
Moselreise — und man weiß wie oft und gern er an die Mosel
geht und in reizenden Plaudereien die Moselfahrten in der National=
zeitung schildert — erhält er von seiner Gattin einen untadeligen
Schirm und kommt natürlich ohne ihn zurück. Obgleich er nun
sonst der ehrlichste Mensch von der Welt ist, behauptet er dann, er

habe ihn auf der Rückfahrt verloren, während dies schon auf der Hinreise oder gar schon auf dem Wege zum Bahnhofe geschehen ist.

Mit der Vorliebe für die Mosel verbindet er auch eine solche für den Moselwein und seine feine Zunge für diese Göttergabe hat ihn zu einem hervorragenden Traubenkenner gemacht. Wer sich guten Rath in Weinfragen holen will, der wende sich nur an Johannes Trojan und befolge seinen Rath, dann wird er die richtige Wahl gewißlich treffen. Trojans Haß gegen Weinfälscher und Weinfabrikanten zeigt sich in vielen seiner Gedichte und wenn alle die von ihm für diese Menschen erfundenen Strafen an ihnen vollzogen worden wären, es gäbe keine Fälscher mehr!

Berühmt ist sein Gedicht über die 1888er Weine geworden, welches in Nr. 52 u. 53 von 1888 im Kladderadatsch erschien und das, da jene Nummer des Blattes selten geworden ist, hier folgen mag.

Die achtundachtziger Weine.
Eine saure Arbeit.

In diesem Jahr am Rheine — Sind leider gewachsen Weine. — Die an Werth nur geringe — Es reiften nur Säuerlinge — Im Verlauf dieses Herbstes: — Nur Herberes bracht' er und Herbstes. — Zu viel Regen, zu wenig Sonnenschein — Ließ erhofften Segen zerronnen sein. — Nichts Gutes floß in die Tonnen ein. — Der 88er Rheinwein — Ist, leider Gottes, kein Wein. — Um Leidende zu laben, — Um Gram zu begraben, — Um zu vertreiben Trauer: — Er ist dafür zu sauer.

An der Mosel steht es noch schlimmer. — Da hört man nichts als Gewimmer, — Nichts als Aechzen und Stöhnen — Von den Vätern und Söhnen, — Den Müttern und den Töchtern — Ueber den noch viel schlechtern — Ertrag der heurigen Lese. — Der Wein ist wahrhaft böse, — Ein Rachen wüter und stärer; — Wie unter Gläub'gen ein Ketzer, — Wie ein Tiroler, ein gefährlicher, — In dem Kreise Ehrlicher — Unter guten Weinen erscheint er. — Aller Freude ist ein Feind er, — Aller Lust ein Verderber. — Sein Geschmack ist fast noch herber — Als der des Essigs, des reinen. — Ein Wein ist es zum Weinen.

Aber der Wein, der in Sachsen — In diesem Jahre ist gewachsen — Und bei Naumburg im Thale — Der rasch fließenden Saale. — Der ist saurer noch viele Male — Als der saurste Moselwein. — Wenn du ihn schlürfst in dich hinein, — Ist dir's, als ob ein Stachelschwein — Dir trete durch deine Kehle. — Das deinen Magen als Höhle — Erkor, darin zu hausen. — Angst ergreift dich und Grausen.

Aber der Grünberger — Ist noch sehr viel ärger. — Laß ihn nicht deine Wahl sein! — Gegen ihn ist der Saalwein — Noch viel süßer als Zucker. — Er ist ein Wein für Mucker. — Für die grundsüßlichen Dichter. —

Für „Tante Voß" und für Richter — Er macht lang die Gesichter, — Blaß die Wangen; wie Rasen — So grün macht er die Nasen. — Wer ihn trinkt, den durchschauert es. — Wer ihn trank, der bedauert es. — Er hat etwas so Versauertes, — Daß es sich nicht läßt mildern — Und nur schwer ist zu schildern — In Worten oder Bildern.

* *

Aber der Züllichauer — Ist noch zwölf mal so sauer — Als der Wein von Grünberg, — Der ist an Säure ein Zwerg — Gegen den Wein aus Züllichau. — Wie eine borstige wilde Sau — Sich verhält zur zarten Taube, — So verhält sich, das glaube, — Dieser Wein zu dem Rebensaft — Aus Schlesien. Er ist schauderhaft, — Er ist gräßlich und greulich, — Ueber die Maßen abscheulich. — Man sollte ihn nur auf Schächerbänken — Den Gästen in die Becher schenken, — Mit ihm nur schwere Verbrecher tränken, — Aber nicht ehrliche Zecher tränken.

* *

Wenn du einmal kommst — In diesem Winter nach Bomst, — Deine Erfahrung zu mehren, — Und man setzt, um dich zu ehren, — Dir heurigen Bomster Wein vor, — Dann, bitt' ich dich, sieh dich fein vor, — Daß du nichts davon verschüttest — Und dein Gewand nicht zerrüttest. — Weil er Löcher frißt in die Kleider — Und auch in das Schuhwerk leider. — Denn dieses Weines Säure — Ist eine so ungeheure, — Daß gegen ihn Schwefelsäure — Der Milch gleich ist, der süßen, — Die zarte Kindlein genießen. — Fällt ein Tropfen davon auf den Tisch, — So fährt er mit lautem Gezisch — Gleich hindurch durch die Platte, — Eisen zerstört er, wie Watte, — Durch Stahl geht er wie durch Butter, — Er ist aller Sauerkeit Mutter. Stand halten vor diesem Sauern — Weder Schlösser noch Mauern. — Es löst in dem scharfen Bomster Wein — Sich Granit auf und Ziegelstein. — Diamanten werden sogleich, — In ihn hineingelegt, pflaumenweich. — Aus Platina macht er Mürbeteig — Dieses vergiß nicht, falls du kommst — In diesem Winter einmal nach Bomst.

Ueber Trojans Liebe zu den Blumen — er ist ein hervorragender Botaniker — hat Heinrich Seidel einst den hübschen Ausspruch gethan: „Trojan würde sich noch auf dem Wege zum Schaffot alle paar Schritt nach einer Blume bücken."

„Unverzagtes Herz, frohmachender Glaube in Noth und Leid," — sagt Julius Stinde, „mildes Lächeln für eigene Schwächen und die Schwächen anderer. — Das ist der rechte Humor, der goldene, sonnige."

Der ist es auch, der aus Trojans Dichtungen so wärmend und belebend zu uns spricht, und dem „Kladderadatsch" so oft die bekannte vornehme Heiterkeit verleiht.

Viele Arbeiten Trojans sind zerstreut in Tagesschriften, viele aber sammelte er und übergab sie dem Buchhandel. Da sind vor allem seine „Gedichte" (1883), „Kleine Bilder" (1886), „Von Strand und Heide", „Von drinnen und draußen" (1888), „Scherzgedichte"

(1891), „Für gewöhnliche Leute", „Von Einem zum Andern".
Von den illustrirten, reizenden Kinderbüchern — die beste Gabe
für die Kleinen — nenne ich „Durch Feld und Wald", „Das Kind
und seine kleine Welt", „Spiel und Leben" und „Kinderlust".

Aus allen diesen Schriften kann man ihn kennen lernen, den
Dichter des frohen Gemüths. Mir ist immer, wenn ich darin lese,
als hätte jemand ungesehen einen Strauß Feld- und Waldblumen
dazu gestellt, und ihr frischer Hauch belebe die Liebe zu dem Lande,
dem sie entsprossen, die Liebe zum Vaterlande."

Wilhelm Polstorff

wurde am 31. August 1843 in Kirchdorf am Deister in der Provinz
Hannover geboren, woselbst sein Vater Pastor war. Von seinem
12. Jahre an besuchte er das Gymnasium zu Hannover und studirte
dann von 1863—1866 in Göttingen Philologie. Nach vollendetem
Studium wurde er Gymnasiallehrer in Hannover und wirkte als
Solcher bis 1883, in welchem Jahre sein Eintritt in die Redaktion
des Kladderadatsch erfolgte. Aber schon seit 1874 lieferte er regelmäßig Beiträge für das Blatt.

Mit Polstorff wurde dem Kladderadatsch eine ganz eigenartige
Kraft gewonnen. In Bezug auf satirische Veranlagung und streit-
bares Naturell zeigt sich bei ihm eine gewisse Aehnlichkeit mit Ernst
Dohm, doch verbindet Polstorff — im Gegensatz zu Dohm — mit
jenen für den Redakteur eines politisch-satirischen Witzblattes nicht
unwerthen Eigenschaften den Besitz eines behaglichen, wohlthuenden
Humors, welcher sowohl im geselligen Verkehr wie auch im
Kladderadatsch selbst häufig zu schönstem Ausdruck gelangt.

Der an früherer Stelle dieser Schrift zum Abdruck gekommene
Artikel aus Nr. 40 vom 1. September 1889: „Der Gattin Heimkehr"
— nur einer unter den vielen — giebt uns ein Beispiel dieser
liebenswürdigen Polstorff'schen Eigenart und in gleicher Weise wirken
die zahlreichen von Polstorff in reinstem klassischen Versmaße geschriebenen „Episteln", wie z. B. die „Episteln aus Marienbad" (1888)
und die „Strandepisteln" (Ende der 70er Jahre) sowie die in fünf-
füßigen reimlosen Jamben verfaßten „Episteln an einen Landbewohner", in denen allerdings meistens politische Tagesfragen mit
behandelt werden.

Polstorffs gerade und ehrliche Natur führte ihn folgerichtig zu Anschauungen in politischen und sozialen Dingen, die dem Liberalismus in seinem besten und wahrsten Sinne entsprechen. Das ist auch wohl der Grund, warum ihm jedes Talent zu einem politischen Parteimanne fehlt, denn allzeit bekämpft er mit scharfer Waffe all die Auswüchse des heutigen Parteiwesens, welches häufig engherzige Partei- und Fraktions-Interessen höher stellt als die wahren Aufgaben einer jeden politischen Vereinigung, dem Wohle des Vaterlandes zu dienen.

Wilhelm Polstorff.

So sorgt er mithelfend dafür, daß auch der Kladderadatsch, seiner Aufgabe gemäß, niemals sich zum Schleppenträger einer bestimmten Partei macht, sondern über den Parteien schwebend alles in das Bereich seiner humoristisch-satirischen Kritik zieht, was im öffentlichen Leben der Abwehr oder des Angreifens werth ist.

Unerschütterlich, doch ohne Eigensinn, hält Polstorff fest an dem, was er einmal als Recht oder Unrecht erkannt hat und, das

eine vertheidigend, das andere bekämpfend, tritt er allzeit für seine
Ueberzeugung in die Schranken. Bekannt ist sein vor wenigen
Jahren mit dem damaligen Geh. Legationsrath von Kiderlen-
Wächter ausgefochtenes Duell, bei welchem Polstorff durch einen
Schuß in die Lunge schwer verwundet wurde. So weiß er mann-
haft die Konsequenzen seiner Handlungen zu tragen und — wenn
es sein muß — auch mit seinem Leben einzutreten für eine nach
seiner Meinung und Ueberzeugung gerechte Sache. —

Polstorffs Verehrung für Bismarck hat dem Kladderadatsch
eine Reihe vortrefflicher Dichtungen beschert und wenn einstmals
eine Sammlung aller zu Bismarcks Lobe gesungenen Lieder veranstaltet werden sollte, so wird unter den Sängern neben Trojan
Polstorff sicherlich mit in erster Reihe stehen.

Aber selbst in dieser Verehrung für den Altreichskanzler hat
Polstorff sich stets seine Objektivität zu wahren gewußt und nicht
gezögert — wenn er einmal mit irgend einem Unternehmen Bismarcks
nicht ganz einverstanden war — seine abweichende Meinung aus-
zusprechen.

Die folgende „Epistel an einen Landbewohner" aus Nr. 32
des Kladderadatsch von 1890 giebt uns ein Beispiel dafür. Diese
„Epistel" entstand, als der häufige Empfang ausländischer Korre-
spondenten durch Fürst Bismarck in Friedrichsruh den deutschen
Blättern im Sommer 1890 reichlichen Stoff zu allerhand Kapuziner-
predigten gegen den Fürsten gab. Einige derselben denunzirten
ihn sogar wegen Hochverraths und forderten das Eingreifen des
Staatsanwalts. Das Gedicht lautet:

> Du schreibst mir, Freund: „Was sagen in der Hauptstadt
> Verständ'ge Leute zu den Interviews
> Von Friedrichsruh? Kein Tag mehr geht jetzt hin,
> Daß in den Blättern nicht davon zu lesen,
> Und aus den Blättern werd' ich nicht mehr klug.
> Soll glauben ich, was manche Zeitung schreibt,
> So wird der Mann, der uns das Reich gegründet,
> In seinen alten Tagen vor Gericht
> Gestellt noch wegen schnöden Hochverraths!"
> Gern sag' ich dir, wie ich darüber denke
> Und mit mir, glaub' ich, noch manch guter Deutscher.
>
> Nicht will ich leugnen, daß es lieber mir
> Gewesen wäre, hätte sich der Fürst
> Nicht eingelassen mit den Zeitungsschreibern,
> Besonders mit den Russen und Franzosen,
> Die nichts auf deutschem Grund zu suchen haben.
> Allein scheint für den Kanzler mir dies Völkchen

Das, Bleistift und Notizbuch in der Hand,
Die Jagd auf Neuigkeiten stets betreibt,
Und gern hätt' ich am Thor von Friedrichsruh
Gesehen eine Tafel mit der Inschrift:
„Hausiren, Orgelspielen, Interviewn
Ist hier verboten." Auch gefällt mir nicht,
Daß sich ein Leiborgan der Fürst in Hamburg
Hat ausersehn. Geschmeichelt fühlt natürlich
Sich sehr der Redacteur und druckt mit Lust,
Was ihm der Draht bestellt von Friedrichsruh;
Doch hat er oft auch eigene Gedanken,
Die er zum Wohl des theuern Vaterlands
Mehr oder wen'ger klar zu Tage fördert.
Er macht gar kühn in hoher Politik,
Und eines Tags geht er daran, den Dreibund
Zu lockern ein klein wenig und mit Rußland
Uns wieder etwas enger zu verbinden.
Gleich ruft ein find'ges Blatt: „Das kommt vom Fürsten!
An mancher Wendung zu erkennen ist
Mit Sicherheit sein Stil." „Nein", schreibt ein andres,
„Das kann der Fürst nicht wollen!" Heftig tobt
Der Kampf in allen Zeitungen, bis endlich
Der Redakteur in Hamburg stolz-bescheiden
Erklärt: „Ich will's gestehn, ich war es selbst.
Der Fürst hat mit der Sache nichts zu thun,
Doch ist's erklärlich ja, daß man uns beide
Jetzt oft verwechselt." Manches Mißverständniß
Wird so geschaffen und viel Druckerschwärze
In deutschen Landen ohne Zweck verbraucht.

Dies, wie gesagt, will wenig mir gefallen,
Doch ferne sei's, daß ich mit den Philistern
Am Biertisch nun den Kanzler richten sollte.
Will er bei allem, was er thut, das Beste
Des Landes nicht, für das er vierzig Jahre
Sich hat gemüht? Und wiegen federleicht
Nicht diese Kleinigkeiten gegen das,
Was er für uns gethan? Noch sind doch Treue
Und Dankbarkeit im deutschen Land zu finden!
Drum wollen wir, o Freund, die scharfen Worte,
Den bill'gen Hohn dem Blatte überlassen,
Das aus dem Hintergrunde Richter lenkt,
Und jener Zeitung, die des Kreuzes Zeichen
An ihrer Stirne trägt. Wenn sich die zwei
Zusammenfinden, ist es stets bedenklich,
Und nicht möcht' ich im Bund der Dritte sein.

So magst du ferner auch noch oft ein Glas
Dem Wohl des Mannes weihen, der wie keiner

18

Das deutsche Volk aus Niedrigkeit und Schmach
Mit starker Hand zu Macht und Ruhm geführt.
Und wenn der Herbst erst deine Wälder braun
Und gelb färbt und in hoher Halle ich
Dir gegenüber sitze, heben wieder
Die Becher wir, gefüllt mit altem Wein
Vom Rhein, und sprechen: „Hoch der erste Kanzler
Des Reichs! Der beste Deutsche bleibt er doch!"

In liebenswürdigerer Form läßt sich schwerlich der Ausdruck hoher Verehrung mit dem einer abweichenden Meinung vereinigen.

Paul Roland,

der seit 1886 schon regelmäßig Beiträge für den Kladderadatsch geliefert hatte, gehört dem Blatte seit 1890 als ständiger Mitarbeiter an. Rolands großes Verdienst um den Kladderadatsch liegt in erster Linie in seiner Kunst der Bilder-Erfindung. Welcher Ideen-Reichthum auf dem Gebiete satirischer Bildergestaltung seinem Kopfe entquillt, ersieht man beim Durchblättern der letzten 8—10 Jahrgänge des Kladderadatsch. Man erstaunt über die Unerschöpflichkeit seiner Erfindungen und über die treffende Art, mit der er bildlich Menschen und Dinge zu geißeln vermag. Es sei hier erinnert an den „Zug der Nörgeler" (1894 Nr. 10), ein Bild, welches auf eine Aeußerung Kaiser Wilhelm II. anspielend, s. Z. allgemeines Aufsehen erregte und wohl in 100000 Exemplaren Verbreitung fand. Ferner: „Vision in der Walpurgisnacht" (Nr. 17 von 1894) „Entwurf zu einem Denkmal für Herzog Ernst II. von Koburg-Gotha" (Nr. 36 von 1894), „Der Gefreite Lück auf dem Wege zum Nachruhm" (Nr. 21 von 1892), „Der große Gimpelfang in Trier" (Nr. 33 von 1891), „Auszug der Vaterlandlosen" (Nr. 19 von 1897) „Eine Hofjagd im Jahre 2000" (Nr. 49 von 1897), „Endlich allein" (Nr. 50 von 1897), „Völker Chinas, wahret eure heiligsten Güter" (1897) und vieles mehr. Die meisten Bilder der letzten Jahre sind nach seinen Ideen ausgeführt worden. Aber auch schriftstellerisch ist Roland für den Kladderadatsch thätig. Die nachfolgenden aus seiner Feder stammenden Gedichte mögen als Proben seiner Eigenart gelten.

Paul Roland.

Zum 22. März.

Wie oft sind in herrlichen Tagen
Wir unter die Linden gewallt,
Von seinem Fenster winkte
Eines greisen Helden Gestalt.

Was nicht auf der Strecke geblieben
Trüben über dem Rhein,
Kam jauchzend seine Grüße
Dem großen Kaiser zu weihn.

Es drängte sich die Menge
Begeistert an seinen Thron:
Man unterschied nicht den Bürger
Vom Edelsten der Nation.

Es kamen die deutschen Fürsten
Aus allen Landen herbei;
Wer fragte in jenen Tagen,
Ob Deutschland einig sei!

Er hat in seinem Leben
Wohl wenig Worte gemacht,
Und doch in stiller Weise
Ewige Thaten vollbracht.

Mich trieb es nächtlicher Weile
Unter die Linden zu gehn;
Da bewegte sich die Gardine,
Ich sah den Kaiser stehn.

Vorüber wogten Scheinen
Unzählig im Mondenlicht:
Er grüßte und schaute so ernsthaft,
Doch gesprochen hat er nicht.

Märkische Herbststimmung.

Von Beveline Radaute.

Die Schmaledutzeln wiegen
Sich flüsternd im herbstlichen Wind,
Sie fragen die Mummelützen,
Warum so platt sie sind.

Sie fragen auch die Malitte,
Die gaukelnd sie umschwebt,
Ob das Geschlecht der Pieräser
Die Erde noch untergräbt.

Und während der schlammige Tümpel
Erglüht im Abendgold,
Haucht über die Entengrütze
Der letzte Schillebold.

Roland wurde am 12. Februar 1856 zu Sangerhausen geboren und studirte nach absolvirtem Besuche des Gymnasiums zu Frankfurt a. O. in Freiburg und Berlin die Rechtswissenschaften. 1883 wurde er Referendar und blieb im Justizdienste bis zum Jahre 1888. Seine Neigung zu litterarischer Thätigkeit veranlaßte ihn, aus dem Justizdienste auszuscheiden und sich ganz der journalistischen Thätigkeit zu widmen. Neben feuilletonistischen Arbeiten, Theater- und Kunstkritik, schrieb er viele politische Aufsätze und parlamentarische Berichte und auch heute noch ist er neben seinem Kladderadatsch-Wirken auf diesem Gebiete thätig.

Gustav Brandt,

seit 1885 am Kladderadatsch thätig, trat in Gemeinschaft mit Franz Jüttner und Arthur Wanjura die Erbschaft von Wilhelm Scholz an, der ihnen zunächst klassisches Vorbild war. Brandt, 1861 zu Hamburg geboren, besuchte, nachdem er die Schule verlassen hatte, die Kunstakademieen zu Düsseldorf und Berlin und trat gleich nach vollendetem Studium beim Kladderadatsch ein. Seine ausgeprägte Neigung zur karikirenden Zeichenkunst und sein ausgesprochenes Talent dafür, veranlaßten ihn, die ursprünglich beabsichtigte Malerlaufbahn gar nicht erst zu betreten, sondern von vornherein seiner Neigung zu folgen. Was Brandt künstlerisch für den Kladderadatsch geschaffen hat und leistet, liegt jedem klar vor Augen. Die Viel=

Gustav Brandt.

seitigkeit seines Könnens, das Charakteristische seiner Darstellungen, die Sorgfalt seiner Ausführungen und der Humor in der Auffassung von Personen und Dingen wird einem Jeden, der Brandts Leistungen betrachtet, Freude und Genuß bereiten.

Nach dem Ausscheiden Jüttner und Wanjuras trat der bis dahin in München ansässig gewesene Maler und Zeichner Ernst Retemeyer in den Verband der Kladderadatsch=Redaktion. Auch sein Können und die Eigenartigkeit seiner Kunst sind jedem Leser des Kladderadatsch bekannt, denn auch heute noch — obgleich aus der Kladderadatsch=Gemeinschaft ausgetreten — liefert er viele und hervorragende

Beiträge für das Blatt. An seine Stelle als künstlerisches Mitglied der Redaktion trat 1893

Ludwig Stutz,

welcher 1865 zu Hoheneck, in Württemberg geboren, 1883 seine Künstlerlaufbahn begann. Als Schüler der Professoren Raupp,

Ludwig Stutz.

Haeckel und Loefftz studirte er an der Münchener Kunstakademie und verließ 1891 nach beendetem Studium München, um nach Paris zu gehen, wo er die dortigen Malschulen der Professoren Gebrüder Ferrier und Bouguerau besuchte. 1892 erschienen seine ersten Bilder im Pariser „Salon". Auch ihm — wie seinem Kollegen am Kladderadatsch Gustav Brandt — ist von jeher eine große Neigung für humoristisches und karikirendes Zeichnen eigen gewesen und wenn Stutz auch — im Gegensatz zu Brandt — in erster Linie Maler war und sein wollte, so vernachlässigte er doch daneben nie die Kunst des Illustrirens. Die auf den Münchener Künstlerfesten so beliebten Fest= und Bierzeitungen, Einladungskarten und Programme entstammen zahlreich seinen Ideen und seinem Zeichen= stifte. Stutz ist außerordentlich produktiv und humoristisch sehr veranlagt. Seine Leistungen im Kladderadatsch sind immer originell und charakteristisch und zeigen ein dem Wesen des Blattes an= gepaßtes und ihm in hervorragender Weise dienendes Können.

Seinem Malerberufe ist Stutz noch immer treu geblieben. Die Berliner Kunstausstellungen von 1894 und 1897 wurden von ihm mit zwei von der Kunstkritik ausgezeichneten Oelgemälden be= schickt und auch in den kommenden Jahren hofft er dort ver= treten zu sein.

Die „Gelehrten" des Kladderadatsch

im Verkehr unter einander und im Leben.

Bei einem Blatte, das in einer stürmisch bewegten und für die Umgestaltung altgewohnter Zustände so wichtigen Zeit entstanden war, das aus kleinen und unscheinbaren Anfängen sehr schnell zu einer Macht wurde, muß es dem Publikum von Interesse sein, auch über die Lebensverhältnisse der daran vorwiegend betheiligten Persönlichkeiten etwas mehr zu erfahren, als die streng biographischen Daten zu bieten vermögen.*)

Entsprechend dem erst allmählichen Wachsthum des Blattes und seiner Bedeutung konnte auch ein eigentliches Zusammenwirken der daran schaffenden Personen und ein gemeinsamer Verkehr derselben erst im Laufe der Jahre bestimmte Formen annehmen. David Kalisch, neben dem Verleger Albert Hofmann der eigentliche Begründer des Blattes, war wohl der Einzige, der gleich im Anfange in weiteren Kreisen des Publikums einen gewissen Kredit hatte, und zwar durch seine erst im verflossenen Winter mit großem Erfolge gegebenen Posse „Einmalhunderttausend Thaler", namentlich durch die dafür geschaffenen Börsen-Figuren.

Ernst Dohm war noch gänzlich unbekannt; und selbst seine näheren Freunde konnten von seiner klassischen Bildung als Theologe trotz seiner zum Sarkasmus neigenden kritischen Natur, nicht mit Sicherheit schließen, daß er gerade auf dem Gebiete des politischen Witzes eine hervorragende Rolle spielen werde. Wilhelm Scholz hatte nur in engeren Kreisen — besonders in der Künstlerschaft — durch seine witzigen Zeichnungen Aufmerksamkeit erregt. Rudolf Löwenstein war wohl als begabter lyrischer Dichter nicht ganz un-

---

*) Wir verdanken die in dieser Skizze gegebenen Schilderungen den mündlichen und schriftlichen Mittheilungen jener Freunde, die seit Anbeginn des Blattes wie auch später zu den hier geschilderten Personen des alten Redaktionsstammes in nahen persönlichen Beziehungen gestanden haben.

bekannt, aber auch von ihm konnte man ebenso wenig wie von den Andern sagen, daß er schon einen „Namen" hatte. So war denn auch in der ersten Zeit die Autorschaft des „Kladderadatsch" eine namenlose. Daß die „Verantwortlichkeit" zunächst vom Verleger Hofmann übernommen wurde, war also in mehr als einer Hinsicht begründet. Selbst als im zweiten Jahre Dohm's Namen als Redakteur auf dem Blatte stand, hatten die einzelnen Persönlichkeiten für den größeren Leserkreis noch keine eigentliche Bedeutung. Das konnte aber dem „Witzblatt" nur förderlich sein, und auch in späteren Jahren war es doch immer nur das „Blatt" gewesen, das zum Publikum sprach, nicht aber der einzelne Mitarbeiter, der hinter den Coulissen blieb.

So hatte auch der gesellige Verkehr der „Gelehrten des Kladderadatsch" erst im Laufe der Jahre festere Formen angenommen und sich in bestimmteren Grenzen bewegt. Sowie in der Art ihres Talentes waren die vier genannten Redakteure auch in ihrer äußeren Erscheinung auffällig von einander verschieden. Kalisch, der von sehr kleiner Figur war, konnte in seinem übrigens hübsch gebildeten Gesichte am wenigsten die Stammes-Eigenart verleugnen Eben deshalb hielt er sich aber auch persönlich mit einer gewissen Genirtheit zurück, und nur im vertrautesten Kreise der Kollegen ging er mehr aus sich heraus und zeigte in seinen heiteren Bemerkungen über Personen und Verhältnisse seine Beobachtung und eine Menschen= kenntniß, in der auch sein eigener spekulativer Charakter zum Ausdruck kam, meist aber in einer drolligen Selbstironie. Scholz, der ihn mit seiner hochgewachsenen und damals noch schlanken Figur um mehr als Haupteslänge überragte, benützte oft seine körperliche Ueberlegen= heit dem kleinen David gegenüber zu humoristischen Einfällen und harmlosen Neckereien, immer mehr witzig als verletzend, wie es in seiner liebenswürdigen Natur lag.

Ernst Dohm war für gewöhnlich wohl auch etwas zurück= haltend, nicht aber aus Aengstlichkeit, wie sein Vetter Kalisch, sondern weil er in seiner Persönlichkeit einen anmuthenden vornehmen Zug hatte, der auch seine höhere Bildung verrieth. Solchen Leuten gegen= über, denen er fremd war, hatte er in seinem Wesen eine Art von Ehrbarkeit, die auch nicht im entferntesten vermuten lassen konnte, wie viele Teufeleien mannigfacher Art in diesem ganz merkwürdig gearteten Menschen steckten, um ihn seiner ursprünglich fürs Ernste und Ge= diegene angelegten Natur abspenstig zu machen.

Auch Dohm's Figur war unter der Mittelgröße, erst später etwas gedrungen. Sowie seine geistigen Anlagen und seine reiche

Bildung auch in der heterogenen Richtung seiner Erwerbsthätigkeit
sein ganzes Leben lang zum Ausdruck kamen, so konnte auch in seiner
äußeren Erscheinung und in seinen Umgangsformen der feingebildete
Mann sich niemals verleugnen, wenn auch der Satyr oft um die
Mundwinkel seines scharf geschnittenen Gesichtes spielte. Löwenstein,
nicht groß aber breitschulterig und kräftig gebaut, ließ mehr als einer
der Andern mit Vorliebe erkennen, was und wer er war. Seine
gemüthvollen Kinderlieder hatten ihm das Anrecht erworben, sich als
„Dichter" zu fühlen, während in seinem energischen Kopfe, dem
dunkelen Auge und schönen schwarzen Vollbart sich mehr der Freiheits-
kämpfer und Volksmann ausdrückte, auf welche Eigenschaften er großen
Werth legte.

Schon in den fünfziger Jahren war von den Genannten Einer
nach dem Andern in den Stand der Ehe getreten. Löwenstein wurde
mit Albert Hofmann durch seine Verheirathung verschwägert, und ein
Bruder beider Frauen, Karl Knauth, war Schauspieler an dem im
Sommer 1848 neu begründeten Friedrich-Wilhelmstädtischen Theater
in der Schumannstraße. Der Begründer und Direktor desselben,
Deichmann, war seines eigentlichen Berufes Zimmermann und besaß
so wenig allgemeine Bildung, daß sie nicht einmal für einen Theater-
Direktor ausreichend war.

Aber er hatte in dem Schauspieler Anton Ascher einen Regisseur
gewonnen, der die eigentliche treibende Kraft des schnell aufblühenden
Institutes wurde. Besonders freundschaftlich wurden Ascher's Beziehungen zu Albert Hofmann, welch' Letzterer überhaupt die große
Fähigkeit besaß, Menschen an sich zu ziehen, nicht nur für seinen persönlichen Umgang, sondern auch im Interesse des Blattes. Wenn er für
dasselbe auch nur hin und wieder Beiträge lieferte, hatte er vor Allem
vielen Sinn für den volksthümlichen Humor, außerdem aber auch
die Gabe, die verschiedenen Persönlichkeiten zusammen zu halten und
sie auf dies und jenes, was er beobachtete, aufmerksam zu machen.
Dabei war er ein ausgezeichneter Gesellschafter. Für komische Vorträge
mit großem Talent begabt, wußte er stets auch auf die allgemeine
Stimmung fördernd zu wirken.

Der gesellige Verkehr der Kladderadatsch-Leute unter sich beschränkte sich in der ersten Zeit auf den gemeinsamen Besuch verschiedener Bierlokale, von denen anfänglich noch der „schwere" Wagner
in der Charlottenstraße das bevorzugte war. Wagner hatte jene
Nebenbezeichnung deshalb erhalten, weil er der Erste war, der das
importirte Nürnberger Bier eingeführt hatte. Das Bairische Bier war
überhaupt noch wenig verbreitet, und es wurden denn auch häufig

noch die Weisbierlokale besucht, bei Klausing und besonders bei Haase in der Französischen Straße.

Erst in späteren Jahren wurde es eingeführt, daß an den Donnerstagen nach Schluß der Redaktion ein bestimmtes Lokal gemeinsam besucht wurde, wo man nach des Tages Mühen umso fröhlicher verkehrte. Mehr und mehr nahmen an diesen Abenden auch die außerhalb der Redaktion stehenden Freunde derselben theil; von bekannteren Persönlichkeiten gehörten dazu der witzige Chemiker Dr. Emil Jacobson, der Musiker Hieronymus Truhn, Rudolph Genée, Professor Karl Scheibler und noch manche Andere von Bedeutung. Die Zahl der Freunde wuchs allmälig so an, daß man wiederholt sich zu einem größeren Lokale entschließen mußte. In den siebziger Jahren war dies für längere Zeit das dafür abgesonderte große Zimmer eines Restaurants, das in den Hofräumen der „Reichspost" Leipziger Straße lag.

Abgesehen von diesen Abenden nach Redaktionsschluß hatte ein Jeder übrigens im Hause seinen besonderen Umgangskreis. Nur der kleine und haushälterische Kalisch war auch in dieser Beziehung zurückhaltender, obwohl er nach seiner Verheiratung, mit der Tochter des Besitzers von Albrechtshof, sich in der Bellevuestraße ein sehr angenehmes Heim eingerichtet hatte.

Albrechtshof und Moritzhof waren von den außerhalb der Stadt gelegenen Garten-Restaurants noch die beliebtesten geblieben. Albrechtshof lag an dem südwestlichen Rande des Thiergartens, wo jetzt die geschlossene Häuserreihe der Rauchstraße sich befindet. Dorthin, wie auch nach dem etwas entfernteren Moritzhof, wanderte man im Sommer hinaus, um unter grünen Bäumen an weiß oder grün gestrichenen Tischen Kaffe zu trinken, oder an warmen Sommerabenden dicke Milch mit Schwarzbrod zu essen. Die Sommer-Ausflüge waren damals noch anders, als in unserer Zeit. In Berlin war noch nicht so für Reinlichkeit gesorgt, wie gegenwärtig, und die Umgebung Berlins, zu deren beliebten Erholungsstätten man noch ohne Pferdebahnen gelangen konnte, war näher als jetzt. Hofjäger und Kemperhof lagen schon zu nah und von ihrem einstigen Dasein geben nur noch vereinzelte Bäume in den geschlossenen Straßen Zeugniß. In Albrechtshof verkehrten im Sommer außer Kalisch besonders Dohm, Scholz und Hofmann, sowie einzelne von den näheren Freunden. Das harmlose Dominospiel galt weniger zur Beschäftigung des Geistes, als vielmehr zum Ausruhen, wenn man nach erfolgtem Redaktionsschluß an warmen Sommerabenden den Ausflug ins Freie dem Besuche städtischer Lokale vorzog. Die dicke Milch, wenn auch etwas säuerlich, war dann in Wahrheit die Milch der frommen Denkungsart geworden, denn in solchen Stunden ließ man Andere ungeschoren und begnügte sich mit kleinen gegenseitigen Neckereien.

Dohm ganz besonders dachte während der ganzen Woche wenig an das Blatt. Im Grunde seines Herzens hatte er überhaupt eine Abneigung gegen den vom Schicksal ihm zugewiesenen Beruf eines Journalisten und Witzmachers. Um so größer war seine Scheu vor solcher Arbeit, und nur am Redaktionstage, wenn die eiserne Nothwendigkeit es gebot, machte er sich daran, und dann leistete er auch Erstaunliches im zweckmäßigen Redigiren des vorhandenen Stoffes.

So schwankend auch Dohms Charakter im Leben war, so häufig er sich auch durch Verhältnisse und durch persönliche Rücksichten bestimmen ließ, Zugeständnisse zu machen, die mit seinen eigenen Meinungen im Widerspruche standen, so fest und unnachsichtig war er in seiner Eigenschaft als Redakteur des Blattes, und das war es ganz besonders, was diesem zu so großem Vortheil gereichte, indem es demselben eine feste Haltung und einen einheitlichen Charakter gab. Im Laufe der Woche waren immer zahlreiche Einsendungen von Beiträgen, von verschiedenen Personen und Orten eingelaufen, die er aber nur flüchtig durchsah, weil er schon wußte, daß nur in wenigen Fällen etwas Brauchbares darunter war.

Wenn er dann am Redaktionstage in das dafür bestimmte Zimmer der Druckerei ging, nahm er einige der Einsendungen, die ihm einer Aufnahme oder Umgestaltung nicht unwerth schienen, mit sich. Die Beiträge der Mitredakteure Kalisch und Löwenstein (zu denen erst später Trojan sich gesellte) sah er dann durch, — die Scholz'schen Zeichnungen mußten wegen der Reproduktion schon mehrere Tage früher erledigt sein. Dohm selbst hatte von eigenen Beiträgen gewöhnlich nur wenig mitgebracht, während Löwenstein immer reichlich, meist zu reichlich, dafür gesorgt hatte. Mit sicherem Urtheil wurde von Dohm das vorhandene Material, wenn er nicht schon früher darüber bestimmt hatte, durchgesehen und für den vorhandenen Raum gesichtet und geordnet. Wenn ihm etwas von seinen Redaktions-Genossen unpassend erschien, so hielt ihn keine persönliche Freundschaft oder Rücksicht ab, es zu verwerfen.

Reichte dann der Stoff nicht aus, und es mußten durch Beseitigung mehrerer Beiträge Lücken ausgefüllt werden, dann zeigte sich seine außerordentliche Begabung, mit Schnelligkeit etwas niederzuschreiben. Er sah dafür entweder die letzten Tageszeitungen durch, oder auch die von außerhalb eingegangenen Zusendungen, solche, die er als verwendbar mitgebracht hatte. Diese Schnelligkeit seines Arbeitens, wenn es die höchste Zeit war, hatte etwas Geniales, und viele seiner reizvollsten Arbeiten sind in solchen Augenblicken der Noth entstanden.

Bei Dohms reichem Geist und seiner durchaus klassischen Bildung fühlte er wohl, daß er Bedeutenderes leisten müßte, als nur allwöchentlich für die Lachlust des darauf begierig harrenden Publikums zu sorgen. Dennoch aber war es von dem Schicksal gewiß ganz richtig erkannt, wenn es ihn auf einen Platz stellte, der ihn, um sein Talent verwerthen zu können, zu einer geregelten Thätigkeit nöthigte. In Dohms geistiger Veranlagung schien die Fähigkeit für größere dichterische oder litterarische Schöpfungen zu fehlen, weil sein dichterisches Talent nur in der kritisch-satirischen Behandlung der Dinge sich entwickeln konnte. Und in dieser seiner Veranlagung war er auf die Augenblicksstimmung und Schnelligkeit des Produzirens angewiesen. Kurz, seine übernommene Verpflichtung, für ein regelmäßig erscheinendes Blatt zu schreiben, legte ihm einen Zwang auf, den er selbst oft bitter beklagte, der aber doch für ihn nöthig war. Seine Neigung fürs Theater, seine besonders in der früheren Zeit zahlreichen Bekanntschaften mit Schauspielern und Direktoren hatten ihn wiederholt zu kleineren dramatischen Produktionen veranlaßt. Was er aber hierin leistete, waren nur Bagatellen, wogegen er in Bearbeitungen fremder Stoffe sehr glücklich war, so in seiner witzig-graziösen Uebersetzung von Offenbachs „schöner Helena" und in einer neuen, im Königlichen Schauspielhause zur Aufführung gekommenen Bearbeitung von Shakespeares „Cymbeline". Dort war es nur eine ihm dargebotene Gelegenheit zum Geldgewinn, hier war es Sache seiner inneren Neigung.

In einer satirischen, übrigens nicht fürs Theater brauchbaren Komödie „Der trojanische Krieg"*) hatte er sich einmal zu einer eigenen und größeren satirischen Dichtung aufgeschwungen. Aber auch hierbei hat man doch den Eindruck, daß drei Akte für seine Produktionskraft zu viel waren. Der Kern dieser Komödie war eine Parodie auf den kläglichen, mit dem Zusammenstoß bei Bronnzell endigenden deutsch-österreichischen Konflikt im Herbste 1850, und der berühmt gewordene Schimmel von Bronnzell wurde von ihm zum trojanischen Pferde gemacht. Die Bundesstaaten sind durch die Griechen dargestellt, Preußen durch die Trojaner. Nach verschiedenen Fürsten-Konferenzen, in parodirender Form parlamentarischer Verhandlungen, wird im zweiten

) Verlag von A. Hofmann & Comp. in Berlin.

Akte eine Schlacht arrangirt, die in aller Form eines öffentlichen
Schauspiels stattfindet, und wobei das Volk nur als Zuschauer mit=
wirkt, „Musik!" ruft und „Anfangen!" Nach verschiedenen lächerlichen
Kampfscenen einzelner Personen erscheinen Achilles und Penthesilea zum
Kampfe. Während sie die Lanzen gegeneinander einlegen, kommt ein
Schimmel im Galopp vom Hintergrunde über die Bühne, gerade
zwischen die beiden Kämpfenden, die mit ihren Lanzen den Schimmel
durchbohren. Da dieser todt niedergefallen ist, gebietet Agamemnon
Halt! „Wir haben einen Todten!" heißt es, und der Kampf ist aus.
Da beide Parteien sich streiten, von welcher Seite der Schimmel erlegt
worden sei, schlägt Ulysses vor, einen Spruch der Götter darin zu erkennen und den Todten für neutral zu erklären. Agamemnon aber
verspricht, er wolle in der Stadt Troja dem Todten zum Gedächtniß
eine „Reiterstatue ohne Reiter" setzen lassen. Im dritten Akte wird
auf diese Weise das künstliche Riesenpferd in die Stadt geschafft.
Der verschlagene Ulysses aber hat heimlich die Lanzen der Griechen
geknickt und ihre Schwerter gestumpft, weil er die verhaßte und den
Bund bedrohende „Hausmacht der Atriden" nicht aufkommen lassen
will. Da hierdurch der Kampf der Griechen resultatlos geworden ist,
erklärt Helena: die Griechen mögen sich mit dem „moralischen Sieg"
begnügen, denn dieser sei auf ihrer Seite. Die Griechen sind's zufrieden
und auch Priamus erklärt sich und die Seinen für „moralisch ruinirt".

Man wird schon aus dieser Skizze erkennen, daß in einer
Komödie, in der Alles parodistisch behandelt ist, die Satire trotz
vieler scharfer Witzpointen schließlich sich abstumpfen muß.

Einmal — im Jahre 1853 — fungirte Dohm bei dem damals
vom Alexanderplatz nach der Charlottenstraße übergesiedelten Königs=
städter Theater sogar als „Dramaturg", was allerdings ihm selbst mehr
Vergnügen machte, als dem Theater Nutzen brachte, dessen Fortbestand
überdies aussichtslos war.

Im geselligen Verkehr wußte Dohm durch augenblickliche Ein=
fälle stets mit der Schärfe des Geistes und Witzes den Kernpunkt der
Sache zu treffen und durch seine Bemerkungen zu entzücken. Man
kann behaupten: er habe ebensoviel Witziges gesagt, als drucken lassen.
Sein Witz erhob sich aber stets über das Niveau der bloßen Witzelei,
denn er war meist geistreich. Selbst in gewissen Gerichtsterminen
kam sein Humor und seine Schlagfertigkeit zu glänzendem
Ausdruck.

Es sei hier ein kleines Beispiel dafür erwähnt. Im Kladdera=
datsch war irgend eine komische Verordnung des Magistrates von
Liegnitz der Lächerlichkeit preisgegeben worden, und der Magistrat

19

war deshalb gegen das Blatt klagbar geworden. Bei dem gerichtlichen Termin, zu dem der verantwortliche Redakteur vorgeladen
wurde, hatte Dohm darauf hingewiesen, daß es sich in dem Artikel
doch einzig um die Mittheilung einer thatsächlichen Verordnung handele.
Als ihm dagegen vorgehalten wurde, daß in den Einleitungsworten
„Der hochweise Magistrat von" ꝛc. schon das ironische Epitheton
„hochweise" die Absicht einer Beleidigung erkennen lasse, erwiderte
Dohm mit höchst ehrbarem Gesicht: dann erbiete er sich, auch bezüglich dieses Wortes den Beweis der Wahrheit anzutreten. — Daß
hierauf am Gerichtstische allgemeine Heiterkeit herrschte, kann man sich
vorstellen.

Soviel gesellschaftlichen Takt und Anstandsgefühl Dohm auch
hatte, so kam doch in der früheren Zeit an späten Kneipabenden bei
ihm der alte Student zum stärksten, oft bis zur äußersten Rücksichts-
losigkeit gehenden Ausdruck. Von den in dies Kapitel gehörenden
Episoden ist nicht Alles zu erzählen, da zur richtigen Würdigung
solcher Stimmungen des Uebermuthes und ausschweifenden Humors
immer die Kenntniß oder Vergegenwärtigung der ganzen Situation
erforderlich ist, und nur für die daran selbst betheiligt Gewesenen werden
die verblaßten Farben einer so fröhlichen Vergangenheit wieder auf-
gefrischt werden können. Nur einer solchen Scene aus der früheren
Zeit möge hier gedacht sein.

Es war noch im zweiten Jahre des Kladderadatsch, als Dohm
mit mehreren Freunden zum Besuche des in der Leipziger Straße
gelegenen sogenannten „Verbrecherkellers" sich verabredet hatte. Dieses
seltsame Lokal ganz niederen Ranges war in den vierziger Jahren
zuweilen in mitternächtiger Stunde von den heiteren Genossen der
berühmten Gesellschaft „Rütli" (ausführlich geschildert in dem Buche
„Zeiten und Menschen" von Rudolph Genée) aufgesucht worden. Da auch
Dohm jener Vereinigung angehört hatte, so war er auch mit mehreren
früheren Mitgliedern derselben noch im Verkehr geblieben. So kam es
auch, daß einmal der „Verbrecherkeller" zu einer besonderen Gelegenheit
wieder aufgesucht wurde. Dohm hatte die Keckheit gehabt, für denselben
Tag in die Vossische Zeitung ein anonymes Inserat zu bringen mit der
Aufforderung: Alle Freunde und Verehrer des großen Lessing werden
ersucht, zu einer würdigen Feier seines Geburtstages sich am Abend
des 22. Januar Leipziger Straße Nummer so und so im Souterrain
(das war der „Verbrecherkeller") einzufinden. Als man dort lange
vergeblich auf die mystifizirten Besucher gewartet hatte, ging Dohm
die Kellertreppe hinauf, um die Vorübergehenden von der Straße zu
der Feier einzuladen. Da er auch hiermit keinen Erfolg hatte, hielt

er den gerade vorübergehenden Nachtwächter fest, um ihn in den
Keller zu nöthigen, wo außer den heiteren Genossen nur eine herunter=
gekommene Harfenistin und noch ein Stammgast der Spelunke waren.
Da auch der Nachtwächter der Einladung widerstrebte, drang Dohm
in ihn, ihm doch sein Horn (zum „Feuertuten") zu geben. Nach
langem Sträuben des Nachtwächters hatte Dohm sich wirklich seines
Hornes bemächtigt, wurde aber natürlich nach dem ersten Versuch
auf dem Schreckhorn vom Wächter an der Fortsetzung des „Tutens"
verhindert.

Abgesehen von solchen starken Ausbrüchen seines noch studentischen
Humors hatte Dohm auch seine Schwächen. Sie gehörten aber bei
ihm nur zur Vervollkommnung einer so ausgeprägten Individualität
und dürfen deshalb hier nicht übergangen werden. Neben den harm=
loseren Neigungen war es besonders eine sehr ernste Schwäche seines
Charakters, die wiederholt recht bedenklich in seinen Lebensgang ein=
greifen sollte. Das war bei ihm die Leidenschaft zum Hazard=Spiel.
Dohm war wiederholt in Geldverlegenheiten gerathen, hauptsächlich
dadurch, daß er den Werth des Geldes nicht kannte und deshalb auch
nicht zu rechnen wußte. Bei seiner Anlage zum wirklichen Gentleman
kamen dadurch die in seinem Wesen hart nebeneinander liegenden
Widersprüche zum stärksten Ausdruck. Er war so freigebig, daß Leute,
die ihm in ihrem Berufe Dienstleistungen thaten, wie z. B. Droschken=
kutscher, Kellner und dergleichen, mit ihm stets sehr zufrieden sein
konnten, denn er gab immer mehr, als nöthig war. Auch wenn er
von sogenannten „Schnorrern" angepumpt wurde, hätte sein falsches
Schamgefühl es ihm nicht erlaubt, Gesuche abzuschlagen, auch dann
nicht, wenn es ihm selbst schwer wurde, Geld herzugeben und wenn
er sicher wußte, daß er selber am nächsten Tage sich etwas borgen
müsse.

Schlimmer, als diese liebenswürdige Sorglosigkeit wurde es für
ihn, daß er durch Leute, die von ihm Nutzen zu ziehen wußten, zum
Spiele verleitet wurde, und Jahre lang dieser verderblichen Leiden=
schaft verfallen war. Seine theoretischen Grundsätze waren immer die
ehrenwerthesten, aber — Verhältnisse bestimmen den Menschen, und
diese Lebenswahrheit mußte auch Dohm zuweilen anerkennen, denn
die Macht der Verhältnisse war häufig stärker, als der Widerstand des
Charakters und der Einsicht.

Das Jahr 1870 hatte natürlich dem Blatte, das in allen wirk=
lich patriotischen Fragen die Stimmung des Volkes zum kräftigsten
Ausdruck brachte, einen neuen großen Aufschwung gegeben. Aber

schon kurz zuvor waren durch die persönlichen Verhältnisse Dohms ihm auch Schwierigkeiten erwachsen.

Schon ein paar Mal war Dohm dem unangenehmen Aufenthalte im Schuldgefängniß durch den Verleger Hofmann entzogen worden. Endlich aber hatte er, durch neu eintretende Bedrängnisse bewogen, Berlin verlassen müssen, um sich einen angenehmern „Sitz" in Weimar zu schaffen. Länger als ein Jahr hatte er dort in angenehmen Verhältnissen und ungefährdet seine Thätigkeit für das Blatt fortgesetzt, während sein Kollege Löwenstein als verantwortlicher Redakteur zeichnete. Für einen Mann, der bereits Familienvater war, mußten diese fortgesetzten Bedrängnisse mit der Zeit sehr drückend werden. Aber auch in solchen üblen Lagen war Dohm in seiner Persönlichkeit von so natürlich liebenswürdigem Wesen, daß er einen gewissen Zauber ausübte, — freilich nur nicht auf diejenigen, die von seiner Schwäche Nutzen zogen.

Mit seiner erstaunlichen Sorglosigkeit und in seiner steten Bereitwilligkeit, die weitgehendsten Forderungen seiner Bedränger zu erfüllen, wenn er damit sich nur augenblicklich aus der Verlegenheit befreien konnte, hatte er die Feinde seines besseren Selbst sich im wörtlichen Sinne überwuchern lassen.

Auch aus der Zeit seines Weimarischen Aufenthaltes wird ein sehr spaßhaftes Beispiel seiner augenblicklichen humoristischen Einfälle erzählt. Er erwartete dort von seinem Verleger einen Geldbrief und hatte vom Weimarischen Postamte die Benachrichtigung und Weisung erhalten, den für ihn bestimmten Brief abzuholen, — wie solches die damaligen Posteinrichtungen noch forderten. Dohm, der natürlich dem Geldbrief schon sehnlichst entgegengeharrt hatte, ging auf das Postbureau, um ihn abzuholen. Hier aber wurde von ihm höflichst verlangt, seine Identität mit dem Adressaten nachzuweisen. Da er darauf nicht vorbereitet war, suchte er in seiner Brieftasche nach irgend einem Papier, das ihn legitimiren könne. Bei diesem vergeblichen Suchen fiel ihm seine eigene kleine Photographie in die Hand: voll Humor und mit heiterer Unbefangenheit zeigte er sie dem Postbeamten mit der Frage, ob ihm dies vielleicht genüge? Und richtig — auf seine Photographie hin wurde ihm der Geldbrief ausgehändigt.

Auch nach seiner ihm endlich ermöglichten Rückkehr nach Berlin wiederholten sich seine Geldkalamitäten, bis es endlich dem Eingreifen verständiger und thatkräftiger Freunde gelungen war, seine Verhältnisse zu ordnen und auch für die Dauer festzustellen.

Bis zum Jahre 1872, also vierundzwanzig Jahre lang, war der alte Stamm der Kladderadatsch=Redaktion unverändert geblieben, und schon seit 1862 war noch in dem gemüthvollen und liebens= würdigen Humoristen Johannes Trojan eine ausgezeichnete Kraft hinzugekommen, die im Laufe der Jahre immer mehr in den Vorder= grund trat. Der erste, der durch den Tod abberufen wurde, war Kalisch, der schon im Sommer 1872 starb, in Folge eines inneren organischen Leidens. Vielleicht hatte er dies schon lange gefühlt, und der leise melancholische Zug, den man oft an ihm wahrnehmen konnte, mochte wohl daraus zu erklären sein. Die großen Erfolge, die er als volksthümlicher Possendichter, zuerst im alten Königstädtischen, dann im Wallner=Theater errang, hatte er neben seiner glücklichen Beob= achtung von Menschen und Verhältnissen auch vorwiegend seinem großen Fleiße und seiner darauf verwendeten Sorgfalt zu danken. Wenn er eine neue Posse in Arbeit hatte, so hielt er damit äußerst geheim, und auch nach Beendigung derselben war er noch Monate lang damit beschäftigt, dies und jenes daran zu feilen, kleine Dialog= pointen oder Witze einzufügen, sowie bei den Couplets, die seine be= sondere Stärke waren, das Geschriebene immer wieder aufs neue zu bearbeiten, das, was ihm matt schien, auszuscheiden und ruhig abzu= warten, bis er einen Ersatz und etwas Besseres dafür fand. War dann die Posse fürs Publikum und die Presse in Sicht, so ging er tief gedrückt wie ein krankes Huhn herum, indem er seine schwere Sorge wegen des Erfolges zu erkennen gab.

Es ist schon gesagt worden, daß Kalisch eine gewisse Scheu hatte, größere Verkehrskreise zu suchen, oder gar sich solche in seinem eigenen Hause zu schaffen. Dies entsprang bei ihm einem gewissen Mißtrauen gegen sich selbst, einer ängstlichen Vorsicht, sich mit seiner Person nicht in Gegensatz zu den drastischen Wirkungen auf der Bühne zu bringen. Dabei war er klug genug, das Erworbene gut zu ver= walten, wobei er durch seine praktische Lebensphilosophie — im Gegensatz zu einem unergiebig idealen Streben — unterstützt wurde.

Bei weitem zugänglicher, mittheilsamer und dem geselligen Ver= kehr zugeneigt war Rudolph Löwenstein, der seinen besonderen häuslichen Kreis von Freunden hatte, denen er im eigenen Hause der liebenswürdigste Wirth war. Neben seinem dichterischen Talente besaß er eine hervorragende Begabung als Improvisator und als Tischredner. Während er in der letzteren Eigenschaft auch häufig in großen Kreisen, bei verschiedenen Fest= und Zweckessen, dies Talent leuchten lassen konnte, machte er auch an seinem eigenen Tische Ge=

brauch davon. Die Anwesenden wußten es schon, daß Löwenstein bei Tische sich erhob und seine sämmtlichen Gäste, einen nach dem andern, in seiner Tischrede durch launiges Hervorheben sowohl ihrer Berufsthätigkeit wie ihrer persönlichen Eigenschaften charakterisirte und damit stets als Wirth auch für die Heiterkeit der Gäste sorgte. Von seinen beiden schönen Töchtern hatte die Eine sich mit Musik und Gesang beschäftigt, während die Zweite eine hervorragende Malerin war, deren allzu früher Tod allgemein betrauert wurde. Dem Vater hatte dieser Verlust so tiefen Schmerz verursacht, daß er in seinem ganzen ferneren Leben sich damit nicht abfinden konnte.

Auch Löwenstein war eine auf's verständig Haushälterische angelegte Natur und seit seiner Verheirathung lebte er stets in geordneten und sehr guten Verhältnissen, — im Gegensatze zu Dohm. Aber von diesem war er noch mehr durch die große Ungleichheit ihrer Naturen innerlich getrennt. Dohm hatte eine entschiedene Abneigung, in der Oeffentlichkeit als der Redakteur des so beliebten Blattes sich auszuspielen, während bei Löwenstein das Gegentheil der Fall war. In der Zeit, als das Blatt bereits auf der Höhe der Popularität stand und vom Publikum in den verschiedenen Lokalen mit Spannung erwartet wurde, war jede Nummer desselben am Sonnabend beim Kellner schon vielfach bestellt. Löwenstein mit seinem schwarzbärtigen und schwarzlockigen Dichterkopfe liebte es dann, sich öffentlich zu zeigen und hatte es gern, wenn im Zusammentreffen mit Bekannten sogleich das Gespräch auf den Inhalt der neuesten Nummer gebracht wurde. Wenn Dohm dabei war, so fühlte er sich durch dessen Zurückhaltung etwas genirt. Dabei konnte es nicht ausbleiben, daß hie und da kleine Eifersüchteleien über die Autorschaft einzelner Artikel entstanden, die aber bei Löwensteins warmherziger Natur und Dohms gemessenem Verhalten zu keinen Zwistigkeiten führten.

Eine ganz ungewöhnlich glückliche Natur war dem geistvollen Zeichner Wilhelm Scholz, einem richtigen Berliner Kind, verliehen. In der leichten und fröhlichen Beweglichkeit seines Wesens und bei seinem anziehenden Humor stand er zu Allen gleich freundlich und hatte auch zu Kalisch nähere Beziehungen, als dessen beide Vettern. In den fünfziger Jahren wurde seine witzige Erfindungsgabe auch vom Theater wiederholt ausgebeutet. Das im Sommer 1848 in der Schumannstraße entstandene Friedrich-Wilhelmstädtische Theater — zunächst nur als Sommertheater angelegt — war bereits zu großer Beliebtheit gekommen und hatte fürs Lustspiel und für kleinere Possen manche treffliche Mitglieder.

Außer Ascher, als stets beschäftigter Schauspieler wie als

Regisseur, waren es Weihrauch, Haase (nicht Friedrich) sondern Rudolf Haase), Knaack, Otto Stoß, Ottilie Genée, sowie der zwar sehr dicke, aber ausgezeichnete Hesse, der auch unter dem Pseudonym J. Ch. Wages (Ich wag' es) die deutsche Bühne mit manchen freundlichen Stücken bereichert hatte.

Zu den Persönlichkeiten des Kladderadatsch war dies Theater besonders durch Albert Hofmanns Verkehr mit Ascher, wie überhaupt durch dessen große Neigung fürs Theater gekommen, und der Sommer achtundvierzig hatte beide Institute, das Witzblatt und das neue Theater, ins Leben gerufen. Die beliebten Mitglieder des Theaters mußten bei den ihnen kontraktlich zugesicherten Benefizvorstellungen immer besondere Mittel für die Anziehungskraft aufbieten. So wurde denn wiederholt auch Scholz herbeigerufen, nur für irgend eine Posse einen „Maskenzug" zu arrangiren und durch komische Figuren mit witzigen Anspielungen auf Tagesfragen zu würzen. Die Anzeige auf dem Theaterzettel: „Der Maskenzug (in dem und dem Akte) ist von Herrn Wilhelm Scholz arrangirt" verfehlte auch ihre Wirkung nicht. Bei solchen Scherzen war aber Scholz nur der hinter den Coulissen und ausnahmsweise Mitwirkende als spiritus rector.

Ganz anders und um Vieles bedeutender wurde seine Thätigkeit bei den Künstlerfesten, wo er auch seine eigene Person einsetzte, sei es durch eine von Witz sprühende Erklärung der Tischkarte, sei es durch andere Produktionen, wie sein beliebtes „Raritäten-Kabinet" oder ähnliche Vorträge. In der Blütezeit dieser Künstlerfeste und anderer gelegentlicher Versammlungen, wie Stiftungsfeste und dergleichen, war es gar nicht denkbar, daß etwas recht Belustigendes ohne Scholz zu Stande kam. Er war dadurch eigentlich der Gesuchteste aus dem Kreise des Kladderadatsch geworden, und er kam den Wünschen stets gern entgegen. Bei seiner durchaus Berlinischen Art war er eine feine Natur. Selbst wenn ein augenblicklicher lustiger Einfall von ihm eine scharfe und treffende Kritik einer Person oder Leistung in sich schloß, war doch seiner satirischen Kritik durch das vorherrschend Gutmütige und Liebenswürdige seiner Persönlichkeit und durch die fröhliche Art seiner Aeußerung der Stachel des Verletzenden genommen. In einer gelegentlichen größeren Gesellschaft, in der auch von dramatischen Künstlern etwas vorgetragen wurde, hatte der österreichische Schauspieler und Berliner Theaterdirektor Franz Wallner einen nur mimischen Vortrag gehalten. Es war die bei dramatischen Künstlern damals beliebte Leistung: der nur durch Bewegung der Gesichtsmuskeln und ohne ein dazu gesprochenes Wort dargestellte Uebergang vom Lachen zum Weinen und dann wieder vom Weinen zum Lachen. Der Saal war während dieser Produktion sehr gefiel und der lange Scholz stand — über Alle hinausragend — ganz im Hintergrunde. Da es nun bei der bloß mimischen Kunstleistung Wallners einzig auf das Sehen ankam, Scholz aber viel zu entfernt stand, um Wallners Mienenspiel zu erkennen, so wurde ihm die Sache langweilig und plötzlich rief er nur das eine Wort: „lauter!" Die Wirkung dieses Wortes war natürlich bei der bis dahin herrschenden Stille eine so komische, daß Wallners mimische Leistung damit zu Ende war.

So wurde auch an Abenden, an denen er selbst nichts produzirte, schon seine Gegenwart dadurch schätzenswerth, daß er in der Unterhaltung durch seine improvisirenden Einfälle die Gesellschaft belebte. An einem der Künstlerabende in den „Reichshallen" war Scholz in dem herrschenden starken Gedränge mit einem sowohl wegen seiner großen Künstlerschaft wie seiner sehr kleinen Figur allgemein bekannten Maler zusammengetroffen. Der kleine aber dennoch „große" Künstler sah bei der Begegnung mit Scholz zu diesem hinauf, indem er bemerkte: Es ist heute hier unerträglich heiß. „Finden Sie?" bemerkte Scholz mit Schmunzeln, indem er von der Höhe seiner Statur auf Jenen hinabsah, — „hier oben finde ich es ganz angenehm". —

So ein Wort von Scholz, wie das „hier oben" ging dann durch die Kreise der Künstler und Kunstfreunde vom Einen zum Andern. Scholz sagte gestern zu M. oder X. das und das, — und immer war es was apartes, das keineswegs irgend einem Andern eingefallen wäre. Oft aber verlor auch ein Scholz'scher Witz auf den Wanderungen die er machte, zuletzt die Urheber-Firma, und so kam es zuweilen vor, daß Jemand bei einer Begegnung mit Scholz demselben als Neuigkeit einen sehr guten Witz erzählte, dessen Verfasser Scholz selber war. Zu solchen Witzen, die nicht als augenblickliche Improvisationen entstanden, sondern von ihm sorgfältig ausgearbeitet waren, gehörte die Beantwortung der Frage: Was ist der Unterschied zwischen einem Weitsichtigen und einem Kurzsichtigen? Scholzens Antwort darauf lautete: Der Weitsichtige sieht „bei nahe nichts", und der Kurzsichtige sieht „bei weitem weniger".

Was die Künstlerfeste betrifft, so darf bei ihrer Erwähnung auch eines dabei mitwirkenden Mannes nicht vergessen werden, der durch seine witzigen litterarischen Erzeugnisse wiederholt zu großer Erheiterung beitrug. Es war dies der Maler und Zeichner (der „Berliner Wespen") Gustav Heil. Eine seiner meisterhaftesten humoristischen Schöpfungen war die bei einem Herren-Künstlerfest aufgeführte Parodie auf „Othello," in der Scholz als Desdemona erschien und an Stelle des Liedes von der Weide eine unvergleichliche tragikomische Ballade nach der Melodie „O Dannebom" zu singen hatte.

Zu dem angenehmen näheren Umgangskreise von Scholz, Dohm, Albert Hofmann u. s. w. gehörten von den Künstlern auch Amberg, Gustav Richter, dessen späterer Schwager Fritz Kraus, in der früheren Zeit Eduard Hildebrandt, sowie Einige, die durch Beziehungen zu Einzelnen in den ganzen Kreis sich eingelebt hatten.

Vor allen gehört dazu auch Hermann Richter, der Bruder des Malers. Er war seines Berufes Zimmermeister und bei vielen hervorragenden Bauten betheiligt Dabei aber war er auch flotter Lebemann und wurde durch seinen natürlichen Humor ein werthvolles Mitglied der fröhlichen Gesellschaft. Besonders anziehend wurden eine Reihe von Jahren hindurch die Sylvesterabende im Richter'schen Hause am Alexanderplatz. Für diese Abende wurde ein förmliches Programm ausgearbeitet und nach den genossenen „Mohnpielen", der Berliner Sylvesterspeise, an die zahlreichen Gäste vertheilt. Der Haupttrumpf bei den Darstellungen waren Schattenspiele oder lebende Bilder, die immer eine witzige und sehr drastische Pointe hatten. Auch Kalisch hatte zu diesen Abenden ein paarmal etwas beigesteuert und außer den schon Genannten war der geniale Musiker Hieronymus Truhn dabei thätig.

Daß Scholz bei seiner allgemeinen Bildung und bei der im Innersten gemüthvollen und zur ernsten Reflexion neigenden Natur sich an dem bloßen Spaße, den seine Karikaturen und andere Leistungen erregten, sich nicht genügen lassen mochte, wußten nur seine näheren Bekannten. Er suchte stets eine Beschäftigung, die für seine Berufsthätigkeit ein ideales Gegengewicht bildete. Neben seiner eifrigen Lektüre der Dichter, unter denen Dickens zu seinen Lieblingen gehörte, war sein ganzes Leben hindurch besonders die Musik seine vorherrschende Neigung.

Mit dem so früh verstorbenen Tausig war er in intimster Freundschaft verbunden. Ohne die gewöhnliche musikalische Bildung zu besitzen, war doch seine Neigung zur Musik so stark, daß er, der nicht einmal Klavierspielen gelernt hatte, mit bewundernswürdiger Ausdauer den Gebrauch der Tasten solange übte, daß er zu seiner eigenen Befriedigung Kompositionen von Sebastian Bach sich selbst vorspielen konnte. Weil er selbst auf diese seine autodidaktische Musikbildung stolz war, so wurde ihm auch die Beschäftigung mit Bach eine Art von Sport und er kam bald auf die sonderbare Idee, daß außer ihm nur Wenige ein volles Verständniß für die Größe Bachs hätten. Freilich war er gleichzeitig in der Mitte der siebziger Jahre dem Wagner-

Kultus zugeführt worden und er gehörte zu den Baireuther „Patronen".
Aber diese Liebe war bei ihm keine festgegründete; mit den Jahren
war sein Enthusiasmus für Wagner einer kühleren Anschauung ge-
wichen und nur die klassische Musikrichtung bis zu Beethoven blieb
seine Beschäftigung.

Eine besondere Liebhaberei — oder was man in Berlin „Puschel"
nennt — war auch seine Beschäftigung mit der englischen Sprache
geworden. Auch hier war es oft spaßhaft, wie weit er in der Selbst-
täuschung ging, indem er ein ganz absonderliches Verständniß des
Englischen für sich in Anspruch nahm. Selbst mit wirklichen Kennern
der englischen Sprache ließ er sich in Streitigkeiten ein und wenn er
bezüglich der Aussprache sich von seinem Irrthum überzeugen lassen
mußte, kam er wohl auch zu der Resolution, daß die Engländer selbst
das Englische nicht richtig sprächen. Aber trotz solcher Züge des sich
überhebenden Dilettantismus hatte Alles bei ihm einen drollig liebenswürdigen Zug und auch solche harmlose Schwächen dienten nur dazu,
den Verkehr mit ihm zu würzen. Er selber blieb auch den deshalb
ihm widerfahrenen Neckereien gegenüber immer gut gelaunt, denn er
hatte selbst zu viel Humor, um nicht auch den Humor Anderer zu
schätzen und mit Behagen zu genießen.

Auch das behagliche „Genießen" im materiellen Sinne blieb bei
ihm eine hervorragende Eigenschaft. Denn er war Feinschmecker und
dabei ein sehr starker Esser. Bei allen seinen Freunden war er bekannt dafür, daß Niemand soviel Kunstfertigkeit besaß, Krebse zu essen.
Wenn man ihn deshalb bewunderte, war er auch mit einem gewissen
Selbstgefühl bereit, Andere zu unterrichten.

Er war nicht nur befreundet mit Bodinus und liebte den ver-
ständnißvollen Verkehr mit den Thieren im Zoologischen Garten,
sondern er war auch bekannt bei den ersten Krebslieferanten
Berlins, und wenn er bei solchen die lebenden Krebse besichtigte, so
hatte er auch bald mit jedem einzelnen Krebs persönliche Bekanntschaft
gemacht.

Sein erstaunlich guter Appetit und seine Ausdauer im Essen war
in den Kreisen seines Umgangs allgemein bekannt. Man wußte, daß
wenn er in eine große Abendgesellschaft ging, er in der Befürchtung,
das Essen würde erst sehr spät beginnen, sich zuvor möglichst satt aß.
Einst, als er Abends zum sogenannten „schweren Wagner" (zuletzt in
der Behrenstraße) an den Stammtisch kam, an dem unter verschiedenen
Reichstagsabgeordneten und Anderen auch mehrere Künstler verkehrten,
wie Scherres, Encke, Otto Lessing u. s. w., erschien Scholz gesellschaft-
lich gekleidet, indem er von hier in eine große Abendgesellschaft reicher

Leute zu gehen hatte. Vorher aber wollte er bei Wagner etwas essen und ließ sich die Speisekarte geben, die er gewöhnlich mit einem eigenen melancholischen Zug studirte, denn es stand doch immer noch mehr darauf, als er zu leisten im Stande war und deshalb machte ihm die Auswahl stets einigen Kummer.

Nachdem er auf die erste Bestellung eine Portion Schleie verzehrt hatte, blickte er nochmals mit leisem Seufzer auf die Speisekarte und bestellte sich dann noch ein musterhaftes Beefsteak. Da dies bei Allen große Heiterkeit erregte und man zu ihm bemerkte, daß er ja doch noch zu einem Abendessen ginge, erwiderte er mit Schlagfertigkeit und dem nur ihm eigenen humoristisch-ärgerlichen Tone: Ach, was soll ich denn dem reichen Pack auch noch meinen guten Appetit mitbringen!

In seinem eigenen Hause hatten sich an den Sonntag-Abenden fast ausnahmslos nach der alten und guten Berliner Sitte außer Verwandten auch mehrere Hausfreunde eingefunden: aber die geselligen Höhepunkte in seinem gastlichen Hause bildeten zwei besondere Tage im Jahr. Es waren dies der Geburtstag seiner Frau und sein eigener. Unter den verschiedenen Gaben, die ihm an diesem Festtage von Freunden und Bekannten zukamen, fehlten auch niemals einige von Dohm ihm zugeschickte Verse, die zuweilen zu einem umfangreichen witzerfüllten Poem ausgedehnt waren. In letzterer Zeit, besonders aber nach dem Tode Dohm's, hatte Trojan diese Aufgabe regelmäßig und mit Liebe erfüllt. Trojan, der überhaupt in der späteren Zeit am innigsten mit Scholz harmonirte, wußte häufig noch ganz besondere humoristische Ueberraschungen zu bieten. Scholz hatte, wie schon gesagt, eine besondere Vorliebe für den Verkehr mit Thieren und studirte gern alle ihre Eigenheiten. Auf einem breiten Balkon seines Hinterzimmers in der Hohenzollernstraße hatte er eine große Schaar von Sperlingen an sich gezogen, die er fütterte, wobei er über das Gebahren der frechen Gesellen sich Stunden lang belustigen konnte. Dies war die Veranlassung, daß ihm einmal an seinem Geburtstage auch von den Sperlingen eine Gratulation überreicht wurde, die aber dem liebenswürdigen Humor Trojan's entsprungen war, dessen Liebe zur Natur bekanntlich mehr der botanischen als der zoologischen Welt zugewendet ist. In dieser Gratulation der Sperlinge hatte er in drolliger Weise gewisse Schwächen des Geburtstagskindes ironisirt und ließ seine gratulirenden Sperlinge den schlimmen Verdacht aussprechen, daß Scholz sie vielleicht nur so reichlich füttere, um sie fett zu machen und sie dann einzufangen und zu verzehren. In den von Trojan nach Scholzens Tod ihm gewidmeten Erinnerungen (Nat.=Ztg. 1893) sagt er u. A. von ihm: „Er aß mit Geschmack, mit Kunst und Liebe.

Er wurde auch manchmal zu Feinschmeckerdieners eingeladen und seine Berichte über ihren Verlauf hatten eine nahezu wissenschaftliche Färbung. Daß er ein Feinschmecker war, halte ich für unfraglich, obwohl der Musikdirektor Truhn, der jedoch nicht immer fremden Verdiensten gerecht wurde, es in Zweifel stellte." — Auch der hier genannte Hieronymus Truhn gehörte im Scholz'schen Hause zu den Stammgästen an der Geburtstagstafel. Trotz mancher, durch zunehmende Geldnoth bei ihm mehr und mehr hervortretenden bedenklichen Eigenschaften war er ein humoristisches Original-Genie und deshalb im geselligen Verkehr immer wohl gelitten.

Während Scholz nur eine Zeit lang dem Wagner-Kultus gehuldigt hatte, zum Theil durch persönliche Beziehungen dahin geführt, war bei Dohm der Wagner-Enthusiasmus eine ernste und heilige Sache geworden. Seine Parteinahme für Wagner war um so entschiedener, als er selbst nicht musikalisch im gebräuchlichen Sinne war und an Wagner wie an eine Offenbarung glaubte. Den ersten Antrieb dazu hatte er wohl während seines Aufenthalts in Weimar durch seine Bekanntschaft mit Liszt erhalten. In Berlin aber, als er dort wieder seinen dauernden Wohnsitz genommen hatte, war es besonders die Agitation der Frau von Schleinitz gewesen, die ihn gefangen hielt, denn er besuchte die Soireen dieser für solche Agitation hervorragend berufenen Dame; er fühlte sich in der neuen Sekte im Allerheiligsten ihres Tempels, und wie Alle, die aus unklaren Trieben in eine solche Strömung geraten, war auch Dohm darin Fanatiker geworden. Einen Widerspruch konnte er in diesem Punkte um so weniger ertragen, als er selbst bei der ihm mangelnden musikalischen Bildung mit Gründen nicht zu streiten vermochte.

Er, der seinem Spotte über verkehrte oder ihm nicht zusagende Richtungen so scharfen und rücksichtslosen Ausdruck geben konnte, war in dieser Parteifrage von einem solchen heiligen Ernst erfüllt und so empfindlich, daß er auch nicht den harmlosesten Scherz gegen Wagner oder seine Anhänger ertragen konnte, und wenn einmal eine solche Bemerkung entschlüpft war, dem konnte es Dohm niemals verzeihen, er war sein Feind geworden. Auch diese Erscheinung war in Dohms an starken Widersprüchen so reichen Persönlichkeit eine der stärksten; denn er war sonst allem Kliquenwesen im Innersten abhold und ging nicht gern auf Pfaden, auf denen er mit Gerechten und Ungerechten sich Freund fühlen sollte. Dabei ist es thatsächlich und von Augenzeugen bestätigt worden, daß wiederholt Dohm bei einer Wagner-Aufführung, in Weimar wie auch in Bairceuth, fest eingeschlafen war. An solche Vorkommnisse durfte man ihn aber natürlich niemals, auch nur andeutungsweise erinnern. Durch die ihn ganz beherrschende Verzauberung war auch das Thema Wagner vom Kladderadatsch aufs strengste ausgeschlossen, und daß er dadurch besonders in den ersten Baireuther Jahren sich einen so dankbaren Stoff entgehen ließ, war nicht zum Vortheil des Witzblattes. Nur einmal, als er besonders mit Hans v. Bülow befreundet war und als dessen Gattin Cosima sich von Bülow getrennt hatte, um Wagner anzugehören, hatte Dohm das Ereigniß mit der kurzen und beißenden Bemerkung glossirt: Cosi-ma fan tutte. Er hatte dies später gewiß bereut, denn da er Wagner als einen „Uebermenschen" betrachtete, der hoch erhaben über der gemeinen bürgerlichen Moral stand, so konnte er eigentlich gegen jenes Verhältniß nichts einzuwenden haben.

Von gewissen Eigenheiten in der Person Dohms sei noch erwähnt, daß er stets einen kleinen Spazierstock trug, den er überall, wohin er auch gehn mochte, mit sich nahm und den er auch in öffentlichen Lokalen, selbst bei besondern Gelegenheiten und so lange er auch sitzen mochte, in den Händen behielt. Neben dieser Unzertrennlichkeit von seinem Stocke hatte er noch die auffällige Eigenheit, daß er niemals einen Ueberzieher trug. Ein solcher war ihm dermaßen lästig und entbehrlich, daß er selbst bei strenger Winterkälte in seinem kurzen einfachen Röckchen über die Straße ging und dann sehr häufig auch noch seinen Hut in der Hand behielt, weil auch dieser ihm auf dem Kopfe trotz seines keineswegs üppigen Haarwuchses lästig war. Der kleine Spazierstock aber ersetzte ihm Ueberzieher und Hut.

Seit der Mitte der siebziger Jahre hatte Dohm in seiner Wohnung, Potsdamerstraße, jours fixes eingeführt, und diese wurden im Berliner gesellschaftlichen Leben eine so anziehende Episode, daß sie einem Jeden, der daran Theil nahm, unvergeßlich geblieben sind. An der Seite seiner geistvollen Frau und umgeben von vier reizenden Töchtern — (die später alle glücklich verheirathet waren und es noch sind) die mit unermüdlicher Geschäftigkeit für alle Gäste zu sorgen wußten, war Dohm als Wirth auf der Höhe seiner ihm eigenen Liebenswürdigkeit. Fast niemals, und nur ganz ausnahmsweise, wurde für diese Abende die Hilfe künstlerischer Produktionen in Anspruch genommen. Der ganze Reiz des Abends lag einzig in dem lebhaften geselligen Verkehr der Gäste und in der geistigen Bedeutung der Bewirthenden. Diese jours fixes, an denen viele namhafte Persönlichkeiten aus der Berliner Gesellschaft theilnahmen, waren so sehr gesucht, daß die zwei größern Gesellschaftszimmer der Wohnung stets überfüllt waren. Aber die dadurch entstehenden Bedrängnisse trugen nur zu Erhöhung der Heiterkeit bei. Hier war es auch wieder Scholz, der von manchen entstehenden kleinen Verlegenheiten für seinen Humor den besten Nutzen zu ziehen wußte.

Die Freundschaft zwischen Scholz und Trojan und ihre gemeinsame Bekanntschaft mit Hieronymus Truhn hatte in den siebziger Jahren zur Bildung eines Vereins geführt, der wohl zu den originellsten gehörte, die jemals bestanden haben; es war dies der Truhn-Verein, oder korrekter gesagt die „Gesellschaft Truhn". Dieser von Trojan gegründete Verein hatte ausschließlich den Zweck, den in seiner materiellen Existenz immer mehr heruntergekommenen Truhn durch Zahlung regelmäßiger Beiträge, monatlicher und vierteljährlicher, zu unterstützen. Truhn hatte in seiner guten Zeit viele wahrhaft schöne Lieder geschrieben; aber das Glück war ihm nicht hold gewesen und seine Unfähigkeit, zu einer festen und geregelten Thätigkeit sich aufzuraffen, hatte ihn immer mehr zurückgebracht. Trojan, als geborener Danziger, hatte sich des aus der westpreußischen Schwesterstadt Elbing stammenden Musikers mit wahrhaft rührender Nächstenliebe angenommen und er fand darin an Scholz den bereitwilligsten Helfer. Dieser Truhn-Verein wirkte nur im Stillen; es gehörten ihm etwa dreißig Mitglieder an. Aus den Liebesgaben derselben wurde Truhn bis zu seinem Tode thatsächlich erhalten. Er selber nahm die ihm gewordene Unterstützung nicht nur als etwas ihm Gebührendes entgegen, sondern die Komik dabei war, daß er auch gesteigerte Ansprüche machte, die seinen Gönnern oft Schwierigkeiten bereiteten. Denn Truhn wollte nicht dürftig erhalten werden, sondern er konnte in der ihm geschaffenen Existenz, in der er durchaus nichts Peinliches empfand, von seinen verschiedenen Neigungen zu gutem Leben nicht ablassen. Trojan, dem jener schöne gütige Humor verliehen war, der aus der Tiefe eines reichen Gemütes entspringt, kannte alle Schwächen seines Schützlings, aber er vermochte es nicht, ihn aufzugeben. Mit humorvoller Resignation unterzog er sich nicht nur den Mühen der Verwaltung, sondern leistete auch unter den Vereinsgenossen den höchsten Beitrag und zahlte auch noch, wenn er mit Truhn in einer Restauration zusammen traf, für diesen mit.

Alljährlich legte er den Vereinsmitgliedern einen gedruckten Rechenschaftsbericht über die Einnahmen und Ausgaben vor. Auch diese Rechenschaftsberichte, die von Trojan als „Gründer" und von Scholz als „Aufsichtsrath" unterzeichnet waren, könnten in einer

Geschichte des Humors einen Ehrenplatz einnehmen. Denn wenn es auch der Wohlthätigkeitssinn und die Nächstenliebe war, die dem Vereine Bestand gab, so waltete doch auch hierin der schöne Humor, der sich über die Misere des täglichen Lebens zu erheben weiß. Nur aus einem dieser Rechenschaftsberichte, er ist aus dem Jahre 1883, möge hier der Anfang als Probe mitgetheilt werden, weil in der anziehend humoristischen Form desselben auch das Vereins= Pflegekind charakterisirt ist. Dieser Bericht beginnt:

„Oft wird die Frage erörtert, ob man ein erschütterndes Er= eigniß denjenigen, welche es angeht, allmählich oder auf einmal mittheilen soll. Wir sind nicht für das Allmähliche, sondern rücken ohne jeden Umschweif mit der Wahrheit heraus, daß das letzte Verwaltungsjahr — ein Defizit von 50,50 M. ergeben hat. Es darf aber, weil darin etwas Beruhigendes liegt, nicht übersehen werden, daß bereits die Bilanz von 1882 ein verschleiertes Defizit aufweist. Die Gesammteinnahme betrug 1239 M., die Gesammtausgabe 1305 M. Das daraus sich ergebende Minus wurde aber durch den kolossalen Ueberschuß von 140 M. des Vorjahres mehr als gedeckt. In der Bilanz von 1883 dagegen steht das Deficit ohne jeden Schleier da. . . . Mit der Erreichung eines Deficit sind die heißesten Wünsche des Vereinspfleglings in Erfüllung gegangen. Seit Jahren arbeitet er auf ein solches hin, und aus gelegentlich in Vertrautenkreisen von ihm gemachten Aeußerungen geht hervor, daß er ein Unter= nehmen, welches ohne Deficit dasteht, nicht für vollständig gesichert und auf solider Basis stehend erachtet. Der Vorstand der Gesell= schaft ist darin wesentlich anderer Ansicht" . . . Im weiteren Verlaufe dieses köstlichen Berichtes wird noch über das befriedigende körper= liche und geistige Befinden des Pfleglings Mittheilung gemacht und in Aussicht gestellt, daß der Vorstand die Erschließung fremder Länder zu Gunsten des Truhn=Vereins sich zur Aufgabe machen werde.

Gelegentlich des siebzigsten Geburtstages Truhn's hatte Trojan ein reizendes Gesellschaftslied verfaßt, das ebenfalls nur für die Mitglieder vervielfältigt wurde. Da das Wort „Vertraulich" dar= über steht, möge hier nur die erste Strophe mitgetheilt sein. Sie lautet:

Lasset uns den Truhn ernähren,
Denn er ist nun einmal da.
Soll er darben und entbehren,
Der einst beßre Tage sah?
Nein, das sei in ernster Sitzung
Wiederholt von uns erklärt,
Denn er ist der Unterstützung
Theils bedürftig, theils auch werth.

Wir haben von dem Truhn-Verein etwas eingehend berichtet, weil sein ganzes Bestehen und seine Geschichte ein werthvolles Zeugniß giebt, nicht nur für die Art des Humors, sondern auch für das gemüthvolle Wesen unsers Trojan, der seit dem Tode Dohm's der für das Blatt verantwortlicher Leiter geblieben ist und hoffentlich noch lange bleiben wird.

Dohm hatte noch in seiner letzten Lebenszeit, eine umfängliche Arbeit von dauerndem Werthe vollenden können, die Zeugniß für seinen feinen Geist und seine Beherrschung der Sprachformen gab. Es war seine als meisterhaft anerkannte Uebersetzung der Fabeln des Lafontaine. Mit dieser Leistung hatte Dohm noch einen vollgültigen Beweis dafür gegeben, daß er, wenn es sich um eine künstlerische Aufgabe handelte, die sein innerstes Interesse erregte, auch des andauerndsten Fleißes fähig war. Leider ist diese Uebersetzung den größeren Kreisen des Publikums dadurch schwer zugänglich gemacht worden, daß sie vom Verleger zu einer theuern Prachtausgabe (mit den Doré'schen Illustrationen) bestimmt war. Dohm aber hatte doch noch auf der Höhe seines Lebens, bevor ihn ein langwieriges Herzleiden darniederwarf (er starb 1883), sich des vollsten Beifalls aller Kenner erfreuen können.

Sie sind Alle dahingegangen, die den ersten, festen und lange dauernden Stamm der Redaktion des Blattes bildeten. Nach Kalisch folgte Albert Hofmann, dann Dohm und Löwenstein und zuletzt (1893) nach langer Krankheit Wilhelm Scholz, der sonach dem Blatte fünfundvierzig Jahre angehört hatte. Ein Blatt wie Kladderadatsch ist aber nicht wie das Blatt eines Baumes, das im Frühjahr kommt und im Herbste abfällt. Es ist vielmehr der Baum selbst, der immer neue Blätter treibt. Aber auch dem Andenken derjenigen, die — von den Stürmen der Revolution auf diesen Platz gerufen — so lange auf ihrem Posten gestanden haben, bis sie dem unerbittlichen Geschicke aller Sterblichen verfielen, sollen diese Erinnerungen an ihre fröhliche Lebenszeit als ein neues Blatt des nun fünfzigjährigen Baumes für die Nachwelt gewidmet sein.

Druck von J. Harrwitz Nachfolger (E. Th. Kehrbach), Berlin SW.